Lexikon | *obras de referência*

CILENE DA CUNHA PEREIRA, EDILA VIANNA DA SILVA
MARIA APARECIDA LINO PAULIUKONIS
& REGINA CÉLIA CABRAL ANGELIM

nova gramática
para o Ensino Médio
reflexões e práticas em língua portuguesa

2ª impressão revista

© 2021, by Cilene da Cunha Pereira, Edila Vianna da Silva, Maria Aparecida Lino Pauliukonis e Regina Célia Cabral Angelim

Direitos de edição da obra em língua portuguesa adquiridos pela LEXIKON EDITORA DIGITAL LTDA. Todos os direitos reservados. Nenhuma parte desta obra pode ser apropriada e estocada em sistema de banco de dados ou processo similar, em qualquer forma ou meio, seja eletrônico, de fotocópia, gravação etc., sem a permissão do detentor do copirraite.

LEXIKON EDITORA DIGITAL LTDA.
Av. Rio Branco, 123 sala 1710 – Centro
20040-905 Rio de Janeiro - RJ - Brasil
Tel.: (21)3190 0472 / 2560 2601
www.lexikon.com.br – sac@lexikon.com.br
Veja também www.aulete.com.br – seu dicionário na internet

1ª edição – 2017

EDITOR
Paulo Geiger

COORDENAÇÃO EDITORIAL
Sonia Hey

REVISÃO
Perla Serafim

PROJETO GRÁFICO
Sense Design

DIAGRAMAÇÃO
Nathanael de Souza

CAPA
Renné Ramos

IMAGEM DA CAPA
© Vanzyst | Shutterstock

CIP-BRASIL. CATALOGAÇÃO NA PUBLICAÇÃO
SINDICATO NACIONAL DOS EDITORES DE LIVROS, RJ

N811

Nova gramática para o ensino médio : reflexões e práticas em língua portuguesa / Cilene da Cunha Pereira ... [et. al.]. - 1. ed. - Rio de Janeiro : Lexikon, 2017.
    496 p. ; 28 cm.

    Inclui bibliografia
    Inclui exercícios
    ISBN 9788583000334

    1. Língua portuguesa - Gramática. 2. Língua portuguesa - Gramática - Problemas, questões, exercícios. I. Pereira, Cilene da Cunha.
                                                    CDD: 469.5
                                                    CDU: 811.134.3"36

Todos os esforços foram feitos para encontrar os detentores dos direitos autorais dos textos publicados neste livro. Nem sempre isso foi possível. Teremos o maior prazer em creditá-los caso sejam determinados.

Prefácio

Quatro competentes professoras universitárias, pondo em prática a larga experiência de sala de aula, se reúnem para escrever uma *Nova gramática para o Ensino Médio*: reflexões e práticas em língua portuguesa, editada pela Lexikon. Tenho-a aqui entre mãos e desde logo percebo a boa doutrina levada a alunos, numa linguagem precisa e fácil, de tal modo que se garante o aproveitamento rápido do leitor.

A teoria aparece numa linguagem acessível e é confirmada com boa dose de exemplos e cobrada com exercícios bem elaborados.

Trata-se de um compêndio que honra a tradição de nossos bons autores de gramática e está fadado a sucesso entre a boa bibliografia dos livros escolares.

A prática de sala de aula orientou a proposta de exercícios inteligentes saídos não só da criação das autoras, mas também extraídos das provas do ENEM e de vestibulares de várias universidades brasileiras de prestígio.

Muito bem-vindo é o Manual do Professor pelo qual as autoras apresentam as respostas às questões formuladas ao mesmo tempo em que comentam fatos gramaticais ou textuais dignos de maior interesse. Os alunos, além de outros leitores interessados, poderão ter pela internet acesso ao gabarito.

Com todo este cuidado na execução da obra, esperam as autoras que o livro ofereça aos seus leitores as informações e os ensinamentos eficazes para o domínio da língua portuguesa como instrumento de expressão de suas ideias, pensamentos e emoções.

Evanildo Bechara

Apresentação

Nova gramática para o Ensino Médio: reflexões e práticas em língua portuguesa é um guia teórico e prático sobre temas da Língua Portuguesa, dirigido aos professores de língua, aos alunos do Ensino Médio – especialmente àqueles que se preparam para o ENEM e vestibulares – e a todos os que desejam ampliar seus conhecimentos gramaticais, com reflexões sobre os mais diversificados gêneros de texto, dentro do nosso vernáculo.

Com base nas noções aqui expostas, o usuário da língua poderá aperfeiçoar cada vez mais seu desempenho na variedade padrão e desenvolver suas habilidades de compreensão e comunicação em Língua Portuguesa. Trata-se, portanto, de um instrumento de consulta que prima pela objetividade e eficácia.

Os conteúdos são apresentados sob forma de pequenos textos em que se explicam noções teóricas, com rica exemplificação, seguidos de um elenco variado de exercícios, a título de fixação da aprendizagem. Os capítulos são acompanhados da seção SAIBA MAIS, com o objetivo de aprofundar alguns conteúdos; de um GLOSSÁRIO, em que se esclarecem os significados de termos empregados na teoria; de uma seção intitulada OLHO VIVO, em que se resumem os aspectos mais importantes do que foi tratado, os quais nem sempre são observados pelo leitor. Fecham cada capítulo questões retiradas do ENEM e de vestibulares recentes, além de uma bibliografia básica sobre o assunto visto.

O livro se organiza em quatro capítulos. No capítulo 1, ORTOGRAFIA E PONTUAÇÃO, abordam-se questões relativas ao uso de letras e do acento gráfico, bem como ao emprego dos sinais de pontuação (temas relacionados à organização fonológica da língua e relevantes para a proficiência na expressão escrita). No capítulo 2, MORFOLOGIA, estudam-se as classes de palavras, a formação de novas palavras, as categorias de flexão nominal e verbal (com destaque dos assuntos relativos ao emprego das classes das palavras no discurso). No capítulo 3, SINTAXE, apresentam-se os mecanismos de estruturação da frase, os termos da oração, as noções de concordância e regência (com destaque do período composto e sua funcionalidade na construção das frases e do texto). No capítulo 4, SEMÂNTICA E LÉXICO, focalizam-se os problemas da significação das formas linguísticas e dos sentidos, conforme os diversos contextos (num percurso que abrange o estudo da significação lexical e sua adequação a diferentes gêneros textuais). Todo o livro foi resultado de trabalho conjunto entre suas autoras, doutoras em Língua Portuguesa pela Universidade Federal do Rio de Janeiro, onde lecionaram por muitos anos.

Cilene da Cunha Pereira
Edila Vianna da Silva
Maria Aparecida Lino Pauliukonis
Regina Célia Cabral Angelim

Sumário

1 Ortografia e pontuação — 1
Introdução — 1
1.1 **Grafia das palavras** — 2
   1.1.1 Fonema e letra — 2
   1.1.2 Vogais — 5
   1.1.3 Consoantes — 6
   1.1.4 Emprego de algumas letras que apresentam dificuldade — 8

1.2 **Acentuação gráfica** — 20
   1.2.1 Regras de acentuação — 21

1.3 **Emprego de iniciais maiúsculas e minúsculas** — 31
   1.3.1 Emprega-se letra maiúscula — 31
   1.3.2 Emprega-se letra minúscula — 37
   1.3.3 Emprega-se maiúscula ou minúscula indistintamente nos seguintes casos — 38

1.4 **Emprego do hífen** — 40
   1.4.1 Regras para o emprego do hífen — 41

1.5 **Crase** — 55
   1.5.1 Emprego obrigatório do acento grave — 58
   1.5.2 Emprego facultativo do acento grave — 60

1.6 **Pontuação** — 63
   1.6.1 Sinais marcadores de pausa — 64
   1.6.2 Sinais que indicam entoação — 69
   1.6.3 Sinais que servem para destacar algum segmento do texto — 74

Questões do ENEM e de Vestibulares — 80

2 Morfologia — 96
Introdução — 96
2.1 **Verbo** — 97
   2.1.1 Flexão do verbo — 98
   2.1.2 Imperativo afirmativo e negativo — 99
   2.1.3 Verbo com pronome de tratamento — 100
   2.1.4 Formas nominais do verbo — 100
   2.1.5 Infinitivo — 101
   2.1.6 Particípio — 102
   2.1.7 Gerúndio — 104
   2.1.8 Infinitivo e futuro do subjuntivo — 105
   2.1.9 Tempos simples e compostos. Tempos compostos do modo indicativo — 106

2.1.10 Tempos compostos do subjuntivo	107
2.1.11 Formas nominais	108
2.1.12 Vozes do verbo	109
2.1.13 Voz reflexiva e reciprocidade	110
2.1.14 Voz passiva	110
2.1.15 Verbos com dois particípios	112
2.1.16 Modalização no verbo	112
2.1.17 Verbos auxiliares de modalização	113
2.1.18 Auxiliares indicadores de aspecto	114
2.1.19 Emprego do verbo ficar	114
2.1.20 Emprego dos verbos *ir* e *vir*	115
2.1.21 Emprego do verbo *haver*	116
2.1.22 Verbos quanto à conjugação	117
2.2 Substantivo	**120**
2.2.1 Classificação do substantivo – pares opositivos	122
2.2.2 Classificação do substantivo – o coletivo	123
2.2.3 Formação de palavras – noções	123
2.2.4 Derivação regressiva	125
2.2.5 Derivação própria e derivação imprópria	126
2.2.6 Sigla e abreviatura	127
2.2.7 Gênero do substantivo	127
2.2.8 Feminino do substantivo	128
2.2.9 Feminino de substantivos masculinos em *-ão*	129
2.2.10 Substantivos epicenos, sobrecomuns e comuns de dois	131
2.2.11 Oposição de gênero e oposição de significados	133
2.2.12 Flexão de número	133
2.2.13 Formação do plural de substantivos	134
2.2.14 Plural de substantivos em *-al, -el, -ol* e *-ul*	135
2.2.15 Plural dos substantivos em *-ão*	136
2.2.16 Plural de diminutivos em *-zinho*	138
2.2.17 Oposição singular e plural e mudança de sentido	139
2.2.18 Plural de substantivos compostos	140
2.2.19 Plural de compostos em que os dois elementos são verbos	142
2.2.20 Grau – flexão ou derivação	142
2.2.21 Sentido afetivo e pejorativo do grau	143
2.3 Adjetivo	**146**
2.3.1 Reiterando, com novos exemplos, para melhor fixação da modificação feita pelo adjetivo ao substantivo	147
2.3.2 Sentido denotativo e sentido figurado	148
2.3.3 Relação de sentido entre adjetivo e substantivo	149
2.3.4 Orações adjetivas	150
2.3.5 Flexão do adjetivo	151
2.3.6 Casos especiais de formação do feminino dos adjetivos	151
2.3.7 Adjetivos uniformes	152
2.3.8 Flexão de número	153

2.3.9 Grau dos adjetivos — 154
2.3.10 Formas sintéticas e formas analíticas no grau dos adjetivos — 155
2.3.11 Adjetivo subjetivo e progressão textual — 156

2.4 Pronome — 158
2.4.1 Pronomes pessoais — 159
2.4.2 Pronomes de tratamento — 160
2.4.3 Pronomes retos *eu* e *tu* — 161
2.4.4 Preposição nunca rege pronome sujeito — 162
2.4.5 Reforço de pronomes pessoais — 163
2.4.6 Pronomes oblíquos – átonos e tônicos — 164
2.4.7 Formas pronominais *se* (átona) e *si* (tônica) — 165
2.4.8 Pronomes oblíquos átonos de 3ª pessoa: *o* e flexões — 166
2.4.9 Combinações pronominais — 167
2.4.10 Substituição do pronome possessivo pelo oblíquo — 168
2.4.11 Partícula pronominal *se* — 169
2.4.12 Colocação dos pronomes oblíquos átonos – próclise — 170
2.4.13 Colocação dos pronomes oblíquos átonos – ênclise e mesóclise — 171
2.4.14 Pronomes substantivos e pronomes adjetivos — 172
2.4.15 Pronomes demonstrativos — 172
2.4.16 Pronomes demonstrativos *a*, *tal*, *mesmo*, *próprio*, *semelhante* e flexões — 173
2.4.17 Pronomes possessivos — 174
2.4.18 Pronomes indefinidos — 176
2.4.19 Pronomes interrogativos — 178
2.4.20 Pronomes relativos — 179

2.5 Advérbio — 182
2.5.1 Expressões adverbiais — 183
2.5.2 Advérbios modificadores de oração — 183
2.5.3 Palavras denotativas e expressões retificadoras — 184
2.5.4 Advérbios em *-mente* — 185
2.5.5 Advérbios ou pronomes interrogativos? — 186
2.5.6 Advérbios *onde*, *aonde*, *donde* — 187
2.5.7 Advérbios modalizadores — 188
2.5.8 Graus do advérbio — 189

2.6 Artigo — 193
2.6.1 Artigo definido e indefinido — 193
2.6.2 Combinação de artigo e preposição — 194
2.6.3 Artigo e a oposição de gênero indicando significado distinto do substantivo — 195
2.6.4 Combinação de artigo com pronome indefinido *todo(a)* e com numeral *ambos* — 195
2.6.5 Emprego do artigo com pronome possessivo — 196
2.6.6 Artigo definido e expressões de tempo (mês, dia da semana, horas) — 197
2.6.7 Artigo definido e a palavra *palácio* — 198
2.6.8 Artigo e a palavra *casa* — 199
2.6.9 Artigo definido em citação de datas festivas, peso e medida — 200
2.6.10 Combinações dos artigos — 200

- 2.6.11 Emprego especial do artigo definido ... 201
- 2.6.12 Emprego do artigo definido com substantivo próprio personativo ... 202
- 2.6.13 Emprego do artigo definido com substantivo próprio locativo ... 203
- 2.6.14 Particularidades do artigo indefinido ... 204

2.7 Numeral ... 206
- 2.7.1 Numerais cardinais, ordinais, fracionários, multiplicativos ... 207
- 2.7.2 Numeral como adjetivo ... 208
- 2.7.3 Numeral coletivo ... 210
- 2.7.4 Emprego de numeral cardinal e ordinal ... 211

2.8 Conjunção ... 214
- 2.8.1 Conjunções coordenativas ... 216
- 2.8.2 Conjunções subordinativas ... 218
- 2.8.3 Orações subordinadas de base substantiva ... 221
- 2.8.4 Papel da conjunção na argumentação de textos ... 222
- 2.8.5 Distinção entre conjunção coordenativa e subordinativa, respectivamente na indicação de motivo e causa ... 224
- 2.8.6 Formas nominais de verbos e oração reduzida ... 224
- 2.8.7 Conjunções correlativas ... 225

2.9 Preposição ... 228
- 2.9.1 Preposição essencial e preposição acidental ... 229
- 2.9.2 Preposição e significados expressos ... 230
- 2.9.3 Preposição como elo sintático ... 231
- 2.9.4 Preposição e orientação lógica do texto ... 231
- 2.9.5 Identidade entre preposição e conjunção ... 232

2.10 Interjeição ... 234
- 2.10.1 Classificação da interjeição ... 235
- 2.10.2 Valor da interjeição ... 236
- 2.10.3 Relação da interjeição com o interlocutor ... 236
- 2.10.4 Distinção entre interjeição e exclamação ... 237

2.11. As classes de palavras no discurso ... 239
- 2.11.1 Discurso direto, indireto e indireto livre ... 239
- 2.11.2 Funções da linguagem ... 241
- 2.11.3 Coerência e coesão ... 242
- 2.11.4 Linguagem figurada – conotação e denotação ... 248
- 2.11.5 Figuras de linguagem ... 248
- 2.11.6 Modo de organização do discurso. Tipologia textual ... 254
- 2.11.7 Gênero textual ... 255
- 2.11.8 Implícitos ... 256
- 2.11.9 Estilo ... 258
- 2.11.10 Registros de fala ... 259
- 2.11.11 Intertextualidade no texto ... 260

Questões do ENEM e de Vestibulares ... 261

3 Sintaxe ... 279
Introdução ... 279
3.1 Mecanismos de estruturação sintática: coordenação e subordinação ... 280
3.1.1 Subordinação ... 281
3.1.2 Coordenação ... 282

3.2 Orações coordenadas ... 287
3.2.1 Classificação das orações coordenadas sindéticas ... 287
3.2.2 Correlação como estratégia de ênfase ... 290

3.3 Orações subordinadas ... 292
3.3.1 Classificação das orações subordinadas substantivas ... 293
3.3.2 Classificação das orações subordinadas adjetivas ... 296
3.3.3 Classificação das orações subordinadas adverbiais ... 303

3.4 Termos da oração ... 307
3.4.1 Termos essenciais ... 308
3.4.2 Termos integrantes ... 314
3.4.3 Termos acessórios ... 325

3.5 Regência ... 338
3.5.1 Regência nominal ... 339
3.5.2 Regência verbal ... 343

3.6 Concordância ... 352
3.6.1 Concordância nominal ... 352
3.6.2 Concordância verbal ... 359

Questões do ENEM e de Vestibulares ... 367

4 Semântica e léxico ... 386
Introdução ... 386
4.1 Texto e sentido ... 387
4.1.1 Texto em contexto ... 387
4.1.2 Ambiguidade ou dubiedade de sentido ... 389
4.1.3 Ambiguidade sintática ... 390
4.1.4 Significado semântico e significado pragmático ... 393
4.1.5 Polissemia (denotação e conotação) ... 396
4.1.6 Significado *final* ou sentido *contextualizado* ... 398
4.1.7 Linguagem e ação ... 399

4.2 Relações lexicais ... 401
4.2.1 Sinonímia ... 401
4.2.2 Antonímia ... 404
4.2.3 Homonímia ... 408

  4.2.4 Hiperonímia / hiponímia   409
  4.2.5 Paronímia   410

4.3 A seleção vocabular   414
  4.3.1 Adequação à situação de formalidade e informalidade da língua   414
  4.3.2 Adequação ao referente   416
  4.3.3 Adequação ao registro linguístico e à identidade dos interlocutores   417
  4.3.4 Gíria, calão, jargão, regionalismo, neologismo   419
  4.3.5 Adequação ao contexto sociocomunicativo dos usuários   421
  4.3.6 Adequação ao ponto de vista do emissor: vocabulário positivo, negativo e neutro   422
  4.3.7 Adequação espacial   424
  4.3.8 Adequação ao código escrito   425
  4.3.9 Adequação temporal   427

4.4 Impropriedade semântica   429
  4.4.1 Novo conceito de erro como inadequação vocabular   430
  4.4.2 Falta de paralelismo de sentido de certos verbos   431
  4.4.3 Impropriedade lexical por incompatibilidade semântica   433
  4.4.4 Impropriedade lexical – mau emprego dos traços de significação de um termo   434
  4.4.5 Problemas de correlação de sentido e de mau emprego de parônimos   436
  4.4.6 Uso de *hiperonímia* e *sinonímia* para evitar repetição   437
  4.4.7 Ambiguidade   438
  4.4.8 Problemas de coesão ou mau emprego de conectivos   439
  4.4.9. Problema na escolha vocabular   439
  4.4.10 Vaguidade semântica   440
  4.4.11 Vocabulário geral e específico   442
  4.4.12 Definição e especificação semântica   443
  4.4.13 Repetição imprópria de vocábulos   444
  4.4.14 Falta de paralelismo em construção de texto   446

4.5 Noções de texto e contexto   447
  4.5.1 O que é texto?   447
  4.5.2 Texto e textualidade   450
  4.5.3 Texto, sentido e intenção comunicativa   451
  4.5.4 Texto, discurso e interação   453
  4.5.5 Fatores necessários à interpretação de um texto   454

Questões do ENEM e de Vestibulares   457
Referências bibliográficas   481

1
ORTOGRAFIA E PONTUAÇÃO

Introdução

Neste capítulo, trataremos da ORTOGRAFIA – o correto emprego das letras e dos acentos que representam, na escrita, os fonemas, unidades mínimas da língua falada – e da PONTUAÇÃO, cuja função é representar, na escrita, as pausas, o ritmo, a entoação da língua falada. O sistema ortográfico e os sinais de pontuação são, pois, meios de que utilizamos para representar, na escrita, os inúmeros recursos e as sutilezas da língua falada.

A ORTOGRAFIA da Língua Portuguesa é uma convenção, regida pelo Acordo Ortográfico, assinado, em Lisboa, em 16 de dezembro de 1990, pelos países que têm o português como língua oficial: Angola, Brasil, Cabo Verde, Guiné-Bissau, Moçambique, Portugal, São Tomé e Príncipe e, posteriormente, Timor-Leste.

Como a ortografia da Língua Portuguesa decorre não só da fonética, mas também da etimologia, sem pretendermos esgotar o assunto em pauta, ofereceremos, neste capítulo, um conjunto de explicações que buscam esclarecer dúvidas e eliminar os erros mais comuns, não só motivados pela complexa relação entre grafema e fonema, mas também decorrentes, muitas vezes, da pronúncia despreocupada ou da falta de observação da escrita das palavras, devido à ausência de hábito de leitura ou, ainda, a etapas não superadas do processo de alfabetização.

Para o esclarecimento das dúvidas remanescentes, aconselhamos a consulta ao *Vocabulário ortográfico da língua portuguesa*, elaborado pela Academia Brasileira de Letras.

Na PONTUAÇÃO, trataremos dos sinais que utilizamos na modalidade escrita para representar as pausas e os recursos rítmicos e melódicos da língua falada com implicações na significação da frase. O uso inadequado dos sinais de pontuação pode não só alterar o sentido de um texto como até prejudicar quem o elaborou.

Abordaremos, neste capítulo, os conteúdos abaixo discriminados, com explicações teóricas sucintas, exemplos e atividades de fixação da aprendizagem:

1.1 Grafia das palavras
1.2 Acentuação gráfica
1.3 Emprego de iniciais maiúsculas e minúsculas
1.4 Emprego do hífen
1.5 Crase (emprego do acento grave)
1.6 Pontuação

Encerram o capítulo Questões do ENEM e de Vestibulares e uma bibliografia sumária sobre o assunto tratado.

Bom estudo!

1.1 Grafia das palavras

Para reproduzirmos na escrita as palavras de nossa língua, empregamos sinais gráficos chamados LETRA e DIACRÍTICO (cedilha, til, acento, hífen). O conjunto de letras de que nos servimos para transcrever os sons da fala (fonemas) denomina-se ALFABETO. O alfabeto da Língua Portuguesa consta de 26 letras, cada uma com uma forma maiúscula e uma forma minúscula.

A grafia das palavras é estabelecida convencionalmente e regulada por normas oficiais. Cada palavra tem uma grafia única que representa não só os sons da fala, mas reflete também sua história e tradição cultural. A palavra *hoje*, por exemplo, é escrita com *h* em função da sua etimologia: a forma latina era *hodie*.

Uma das dificuldades na escrita das palavras é o fato de um mesmo fonema poder ser representado por mais de uma letra, e uma única letra poder representar mais de um fonema. Além disso, há letras que não representam som algum, como o caso do *h* na palavra *hoje*, que se mantém, como já dissemos, por questões etimológicas, e na palavra *Bahia*, mantido por tradição cultural.

A maneira correta de escrever palavras denomina-se ORTOGRAFIA, termo de origem grega: *orto* (= correto) + *grafia* (= escrita). Por isso, não devemos dizer ORTOGRAFIA CORRETA nem ERRO DE ORTOGRAFIA.

A ortografia brasileira oficial em vigor está registrada no *Vocabulário ortográfico da língua portuguesa*, publicado pela Academia Brasileira de Letras, em 2009.

Não há regras que deem conta da grafia de todas as palavras. O hábito de leitura e a consulta a dicionários e vocabulários ortográficos colaboram para a fixação da grafia das palavras. Entretanto, há alguns recursos que auxiliam a escrita correta, como veremos neste subcapítulo.

1.1.1 Fonema e letra

É necessário não confundirmos FONEMA, menor unidade de som capaz de distinguir palavras, com LETRA, representação gráfica de um fonema. Nosso alfabeto é constituído de 26 letras que representam 7 vogais tônicas orais, 5 vogais nasais e 21 consoantes.

A B C D E F G H I J K L M N O P Q R S T U V W X Y Z
a b c d e f g h i j k l m n o p q r s t u v w x y z

Apesar de a letra ser uma representação gráfica do fonema, não há, na Língua Portuguesa, uma correspondência exata entre letra e fonema. Seu emprego é determinado fundamentalmente pela história das palavras. Vejamos:

- o fonema /š/ pode ser representado por *ch* (*chato*) e *x* (*xarope*);
- o fonema /ž/ pode ser representado por *g* (*gesto*) e *j* (*jeito*);
- o fonema /z/ pode ser representado pelas letras *z* (*zero*), *s* (*casa*), *x* (*exercício*);
- a letra *x* pode representar os fonemas /š/ (*xarope*); /s/ (*máximo*); /z/ (*exato*); /ks/ (*táxi*);
- as letras *c* (*acervo*), *ç* (*aço*), *s* (*sapo*), *ss* (*osso*), *x* (*sintaxe*) representam o fonema /s/ e podem distinguir na escrita palavras homófonas: *acento* (sinal gráfico) e *assento* (local onde se senta);
- o *h* não corresponde a nenhum som e usa-se nos seguintes casos:
  — no início de algumas palavras (*haver, hino, homem*);
  — no final de algumas interjeições (*ah!, oh!, uh!*);
  — em palavras derivadas, conforme o prefixo empregado (*anti-higiênico, pré-histórico, super-homem*);
  — nos dígrafos *ch* (*chuva*); *lh* (*ilha*); *nh* (*ninho*).

👍 Saiba mais

As letras *k*, *w* e *y* são usadas em:
- nomes próprios originários de outras línguas e seus derivados:
  Franklin (frankliniano), Darwin (darwinismo), Byron (byroniano)

- palavras estrangeiras não aportuguesadas:
  kart, *show*, *playboy*

- siglas e símbolos:
  k (potássio), kg (quilograma), km (quilômetro), kW (quilowatt), yd (jarda)

Glossário

CONSOANTE – fonema em cuja realização há sempre um obstáculo parcial ou total à passagem da corrente expiratória e aparece sempre junto a uma vogal.

FONEMA – som que, numa língua, distingue uma palavra da outra. Exemplos: *cato, gato, pato, bato, tato, dato, chato, jato* etc.

FONÉTICA – disciplina que estuda os sons da fala nas suas múltiplas realizações (individuais, socioculturais, regionais).

FONOLOGIA – disciplina que estuda as funções dos fonemas numa língua.

GRAFEMA – símbolo gráfico, constituído de traços gráficos distintivos. O termo se refere não só às letras como também aos sinais diacríticos.

GRAFIA – sistema empregado para registrar a linguagem por escrito.

LETRA – sinal gráfico que representa um fonema.

ORDEM ALFABÉTICA – sistema classificatório utilizado em dicionário, lista telefônica, lista de alunos, funcionários.

ORTOGRAFIA – escrita padrão, oficial, o mesmo que grafia correta.

SEMIVOGAL – fonemas /i/ e /u/, orais ou nasais, quando juntos a uma vogal formam uma sílaba. As semivogais podem ser representadas pelas letras *i, u, e, o*.

SINAL DIACRÍTICO – sinal que imprime às letras um valor fonológico especial: acento agudo, circunflexo, grave; til; hífen; cedilha.

VOGAL – fonema formado pela vibração das cordas vocais e modificado segundo a forma das cavidades supralaríngeas, que devem estar abertas ou entreabertas à passagem do ar. Funciona como centro de sílaba.

1. Indique o número de letras e de fonemas das seguintes palavras:

ferrolho _____

água _____

guerra _____

hélice _____

cama _____

canto _____

quilo _____

tranquilo _____

descer _____

descascar _____

2. Indique as letras que NÃO representam fonemas:
( ) haver ( ) nascer ( ) exceção
( ) florescer ( ) abscesso ( ) excelente
( ) quilo ( ) guinada ( ) queda
( ) campo

3. Um mesmo fonema pode ser grafado de diferentes maneiras. A série de palavras que exemplifica essa afirmação é:
a) asa – sacola – osso
b) casaco – zebra – exame
c) copa – crescer – exceto
d) figura – gesto – manga
e) próxima – xadrez – axila

Justifique _____

_____

4. Os vocábulos arrolados abaixo apresentam mais letras do que fonemas, EXCETO:
a) água – apaziguar
b) limpo – aguentar
c) pêssego – floresçam
d) prorrogar – riqueza
e) quebrar – manha

1.1.2 Vogais

As vogais podem ser ORAIS e NASAIS.
ORAIS, quando ressoam apenas na cavidade bucal: a é ê i ó ô u.
NASAIS, quando ressoam em parte na cavidade nasal: ã ẽ ĩ õ ũ.
As vogais são representadas pelas letras *a, e, i, o, u* e também pelo *y* e *w* em palavras estrangeiras, como *Ygor, Washington, web* (teia), forma reduzida de se referir à *www, wi-fi* (rede sem fio), *Windows* (sistema operacional desenvolvido pela Microsoft), *Yahoo* (provedor da internet).

 Saiba mais

Os fonemas /i/ e /u/ são SEMIVOGAIS quando juntos a uma vogal formam uma sílaba: *pai, meu*. Se os fonemas /i/ e /u/ estiverem juntos na mesma sílaba, o primeiro será vogal e o segundo semivogal: *fui, Rui* (*u* vogal + *i* semivogal); *viu, riu* (*i* vogal + *u* semivogal).

5. Distinga, nas palavras a seguir, as vogais (A) *i* e *u* das semivogais (B):
( ) saúde ( ) céu ( ) país
( ) Itajaí ( ) dia ( ) animais
( ) água ( ) apoio ( ) papéis

6. Indique se as afirmações são corretas (C) ou incorretas (I):
a) ( ) na palavra *Grajaú* o *u* é semivogal.
b) ( ) na palavra *saída* o *i* é vogal.
c) ( ) na palavra *irmão* o *o* é semivogal.
d) ( ) na palavra *pães* o *e* é vogal.
e) ( ) na palavra *quando* o *u* é semivogal.

7. Em qual das alternativas todas as palavras apresentam semivogal?
a) ambiente, início, país
b) criatura, mingau, quilo
c) duas, caía, saúde
d) engenheiro, faixa, oito
e) saída, dia, peixe

8. Em qual das alternativas o *u* é semivogal em todas as palavras?
a) aqui, Caruaru, língua
b) Camboriú, fórum, guitarra
c) Paraguai, linguiça, eloquente
d) química, distinguir, ônibus
e) triunfo, ruína, freguês

1.1.3 Consoantes

Há CONSOANTES que têm uma só forma escrita, como as do quadro a seguir:

CONSOANTE	PRONÚNCIA	ESCRITA	EXEMPLIFICAÇÃO	
/p/	pê	p	pata	capa
/b/	bê	b	bala	taba
/t/	tê	t	toda	pato
/d/	dê	d	data	fada
/f/	fê	f	fato	bafo
/v/	vê	v	vela	ovo
/l/	lê	l	lema	ela
/lh/	lhê	lh	lhama	talho
/m/	mê	m	mata	fama
/n/	nê	n	nata	ano
/nh/	nhê	nh	nhoque	sonho
/r/	rê (simples)	r	-	caro

Outras, no entanto, têm mais de uma grafia. Assim:

CONSOANTE	PRONÚNCIA	ESCRITA	EXEMPLIFICAÇÃO	
/rr/	rrê (múltiplo)	r	rato	terra
		rr		
/z/	zê	z	zero	vazio
		s	blusa	maisena
		x	exalar	exercício
/s/	sê	s	senso	ânsia
		ss	osso	massa
		ç	açaí	açúcar
		c	cenoura	amanhecer
		sc	florescer	disciplina
		sç	desço	cresça
		xc	excesso	exceção
/j/	jê	j	jiló	injeção
		g	gente	regime
/x/	xê	x	xarope	enxada
		ch	chave	bacharel

Saiba mais

Pelos quadros da página anterior, vemos que alguns sons são representados por mais de uma letra: *lh* (talho), *nh* (sonho), *rr* (terra), *ss* (massa), *sc* (florescer), *sç* (desço), *xc* (excesso), *ch* (chave). A esse grupo de letras que representam um som denomina-se DÍGRAFO. São DÍGRAFOS:

ch, lh, nh, rr, ss, gu, qu, sc, sç, xc, am, an, em, en, im, in, om, on, um, un.

Glossário

DITONGO – encontro vocálico constituído de vogal + semivogal ou de semivogal + vogal, na mesma sílaba: *meu, mão; ioiô, ianque*. Classificam-se em decrescentes e crescentes, orais e nasais.

TRITONGO – encontro vocálico formado de semivogal + vogal + semivogal, na mesma sílaba. Classificam-se em orais (*Uruguai*) e nasais (*ninguém*).

HIATO – aproximação de vogais em sílabas distintas: *sa ú de, ju iz*.

ENCONTRO CONSONANTAL – agrupamento de consoantes num vocábulo. Podem ser inseparáveis, quando a segunda consoante for *l* ou *r* (*pl, pr; bl, br; tl, tr; dl, dr; cl, cr; gl, gr; fl, fr; vr*), ou separáveis, quando a segunda consoante não for nem *l* nem *r* (*pt, bd, tm, dg, bs* etc).

9. Marque a alternativa que comprova que um mesmo fonema pode ser grafado de diferentes maneiras:
a) asa – selo – silêncio – sabiá – coisa
b) exército – táxi – enxame – relaxar – máximo
c) guerra – gelo – galo – gula – gilete
d) piscina – exceção – assado – celeste – sintaxe
e) quitar – catar – cinema – queijo – celeste

10. Assinale a alternativa em que todas as palavras possuem dígrafos.
a) aplauso – hipocrisia – drama – quatro
b) floresta – fraquejar – palavra – plano
c) graveto – branco – gnomo – psicologia
d) progresso – discente – braço – claro
e) sonho – pássaro – carruagem – ilhota

11. Assinale a afirmação INCORRETA:
a) na palavra *cheque*, o *h* forma dígrafo com a letra *c*.
b) na palavra *filho*, o *h* forma dígrafo com a letra *l*.
c) na palavra *humilde*, o *h* forma dígrafo com a letra *u*.
d) na palavra *flamengo*, o *l* forma encontro consonantal com a letra *f*.
e) na palavra *ficção*, o *c* forma encontro consonantal com a letra *ç*.

12. Em qual das alternativas todas as palavras apresentam ditongo?
a) criar, países, coração
b) produção, faixa, engenheiro
c) melhoria, campainha, couve
d) guitarra, miolo, pão
e) questionar, início, enjoar

1.1.4 Emprego de algumas letras que apresentam dificuldade

A representação gráfica das vogais *e* e *i*, *o* e *u* em posição átona apresenta muitas vezes dúvidas que devem ser resolvidas com a consulta a dicionários e a vocabulários ortográficos, como já dissemos. No entanto, alguns empregos dessas vogais podem ser sistematizados, como faremos a seguir.

Usa-se *e* e não *i*

- nos ditongos nasais *-ãe* e *-õe*:
  mãe, cães, pães; põe, botões, tubarões

- na sílaba pretônica de substantivos e de adjetivos derivados de substantivos terminados em *-eio* e *-eia*:
  arreado ‹ arreio; candeeiro ‹ candeia; coreano ‹ Coreia

- nos verbos derivados de substantivos terminados em *-eio* e *-eia*:
  passear ‹ passeio; recear ‹ receio; cear ‹ ceia

- nas formas verbais terminadas em *-oar* e *-uar*:
  perdoem ‹ perdoar; continue ‹ continuar; enxague ‹ enxaguar

- nos derivados de palavras que terminam em *e* tônico:
  apear ‹ pé; cafeeiro ‹ café; guineense ‹ Guiné

Glossário

FORMA RIZOTÔNICA – forma verbal cujo acento tônico recai no radical: *amo, amas, ama*.

FORMA ARRIZOTÔNICA – forma verbal cujo acento tônico recai na vogal temática ou nas desinências: *amamos, amou, amará*.

13. Assinale a alternativa em que todas as palavras são escritas com *e* e não com *i*.
a) abenço...., rod....ar, influ....
b) acentu...., cor....ano, ró....
c) atenu...., corró...., incend....ar
d) d....saforo, continu...., mago....
e) efetu...., atra...., anunc....ar

Saiba mais

Os verbos terminados em *-ear* recebem um *i* depois do *e* nas formas rizotônicas do presente do indicativo (*passeio, passeias, passeia, passeiam*) e nos tempos dele derivados, presente do subjuntivo (*passeie, passeies, passeie, passeiem*) e imperativo (*passeia, passeie, passeiem*).

14. Assinale a alternativa em que todas as palavras estão escritas corretamente:
a) meada – cadiado – aldear – aéreo – umedecer
b) hastear – arial – encadear – estrear – antessala
c) destoe – aldeota – deságue – atue – cedilha
d) candeeiro – semeio – apazigui – efetue – mingue
e) galião – acentue – abençoe – continue – passeemos

15. Complete a grafia das palavras usando *e* ou *i*, conforme o caso:
a) ar....ento – m....ada – ....mpecilho – c....ar
b) art....manha – pass....ar – rec....ar – ant....diluviano
c) ant....ontem – cesar....ana – cad....ado – camp....ão
d) d....spencar – lamp....ão – ent....ado – ....ntupir
e) m....ntira – ....ntolerância – m....x....rico – náus....a

Usa-se *i* e não *e*

▶ nos substantivos e adjetivos derivados em que se encontram os sufixos *-iano* e *-iense*, mesmo que a palavra primitiva termine em *e*:
  acriano ‹ Acre; freudiano ‹ Freud; italiano ‹ Itália; parisiense ‹ Paris

▶ nas formas verbais terminadas em *-oer*, *-air* e *-uir*:
  dói ‹ doer; atrai ‹ atrair; distribui ‹ distribuir

▶ nas formas verbais terminadas em *-iar*, o *i* permanece:
  vario, variemos ‹ variar; contrario, contrariem ‹ contrariar

👍 Saiba mais

Há cinco verbos terminados em *-iar* que mudam o *i* em *ei*, nas formas rizotônicas, por analogia com os verbos em *-ear*, já que na pronúncia se confundem o *e* e o *i*: *ansiar, incendiar, mediar, odiar, remediar*.

ansiar › anseio; incendiar › incendeio; mediar › medeio; odiar › odeio; remediar › remedeio

16. Complete a grafia das palavras usando *e* ou *i*, conforme o caso:
a) confet.... – pal....tó – s....ringa
b) dent....frício – car....stia – influ....
c) mago.... – caço.... – tumultu....
d) tra.... – dó.... – possu....
e) camon....ano – atribu....s – atu....

Glossário

PARÔNIMO – termos que se assemelham na pronúncia e na grafia, mas têm significados diferentes.

HOMÔNIMO – palavras que apresentam identidade na grafia (homógrafos: *gosto* [substantivo], *gosto* [verbo]) ou na pronúncia (homófonos: *sessão* [de cinema], *seção* [departamento], *cessão* [de ceder]).

👍 Saiba mais

Há algumas palavras que se distinguem quanto ao significado apenas pela troca de *e* e *i*:
eminente (elevado)/iminente (prestes a acontecer)
arrear (pôr arreios)/arriar (descer, cair)
deferir (atender)/diferir (distinguir)
descrição (ato de descrever)/discrição (prudência)

Essas palavras que se assemelham na forma, sem que tenham qualquer parentesco de significado, denominam-se PARÔNIMAS.

Emprega-se *o* ou *u*

▶ no final de palavras de origem latina, emprega-se sempre *o*:
moto, tribo

▶ em verbos terminados em *-oar*, mantém-se o *o*:
abençoar › abençoo, abençoas; perdoar › perdoe, perdoes

▶ em verbos terminados em *-uar,* preserva-se o *u*:
acentuar › acentuo, acentuas; continuar › continue, continues

Entretanto é o conhecimento da grafia das palavras e a consulta a obras especializadas que leva o usuário da língua a escrever com *o*
acostumar, atordoar, boate, bolacha, botequim, cobrir, cortiça, coruja, engolir, focinho, lombriga, mochila, mosquito, toalete, tostão, zoeira

e com *u*
acudir, bueiro, bujão, cumbuca, cutucar, embutir, escapulir, jabuti, muamba, pirulito, regurgitar, sinusite, tábua, tabuleiro, usufruto

👍 Saiba mais

A troca das letras *o* e *u* pode acarretar mudança de significado de algumas palavras:
comprimento (extensão)   *cumprimento* (saudação)
soar (emitir som)   *suar* (transpirar)

17. Procure, no dicionário, o significado dos seguintes parônimos para que não tropece na hora de escrever:

a) delatar _____   e) emergir _____
   dilatar _____   imergir _____
b) descriminar _____ f) peão _____
   discriminar _____   pião _____
c) despensa _____   g) recrear _____
   dispensa _____   recriar _____
d) emigrar _____   h) emissão _____
   imigrar _____   imissão _____

Escrevem-se com *s*

▶ palavras derivadas que possuem *s* na primitiva:
pesquisar, pesquisador ‹ pesquisa

▶ substantivo e adjetivo pátrio derivados de substantivo:
paranaense ‹ Paraná; português, portuguesa ‹ Portugal

- substantivo que designa profissão ou título de nobreza:
  poetisa ‹ poeta; princesa ‹ príncipe; consulesa ‹ cônsul; duquesa ‹ duque

- formas dos verbos *pôr* e *querer* e derivados:
  pus, pusesse ‹ pôr; dispus, dispusera ‹ dispor; quis, quisesse ‹ querer; malquis, malquisesse ‹ malquerer

- adjetivo terminado em *-oso (osa)*:
  gostoso, bondoso, caloroso, fervoroso, prazeroso

- vocábulos terminados em *-es*:
  mês; através, invés

- depois de ditongo oral:
  coisa, pouso, náusea

- substantivo e adjetivo relacionados a verbos que têm no radical do infinitivo *-corr, -nd, -pel, -rg, -rt*:
  recurso ‹ recorrer, concurso ‹ concorrer; defesa ‹ defender, distensão ‹ distender; compulsório ‹ compelir, repulsivo ‹ repelir; imersão ‹ imergir; inversão ‹ inverter

- verbos terminados em *-isar* e *-usar*, derivados de palavras primitivas com *s*:
  analisar › análise, paralisar › paralisia; acusar › acusação, escusar › escusa

👍 Saiba mais

CATEQUESE é com *s* e *catequizar* é com *z*, porque o verbo não é derivado desse substantivo, forma-se a partir do radical *catequ-*, sem o sufixo formador do substantivo *-ese*, acrescido do sufixo *-izar,* formador do verbo.
O mesmo ocorre nos derivados *catequizando, catequização, catequizador.*

18. Assinale a alternativa em que todas as palavras estejam corretamente grafadas:
a) atrasar – arrasada – sinusite – enviesar – improvisar
b) japoneses – burguesia – revesar – disposição – aplauso
c) maresia – quisesse – empresa – asilo – balisa
d) cortês – casamento – glamorosa – profetisa – despreso
e) trânsito – escocesa – puseram – pesquisar – faisão

Escrevem-se com z

▶ palavras derivadas que possuem z na primitiva:
   enraizado ‹ raiz; deslize ‹ deslizar; razoável ‹ razão

▶ adjetivo primitivo, quando o substantivo da mesma família apresenta a sílaba *ci*:
   audaz ‹ audácia; capaz ‹ capacidade

▶ substantivo abstrato derivado de adjetivo:
   beleza ‹ belo; avareza ‹ avaro

▶ diminutivo e aumentativo de substantivo que não possui s na última sílaba:
   mãezinha, mãezona ‹ mãe; cãozinho, canzarrão ‹ cão

▶ sufixo *-izar* formador de verbo derivado de palavra que não apresenta -s na última sílaba:
   realizar ‹ real; amenizar ‹ ameno; informatizar ‹ informática

▶ verbos terminados em *-uzir*:
   conduzir, deduzir, produzir

▶ substantivo em *-triz*:
   atriz, embaixatriz, bissetriz, matriz, Beatriz

19. Preencha os espaços com as letras *s* ou *z*, de forma que as palavras sejam escritas corretamente:

a) capa...... – magre......a – qui......esse – industriali......ação – atra......ado

b) estupide...... – a......ar – introdu......ir – cafe......inho – tra......eiro

c) bu......ina – a......edo – concreti......ar – firme......a – imperatri......

d) ca......ar – u......ufruto – cer......ir – parali......ação – he......itar

e) mai......ena – rique......a – reprodu......ir – traumati......ar – coloni......ar

👍 Saiba mais

- O infinitivo dos verbos derivados de palavras que apresentam *s* na última sílaba segue a regra geral, isto é, escreve-se com *s*: *-isar*:
    analisar ‹ análise; avisar ‹ aviso; paralisar ‹ paralisia; alisar ‹ liso

- O diminutivo dos substantivos se faz com os sufixos *-(z)inho* ou *-(s)inho*, dependendo de a primitiva grafar-se com *z* ou com *s*:
    raizinha ‹ raiz; vozinha ‹ voz; lapisinho ‹ lápis; camponesinho ‹ camponês

Escrevem-se com *c, ç, ss*

Emprega-se *c* em
▶ verbos terminados em *-ecer* com sentido de início de ação:
    anoitecer, envelhecer, aborrecer

Emprega-se *ç* em
▶ substantivos e verbos relacionados a substantivos e adjetivos que têm *-to* no final:
    canção ‹ canto, ação ‹ ato, isenção ‹ isento, alçar ‹ alto

▶ substantivos derivados de verbos terminados em *-ter*:
    contenção ‹ conter, detenção ‹ deter

▶ substantivos derivados de verbos da 1ª conjugação:
    comprovação ‹ comprovar, degustação ‹ degustar

▶ substantivos da família dos verbos terminados em *-gir, -guir, -quirir, -uir, -nir*:
    ação ‹ agir, arguição ‹ arguir, inquisição ‹ inquirir, instrução ‹ instruir, punição ‹ punir

▶ substantivos da família dos verbos *pôr, ter, torcer*:
    reposição ‹ repor, obtenção ‹ obter, contorção ‹ contorcer

▶ sufixos *-aça, -aço, -iça, -iço, -uço, -uça, -ança*:
    carcaça, braço, cobiça, chouriço, dentuço, dentuça, criança

- fonema /s/ depois de ditongo:
  traição, eleição, calabouço

- fonema /s/ depois de hiato átono:
  fruição, contribuição, distribuição

- vocábulos de origem tupi, africana ou árabe:
  Iguaçu, caçula, açúcar

Emprega-se **ss** em
- substantivos derivados de verbos em *-ced*, *-gred*, *-met*, *-mit*, *-prim*:
  cessão ‹ ceder; agressão ‹ agredir; intromissão ‹ intrometer; admissão ‹ admitir; impressão ‹ imprimir

20. Preencha as lacunas com *c, ç, ss*:
a) re......ar......ido – re......entia – absten......ão – progre......o – a......elga

b) a......aí – a......ambarcar – ado......ão – bo......al – engui......o

c) inter......e......ão – esca......ez – dan......ar – repre......ão – expre......ão

d) arcabou......o – va......oura – a......e......ório – depre......ão – cen......ura

e) a......entamento – exce......o – discu......ão – ma......i......o – va......ilar

Escrevem-se com *x* ou *ch*

Emprega-se **x**
- depois de ditongo oral:
  caixa, peixe, frouxo

- depois da sílaba inicial *me-*:
  mexerica, mexicano, mexedor

- após sílaba inicial *en-*:
  enxada, enxergar, enxoval, enxugar

- em palavras de origem africana, indígena ou inglesa:
  xingar, axé; xará, xaxim; xampu, xerife

> 👍 **Saiba mais**
>
> Fogem às regras citadas na página anterior palavras como *guache*, *recauchutar*, *mecha*, *mechado*, *encher*, *enchente*, *enchido*, *enchimento*, *enchiqueirar*, *encharcar*.

Emprega-se **ch**
▶ depois do grupo inicial *re*, precedido ou não de consoante:
  rechaçar, rechonchudo, brecha, creche, trecho

> 👍 **Saiba mais**
>
> O emprego correto do *ch* depende do conhecimento da origem da palavra: *chama* (do latim *flama*); *chave* (do latim *clave*); *chuva* (do latim *pluvia*), porque o grupo *consoante + l*, no início da palavra, deu *ch* em português. Há também palavras que entraram na nossa língua por empréstimo do francês (*recauchutar*, *chassî*), do espanhol (*mochila*), do italiano (*espadachim*, *salsicha*), do alemão (*chope*, *chucrute*), do inglês (*sanduíche*), que se escrevem com *ch*. Por isso, o mais adequado é consultar um dicionário ou vocabulário ortográfico quando houver dúvida.
>
> Há palavras homófonas que se distinguem pelo emprego do *x* ou *ch*:
>   xeque (jogada do xadrez)/ cheque (ordem de pagamento); coxo (manco)/ cocho (vasilha para alimentar animais); taxa (imposto, tributo)/ tacha (pequeno prego; nódoa)

21. Assinale a alternativa em que todas as palavras devem ser escritas com *x*:

a) bona......ão – pu......ador – en......uto – rou......inol – me......ilhão

b) en......aguar – fai......a – guei......a – lagarti......a – en......ertar

c) me......ilhão – en......ame – fanto......e – trou......a – en......arcar

d) ......ampu – en......aqueca – en......urrada – lu......o – col......ão

e) en......ofre – ......ícara – encai......e – gra......a – garran......o

Escrevem-se com *g* ou *j*

Emprega-se *g* em
▶ palavras derivadas que possuem *g* na primitiva:
engessar ‹ gesso; massagista ‹ massagem

▶ substantivos terminados em *-ágio, -égio, -ígio, -ógio, -úgio, -agem, -igem, -ugem, -ege, -oge*:
pedágio, colégio, vestígio, relógio, refúgio, carruagem, origem, penugem, elege, foge

▶ verbos terminados em *-ger* e *-gir*:
eleger, mugir

Emprega-se *j* em
▶ palavras derivadas que possuem *j* na primitiva:
cervejaria ‹ cerveja, laranjeira ‹ laranja, lojista ‹ loja, cajueiro ‹ caju

▶ vocábulos terminados em *-aje*:
laje, ultraje, traje, viaje

▶ verbos terminados em *-jar*:
arranjar, enferrujar, viajar

▶ palavras de origem tupi, africana e árabe:
jiboia, canjica, berinjela

22. Assinale a alternativa correta quanto à grafia de todas as palavras:
a) agiu – monge – rabujento – herege – despejar
b) dirigiu – viajar – corajem – megera – submergir
c) pajem – jeito – gesto – jiboia – jiló – plágio
d) ojeriza – traje – gorjeta – beringela – majestade
e) pajé – tijela – jegue – tragédia – cafajeste

Escrevem-se com *h*

▶ palavras em decorrência da sua etimologia:
harmonia, hemorragia, hipismo, horário, humor

▶ dígrafos *ch, lh, nh*:
chave, filha, unha

▶ vocábulos compostos ligados por hífen:
anti-herói, pré-história, super-homem, sobre-humano

▶ interjeições:
ah! eh! ih! oh! uh!

▶ poucos nomes próprios, em que o *h* mantém-se por tradição:
Bahia, Thereza, Hamilton, Heitor, Helena, Horácio

23. Assinale a alternativa em que todas as palavras estão escritas corretamente:
a) harém – higiene – húmido – humor – herva
b) hiena – histeria – hárdua – humanidade – horto
c) hipopótamo – hábito – hêxodo – hífen – hóspede
d) hangar – hidráulico – hálito – humildade – hospício
e) hágil – harpa – hóstia – horripilante – hormônio

Escrevem-se com *k, w* ou *y*

▶ nomes próprios de pessoas originários de outras línguas e seus derivados:
Kant, kantiano; Wagner, wagneriano; Taylor, taylorizar

▶ nomes próprios de lugares originários de outras línguas e seus derivados:
Kuwait, kuwaitiano; Washington, washingtoniano; Hollywood, hollywoodiano

▶ símbolos, siglas, unidades de medidas:
kg (quilograma); W (watt); yd (jarda)

24. Assinale as alternativas cujas palavras estão todas corretamente grafadas:
a) gorjeta – contágio – laje – tijela – varejista
b) persevejo – contorção – movediço – acepipe
c) retrós – hemodiálise – emprezariado – acrescentar
d) afrouxar – enxergar – macaxeira – ducha
e) firmeza – viuvez – aspereza – hospitalização

👁 DE OLHO VIVO PARA NÃO TROPEÇAR AO ESCREVER AS SEGUINTES PALAVRAS

adapta	e não	adapita	esteja	e não	esteje
adivinhar	e não	advinhar	estripulia	e não	estripolia
advogado	e não	adivogado	estupro	e não	estrupo
aeroporto	e não	aereoporto	frustração	e não	frustação
arrepio	e não	arripio	ginecologista	e não	genicologista nem ginicologista
arteriosclerose	e não	arterisclerose			
asterisco	e não	asterístico	identidade	e não	indentidade
astigmatismo	e não	astiguimatismo	irascível	e não	irrascível
auscultar	e não	oscultar	isenção	e não	insenção
basculante	e não	vasculante	jabuticaba	e não	jaboticaba
beneficência	e não	beneficiência	lagartixa	e não	largatixa
bicarbonato	e não	bicabornato	lagarto	e não	largato
botijão	e não	butijão	lampião	e não	lampeão
braguilha	e não	barriguilha	manteiga	e não	mantega
bugiganga	e não	buginganga	manteigueira	e não	manteguera
cabeleireiro	e não	cabelereiro	meritíssimo	e não	meretíssimo
caderneta	e não	cardeneta	opta	e não	opita
caminhoneiro	e não	camioneiro	osteoporose	e não	ostoporose
caranguejo	e não	carangueijo	prazeroso	e não	prazeiroso
catequese	e não	catequeze	privilégio	e não	previlégio
catequizar	e não	catequisar	prostração	e não	prostação
companhia	e não	compania	reivindicação	e não	revindicação
despender	e não	dispender	seiscentos	e não	seissentos
disenteria	e não	desenteria	seja	e não	seje
dispêndio	e não	despêndio	sucinto	e não	suscinto
dispendioso	e não	despendioso	superstição	e não	supertição
dormir	e não	durmir	suscetível	e não	sucetível
embaixo	e não	em baixo	umidade	e não	humidade
em cima	e não	encima	verossimilhança	e não	verussemelhança
engajar	e não	ingajar	viagem	e não	viage

1.2 Acentuação gráfica

ACENTO GRÁFICO é o sinal que colocamos sobre as vogais de certos vocábulos para indicar a sílaba tônica e o timbre aberto — ACENTO AGUDO (´) —, ou o timbre fechado — ACENTO CIRCUNFLEXO (^). De modo geral, esses acentos são usados para auxiliar a pronúncia de palavras, sobretudo aquelas que fogem ao padrão prosódico da língua. Além desses acentos, há o til (~), que marca a nasalidade da vogal, e o acento grave (`), que indica a crase, ou seja, a fusão da preposição *a* com o artigo definido feminino *a* (*à*) ou da preposição *a* com o pronome demonstrativo (*àquele, àquela, àquilo*).

Antes de apresentarmos as regras de acentuação gráfica, é necessário relembrarmos algumas noções de tonicidade que têm implicações nas regras de acentuação. O acento tônico consiste na maior intensidade de uma das sílabas em comparação com outras de determinada palavra. A sílaba pronunciada com maior força denomina-se tônica e as demais, átonas. As palavras de mais de uma sílaba, quanto ao acento tônico, se classificam em OXÍTONAS (acento na última sílaba), PAROXÍTONAS (acento na penúltima sílaba) e PROPAROXÍTONAS (acento na antepenúltima sílaba), e as de uma sílaba (MONOSSÍLABAS) em ÁTONAS e TÔNICAS. O estudo da tonicidade das palavras é importante para evitar a SILABADA, denominação que se dá ao erro de PROSÓDIA.

Neste subcapítulo trataremos da correta localização do acento tônico e das regras de utilização dos acentos gráficos.

Glossário

SÍLABA – cada som ou grupo de sons pronunciados numa única expiração. Pode ser constituída, entre outras, por uma única vogal (**a**-mar); por consoante e vogal (ma-**ré**); ditongo (**eu**); consoante e ditongo (**mãe**); consoante, vogal e consoante (**mar**); consoante e tritongo (i-**guais**).

OXÍTONA – palavra cujo acento tônico recai na última sílaba: *sofá, café, cipó*.

PAROXÍTONA – palavra cujo acento tônico recai na penúltima sílaba: *júri, menino, baía*.

PROPAROXÍTONA – palavra cujo acento tônico recai na antepenúltima sílaba: *lâmina, sólido, líquido*.

MONOSSÍLABO ÁTONO – palavra de uma sílaba que, por ser desprovida de tonicidade, apoia-se no vocábulo tônico anterior ou posterior: fala-*se*, *a* casa.

MONOSSÍLABO TÔNICO – palavra de uma sílaba que, por ter tonicidade própria, não precisa apoiar-se em outro vocábulo: *nós, pão, mês*.

1. Classifique as palavras abaixo quanto à posição do acento tônico: (1) oxítona, (2) paroxítona, (3) proparoxítona e (4) monossílaba tônica.

( ) pontapé   ( ) faísca   ( ) abóbada   ( ) chá   ( ) dominó
( ) cós   ( ) autóctone   ( ) chapéu   ( ) sótão ( ) anéis
( ) pés   ( ) heroísmo   ( ) ninguém   ( ) ônus   ( ) efêmero
( ) lê   ( ) caráter   ( ) equívoco ( ) ídolo ( ) crê

> 👍 **Saiba mais**
>
> É bom não esquecer que a maioria das palavras na Língua Portuguesa são paroxítonas terminadas nas vogais -a, -e e -o, por isso não recebem acento gráfico.

1.2.1 Regras de acentuação

A) Todas as palavras PROPAROXÍTONAS são acentuadas:
   paráfrase   âmago   epístola   protótipo   agrônomo   cúpula

> 👍 **Saiba mais**
>
> A palavra *recorde* é paroxítona e não proparoxítona como muitos pensam:
>   O nadador bateu o *recorde* sul-americano.
>
> Também são paroxítonas:
>   *avaro, ciclope, ibero, decano, maquinaria, pegada, pudico, rubrica*
>
> • Alguns vocábulos apresentam oscilação de pronúncia mesmo no padrão culto:
>   reptil ou réptil   anidrido ou anídrido   acróbata ou acrobata
>   hieroglifo ou hieróglifo   Oceania ou Oceânia   ortoepia ou ortoépia
>   projetil ou projétil   zangão ou zângão

2. As palavras abaixo são todas proparoxítonas. Utilize o acento agudo ou o circunflexo para escrevê-las corretamente:
estomago, passaro, lampada, cerebro, solido, caracteristica, economico, prototipo, vitima, lucido.

3. Assinale a alternativa cuja ausência do acento gráfico cria outro sentido para as palavras:
a) abóbora, efêmero, antídoto, arquétipo, cáfila
b) álibi, autóctone, bússola, cânhamo, hipódromo

c) autódromo, ávido, vermífugo, vândalo, úlcera
d) cônjuge, hipódromo, fôlego, pântano, dálmata
e) fábrica, trânsito, sábia, público, secretária

B) São acentuadas as palavras PAROXÍTONAS terminadas em
▶ *-i(s), -us, -um, -uns:*
júri, lápis, lótus, álbum, álbuns

▶ *-l, -n, -r, -x, -ps:*
fácil, pólen, cadáver, tórax, bíceps

▶ *-ei(s), -ã(s), ão(s):*
jóquei, túneis, imã(s), órgão(s)

▶ ditongo crescente (*-ia, -ie, -io, -ua, -ue, -uo*) seguido ou não de *-s* (também considerados proparoxítonos ocasionais):
agrária(s), série(s), exercício(s), árdua(s), tênue(s), mútuo(s)

👍 Saiba mais

• As palavras *hífen, hímen, pólen, sêmen,* cujo singular termina em *-en*, no plural, perdem o acento:
hifens, himens, polens, semens

• Entretanto, *elétron, próton, íon, cátion,* paroxítonas terminadas em *-on*, mantêm o acento no plural:
elétrons, prótons, íons, cátions

4. As palavras *táxi, amável, pônei, ária* seguem as mesmas regras de acentuação gráfica das palavras:
a) açaí, vírus, conteúdo, reúne
b) bênção, órfãos, fácil, herói
c) canapé, hotéis, ônus, ônix
d) lápis, níquel, répteis, colégio
e) guichê, aluguéis, fêmur, raízes

Glossário

DITONGO CRESCENTE – encontro vocálico constituído de semivogal + vogal: pá-tr*ia*, sé-r*ie*, gê-n*io*, á-g*ua*, fre-q*ue*n-te, tran-q*ui*-lo.

DITONGO DECRESCENTE – encontro vocálico constituído de vogal + semivogal: c*ai*-xa, *au*-to, f*ei*-xe, per-d*eu*, *oi*-to, *ou*-ro, fu-g*iu*.

 **Saiba mais**

Não se acentuam
- paroxítonos terminados em *-a, -e, -o, -am, -em*, seguidos ou não de *-s*:
  mesa(s), mestre(s), livro(s), eram, jovem(ns)

- os prefixos e os elementos de composição paroxítonos terminados em *-i*:
  anti-herói   anti-higiênico   anti-inflamatório   anti-imperialista
  multi-horário   multi-hotelaria   multi-instalação   multi-irrigação
  semi-histórico   semi-humano   semi-inconsciente   semi-internato

- os prefixos paroxítonos terminados em *-r*:
  inter-helênico, inter-regional; super-homem, super-requintado

C) São acentuadas as palavras OXÍTONAS terminadas em
▶ *-a, -e, -o*, seguidos ou não de *-s*:
  sofá, sabiás, café, inglês, avó, avós, camelô, propôs

▶ ditongo nasal grafado *-em (-ens)*:
  harém, convêm, mantêm, parabéns

▶ ditongos decrescentes abertos *-éi, -éu* e *-ói*, seguidos ou não de *-s*:
  papéis, chapéu(s), herói(s)

▶ *-i(s)* e *-u(s)*, quando em hiato:
  daí, Itaguaí, baú, Grajaú

5. Observe a sílaba tônica destacada nas seguintes palavras: *dendê, fiéis, troféu, ninguém, Icaraí*.
Assinale a alternativa em que as palavras obedecem à mesma regra de acentuação das relacionadas acima.
a) baía, cajá, robô, inglês, pincéis
b) juíza, você, refém, cruéis, céu
c) reúne, também, três, mantém, país
d) viúva, nós, jiló, já, avós
e) você, anéis, ilhéu, armazém, traí

> ### 👍 Saiba mais
>
> - As formas verbais monossílabas ou oxítonas em *-em* fazem o plural em *-êm*:
>   tem/têm, convém/convêm, mantém/mantêm
>
> - As formas verbais terminadas em *-a*, *-e* ou *-o* conjugadas com os pronomes enclíticos *lo(s)* ou *la(s)*, após a supressão das consoantes *-r*, *-s* ou *-z*, também são acentuadas:
>   amá-la (de amar-a), adorá-los (de adorar-os), fá-lo (de faz-o), detê-las (de deter-as), repô-la (de repor-a)
>
> - As formas verbais terminadas em *-i* só são acentuadas graficamente se a vogal *i* fizer parte de um hiato:
>   possuí-lo substituí-la, atraí-la
>
>   caso contrário não leva acento:
>   dividi-lo garanti-lo abri-lo

6. No trecho "Fascinado pelas cores e cultura do Brasil, o *fotógrafo* e *etnólogo francês* Pierre Verger documentou o *país* com olhar apurado", as palavras destacadas são acentuadas graficamente pelo mesmo motivo pelo qual se acentuam as palavras:

a) ângulo, declínio, céu, parabéns
b) cônjuge, cajá, frequência, corrói
c) húngaro, viés, provém, permanência
d) inédito, ídolo, cortês, Piauí
e) míope, êxodo, Inês, rói

7. Acentue, se necessário, as palavras destacadas nas frases abaixo e sublinhe as paroxítonas terminadas em ditongo crescente:

a) O *misterio* dos *indios* das tribos *amazonicas esta* sendo desvendado.
b) Os primeiros humanos que vieram para a *America* foram *nomades asiaticos*.
c) O homem chegou ao continente *americano* em uma *so* onda *migratoria*.
d) *Travessia* entre a *Siberia* e o Alasca ocorreu *ha* no *maximo* 23 mil anos.
e) *Indios* da *Amazonia* teriam a mesma *ascendencia genetica* dos *aborigenes* australianos.

8. Acentue as palavras abaixo quando necessário e justifique a presença ou ausência do acento.

amor _____   contem _____

cai _____   destroi _____

caja _____   dize-lo _____

caju _____   fregues _____

👍 Saiba mais

• A 3ª pessoa do plural do presente do indicativo dos verbos *ter* e *vir* e de seus derivados recebem acento circunflexo:
   têm, obtêm, contêm, vêm, advêm, provêm

• Não se acentuam as palavras oxítonas terminadas em: *-i, -u, -ã, -ão*, ditongo, tritongo, *-im, -om, -um, -l, -r, -x, -z:*
   caqui, tabu, irmã, irmão, passou, Paraguai, ruim, bombom, jejum, lençol, amar, xerox, feroz

• Não se acentuam os ditongos decrescentes fechados *ei, eu* e *oi*:
   lei, feia, ateu, europeu, boi, apoio

Glossário

CACOÉPIA – pronúncia incorreta das palavras: *estrupo* em vez de *estupro*; *cardeneta* em vez de *caderneta*; *abóbra* em vez de *abóbora*; *prostar* em vez de *prostrar*.

ORTOEPIA (ou ORTOÉPIA) – parte da gramática que trata da correta pronúncia das palavras.

PROSÓDIA – parte da fonética que trata do acento das palavras e da entoação das frases.

SILABADA – denominação que se dá ao erro de prosódia, ou seja, colocar acento tônico fora da sílaba adequada: *rúbrica* em vez de *rubrica*; *sútil* em vez de *sutil*; *côndor* em vez de *condor*.

9. Acentue convenientemente as palavras:

a) petroleo do Oriente Medio
b) Superintendencia da Policia
c) reporter politico
d) anuncio rapido
e) ultimo adversario
f) credito facil
g) inicio do mes
h) proxima decada
i) catastrofe gravissima
j) orgão economico
k) armazem de açucar
l) passeio publico
m) alcool etilico
n) saude publica
o) importancia da agua
p) Premio Nobel

D) São acentuados os MONOSSÍLABOS TÔNICOS terminados em
- -a, -e, -o, seguidos ou não de -s:
    pá, pás, pé, pés, rês, pó, sós, pôs

- ditongo -eu, -ei, -oi, seguidos ou não de -s:
    véu, réis, dói

👍 Saiba mais

- Não se acentuam os monossílabos tônicos terminados em -i, -u, seguidos ou não de -s, e os terminados em -m, -ns, -l, -r, -z; ditongo decrescente ou tritongo:
    ri, Lu (forma afetiva de Luciana), rim, rins, mal, mar, luz, frei, mau, quais

- Nenhum monossílabo átono é acentuado graficamente:
    - artigos definidos e indefinidos: o(s), a(s); um(a), uns, umas
    - conjunções: e, nem, mas, ou, se, que
    - preposições: a, de, por
    - contrações da preposição com artigo definido: do(s), da(s), no(s), na(s), num(ns)
    - pronomes pessoais: me, te, se, o(s), a(s), lhe(s), nos, vos
    - pronome relativo: que

10. Separe os monossílabos tônicos dos átonos nas frases abaixo:
a) Minha sobrinha Lu ficou noiva no sábado.
b) Vou de trem para o trabalho.
c) Não, pretendo viajar para a Bahia.
d) Esperava ser ressarcido da quantia que havia pagado.
e) O sol apareceu só às três horas.

Monossílabos tônicos _____

Monossílabos átonos _____

11. A alternativa em que todos os monossílabos devem ser acentuados de acordo com as regras de acentuação vigentes na língua portuguesa é:
a) gas, mes, pos
b) cos, reu, ele tem
c) fe, eu vi, ha
d) quem, eles vem, fiz
e) pra, dor, por (verbo)

> ### 👍 Saiba mais
>
> O monossílabo *que* é acentuado quando é
> - substantivo:
>   As canções de Roberto Carlos têm um *quê* de romantismo que encanta as mulheres.
>
> - pronome interrogativo em final de frase:
>   Você fez isso por *quê*?

E) Nos HIATOS, é acentuada, a segunda vogal tônica *i* ou *u*, seguida ou não de *-s*:
aí, caíra, egoísta, baú, saúde, balaústre

12. Assinale a opção em que todos os vocábulos devem ser acentuados graficamente por ser *i* ou *u* a segunda vogal de hiato:
a) Alaide, cafeina, ciume, miudo
b) muito, linguiça, caixa, feixe
c) oito, auto, perdeu, falei
d) leite, beijo, mediu, paixão
e) cãibra, noite, passou, vaidade

13. Leia as afirmativas abaixo sobre as regras de acentuação gráfica de algumas palavras:
I. a palavra "graúdo" é acentuada porque a letra u é a segunda vogal tônica do hiato.
II. a palavra "hífen" é acentuada tanto no singular quanto no plural.
III. as palavras oxítonas terminadas em *-em* e *-ens* são acentuadas.
Está correto o que se afirma em:
a) I
b) II
c) III
d) I e II
e) I e III

14. Copie as frases passando-as para o plural:

a) A menina vê televisão à tarde.
_____

b) De onde vem aquela encomenda?
_____

c) Ele tem competência para julgar.
_____

d) O diretor intervém demais na decisão do gerente.
_____

e) O ministro mantém o diretor no cargo.
_____

🔵 Saiba mais

Não se acentuam graficamente

- a vogal *i* dos hiatos quando seguida de *-l, -m, -n, -r, -z* ou *-nh*:
  adail, ruim, contribuinte, retribuirdes, juiz, bainha

- a base dos ditongos tônicos *-iu* e *-ui* quando precedidos de vogal:
  atraiu, contribuiu, pauis

- o hiato *oo*, seguido ou não de *-s*:
  abençoo, enjoo, voo, perdoo

- as formas verbais de 3ª pessoa do plural dos verbos *crer, dar, ler, ver* e seus derivados:
  creem, deem, leem, veem, descreem, desdeem, releem, reveem

- o *u* tônico (nas formas rizotônicas de verbos) nos grupos *gue, gui, que, qui*:
  argui, apazigue, oblique, obliques

F) Levam ACENTO DIFERENCIAL algumas palavras escritas com as mesmas letras, às vezes com timbre da vogal tônica diferente:

▶ *ás* (substantivo masculino, monossílabo tônico: carta de baralho; pessoa que é excelente numa atividade) para distinguir de *as* (artigo definido feminino plural, monossílabo átono);

▶ *pôde* (3ª pessoa do singular do pretérito perfeito do indicativo do verbo *poder*) para distinguir de *pode* (3ª pessoa do singular do presente do indicativo);

▶ *pôr* (verbo) para distinguir de *por* (preposição).

▶ É facultativo o acento no substantivo *fôrma* (*fôrma* de bolo) para distinguir do substantivo *forma* (a *forma* do triângulo) ou da 3ª pessoa do singular do presente do indicativo ou 2ª pessoa do singular do imperativo afirmativo do verbo *formar* (Minha filha se *forma* daqui a três anos. *Forma* (tu) com ele e terás sucesso!).

👍 Saiba mais

- As palavras terminadas em *-or*, incluindo os verbos derivados de *pôr*, não são acentuadas: *dor, cor, for, antepor, depor, impor*.

- Não se deve confundir *por* (preposição) com *pôr* (verbo):
  Você não deve caminhar *por* essas ruas desertas.
  Preciso *pôr* um quadro de fotos no seu quarto.

15. Assinale a alternativa em que todas as palavras são acentuadas pela mesma regra:
a) vatapá, bisavó, jacaré
b) dócil, útil, armazéns
c) néctar, saída, mágoa
d) órgão, álbum, chapéu
e) detêm, contém, anéis

16. Distinga as palavras a seguir em oxítonas (1), paroxítonas (2) ou proparoxítonas (3), e acentue graficamente se necessário:

( ) aerolito
( ) agape
( ) alacre
( ) alcoolatra
( ) ambar
( ) arquetipo
( ) avido
( ) barbaria
( ) batavo
( ) berbere
( ) canon

( ) ciclope
( ) climax
( ) decano
( ) exegese
( ) exodo
( ) filantropo
( ) fortuito
( ) harem
( ) harpia
( ) humus
( ) impio

( ) impar
( ) involucro
( ) leucocito
( ) misantropo
( ) recem
( ) refem
( ) ruim
( ) sutil
( ) pegada
( ) pleiade
( ) textil

👁 DE OLHO VIVO PARA NÃO TROPEÇAR NA HORA DE PRONUNCIAR AS SEGUINTES PALAVRAS E EVITAR SILABADA

a-**va**-ro	e não	**á**-va-ro	in-**tui**-to	e não	in-tu-**í**-to
a-zi-**a**-go	e não	a-**zí**-a-go	ma-qui-na-**ri**-a	e não	ma-qui-**ná**-ria
bá-va-ro	e não	ba-**va**-ro	me-te-o-**ri**-to	e não	me-te-**ó**-ri-to
ca-te-**ter**	e não	ca-**té**-ter	mis-**ter**	e não	**mís**-ter
cir-**cui**-to	e não	cir-cu-**i**-to	No-**bel**	e não	**Nó**-bel
con-**dor**	e não	**con**-dor	pe-**ga**-da	e não	**pé**-ga-da
es-tra-**té**-gia	e não	es-tra-te-**gi**-a	pu-**di**-co	e não	**pú**-di-co
e-**tí**-o-pe	e não	e-ti-**o**-pe	ru-**bri**-ca	e não	**rú**-bri-ca
flui-do	e não	flu-**í**-do	ru-**im**	e não	**ru**-im
for-**tui**-to	e não	for-tu-**í**-to	pro-**tó**-ti-po	e não	pro-to-**ti**-po
gra-**tui**-to	e não	gra-tu-**í**-to	pu-**di**-co	e não	**pú**-di-co
habitat	e não	habi**tat**	re-**cor**-de	e não	**ré**-cor-de
i-**be**-ros	e não	**í**-be-ros	re-**vér**-be-ro	e não	re-ver-**be**-ro
ín-te-rim	e não	in-te-**rim**	u-re-**ter**	e não	u-**ré**-ter

1.3 Emprego de iniciais maiúsculas e minúsculas

O emprego de letras maiúsculas e minúsculas obedece à regulamentação oficial. Em quase todos os vocábulos da Língua Portuguesa empregamos letra minúscula, exceto nos nomes próprios e no início de frase. Entretanto, em alguns casos, o usuário da língua tem dúvida se a palavra deve ser escrita com maiúscula ou minúscula. São esses casos que pretendemos esclarecer aqui, seguidos de alguns exercícios de fixação. Não encontramos nenhuma questão de concurso que avaliasse especificamente tal emprego. Esse conhecimento, no entanto, está implícito no uso da modalidade escrita.

1.3.1 Emprega-se letra maiúscula

A) no início de período e de frase:
"Os mestres de saveiros, os pretos tatuados, os malandros sabem essas histórias e essas canções."
(Jorge Amado)
"– Aquelas estrelas são pedacinhos do dia no céu. É o que sobrou dele. Por isso gosto de ficar olhando."
(Godofredo de Oliveira Neto)

B) no início de verso tradicional e de citação direta:
"Aguardando-te, amor, revejo os dias / Da minha infância já distante, quando / Eu ficava, como hoje, te esperando / Mas sem saber ao certo se virias."
(Vinicius de Moraes)
"De outra vez o santo olha, consulta lá os seus assentamentos e diz:
— Você é o Zé do Burro, aquele que já me passou a perna!"
(Alfredo Dias Gomes)

> ### 👍 Saiba mais
>
> • Depois de ponto, ponto de exclamação ou de interrogação, emprega-se letra maiúscula. Entretanto, se o termo que segue a exclamação ou a interrogação integra o todo oracional, emprega-se letra minúscula. Exemplos:
>
> Por que você não telefonou? perguntou a mãe aflita. → A frase interrogativa completa o sentido do verbo "perguntar".
>
> "Oh! dias de minha infância!" (Casimiro de Abreu) → O sentido da interjeição é inferido pela oração que a segue.
>
> "Deus! Ó Deus! onde estás que não responde?" (Castro Alves) → O sentido do vocativo é inferido pela oração que o segue.
>
> • A partir do Movimento Modernista, encontram-se versos iniciados com minúscula:
> "A cidade / debruçada sobre / seus afazeres surda / de rock / não sabe ainda / que a garça / voltou." (Ferreira Gullar)

C) nos nomes próprios de qualquer natureza:

▶ pessoas (antropônimos):
Paulo, Edila, Regina Célia

▶ famílias (patronímicos, cuja origem encontra-se no nome do pai ou de um ascendente masculino, por extensão sobrenome):
Angelim, Cunha, Pereira, Silva, Vianna

▶ apelido, alcunha ou epíteto:
Zequinha, Nanda; Pinóquio (para mentiroso), Quatro-Olhos (para quem usa óculos); Poeta dos Escravos (Castro Alves), D. Maria, a Louca (Rainha de Portugal, mãe de D. João VI)

▶ lugares (topônimos):
Brasil, Rio Grande do Norte, Recife, Jacarepaguá

▶ tribos (grupo social de mesma etnia, que vive em comunidade e que compartilha a mesma língua e os mesmos hábitos):
Guarani, Karajá, Kaxinawá

▶ entidades mitológicas e religiosas:
Zeus, Afrodite, Curupira, Deus, Alá

- constelações, galáxias, corpos celestes:
    Orion, Cruzeiro do Sul, Sistema Solar, Via Láctea, Terra, Sol, Lua, Marte, Vênus

- eras históricas, época, datas significativas, festas e festividades:
    Antiguidade, Idade Média, Renascimento, Quinhentos (século XVI), Dia das Mães, Quinze de Novembro (Proclamação da República), Natal, Ano-Novo

- instituições religiosas ou políticas, agremiações culturais ou esportivas, empresas públicas ou privadas:
    Igreja Católica Apostólica Romana, Presidência da República, Câmara do Deputados, Ministério da Cultura, Academia Brasileira de Letras, Clube de Regatas Flamengo, Imprensa Oficial do Estado de Minas Gerais, Lexikon Editora Digital, Hospital Samaritano

- instituições de ensino:
    Universidade Federal do Rio de Janeiro, Universidade de São Paulo, Escola Técnica Nacional, Colégio Pedro II, Instituto de Educação

- em todos os elementos de um nome próprio composto, unidos por hífen:
    Pós-Graduação em Letras, Pró-Reitoria de Gestão de Pessoas

- títulos de obras, periódicos, filmes, peças, músicas, telas apresentam o primeiro vocábulo sempre com maiúscula, e os demais em maiúscula ou minúscula, com exceção para os nomes próprios cuja inicial deve ser sempre maiúscula. Entretanto os artigos, as preposições, as conjunções e os advérbios desses títulos escrevem-se com inicial minúscula:
    Práticas discursivas do Ensino Médio, Veja, O Globo, Folha de S. Paulo, Os Sertões (Os sertões), Memórias póstumas de Brás Cubas

- prêmios e distinções:
    Prêmio Nobel, Ordem do Cruzeiro do Sul, Prêmio Camões

- pontos cardeais quando indicam regiões do Brasil e do mundo:
    os povos do Ocidente, os mares do Sul, o falar do Nordeste, a vegetação do Centro-Oeste

👍 Saiba mais

As abreviaturas dos pontos cardeais devem ser escritas sempre com maiúsculas:
   N (norte) NE (nordeste) NO (noroeste) O ou W (oeste) S (sul) SE (sudeste) SO ou SW (sudoeste).

👍 Saiba mais

Em citação ou bibliografia, o título das obras deve vir em itálico ou em negrito, com a primeira letra da palavra que encabeça o título em maiúscula e as demais minúsculas, exceto se nele houver um nome próprio:

PEREIRA, Cilene da Cunha, SILVA, Edila Vianna da e ANGELIM, Regina Célia Cabral. *Dúvidas em Português nunca mais*. Rio de Janeiro: Lexikon, 2011. (ou **Dúvidas em Português nunca mais**.)

Em 1881, Machado de Assis publica *Memórias póstumas de Brás Cubas* (ou **Memórias póstumas de Brás Cubas**).

1. Reescreva os termos que pedem a letra maiúscula:

a) dom casmurro é um romance de machado de assis publicado em 1899 pela livraria garnier. seu personagem principal é bento santiago, o narrador da história.

b) guimarães rosa nasceu em cordisburgo, minas gerais, em 27 de junho de 1908. seus contos e romances ambientam-se quase todos no chamado sertão brasileiro.

c) rachel de queiroz nasceu em fortaleza, ceará, em 17 de novembro de 1910. sua bisavó materna — "dona miliquinha" — era prima de josé de alencar, autor de *o guarani*.

d) o poeta manuel bandeira estudou no colégio pedro II, antigo ginásio nacional, foi professor de literaturas hispano-americanas na faculdade de filosofia da universidade do brasil, atual faculdade de letras da ufrj, e membro da academia brasileira de letras.

e) cupido, deus do amor na mitologia latina, é geralmente representado como um menino alado que carrega um arco e um carcás com setas para atirar no coração dos homens.

D) nos pronomes e expressões de tratamento:
D. (Dom ou Dona), Sr. (Senhor), Sr.ª (Senhora), DD. ou Dig.ᵐᵒ (Digníssimo), MM. ou M.ᵐᵒ (Meritíssimo), Rev.ᵐᵒ (Reverendíssimo), S. E. (Sua Eminência), V. M. (Vossa Majestade), V. A. (Vossa Alteza), V. S.ª (Vossa Senhoria), V. Ex.ª (Vossa Excelência), V. Mag.ª (Magnífico, Vossa Magnificência).

E) nos atos das autoridades governamentais, quando empregados em correspondência ou documentos oficiais:
Lei de 13 de maio, Decreto nº 20.108, Portaria de 15 de junho, Regulamento nº 737, Acórdão de 3 de agosto, Código Penal

F) nas palavras que, no estilo epistolar, se dirigem a um amigo, a um parente, a uma pessoa respeitável, as quais, por deferência, consideração ou respeito, se queira realçar:
Meu Amigo, Caro Colega, Prezado Mestre, Estimado Professor, Querido Pai, Distinta Diretora, Caro Doutor, Prezado Coronel

G) nos nomes comuns sempre que personificados ou individualizados:
o Amor, o Ódio, a Virtude, a Morte, o Lobo, o Cordeiro, a Cigarra, a Formiga, a Capital, a República, a Transamazônica, a Indústria, o Comércio

H) nas siglas, símbolos ou abreviaturas:
STF (Supremo Tribunal Federal), ONU (Organização das Nações Unidas), H2O (água), SO ou SW (sudoeste)

2. Quanto ao emprego de iniciais maiúsculas, assinale a alternativa em que há erro de grafia:
a) A Lagoa Rodrigo de Freitas está ligada ao mar pelo canal do Jardim de Alá, que separa o Leblon de Ipanema.
b) A Via Láctea é uma galáxia espiral da qual o Sistema Solar faz parte.
c) Em 1923, o governo francês doou à Academia Brasileira de Letras um prédio, réplica do Petit Trianon de Versailles.
d) Muitos pensam que o ocidente é fundamentalmente a Europa, o oriente é fundamentalmente a Ásia.
e) Quando se fala em Renascimento, pensa-se logo no grande desenvolvimento artístico e literário da época.

> **👍 Saiba mais**
>
> • As abreviaturas dos pontos cardeais são escritas com letras maiúsculas sem serem seguidas de ponto:
>
> N = norte   L = leste
> S = sul   W ou O = oeste
>
> • As siglas com até três letras, sejam elas pronunciadas como palavras ou letra por letra, são escritas apenas com maiúsculas: SUS, ONU. A partir de quatro letras, as siglas pronunciáveis como palavras são escritas com a inicial maiúscula e as demais minúsculas: Faperj, Unicamp, Varig. As siglas pronunciadas letra por letra são grafadas apenas com maiúsculas: UFRJ, INSS, IPTU, CNBB. Algumas siglas são grafadas, por convenção, com letras maiúsculas e minúsculas: CNPq, UnB.
>
> • Se a palavra for separada por hífen, a letra maiúscula deve incidir sobre todos os elementos, entretanto não se escrevem com maiúsculas os monossílabos situados no interior de vocábulos compostos:
>
>   Grã-Bretanha, Pós-Graduação, Todos-os-Santos, Trás-os-Montes

3. Todas as alternativas são verdadeiras quanto ao emprego da inicial maiúscula, exceto em:
a) dias da semana e meses do ano.
b) instituições religiosas e de ensino.
c) nomes de fatos históricos e festas religiosas.
d) substantivos próprios em geral.
e) títulos de livro, jornal, filme, música.

4. Assinale a única AFIRMAÇÃO FALSA quanto ao emprego de inicial maiúscula. Grafa-se com inicial maiúscula:
a) "Atlântida", o nome de uma ilha lendária.
b) "Branca de Neve" por ser um antropônimo fictício.
c) "Páscoa" por ser o nome de uma festa religiosa.
d) "Sua Santidade", forma de tratamento empregada para o Papa.
e) "Verão e Inverno", estações do ano.

1.3.2 Emprega-se letra minúscula

A) nas titulações (axiônimos):

senhor   doutor   cardeal   bacharel   coronel

B) nos nomes próprios de personagens reais ou fictícios, que se celebrizaram por seus atributos ou ações e são empregados como atributos de outros:

Ele é *um judas*.   Você é *um mecenas*.
Não queira ser *uma joana d'arc* neste caso.

C) nos nomes comuns que designam acidentes geográficos e divisão política:

rio Amazonas   baía de Todos os Santos   estado do Piauí
oceano Atlântico   mar do Caribe   município de Palmas

D) nos pontos cardeais, quando designam direções ou quando se empregam como adjetivo:

Percorreu o Brasil de norte a sul.
vento norte   litoral sul   zona oeste

E) nos nomes dos dias da semana, meses e estações do ano:

segunda-feira   terça-feira   sábado   domingo
janeiro   fevereiro   março   abril
primavera   verão   outono   inverno

F) nos substantivos *senhor* e *senhora*:

Vi uma *senhora* idosa entrando num ônibus.
O *senhor* idoso trabalhava com muita dedicação.

🔆 Saiba mais

• Os pronomes que se referem a Deus, a Cristo e à Virgem Maria podem ser escritos com maiúscula ou com minúscula, mas tradicionalmente escrevem-se com maiúscula:

"Querida mulher de Deus, fique firme por enquanto e glorifique a Deus por Seu favor, Sua graça e Sua majestade."
Jeremias 29:11

• Os nomes "Estado" e "País", quando empregados com sentido de determinada nação, grafam-se com maiúscula:

O *E*stado brasileiro, *Pa*ís (= Brasil).

5. Justifique o emprego de letra maiúscula ou minúscula das palavras sublinhadas:

a) Os alunos aguardavam ansiosamente o feriado de Finados.

b) A diretora da escola municipal era uma senhora muito competente.

c) Drummond faleceu em 17 de agosto de 1987, segunda-feira, no Rio de Janeiro.

d) O Rei do futebol recebeu o título de Atleta do Século em 15 de maio de 1981.

e) Vento Minuano é o nome dado à corrente de ar que ocorre nos estados do Sul do Brasil.

1.3.3 Emprega-se maiúscula ou minúscula indistintamente nos seguintes casos

A) nos designativos de nomes sagrados (hagiônimos):
Santa (santa) Edwiges
Santo (santo) Antônio
São (são) Jorge
São (são) José
Anjo (anjo) Gabriel
Arcanjo (arcanjo) Miguel

B) na denominação de logradouros públicos, templos e edifícios:
Avenida (avenida) Suburbana
Largo (largo) do Boticário
Terreiro (terreiro) de São Francisco
Igreja (igreja) da Candelária
Edifício (edifício) Gustavo Capanema
Praça (praça) Tiradentes
Travessa (travessa) do Comércio
Viaduto (viaduto) do Chá
Pirâmides (pirâmides) de Gizé
Rua (rua) Bom Jesus

C) nos nomes que designam domínios do saber, cursos ou disciplina:
Agricultura (agricultura)
Arquitetura (arquitetura)
Educação Física (educação física)
Língua Portuguesa (língua portuguesa)

👁 DE OLHO VIVO PARA NÃO TROPEÇAR AO USAR LETRAS MAIÚSCULAS E MINÚSCULAS

A *Antiguidade* clássica termina com a queda do Império Romano do Ocidente, mas há poucas lojas de *antiguidade* na cidade.

Avenida Presidente Vargas ou *avenida* Presidente Vargas, as duas grafias são possíveis.

Cabo Verde, *Costa* do Marfim, mas *baía* de Guanabara, *oceano* Atlântico, *mar* Mediterrâneo.

A *Coroa* de Dom João VI é a *coroa* dos Reis de Portugal.

Deus criou o mundo em sete dias, mas a greve dos lixeiros, no Rio de Janeiro, foi um *deus* nos acuda.

O *Diabo* é o espírito do mal, e ela passou o pão que o *diabo* amassou.

Estado brasileiro, *Estado* do Rio de Janeiro, mas o *estado* de espírito, *estado* líquido, sólido e gasoso.

A *Justiça* (Poder Judiciário) absolveu os grevistas, mas a população queria fazer *justiça* com as próprias mãos.

Igreja Santa Margarida Maria ou *igreja* Santa Margarida Maria, as duas grafias são possíveis.

Lei de Diretrizes e Bases, mas *lei* 9394.

Natal, Páscoa, Carnaval, mas não *natal, páscoa, carnaval*.

Há fortes disputas entre o *Ocidente* e o *Oriente*, mas o Sol nasce no *oriente* e se põe no *ocidente*.

Nenhum escritor brasileiro ganhou o *Prêmio Nobel de Literatura*, o aluno ganhou um *prêmio* pelo seu desempenho em *literatura*.

A *República* no Brasil começou quando da sua proclamação em 1889, mas a *república* pode ser presidencialista ou parlamentarista.

Sol, Lua (corpos celestes), mas banho de *sol, lua* minguante, *lua* cheia.

1.4 Emprego do hífen

HÍFEN é um sinal gráfico que se usa para:

• ligar elementos em vocábulos compostos por justaposição em que se mantém a noção da composição:
> caixa-preta, má-formação, guarda-chuva, segunda-feira

• unir prefixos à palavra primitiva, na formação de vocábulos derivados:
> além-Pirineus, aquém-mar, ex-presidente, recém-casado, pós-operatório, pré-nupcial, pró-excedentes, vice-governador

• ligar pronomes átonos a formas verbais:
> amá-lo, vendê-lo-ei, via-se

• separar sílabas:
> psi-có-lo-go, subs-cre-ver, ma-nhã

O emprego do hífen é uma simples convenção. Quem escreve fica muitas vezes confuso diante da incoerência de alguns casos. Por que *café da manhã, fim de semana, cão de guarda* não têm hífen e *água-de-colônia, cor-de-rosa, mais-que-perfeito* têm? Por que *bem-visto* é escrito com hífen e *benquisto* não? Segundo o *Vocabulário ortográfico da língua portuguesa*, trata-se de exceções consagradas pelo uso, noção que nos parece vaga. Entretanto, há algumas normas que não resolvem todas as dificuldades do seu emprego, mas auxiliam o usuário na solução da maioria delas. São essas regras que apresentaremos a seguir. Trataremos também da translineação, divisão silábica das palavras no final da linha.

1.4.1 Regras para o emprego do hífen

1.4.1.1 Em palavras compostas por justaposição

▶ com elementos de natureza nominal (substantivo e adjetivo), numeral ou verbal que constituem uma unidade sintagmática e semântica, e cada qual mantém uma tonicidade própria, podendo o primeiro elemento estar reduzido:

    arco-íris   alta-costura   meia-noite   conta-gotas

▶ nos topônimos iniciados pelos adjetivos *grão, grã*, naqueles cujo primeiro elemento é uma *forma verbal* e nos ligados por *artigo*:

    Grão-Pará   Grã-Canária   Passa-Quatro   Entre-os-Rios

▶ em palavras que designam *espécies botânicas* e *zoológicas*, ligadas por qualquer elemento:

    copo-de-leite   couve-flor   bem-te-vi   peixe-boi

▶ com os advérbios *bem* e *mal* antes de elemento iniciado por *vogal* ou *h*:

    bem-educado   bem-humorado   mal-educado   mal-humorado

▶ com os advérbios *além, aquém, recém* e a preposição *sem*:

    além-fronteiras   aquém-fronteiras   recém-eleito   sem-razão

▶ para ligar duas ou mais palavras que se combinam, para formar um encadeamento vocabular:

    Liberdade-Igualdade-Fraternidade   Casa França-Brasil

▶ em locuções consagradas pelo uso:

    água-de-colônia   cor-de-rosa   mais-que-perfeito   pé-de-meia

▶ nas onomatopeias que usam duas ou mais vezes a mesma palavra:

    blá-blá-blá   corre-corre   lenga-lenga   nhém-nhém-nhém

▶ com elementos de origem tupi-guarani: *açu, guaçu, mirim*, combinados com palavras oxítonas:

    capim-açu   cipó-guaçu   cajá-mirim

Glossário

DERIVAÇÃO – processo de formação de palavras mediante o acréscimo de prefixo ou sufixo ao radical: *desumano*, *anti-herói*, *analisável*.

COMPOSIÇÃO – processo de formação de palavras por meio da junção de duas ou mais para formar uma nova palavra: *guarda-chuva*, *caixa-d'água*.

COMPOSIÇÃO POR AGLUTINAÇÃO – junção de vocábulos num todo fonético: *aguardente*, *pernalta*.

COMPOSIÇÃO POR JUSTAPOSIÇÃO – junção de vocábulos que mantém sua autonomia fonética e gráfica: *amor-perfeito*, *cor-de-rosa*, *passatempo*.

👍 Saiba mais

- *Bem-me-quer* leva hífen, mas *mal-mequer* não.

- O advérbio *bem*, ao contrário de *mal*, não se aglutina com palavras começadas por consoante: *bem-criado* e *malcriado*.

- Não levam hífen: *bumbum*, *bombom*.

---

1. Assinale a alternativa em que o hífen NÃO está usado corretamente:
a) A barca manobrava no meio da Baía-de-Guanabara.
b) Meu namorado é um alto-astral, está sempre bem-humorado.
c) Na batida, o para-choque do carro foi arrancado e lançado longe.
d) Em setembro, haverá um congresso luso-brasileiro na cidade de Fortaleza.
e) O diretor compareceu à formatura com um terno muito bem-talhado.

2. Assinale a alternativa em que o emprego do hífen está correto em todas as palavras:
a) marca-passo, jardim-de-infância, beira-mar
b) passa-tempo, girassol, afro-asiático
c) Cabo-Frio, Todos-os-Santos, lobo-marinho
d) bem-falante, recém-casado, meia-calça
e) queima-roupa, água-de-colônia, fim-de-semana

3. Se necessário, use o hífen para formar as palavras compostas:
a) água+de+coco

_____

b) mal+agradecido

_____

c) conta+gotas

_____

d) sem+número

_____

e) bem+te+vi

_____

> ### 💧 Saiba mais
>
> Não se emprega o hífen
> - nos compostos cuja noção de composição, em certa medida, se perdeu:
>
>   girassol   pontapé   passaporte   paraquedista
>
> - com o advérbio de negação *não* com valor de prefixo:
>
>   não fumante   não ficção   não cumprimento
>
> - em alguns topônimos compostos:
>
>   Rio de Janeiro   Foz do Iguaçu   Trás os Montes
>
> - nas locuções (substantivas, adjetivas, pronominais, adverbiais, prepositivas, conjuntivas):
>
>   fim de semana   sala de jantar   café com leite
>   antes de ontem   em vez de   posto que

4. Leia as frases e indique em quais palavras o hífen é obrigatório, reescrevendo-as abaixo:

a) No Brasil, o decreto lei deixou de ser previsto na Constituição de 1988.

_____

b) A cidade de Passa Quatro está localizada no sul do estado de Minas Gerais.

_____

c) Bico de lacre é uma pequena ave também conhecida como beijo de moça.

_____

d) Esse rapaz é mal agradecido, não reconhece os favores que lhe fiz.

_____

e) Estes funcionários foram recém admitidos na fábrica que acabou de ser criada.

_____

f) Na loja da esquina, pode-se encontrar pisca pisca com 100 lâmpadas de led.

_____

g) A expressão calcanhar de aquiles significa o ponto fraco e vulnerável de alguém.

_____

1.4.1.2 Em palavras derivadas

▶ com os prefixos *ex-, sota-, soto-, vice-, vizo-*:
   ex-marido   sota-ministro   soto-mestre   vice-reitor   vizo-rei

▶ com os prefixos tônicos (acentuados) *pós-, pré-, pró-* quando o segundo elemento tem significado próprio:
   pós-graduação   pré-natal   pró-europeu

▶ com os prefixos *circum-* e *pan-* se o segundo elemento for iniciado por *vogal, h-, m-, n-*:
   circum-adjacente   circum-hospitalar   circum-murar   circum-navegação
   pan-americano   pan-helênico   pan-mítico   pan-negritude

▶ com prefixo (ou falso prefixo) terminado em vogal seguido de palavra iniciada pela mesma vogal:
   anti-inflamatório   arqui-inimigo   contra-ataque   infra-assinado
   micro-ondas   neo-ortodoxo   semi-interno   supra-atmosférico

▶ com os prefixos *hiper-, inter-, super-* se o segundo elemento for iniciado por *r* ou *h*:
   hiper-resistente   inter-regional   super-racional
   hiper-hidratação   inter-humano   super-homem

▶ com o prefixo *sub-* se o segundo elemento começar por *b, h ou r*:
   sub-bibliotecário   sub-humano   sub-reitor

▶ com os prefixos *anti-, extra-, semi-* e *sobre-* se a palavra seguinte começar por *h*:
   anti-higiênico   extra-humano   semi-hospitalar   sobre-humano

---

5. Em qual das palavras *vice presidente, pré carnavalesco, anti hemorrágico, contra ataque, hiper correção*, o hífen é obrigatório?
a) Na primeira apenas.
b) Nas duas primeiras.
c) Em quatro delas.
d) Em todas.
e) Em nenhuma delas.

6. Assinale a alterativa errada quanto ao emprego do hífen:
a) O sota-capitão é o segundo homem no comando de um navio.
b) Os médicos estão preocupados com o pós-operatório dos acidentados.
c) A primeira viagem de circum-navegação da Terra foi feita por Fernão de Magalhães.

d) O engenheiro fez um esforço sobre-humano para concluir o ante-projeto no prazo.
e) Os funcionários da indústria têxtil são sub-remunerados, recebem um salário bem aquém da sua qualificação.

> ## 💧 Saiba mais
>
> - Não se emprega hífen em palavras formadas de prefixos (ou falsos prefixos) terminados em vogal seguidos de palavras iniciadas por *r* ou *s*, devendo ser essas letras dobradas:
>
> | | | | |
> |---|---|---|---|
> | autorretrato | antirruga | ultrarradical | ultrarrefinado |
> | contrassenso | macrossistema | semissólido | ultrassonografia |
>
> - Com os prefixos *des-, in-, co-* e *re-* caem o *h* e o hífen:
>
> | | | | | |
> |---|---|---|---|---|
> | desumano | desarmonia | desonra | inábil | inumano |
> | coerdar | coabitar | reabilitar | reaver | reidratação |

7. Das alternativas abaixo, assinale a única em que há INCORREÇÕES quanto ao emprego do hífen em todas as palavras:

a) auto-retrato, anti-rábica, sub-mundo, ante-sala
b) ex-diretor, semi-interno, micro-onda, tele-educação
c) hiper-requintado, sub-humano, pós-parto, geo-história
d) jacaré-açu, anti-higiênico, super-realismo, sub-rogar
e) semi-interno, micro-organismo, Controladoria-Geral, inter-relação

8. Escreva as palavras usando o hífen se necessário:

a) auto+escola _____   c) co+edição _____

b) anti+sequestro _____   d) supra+renal _____

9. Avalie se as afirmações estão corretas (C) ou incorretas (I):

a) ( ) Emprega-se o hífen com o prefixo *pró-* (pró-europeu).
b) ( ) Emprega-se o hífen em vocábulos cujo segundo elemento é de origem tupi (capim-guaçu).
c) ( ) Emprega-se o hífen com o prefixo *semi-* quando o segundo elemento iniciar-se com qualquer letra (semi-final).
d) ( ) Não se emprega o hífen com os prefixos *des-* e *in-* seguidos de palavra iniciada por h (desumano, inábil).

e) ( ) Não se emprega o hífen com prefixo ou falso prefixo terminado em vogal quando o segundo elemento começar por vogal diferente (autoaprendizagem).

1.4.1.3 Com pronomes átonos

Os pronomes oblíquos átonos podem estar, em relação ao verbo, ENCLÍTICOS (depois do verbo), PROCLÍTICOS (antes do verbo) ou MESOCLÍTICOS (no meio do verbo). No primeiro e terceiro casos, emprega-se o hífen para separar a forma verbal do pronome:

Impressionou-me a reação da menina.
Ter-lhe-ia dado uma caixa de bombom se tivesse merecido.

10. Reescreva as frases empregando os pronomes átonos enclíticos, fazendo as adaptações necessárias:

a) Eu *me* calei diante da proposta absurda.

_____

b) Se soubesse o enredo *do romance,* não o teria começado a ler.

_____

c) Não posso deixar *minha filha* sozinha um instante.

_____

d) Que dizer *a meu amigo* diante de tanta revolta?

_____

e) Encontrei *meu grande amigo* muito triste.

_____

11. Reescreva as frases com os pronomes átonos mesoclíticos, fazendo as adaptações necessárias:

a) Neste departamento, se resolverão as pendências financeiras.

_____

b) Quando receber a fatura, a pagarei imediatamente.

_____

c) O sucesso nas provas lhe dará ânimo para continuar os estudos.

_____

d) A grande notícia te daremos no próximo mês.

_____

e) O almoço de domingo lhe teria feito mal?

_____

1.4.1.4 Na divisão silábica (translineação)

Quando não há espaço na linha para escrever a palavra inteira é necessário dividi-la em duas partes, uma fica numa linha e a outra vai para a linha seguinte. Essa divisão é feita por meio de hífen e deve obedecer às regras de silabação ou soletração, ou seja, à pausa entre as sílabas.

me-ni-no   cri-an-ça   pro-ble-ma   ma-lha   man-cha

👍 Saiba mais

- Na translineação de vocábulo composto, ligado por hífen, se a divisão acontecer exatamente no encontro dos dois vocábulos primitivos, aconselha-se repetir, na linha seguinte, o hífen:
    guarda- / -chuva

- Sugere-se evitar, por razões estéticas, vogal isolada no *final* ou no *início* de linha, na translineação:
    evo- /car (não e- / vocar)
    re- / caí (e não reca- / í)

- SÍLABA é um som ou um grupo de sons pronunciados numa só expiração.
As sílabas podem ser formadas por
    - vogal: *a*
    - semivogal + vogal: *iô-iô*
    - vogal + semivogal: *ai*
    - consoante + vogal: *me*
    - consoante + vogal + semivogal: *pai*
    - consoante + semivogal + vogal: á-*gua*
    - consoante + vogal + consoante: *mar*
    - consoante + consoante + vogal: *blo*-co

Na nossa língua, não há sílaba sem a presença de vogal.

1.4.1.4.1 Regras de separação de sílaba

Não se separam

▶ os sons vocálicos de ditongos crescentes e decrescentes e de tritongos:

lé-guas   a-nún-cio   cãi-bra   cau-sa
ca-dei-ra   he-roi-co   en-xa-guei   de-sa-guou

▶ os grupos consonânticos formados com *r* ou *l*:

bra-ço   dra-ma   de-clí-nio   pla-ti-na

▶ os grupos consonânticos *pn, ps, gn, mn,* quando iniciam palavra:

pneu-mo-ni-a   psi-co-lo-gi-a
gnais-se   mne-mô-ni-ca

▶ os dígrafos *ch, lh, nh, gu* e *qu*:

con-cha   fi-lho   ca-ri-nho   al-guém   que-ri-do

▶ o *s* dos prefixos *bis-, cis-, des-, dis-, trans-*, bem como o *x* do prefixo *ex-*, quando a sílaba seguinte começa por consoante:

bis-ne-to   cis-pla-ti-no   des-li-gar
dis-jun-to   trans-lú-ci-do   ex-po-en-te

👍 Saiba mais

"Quando átonos finais, os encontros escritos *-ia, -ie, -io, -oa, -ua, -ue* e *-uo* são normalmente DITONGOS CRESCENTES: *gló-ria, cá-rie, vá-rio, má-goa, á-gua, tê-nue, ár-duo*. Podem, no entanto, ser emitidos com separação dos dois elementos, formando assim um HIATO: *gló-ri-a, cá-ri-e, vá-ri-o* etc. Ressalte-se, porém, que na escrita, em hipótese alguma, os elementos desses encontros vocálicos se separam no fim da linha."[1]

---

[1] CUNHA, Celso & CINTRA, Lindley. *Nova gramática do português contemporâneo.* 7 ed. Rio de Janeiro: Lexikon, 2016, p. 63.

12. Separe as sílabas dos vocábulos abaixo:

animais _____

herói _____

azuis _____

cãibra _____

papéis _____

bloco _____

averiguei _____

dragão _____

achar _____

ilhota _____

unha _____

delinquente _____

13. Assinale a alternativa em que as palavras estão corretamente separadas:
a) his-tó-ria, gri-sa-lho, pseu-dô-ni-mo
b) mil-ho, prai-a, pu-nho
c) pneu-mo-nia, ve-lha, tá-bua
d) sé-rie, ab-lu-ção, an-zó-is
e) su-bli-me, a-real, ar-le-quim

14. Considerando as palavras:
I. pneu-má-ti-co
II. bro-to-e-ja
III. jo-ias
IV. de-sa-mor

pode-se afirmar que a separação silábica está INCORRETA em:
a) I
b) II
c) III
d) IV
e) I e II

15. Assinale a alternativa em que as palavras estão separadas INCORRETAMENTE:
a) pal-ha, cru-é-is, flu-i-do
b) ab-di-car, sub-ju-gar, bis-ne-ta
c) op-ção, sub-por, ex-ce-ção
d) fo-lha-gem, cri-an-ça, a-ma-nhe-cer
e) i-guais, brin-que-do, pseu-dô-ni-mo

Separam-se

▶ as vogais que formam hiato:
| ru-im | ca-a-tin-ga | co-or-de-na-ção | ca-o-lho |
| a-la-ú-de | ca-í-mos | tran-se-un-te | mo-e-da |

▶ os grupos formados por ditongo decrescente seguido de vogal (*aia, eia, oia, uia, aie, eie, oie, aio, eio, oio, uiu*):
prai-a   tei-a   sa-bo-rei-e   joi-a   tui-ui-ú

▶ os encontros consonantais *tm, dv, bs, pt, ps, pc, gn* no interior do vocábulo:
| rit-mo | ad-ver-tir | ab-so-lu-to | ap-ti-dão |
| a-po-ca-lip-se | ex-cep-cio-nal | dig-no | |

▶ as letras dos dígrafos *cc, cç, sc, sç, xc, ss, rr*:
| oc-ci-pi-tal | con-vic-ção | a-do-les-cen-te | nas-ça |
| ex-ce-ção | mas-sa | car-ro | |

▶ o *s* dos prefixos *bis-, cis-, des-, dis-, trans-*, bem como o *x* do prefixo *ex-*, quando a sílaba seguinte começa por vogal:
| bi-sa-vô | ci-san-di-no | de-sen-ten-di-men-to |
| di-sen-te-ri-a | tran-sa-tlân-ti-co | e-xo-ne-rar |

▶ as letras *b* e *d* dos prefixos *sub-, ad-* e *ab-* do radical da palavra:
sub-lin-gual   ad-ven-tis-ta   ab-du-ção

16. Separe as sílabas dos vocábulos abaixo:

cooperação _____   seccionar _____

saímos _____   bainha _____

abdicar _____   obsessão _____

sublingual _____   transgressão _____

superinteressante _____   microssistema _____

17. Em uma das alternativas, as sílabas de uma palavra estão separadas em desacordo com as regras de divisão silábica, assinale-a:
a) at-mos-fe-ra, al-fai-a-te, ad-je-ti-vo
b) tran-se-un-te, su-bli-me, dis-rit-mi-a
d) pai-óis, ap-to, ab-dô-men
c) ads-trin-gen-te, re-cep-ção, ex-ce-to
e) cog-no-me, bí-ce-ps, cáp-su-la

18. Das alternativas a seguir, só uma está correta quanto à separação silábica. Assinale-a:
a) né-vo-a, mi-o-lo, goi-a-ba-da
b) ab-rup-to, pers-pi-caz, cir-cuns-pec-to
c) si-gni-fi-ca-do, lap-so, su-bli-me
d) ve-nho, cor-re-ção, fil-ha
e) ad-vo-ga-do, psi-co-lo-gi-a, na-scer

19. Faça a divisão silábica das palavras destacadas no texto.
"Aglaia era efusiva, *autêntica*, desafiadora, real. Isso real. Tinha seus *arroubos* oníricos — quem não os tem — , mas estava plantada na terra e sabia *distinguir* o que era visão do que era convenção, a convenção *social* que *impregnava* toda a *atmosfera* do mundo em que vivia."
(Geraldo Holanda Cavalcanti)

_____

_____

_____

20. Identifique as afirmações corretas:
a) Qualquer consoante não seguida de vogal fica na sílaba anterior: *e-lip-se*.
b) Separa-se o prefixo *sub-* do radical da palavra: *sub-li-nhar*.
c) Nunca se separam os ditongos e tritongos: *prai-a, sa-guão*.
d) Nunca se separam os dígrafos: *a-char, pa-lha, ca-rro, o-sso*.
e) O -s do prefixo *bis-* se separa se a palavra primitiva começar por vogal: *bi-sa-vô*.

◉ DE OLHO VIVO PARA NÃO TROPEÇAR NA HORA DE USAR O HÍFEN

PREFIXO/ELEMENTO DE COMPOSIÇÃO	PALAVRA INICIADA POR	EXEMPLO
ab-	r	ab-rogar
ad-	r	ad-rogado
além-	qualquer letra	além-mar
ante-	e, h	ante-estreia, ante-histórico
anti-	h, i	anti-herói, anti-inflação
aquém-	qualquer letra	aquém-mar
arqui-	h, i	arqui-hipérbole, arqui-inimigo
auto-	h, o	auto-hipnose, auto-observação
bem-	qualquer letra	bem-amado, bem-humorado, bem-dotado
circum-	h, vogal, m, n	circum-hospitalar, circum-escolar, circum-murar, circum-navegação
contra-	a, h	contra-argumento, contra-haste
ex-	qualquer letra	ex-marido, ex-aluno
extra-	a, h	extra-abdominal, extra-hepático

PREFIXO/ELEMENTO DE COMPOSIÇÃO	PALAVRA INICIADA POR	EXEMPLO
Grã-	topônimo	Grã-Bretanha
Grão-	topônimo	Grão-Pará
hiper-	h, r	hiper-hidrose, hiper-requintado
infra-	a, h	infra-assinado, infra-humano
inter-	h, r	inter-helênico, inter-resistente
intra-	a, h	intra-abdominal, intra-hepático
mal-	vogal, h	mal-agradecido, mal-humorado
micro-	h, o	micro-história, micro-ondas
mini-	i	mini-intervenção
neo-	h, o	neo-hegeliano, neo-ortodoxo
ob-	r	ob-rogar
pan-	vogal, h, m, n	pan-americano, pan-helênico, pan-místico, pan-negro
pré- (tônico)	qualquer letra	pré-escolar, pré-requisito
pró- (tônico)	qualquer letra	pró-reitor

PREFIXO/ELEMENTO DE COMPOSIÇÃO	PALAVRA INICIADA POR	EXEMPLO
proto-	h, o	proto-história, proto-orgânico
pseudo-	h, o	pseudo-história, pseudo-occipital
recém-	qualquer letra	recém-eleito
sem-	qualquer letra	sem-teto
semi-	h, i	semi-heresia, semi-inconsciência
sob-	r	sob-roda
sobre-	e, h	sobre-elevar, sobre-humano
sota-, soto-	qualquer letra	soto-embaixador, soto-soberania
sub-	b, h, r	sub-base, sub-humano, sub-remunerado
super-	h, r	super-homem, super-resfriado
supra-	a, h	supra-atmosférico, supra-humanismo
tele-	e	tele-educação
ultra-	a, h	ultra-apressado, ultra-honesto
vice-	qualquer letra	vice-reitor

1.5 Crase

A palavra CRASE vem do grego *krásis* e significa *fusão* ou *mistura*. Em Português é o nome que se dá à junção de duas vogais idênticas. Quando esse fenômeno fonêmico for o resultado da fusão da preposição *a* com o artigo definido feminino *a* ou com os pronomes demonstrativos *a(s)* (= aquela, aquelas), *aquele, aquela, aquilo,* bem como os relativos também com *a* inicial (*a qual, as quais*), deve ser representado na escrita pelo acento grave (`).

Você vai observar que, em todos os casos, o primeiro elemento é sempre a preposição *a* e o seu uso vai depender da regência nominal ou verbal. Assim, o primeiro passo é saber se o nome ou o verbo exige a preposição *a*. A seguir, veja se cabe o segundo *a* das situações vistas (artigo definido feminino, pronome demonstrativo ou pronome relativo iniciado por *a*). Só então você vai usar o *à* (craseado), assunto deste subcapítulo.

Dominar o emprego do acento grave é uma exigência do padrão formal escrito da língua e um sinal de competência linguística.

Neste subcapítulo vamos falar-lhes do emprego obrigatório do acento grave, do emprego facultativo e dos casos em que não se emprega esse acento.

CRASE não é acento, é um processo fonético, resultado da fusão de dois *aa*, representada por um *a* com acento grave:

$$a + a = à$$

O primeiro *a* é preposição e o outro pode ser
▶ o artigo definido *a(s)*, que precede substantivo feminino claro ou subentendido:
　Minha filha foi *à* festa de quinze anos de uma amiga.
　　　　a + a (artigo que precede o substantivo *festa*)

　Irei *à* Itália depois de visitar várias cidades do Leste europeu.
　　a + a (artigo precede o substantivo locativo *Itália*)

▶ o pronome demonstrativo *a(s)*:
　Não me refiro a esta menina da primeira fila, mas *à* no fundo da sala.
　　　　　　　a + a = (aquela)

▶ a primeira letra dos pronomes demonstrativos: *aquela(s), aquele(s), aquilo*:
   Não assistirei *àquele* festival de inverno.
              a + aquele
▶ o *a* dos pronomes relativos *a qual, as quais*:
   Essas eram as questões *às* quais você se referia no seu parecer.
              a + as quais

🔵 Saiba mais

• São condições para o emprego do acento grave:
a) a existência de palavra feminina, clara ou oculta;
b) a palavra regente exigir a preposição *a*;
c) a palavra regida admitir o artigo *a*, o demonstrativo *a* (= *aquela*) e outros demonstrativos iniciados por *a*, bem como os relativos *a qual, as quais*.

• Nas locuções adverbiais, prepositivas e conjuntivas formadas de substantivo feminino, o *a* recebe o acento grave, sem que haja, propriamente, crase: *à noite*, *à custa de*, *à medida que*, *à força*, *à margem*, *à tarde*.
   Saiu *à tarde* para ir à exposição de pintura.

1. Leia as frases e indique em quais delas o acento grave é obrigatório:
a) No Natal deu presentes a todos os parentes.
b) Dirigi-me a livraria mais próxima para comprar o último *best-seller*.
c) Fernanda é uma amiga a quem quero muito bem.
d) Eis o menino e a tia a qual me referi durante o processo.
e) Não me refiro aqueles processos judiciais.

2. Em uma das frases abaixo, o emprego do acento indicativo de crase NÃO está correto:
a) Não fui mais àquela praça cheia de árvores centenárias.
b) Não sei quem é àquela criança sentada no carrinho.
c) Os alunos deram um presente à professora querida.
d) Sempre gostei de assistir às novelas da televisão.
e) Pedi calma àquele grupo de baderneiros.

3. Assinale com C as frases corretas e com I as incorretas quanto ao emprego do acento grave:
a) (   ) É proibida à entrada de pessoas estranhas ao recinto.
b) (   ) As compras foram superiores às que tinha planejado.
c) (   ) As crianças não devem chegar atrasadas à escola.
d) (   ) As escolas devem oferecer às crianças boas instalações.
e) (   ) Enviei à Brasília a documentação necessária.

> ### 🔹 Saiba mais
>
> Regras práticas para saber se deve usar o acento grave:
> - substitua o substantivo feminino por um masculino:
>   à = feminino   ao = masculino
>   amor à família   amor ao próximo
>
> - substitua *à* por *da* em substantivos designativos de lugar:
>   fui à   cheguei da
>   Fui à Europa   Cheguei da Europa
> mas
>   fui a   cheguei de
>   Fui a Manaus   Cheguei de Manaus
> sem acento grave porque a palavra regida *Manaus* não admite artigo.

4. Coloque o acento grave diante de nomes de cidades e de estados quando necessário:
a) Fui a Maceió.
b) Fui a Bahia.
c) Retornei a Paraíba.
d) Retornei a João Pessoa.
e) Vou a Goiânia.

5. Complete os espaços com *a, à, as, às*:

a) Vou ...... missa aos domingos.

b) Refiro-me .... alunas aplicadas.

c) Assistimos .... estreia do festival.

d) Passou o dia ...... espera do telefonema.

e) A mãe disse .... filhas para economizarem água.

1.5.1 Emprego obrigatório do acento grave

▶ na indicação de hora precisa ou partes do dia:

Sairemos *às 10 horas*.
Chegaremos *à noitinha*.

▶ com expressões que indicam moda ou maneira de ser:
Bife *à milanesa*. (bife à moda da cidade italiana de Milão)
Sapato *à Luís XV*. (sapato à moda lançada pelo rei Luís XV)

▶ com as palavras rua, avenida, empresa (explícitas ou implícitas):
Retornei *à rua Sete de Setembro*. (Retornei *à Sete de Setembro*)
Vou *à avenida Presidente Vargas*. (Vou *à Presidente Vargas*.)
Enviei um documento *à Universidade Federal do Rio de Janeiro*.

▶ em locuções adverbiais, prepositivas e conjuntivas formadas com substantivo feminino:

adverbiais	prepositivas	conjuntivas
à beça	à beira de	à medida que
à direita	à custa de	à proporção que
à margem	à espera de	
à noite	à frente de	
à parte	à maneira de	
à toa	à moda de	
à vista	à procura de	

🙂 Saiba mais

É preferível não usar acento grave nas locuções adverbiais de instrumento:

Escrever *a mão*, *a tinta* ou *a máquina* (comparar com escrever *a lápis*, e não *ao lápis*); ferir *a faca*, *a bala* (comparar com ferir *a fuzil*, e não *ao fuzil*).

6. Assinale a alternativa que preenche corretamente as lacunas:
Não ..... via ..... tanto tempo, que ..... primeira vista eu ..... achei muito envelhecida.
a) a, há, à, a
b) a, a, há, à
c) a, há, a, à
d) à, à, há, a
e) à, a, há, a

7. Observe as frases:
I. Os jovens cortaram o cabelo à Neymar.
II. O casamento será às 21 horas.
III. Mudarei para à avenida Ayrton Senna na próxima semana.
IV. Os candidatos permaneceram ansiosos à espera do resultado do concurso.
De acordo com as regras de emprego do acento grave, podemos afirmar que
a) todas as frases estão corretas.
b) nenhuma das frases está correta.
c) apenas estão corretas I e II.
d) apenas estão corretas III e IV.
e) estão corretas I, II e IV.

▶ antes da palavra *casa* se ela for determinada:
Irei *à casa da minha mãe* no próximo domingo.

▶ antes da palavra *terra* seguida de uma especificação; ou referindo-se ao planeta Terra:
Foi *à terra de seus familiares* passar as férias.
A nave espacial retornará *à Terra* no próximo ano.

▶ antes da palavra *distância* quando estiver determinada em metro, quilômetro etc.:
O trem descarrilou *à distância* de cinco quilômetros da estação.

👍 Saiba mais

• *Casa* no sentido de *lar* não é precedida de acento grave:
Vou *a casa*, buscar meus óculos. (= *a* minha casa)

• *Terra* em oposição a *mar* ou a *bordo* não admite artigo, logo não há crase:
Os marinheiros desceram *a terra*. (= solo firme)

• *Distância*, quando indeterminada, não há crase:
Ensino *a distância*.

Observação: Alguns gramáticos consideram que, no caso de *ensino à distância*, também se deve colocar acento grave por se tratar de locução adverbial com palavra feminina *distância*.

8. Nas opções abaixo, há duas incorretas quanto ao emprego do acento grave. Assinale-as:
a) Daqui à escola são 10 minutos de carro.
b) Daqui à uma hora estaremos em Porto Alegre.
c) Os manifestantes ficaram à distância de 100 metros das autoridades.
d) Os jornais comentavam o assalto às joalherias do shopping.
e) Os passageiros chegaram à terra muito cansados da tempestade em alto-mar.

1.5.2 Emprego facultativo do acento grave

▶ Diante de nomes próprios personativos femininos:
   Deu uma gravura de presente a *Fernanda*. (ou *à Fernanda*)

▶ Diante de pronome possessivo:
   Prestava muita atenção *a sua indignação*. (ou *à sua indignação*)

▶ Com a locução prepositiva *até a*:
   Leu o romance *até* a última página. (ou *até à última página*)

Saiba mais

- *até à* = *até a* (locução) + *a* (artigo) exprime limite:
   A água da chuva inundou tudo, *até à* sala. (A água não inundou a sala, chegou perto dela.)

- *até a* = *até* (preposição) + *a* (artigo):
   A água da chuva inundou tudo, *até a* sala. (A água inundou inclusive a sala.)

9. Use o acento grave, quando for necessário:
a) Vamos a Campos do Jordão. Vamos a colonial Ouro Preto.
b) Solicitamos a V. S.ª o arquivamento do processo. Solicitamos a diretora o despacho favorável.
c) Assistimos a uma peça premiada. Assistimos sempre as novelas de época.
d) Deram um prêmio a professora. Deram um prêmio a você.
e) Anda a cavalo pelo sítio. Anda a procura de apartamento.

> ### 👍 Saiba mais
>
> Nos exemplos abaixo, não ocorre a crase porque, em todos os casos, trata-se apenas da preposição *a*. Antes de
>
> - nome masculino:
>   Compras *a prazo*. Andar *a cavalo*. Automóvel *a álcool*.
>   **Observação:** Compras *a prazo*, mas compras *à vista*, compras *à prestação*.
>
> - verbo:
>   *A partir* de hoje, não comerei mais doces.
>
> - artigo indefinido:
>   A professora se referia *a uma aluna* muito aplicada.
>   **Observação:** Não confundir artigo indefinido com a expressão formada por numeral na indicação de hora:
>   A solenidade começará *à uma hora*.
>
> - pronomes pessoais, de tratamento (exceção: *senhora, madame* e *dona*), demonstrativos (exceção: *a(s), aquele(s), aquelas(s), aquilo*), todos os indefinidos e alguns relativos (exceção *quem* e *cujo*):
>   Não me refiro *a* ela, nem *a* Vossa Excelência.
>   Nada solicitei *a esta diretora*, mas *à* (= *àquela*) que se aposentou.
>   Refiro-me *a toda* cidade praiana. / Eis a cidade *a cuja* praia me refiro.
>
> - locuções adverbiais com palavras repetidas:
>   *gota a gota, frente a frente, cara a cara.*
>
> - *a* seguido de substantivo plural:
>   Refiro-me *a jovens*. (mas Refiro-me *às jovens*) / Compras a prestações.
>   Compras *a prestações*.
>
> - nomes de cidades que se empregam sem artigo:
>   Irei *a Salvador* no próximo verão.

10. Explique por que o acento grave está empregado incorretamente nas frases abaixo:
a) Demorou à chegar o dia da viagem à Manaus.

___

b) Na recepção de posse do presidente, exigia-se traje à rigor.

___

c) Não me submeto à críticas infundadas do grupo de oposição.

_____

d) Apelava à Santa Edwiges, protetora dos pobres e desvalidos.

_____

e) O aluno era desatento, conversava com os colegas durante à aula.

_____

👁 DE OLHO VIVO PARA NÃO TROPEÇAR NA HORA DE USAR O ACENTO GRAVE

1. Emprega-se o acento grave
- na contração da preposição *a* com as formas femininas do artigo definido *a*;

- na contração da preposição *a* com os demonstrativos *a(s), aquele(s), aquela(s), aquilo*;

- na contração da preposição *a* com o *a* dos pronomes relativos *a qual, as quais*;

- nas locuções adverbiais, conjuntivas e prepositivas de base feminina:
    à noite, à primeira vista; à proporção que; à beira de, à custa de
    Observação: Para indicar moda, com base feminina subentendida: *à (moda) Luís XV.*

2. Não se emprega acento grave
- antes de palavra masculina: *andar a pé, a fim de, máquina a vapor, venda a prazo, caminhão a frete, dinheiro a rodo, viagem a São Paulo, TV a cabo, traje a rigor*;

- antes de verbo no infinitivo: *aprendeu a ler, assunto a pesquisar, condições a combinar, demorou a chegar, disposto a colaborar*;

- em expressões compostas de palavras repetidas: *de parte a parte, face a face, frente a frente, gota a gota*;

- diante de artigo indefinido: *a uma grave questão*;

- antes de pronome pessoal, pronome relativo e pronome de tratamento (com exceção de *senhora, madame, dona*): *a ela; a que, a quem, a cuja; a você*;

- depois das preposições *ante, após, com, conforme, contra, desde, durante, entre, mediante, para, perante, sob, sobre, segundo*;

- antes de numerais cardinais: *de 2000 a 2010*.

1.6 Pontuação

PONTUAR é marcar linguística e expressivamente um texto escrito. Por isso, na sua elaboração, o conhecimento do emprego dos sinais de pontuação é essencial. Esses sinais servem para reproduzir na escrita as pausas e os recursos rítmicos e melódicos da língua falada. As pausas têm função sintática com implicação no significado do texto. A entoação tem função eminentemente expressiva e pode indicar uma declaração, um questionamento, uma exclamação.

A vírgula, o ponto, o ponto e vírgula são sinais indicadores de pausa. Os dois-pontos, as reticências, os pontos de interrogação e de exclamação marcam a entoação das frases. Ainda há o travessão, as aspas, os parênteses, os colchetes, o negrito e o itálico que servem para destacar algum segmento.

Um texto escrito adquire sentidos diferentes dependendo da pontuação, cujo emprego está relacionado ao contexto, aos interlocutores e às intenções comunicativas.

A falta de pontuação ou a pontuação inadequada podem prejudicar ou alterar o sentido do texto.

Vamos fazer um teste? Veja se você consegue compreender a frase a seguir.

Um fazendeiro tinha um bezerro e a mãe do fazendeiro era também o pai do bezerro.

Provavelmente não conseguiu compreendê-la. Observe agora a mesma frase com o ponto e vírgula depois da palavra mãe:

Um fazendeiro tinha um bezerro e a mãe; do fazendeiro era também o pai do bezerro.

Com a pontuação adequada, entendemos que o fazendeiro tinha um bezerro, a mãe [a vaca] e o pai do bezerro [o touro], ou seja, os três animais pertenciam ao fazendeiro.[2]

Esse breve exemplo ilustra a necessidade do domínio dos sinais de pontuação para a compreensão e produção de texto com sentido. É do emprego dos sinais de pontuação que trataremos neste subcapítulo, acompanhado de exercícios de fixação.

Podemos agrupar, didaticamente, os SINAIS DE PONTUAÇÃO em aqueles que

- MARCAM A PAUSA: vírgula, ponto e ponto e vírgula;
- INDICAM A ENTOAÇÃO: dois-pontos, ponto de interrogação, ponto de exclamação e reticências;
- DESTACAM SEGMENTOS: travessão, aspas, parênteses, colchetes.

A pontuação, de maneira geral, indica, ao mesmo tempo, pausa e melodia.

---

[2] PEREIRA, Cilene da Cunha; SILVA, Edila Vianna da; ANGELIM, Regina Célia Cabral. *Dúvidas em português nunca mais*. 3 ed. Rio de Janeiro: Lexikon, 2011. p. 247-248.

1.6.1 Sinais marcadores de pausa
1.6.1.1 Vírgula

A VÍRGULA é empregada para separar, NO INTERIOR DA ORAÇÃO,

- termos de mesma função sintática sem a utilização de conectivo:

  Meu namorado, a irmã dele, o namorado dela e eu estivemos juntos toda a tarde.

- conjunções repetidas numa enumeração (polissíndeto):

  "*Nem* a física, *nem* a moral, *nem* a intelectual, *nem* a política que julgava existir, havia." (Lima Barreto)

- termos repetidos:

  Toda manhã ela gritava meu nome: *Paulo, Paulo, Paulo*.

- aposto:

  Os Sertões, *retrato da Guerra de Canudos*, foi publicado em 1901.

- vocativo:

  Fernanda, você quer ir comigo ao cinema?

- palavras ou expressões de natureza explicativa (*isto é, aliás, a saber, ou seja, por exemplo*):

  Os olhos daquela jovem são acinzentados, *isto é*, nem cinza nem verde.

- adjunto adverbial anteposto:

  Antes do pôr do sol, chegaram os convidados.

- elipse de um verbo:

  Na praça, uma multidão de manifestantes. [havia]

- nome do lugar na datação:

  São Paulo, 9 de novembro de 2013.

---

1. De acordo com as regras de pontuação da Língua Portuguesa, um dos empregos da vírgula é isolar o adjunto adverbial ou a oração adverbial antecipada. A frase que exemplifica esse tipo de uso é:

a) A antipatia de Lima Barreto pelo futebol será tema de uma das mesas do Placar Literário da Bienal.

b) A 16ª Bienal Internacional do Livro terá um espaço exclusivo, o Placar Literário, para falar de futebol.
c) Escritores, jornalistas e pesquisadores debaterão o desentrosamento entre a literatura e o futebol.
d) Há um consenso de que, com exceção da crônica, a produção literária sobre o futebol é pequena.
e) Pela primeira vez, a Bienal do Livro terá espaço dedicado a debates sobre esporte.

2. Assinale as alternativas que justificam corretamente o emprego das vírgulas.
a) Em "Seu pai, sua avó, seus irmãos e eu saímos muito cedo", as vírgulas foram empregadas para separar elementos que exercem a mesma função sintática (sujeito).
b) Em "Durante o jantar, planejamos nossa ida à Bienal do Livro", a vírgula foi empregada para isolar o adjunto adverbial antecipado.
c) Em "Paulo, você pretende passar o fim de semana em Ilhéus?", a vírgula foi empregada para separar termos coordenados.
d) Em "Na escola, apenas uma sala de informática", a vírgula foi empregada para indicar a supressão do verbo *haver*.
e) Em "Machado de Assis, criador de personagens femininas marcantes, nasceu em 21 de junho de 1839", as vírgulas foram empregadas para isolar o aposto.

A VÍRGULA é empregada ENTRE ORAÇÕES para separar
▶ orações coordenadas assindéticas:
   "Avizinhou-se da casa, bateu, tentou forçar a porta." (Graciliano Ramos)

▶ orações coordenadas sindéticas que não sejam aditivas:
   Fez um belo discurso, *mas se arrependeu profundamente.*
   Amanhã é feriado, *logo não haverá expediente.*
   Não fale alto, *porque pode acordar a criança.*

▶ orações coordenadas aditivas, quando o sujeito é diferente:
   "As alpercatas dele estavam gastas nos saltos, e a embira tinha-lhe aberto entre os dedos rachaduras muito dolorosas." (Graciliano Ramos)

▶ orações subordinadas adverbiais quando antepostas à principal:
   Quando via crianças brincando na rua, pensava qual seria o futuro delas.
   Se chover, o show de MPB será cancelado.

- orações subordinadas adjetivas explicativas:
    O jovem, *que entendia de finanças*, prosperou logo.

- orações reduzidas de infinitivo, gerúndio e particípio:
    Pertence ao conselho do Museu, *apesar de não ser artista plástico*.
    Precisando de mim, telefone-me.
    Terminada a cerimônia religiosa, o coquetel será servido.

- orações intercaladas:
    A exposição, *afirmou o curador*, foi o maior sucesso.

3. Nas frases abaixo, retiradas do jornal *O Globo*, de 24 de agosto de 2013, assinale a única alternativa que NÃO justifica corretamente o emprego das vírgulas.
a) Em "Com abertura marcada para quinta-feira, dia 29, a 16ª edição da Bienal do Livro do Rio tem como maior novidade um espaço dedicado a debates sobre futebol e literatura", as vírgulas foram empregadas para intercalar o aposto "dia 29".
b) Em "Neste caderno especial sobre o evento, que terá como país homenageado a Alemanha, convidados da Bienal fazem um aquecimento para os bate-papos sobre o tema, analisando a relação entre o mundo das letras e o esporte", a vírgula depois da palavra "tema" foi empregada para separar a oração reduzida de gerúndio "analisando a relação entre o mundo das letras e o esporte".
c) Em "O primeiro clube a aceitar amplamente os negros em sua equipe, por exemplo, foi o Vasco da Gama, na década de 1920", a vírgula foi empregada para destacar a expressão de natureza explicativa: "por exemplo".
d) Em "Haverá também uma mesa especial sobre os 30 anos do evento, com Ruy Castro, Ferreira Gullar, Tânia Zagury e Beatriz Resende", as vírgulas foram empregadas para separar a enumeração de termos de mesma função sintática.
e) Em "Num país ainda carente de estímulos a ações culturais e educacionais, eventos como o de Passo Fundo e a Bienal do Livro ajudam a promover o diálogo entre o público e a literatura", a vírgula foi usada para destacar o aposto.

4. Marque com C as frases cujo emprego da vírgula está correto e com I as frases cujo emprego está incorreto:
a) ( ) Saudosismo à parte Santa Teresa, um dos bairros mais pitorescos do Rio, se ressente, dos efeitos do desastre de 2011.
b) ( ) Com a substituição dos bondes por ônibus, o trânsito piorou e o número de turista caiu.
c) ( ) Ao desembarcar no Brasil, em meados da década de 30, o japonês Manabu Mabe foi para as fazendas de café em São Paulo, onde boa parte dos imigrantes encontrava trabalho.

d) ( ) Mabe, naturalizado brasileiro, trocou o trabalho nas fazendas de café pelos pincéis.
e) ( ) Está na moda fazer cercadinho de grama sintética dentro de casa, para criar jabuti bichinho que não dá trabalho e ocupa pouco espaço.

1.6.1.2 Ponto

O PONTO assinala pausa máxima da voz. É empregado para marcar o término de uma oração declarativa absoluta ou a última oração de um período composto.

O PONTO pode ser
- SIMPLES, quando encerra períodos simples ou compostos, que se sucedem uns aos outros;
- PARÁGRAFO, quando encerra um conjunto de períodos que se organizam em torno de uma mesma ideia;
- FINAL, quando encerra um enunciado escrito.

Glossário

ORAÇÃO DECLARATIVA – informa sobre um acontecimento ou situação.

ORAÇÃO INTERROGATIVA – formula uma pergunta direta ou indireta.

ORAÇÃO EXCLAMATIVA – exprime sentimentos e emoções.

ORAÇÃO IMPERATIVA – formula uma ordem, um pedido, uma exortação.

👍 Saiba mais

- O PONTO emprega-se também em abreviaturas:
  V.Ex.ª (Vossa Excelência), V.S.ª (Vossa Senhoria), Dr. (Doutor), Sr. (Senhor) etc. (expressão latina *et cetera* que significa "e as demais coisas").

- Quando a palavra abreviada estiver no final do período, não se coloca outro depois do marcador da abreviação.

1.6.1.3 Ponto e vírgula

O PONTO E VÍRGULA marca uma pausa intermediária entre o ponto e a vírgula. Seu emprego depende basicamente do contexto e varia muito de autor para autor. Entretanto, algumas normas podem ser estabelecidas. Usa-se o ponto e vírgula para separar

▶ partes de um período mais ou menos extenso, se internamente estiver subdividido por vírgula:

"A espingarda lazarina, a melhor espingarda do mundo, não mentia fogo e alcançava longe, alcançava tanto quanto a vista do dono; a mulher, Cesária, fazia renda e adivinhava os pensamentos do marido." (G. Ramos)

▶ diversos itens de enunciados enumerativos — leis, decretos, portarias, regulamentos:

"Parágrafo único. A garantia de prioridade compreende:
a) primazia de receber proteção e socorro em quaisquer circunstâncias;
b) precedência de atendimento nos serviços públicos ou de relevância pública;
c) preferência na formulação e na execução das políticas sociais públicas;
d) destinação privilegiada de recursos públicos nas áreas relacionadas com a proteção à infância e à juventude." (Estatuto da Criança e do Adolescente)

▶ as várias partes de uma enumeração descritiva, narrativa ou um estilo oratório:

"Não é o clássico da língua; não é o mestre da frase; não é o árbitro das letras; não é o filósofo do romance; não é o mágico do conto; não é o joalheiro do verso, o exemplar sem rival entre os contemporâneos, da elegância e da graça, do aticismo e da singeleza no conceber e no dizer; é o que soube viver intensamente a arte, sem deixar de ser bom." (Rui Barbosa)

▶ as orações coordenadas adversativas e conclusivas, quando a conjunção vier posposta:

Está ameaçando muita chuva; devemos, pois, levar agasalho e guarda-chuva.

5. Sobre o emprego do ponto e vírgula nas frases abaixo, indique com C as justificativas corretas e com I as incorretas:

a) ( ) Em "Desperta então o viajante; esfrega os olhos; distende preguiçosamente os braços; boceja; bebe um pouco de água; fica uns instantes sentado, a olhar de um lado para outro" (Visconde de Taunay), o ponto e vírgula foi usado para separar partes de uma enumeração descritiva.

b) ( ) Em "Custou-lhe muita hesitação, muito arrependimento; mais de uma vez chegou a sair com o propósito de visitar Sofia e pedir-lhe perdão" (Machado de Assis), o ponto e vírgula foi empregado para separar oração coordenada assindética em período com uma oração que já possuía termos separados por vírgula.

c) ( ) Em "O incêndio é a mais impaciente das catástrofes; a explosão, a mais impulsiva e lacônica; o abalroamento, a mais colérica; a inundação, a mais feminina e majestosa"

(A. M. Machado), o ponto e vírgula foi empregado para separar partes de um período que internamente está subdividido por vírgula.

d) ( ) Em "De um lado cunhavam pedras cantando; de outro a quebravam a picareta; de outro afeiçoavam lajedos a ponta de picão; mais adiante faziam paralelepípedos a escopro e macete" (Aluísio Azevedo), o ponto e vírgula foi usado para separar partes de uma enumeração descritiva.

e) ( ) Em "No jardim zoológico havia uma placa com as seguintes informações: não pise na grama; não jogue lixo no chão; não dê alimentos aos animais; não jogue objetos nos animais", o ponto e vírgula foi empregado para separar orações de mesmo valor, o que acontece na separação dos diversos itens de um regulamento.

1.6.2 Sinais que indicam entoação

1.6.2.1 Dois-pontos

Os DOIS-PONTOS marcam a suspensão da voz na melodia de uma frase não concluída. A primeira oração introduz claramente a segunda, e a oração que termina com os dois-pontos completa-se sintática e semanticamente com a seguinte.

Empregam-se os DOIS-PONTOS para

▶ introduzir a fala de um interlocutor em discurso direto, geralmente depois de verbos *dicendi,* tais como *dizer, perguntar, responder* e sinônimos:

"Cesária entrou, alguns minutos depois, regressou cachimbando e falou:
— Alexandre, a terça de cinquenta e dois e meio é muita coisa, mais de quinze, mais de dezesseis." (Graciliano Ramos)

▶ enunciar uma enumeração explicativa, ou o detalhamento de uma informação:

"Naquela noite de lua cheia estavam acocorados os vizinhos na sala pequena de Alexandre: seu Libório, cantador de emboladas, o cego Firmino e mestre Gaudêncio, curandeiro, que rezava contra mordeduras de cobras."
(Graciliano Ramos)

▶ introduzir uma citação:

"E todos acudiam, repetindo com mais força: 'quando eu morrer, / não quero choro, nem vela. Quero uma fita amarela, gravada com o nome dela'." (Marques Rebelo)

▶ introduzir uma explicação, um esclarecimento, uma síntese ou uma consequência do que foi enunciado:

"Eis aí um monte de verdades inestimáveis. O governo da demagogia não passa disso: o governo do medo." (Rui Barbosa)

> **Saiba mais**
>
> - Depois do vocativo que encabeça carta, requerimento, ofício, costuma-se colocar dois-pontos, vírgula ou ponto:
>   Prezado diretor: Prezado diretor,   Prezado diretor.
>
> - Verbo *dicendi* é o que introduz a fala de outrem:
>   dizer   perguntar   responder   contestar   concordar   exclamar

6. Em "Leituras prévias sobre o destino; viagens anteriores a países asiáticos; conversas com quem já foi: nada prepara para a extraordinária surpresa de chegar a Cingapura." (Jornal *O Globo*, 9-3-2014), está correta a seguinte afirmação:
a) os dois-pontos introduzem um aposto resumitivo do que foi dito.
b) os dois-pontos introduzem uma citação.
c) os dois-pontos introduzem um discurso direto.
d) o ponto e vírgula separa elementos em oposição.
e) o último ponto e vírgula poderia ser substituído pela conjunção "ou".

7. Indique se os dois-pontos foram empregados antes de (A) um discurso direto, (B) uma enumeração explicativa, (C) uma citação, (D) um esclarecimento.
a) ( ) "E uma tarde um moleque chegou às carreiras, gritando: — A cheia vem no engenho de seu Lula!"
b) ( ) Por causa da namorada, meu irmão abriu mão do que mais gostava: uma roda de samba.
c) ( ) "Tive um movimento espontâneo: atirei-me em seus braços." (Machado de Assis)
d) ( ) "De vez em quando o olhar distraído esbarra numa novidade: bangalôs em construção, obras na calçada, ou apenas um papel na vidraça." (Augusto Meyer)
e) ( ) Lembrei-me dos versos de Vinícius: "Que não seja imortal, posto que é chama / mas que seja infinito enquanto dure."

1.6.2.2 Ponto de interrogação

Emprega-se o PONTO DE INTERROGAÇÃO para expressar uma pergunta feita de forma direta:

"— O senhor mora na capital?" (Graciliano Ramos)

> 👍 **Saiba mais**
>
> • Quando a pergunta envolver dúvida, costuma-se colocar reticências depois do ponto de interrogação:
>
>   Seria um sonho?... (J. Simões Lopes Neto)
>
> • Nas perguntas que envolvem surpresa, o ponto de interrogação costuma vir seguido do de exclamação:
>
>   Vocês comeram toda a sobremesa?!
>
> • Nas interrogações indiretas não se usa o ponto de interrogação:
>
>   Gostaria de saber se vocês comeram toda a sobremesa.

8. Nas frases a seguir, coloque o ponto de interrogação, quando necessário, e explique a razão do seu emprego:
a) Quando você vai ao cinema
b) Gostaria de saber se você vai ao cinema
c) Falou com seu pai sobre o casamento
d) Sua avó perguntou se já falou com seu pai sobre o casamento
e) Vocês voltarão de viagem no sábado ou no domingo
_____
_____
_____
_____

9. Preencha os espaços com a pontuação adequada:
a) A menina perguntou à cozinheira como fazia bolo de chocolate .....
b) As alunas disseram à professora que haviam concluído a pesquisa .....
c) Já entregou o formulário aos pais .....
d) Enviou as fotos de formatura para o grupo .....
e) Preciso saber se já conseguiram falar com o juiz .....

1.6.2.3 Ponto de exclamação

Emprega-se o PONTO DE EXCLAMAÇÃO depois de interjeições, termos interjetivos, onomatopeias, vocativos, imperativo:

"Lei! exclamou. Isso lá é lei!" (Lima Barreto)
"O que assim fosse era lei, o mais... bobagens!" (Lima Barreto)
"E ah! que desejo de a tomar nos braços..." (Olavo Bilac)
"Deus! Ó Deus! Onde estás que não respondes?" (Castro Alves)
"Encilha os nossos cavalos! Já!" (Simões Lopes Neto)

10. Coloque o ponto de exclamação ou de interrogação nas frases quando necessário:
a) Olá, amigo
b) Valha-me Deus
c) Quem iniciou a manifestação
d) No sinal, o menino gritava: três por um real
e) Boa viagem

11. Observe as seguintes afirmações sobre a pontuação empregada no seguinte fragmento: "Quando o conteúdo se revelou, surpresa total: quem poderia imaginar que um poema roubado há 30 anos voltasse ao lar daquela maneira?!" (Cora Rónai).
I. A vírgula foi usada para marcar a oração adverbial deslocada.
II. Os dois-pontos para introduzir uma explicação.
III. Os pontos de interrogação e de exclamação para marcar a surpresa da pergunta.
Está correto o que se afirma em
a) I, apenas
b) II, apenas
c) I e II, apenas
d) III, apenas
e) I, II, III

1.6.2.4 Reticências

As RETICÊNCIAS marcam uma interrupção da frase e empregam-se para indicar
▶ hesitação, dúvida, surpresa de quem fala:
"— É promessa, há de cumprir-se.
— Sei que você fez promessa... mas, uma promessa assim... não sei... Creio que, bem pensando... Você que acha, prima Justina?" (Machado de Assis)

▶ interrupção da fala do narrador ou personagem a fim de introduzir outras considerações:
"Talvez estejas a criar pele nova, outra cara, outras maneiras, outro nome, e não é impossível que... Já me não lembra onde estava... Ah! Nas estrelas escusas." (Machado de Assis)

▶ o corte na fala de um personagem pela interferência da fala de outro:
"— Posso confessar?
— Pois, sim, mas seria aparecer francamente, e o melhor é outra coisa. José Dias...
— Que tem José Dias?" (Machado de Assis)

12. Observe as afirmações sobre o emprego dos sinais de pontuação:
I. Em "E agora?... O que podemos fazer?...", o ponto de interrogação seguindo de reticências indica dúvida.
II. Em "Como foi que sua bolsa foi roubada?!", o ponto de interrogação seguindo do ponto de exclamação sugere surpresa.
III. Em "Mamãe... eu queria lhe dizer que... não me saí bem na prova", as reticências indicam hesitação.
Está correto o que se afirma em:
a) I
b) II
c) III
d) I e II
e) todas

> **Saiba mais**
>
> Não se devem confundir as reticências que têm valor expressivo na frase com os três pontos que se empregam para indicar que foram suprimidas palavras ou fragmentos no início, no meio ou no fim de uma citação. Segundo Celso Cunha (2012:383), nesses casos devem-se usar quatro pontos, deixando os três apenas para as reticências.

13. Observe as afirmações sobre a pontuação empregada no seguinte fragmento: "Afrouxei de vez o colarinho, larguei a pasta, afastei o mais que pude os joelhos... e respirei bem fundo por alguns minutos." (Clarice Lispector)
I. as vírgulas foram empregadas para separar termos de mesma função sintática sem a utilização de conectivo.
II. as vírgulas foram empregadas para separar orações coordenadas assindéticas.
III. as reticências foram empregadas para marcar a hesitação de quem fala.
IV. as reticências foram empregadas para indicar o corte na fala do narrador pela interferência da fala de um personagem.
Está correto o que se afirma em
a) I e II apenas
b) II apenas
c) III apenas
d) II e III apenas
e) todas

1.6.3 Sinais que servem para destacar algum segmento do texto

1.6.3.1 Travessão

Emprega-se o TRAVESSÃO para
▶ indicar a fala de personagens em discurso direto:
"— Olhem aquele monte ali na frente. É longe, não é?
— Muito longe, respondeu o cego preto Firmino." (Graciliano Ramos)

▶ isolar uma palavra, um comentário ou uma ponderação adicional, fazendo as vezes da vírgula (no caso de termo intercalado, usa-se travessão duplo):
"Acudiu à memória de Rubião que o Freitas — aquele Freitas tão alegre — estava gravemente enfermo." (Machado de Assis)

▶ destacar a parte final de um enunciado, equivalendo aos dois-pontos:
"Tudo aquilo para mim era uma delícia — o gado, o leite de espuma morna, o frio das cinco horas da manhã, a figura alta e solene de meu avô." (José Lins do Rego)

👍 Saiba mais

Não se repete o travessão quando coincidir com o final da frase, conforme se pode observar no exemplo anterior.

14. Sobre a pontuação, em "Então uma rã pulou para o seu colo e disse:
— Linda princesa, eu já fui um príncipe muito bonito. Um beijo teu, no entanto, há de me transformar de novo num belo príncipe" (L. F. Verissimo), está INCORRETO o que se afirma em:
a) os dois-pontos foram empregados para introduzir a fala de um personagem em discurso direto.
b) a vírgula foi usada para isolar o vocativo "Linda princesa".
c) o travessão para indicar o início da fala de um personagem.
d) os parênteses foram empregados para indicar a autoria da frase.
e) a vírgula depois do pronome "teu" foi usada para introduzir uma oração coordenada assindética.

15. Observe as seguintes afirmações sobre a pontuação empregada nos textos.

I. "Resolveu mandar um recado ao pai pela copeira:
— Diga a meu pai que eu sei de um jeito para essa doença." (Ana Maria Machado)
Os dois-pontos foram empregados para anunciar a fala de um interlocutor em discurso direto.

II. "A prensa, uma máquina multiplicadora de livros, foi criada pelo alemão Gutenberg." (Paulo Eduardo Zanettini)
As vírgulas foram empregadas para destacar uma oração explicativa.

III. "Não conheço nem quero conhecer, de modo que — zap — mudo de canal." (Moacyr Scliar)
Os travessões foram empregados para destacar a onomatopeia "zap".

Está correto o que se afirma em
(a) I apenas
(b) I e II apenas
(c) I e III apenas
(d) I, II e III
(e) III apenas

1.6.3.2 Aspas

Empregam-se as ASPAS para

▶ distinguir uma citação do resto do texto, fala de personagem, por exemplo:
O pai de vez em quando ainda se lembrava: "E dizer que a obriguei a correr naquele estado!" (Clarice Lispector)

▶ destacar palavras ou expressões não próprias de quem escreve (gíria, estrangeirismo, neologismo):
Era melhor que fosse "clown". (Érico Veríssimo)

▶ acentuar o sentido de palavras ou expressões (sentido figurado):
A partir dos 14 anos comecei a escrever histórias "mais sérias", com pretensão literária. (Fernando Sabino)

▶ destacar nome de jornal, revista, título de artigo, capítulo de livro, parte de uma publicação:
Ele era copidesque – aquele que dá a forma final ao texto jornalístico – dos então famosos editoriais do jornal "O Estado de S. Paulo". (Luiz Caversan)

> ### 🔹 Saiba mais
>
> Sobre o emprego dos sinais de pontuação depois das aspas, leia-se o que nos ensina o *Vocabulário ortográfico da língua portuguesa*: "Quando a pausa coincide com o final da expressão ou sentença que se acha entre ASPAS, coloca-se o competente sinal de pontuação depois delas, se encerram apenas uma parte da proposição; quando, porém, as aspas abrangem todo o período, sentença, frase ou expressão, a respectiva notação fica abrangida por elas.
>
> "Aí temos a lei", dizia o Florentino. "Mas quem as há de segurar? Ninguém."
> (Rui Barbosa)
> "Mísera! tivesse eu aquela enorme, aquela
> Claridade imortal, que toda a luz resume!"
> "Por que não nasci eu um simples vaga-lume?"
> (Machado de Assis)
>
> Numa redação de concurso, não se devem usar as aspas para marcar um novo sentido figurado de uma palavra. Embora as regras gramaticais prevejam esse emprego como uma variante linguística distinta da do resto do texto, as aspas nesse caso apontam para um vocabulário reduzido, e, na avaliação de um texto escrito, a propriedade e riqueza vocabular são extremamente importantes.

16. Observe as seguintes afirmações sobre o emprego das aspas.
I. Naquela época os programas de rádio faziam tanto sucesso quanto os de televisão hoje em dia, e uma revista semanal do Rio, especializada em rádio, mantinha um concurso permanente de crônicas sob o título "O que pensam os rádio-ouvintes". (Fernando Sabino)
As aspas foram empregadas para destacar o título do concurso de crônicas.
II. E sorrindo, falou para o filho: "Eu errei o seu nome! Seria Roberto!"
Mas o filho falou: "Não errou, não senhor! O amor faz tudo certo". (Gabriel, o Pensador)
As aspas foram usadas para destacar a fala dos personagens em discurso direto.
III. Boa Conceição! Chamavam-lhe "a santa", e fazia jus ao título, tão facilmente suportava os esquecimentos do marido. (Machado de Assis)
As aspas foram empregadas para destacar a expressão.
Está correto o que se afirma em
(a) I e II apenas
(b) I apenas
(c) I, II e III
(d) III apenas
(e) II e III apenas

17. No fragmento Prima Justina exortava: *"Prima Glória! Prima Glória!"* José Dias desculpava-se: *"Se soubesse, não teria falado, mas falei pela veneração, pela estima, pelo afeto, para cumprir um dever amargo, um dever amaríssimo..."* (Machado de Assis), as aspas foram empregadas para
a) acentuar o sentido de palavras e expressões.
b) destacar uma informação anteriormente citada.
c) distinguir a fala de personagens do resto do texto.
d) indicar a autoria de um texto literário.
e) separar as orações de um mesmo período.

1.6.3.3 Parênteses

Empregam-se os PARÊNTESES para
▶ intercalar uma explicação, uma reflexão, um comentário:
"Na mesa do café-sentado (pois tomava-se café sentado nos bares, e podia-se conversar horas e horas sem incomodar nem ser incomodado) eu tirava do bolso o que escrevera durante o dia, e meus colegas criticavam." (Carlos Drummond de Andrade)

▶ transcrever uma fonte bibliográfica:
(ANDRADE, Carlos Drummond de. *Crônicas*. Para gostar de ler. v. 4. São Paulo: Ática, 1980, p. 4.)

▶ indicar como deve ser executado, em peça teatral, a mudança de cenário, a fala ou o gesto dos atores:
"— Está bem. Você não quer...
(A voz anasalada, contida, era um velho sinal de desgosto)" (Osman Lins)

18. No fragmento "A última pessoa que intercedeu por ele (porque depois do que vou contar ninguém mais se atreveu a procurar o terrível médico) foi uma pobre senhora, prima do Costa" (Machado de Assis), os parênteses foram empregados para
a) distinguir uma citação do resto do texto.
b) intercalar uma explicação.

c) introduzir uma oração adjetiva explicativa.
d) marcar a mudança de interlocutor.
e) separar o aposto.

19. Observe as afirmações sobre a pontuação empregada no trecho a seguir "E quando todos me perguntassem — 'mas de onde é que você tirou essa história?' — eu responderia que ela não é minha, que eu a ouvi por acaso na rua, de um desconhecido que a contava a outro desconhecido, e que por sinal começara a contar assim: 'Ontem ouvi um sujeito contar uma história...'". (Rubem Braga)
I. Os travessões foram empregados para destacar a pergunta do resto do texto.
II. As aspas simples para distinguir uma citação de autoria diferente da do resto do texto.
III. As reticências foram usadas para indicar uma interrupção da frase que pode ser completada pelo leitor.
IV. O ponto de interrogação para expressar uma pergunta direta.
V. Os dois-pontos para introduzir a fala de um interlocutor em discurso direto.
Está correto o que se afirma em
a) I e II
b) I, II, IV e V
c) III e IV
d) IV e V
e) em todas

1.6.3.4 Colchetes

Empregam-se COLCHETES para
▶ intercalar observações próprias em um texto alheio:
"Tudo quieto, o primeiro cururu [certo tipo de sapo] surgiu na margem, molhado, reluzente na semiescuridão." (Jorge de Lima)

▶ inserir, numa referência bibliográfica, qualquer informação que não conste da obra citada:
RAMOS, Graciliano. **São Bernardo**. Prefácio de Antônio Cândido, ilustrações de Darel. 17 ed. São Paulo: Martins [1972].

▶ transcrever foneticamente um fonema ou uma palavra:
sol ['sɔw]

20. Sobre a pontuação em "Parte da cidade que mais aparece na votação organizada pela VEJA RIO, a Lapa tem, digamos assim, o seu biógrafo oficial: Wilson Baptista, que chegou a fazer uma espécie de trilogia sobre o bairro onde morou, formada por Largo da Lapa e Flor da Lapa (essas duas citadas na enquete), além de História da Lapa." *Veja Rio*, 8 mar. 2014, p. 29, pode-se afirmar que a única justificativa INCORRETA é
a) a vírgula foi usada depois de "VEJA RIO" para isolar o aposto com o objetivo de realçá-lo.
b) as vírgulas em "digamos assim" separam uma expressão de natureza explicativa.
c) os dois-pontos depois de "oficial" foram usados para introduzir uma explicação.
d) a vírgula depois de "Baptista" e de "morou" foi empregada para destacar a oração subordinada adjetiva restritiva.
e) os parênteses para intercalar um comentário.

21. Observe as afirmações sobre a pontuação empregada no seguinte trecho: "Nenhum desses compositores viveu para ver a virada que há cerca de dez anos aconteceu por lá, com o surgimento de bares, casas de samba e uma nova juventude badalando no local – que ainda sofre, porém, com trânsito caótico (piorou quando, há alguns meses, deixaram de fechar parte do bairro nos fins de semana) e muita sujeira na rua." (*Veja Rio*, 8 mar. 2014, p. 29.)
I. a vírgula depois de "bares" foi empregada para separar termos coordenados.
II. as vírgulas antes e depois de "porém" são obrigatórias quando vem intercalada a conjunção.
III. as vírgulas em "há alguns meses" para isolar o adjunto adverbial intercalado.
IV. o travessão foi usado para separar um comentário.
V. os parênteses foram empregados para introduzir um esclarecimento.
Está correto o que se afirma em
a) I e II   b) I, II e III   c) III e IV   d) IV e V   e) em todas

DE OLHO VIVO PARA NÃO TROPEÇAR NO USO DOS SINAIS DE PONTUAÇÃO QUE PODE PREJUDICAR OU ALTERAR O SENTIDO DA FRASE

1. Colocar ponto no final de um período.

2. Separar por vírgula os diversos elementos de uma enumeração.

3. Empregar também a vírgula para isolar o vocativo, o adjunto adverbial antecipado ou intercalado, qualquer elemento de valor explicativo, aposto, ou indicar a omissão de uma palavra.

4. Não separar por vírgula, em hipótese alguma, o verbo do sujeito, na ordem direta ou inversa, do objeto direto e indireto, do predicativo e do agente da passiva, bem como os elementos do complemento nominal.

5. Usar vírgula nas orações coordenadas, com exceção da que vem precedida pela conjunção aditiva *e*, desde que não se trate de polissíndeto; em orações adjetivas explicativas e em orações adverbiais quando estiverem no início ou no meio do período.

6. Colocar entre aspas o fragmento de uma citação textual.

7. Fechar as aspas, os parênteses e os colchetes.

8. Não colocar ponto de interrogação, mas ponto, no final de uma interrogação indireta.

Questões do ENEM e de Vestibulares

1. (ESPM) Assinale o item em que o termo grifado foi usado de modo indevido:
a) Muitos teriam *tachado* de mera propaganda a fundação de um califado por parte do Estado Islâmico. (*Folha de SP*)
b) "Fui *tachado* de arrogante, prepotente e babaca." (Rafinha Bastos)
c) Nosso humor, que sempre foi amoral, é agora *taxado* de imoral. Resta saber se a alternativa do humor politizado é possível. (Joel Pinheiro)
d) O consumo de álcool na cidade deve ser *taxado* e servir diretamente ao tratamento sistêmico da situação. (*Folha de SP*)
e) Com a queda do petróleo, abre-se espaço para reduzir subsídios e até *taxar* os combustíveis fósseis. (*Folha de SP*)

2. (ESPM)   O pato social
Amigos que atuam no mercado editorial e na imprensa de Lisboa, externando com bom humor a sua indignação, argumentavam: "Queremos igualdade de condições e direitos. Se não podemos ser 'exactos' em nosso idioma, então vocês não podem ter um 'pacto', mas, sim, um pato social".
Avicultura sociopolítica à parte, os lusos, a despeito de seus questionamentos, e os demais governos da Comunidade dos Países de Língua Portuguesa, com exceção de Angola, já ratificaram o acordo ortográfico. O mais importante de tudo isso é entender que as mudanças que unificaram a ortografia não alteraram a gramática e a riqueza do português, com sua multiplicidade de expressões homônimas e parônimas e infinitas possibilidades sintáticas para a composição das frases e sentenças. Ademais, o alto grau de redundância linguística

de nosso idioma permite que os textos sejam lidos rapidamente e na diagonal, sem prejuízo de se assimilar a informação mínima, e também facilita o mecanismo da previsibilidade (ou seja, mesmo quando faltam letras numa palavra, o leitor consegue ler de maneira correta). Tudo isso vai a favor do consenso nacional quanto à necessidade de estimular a leitura. Considerando a adequada e rápida adaptação do Brasil e levando-se em conta que até os portugueses já ratificaram o acordo ortográfico, são incompreensíveis as propostas que às vezes surgem no nosso Legislativo ou na retórica de pretensos estudiosos do tema, de se produzirem novas mudanças.

Karine Pansa, *Folha de S. Paulo*, 19-08-2014 (adaptado).

De uma leitura atenta do texto, pode-se afirmar que:
a) o mercado editorial e a imprensa de Lisboa defendem uma igualdade de direitos sociopolíticos.
b) os portugueses resolveram não aderir à reforma ortográfica da língua portuguesa.
c) o acordo ortográfico trouxe padronização da ortografia, mas também mudanças significativas na estrutura gramatical.
d) a multiplicidade de expressões homônimas e parônimas é que tornam complexa a língua portuguesa.
e) os lusitanos reivindicam uma paridade de mudanças ortográficas em Portugal e no Brasil.

3. (ESPM) Pode-se afirmar que segundo a autora do texto:
a) a elevada redundância linguística trabalha a favor da contextualização do vocábulo.
b) a supressão de uma letra altera totalmente o significado de uma palavra.
c) o leitor possui uma capacidade limitada de previsibilidade para uma palavra.
d) a rápida adaptação do Brasil ao acordo ortográfico estimulou novas propostas pelo Legislativo.
e) novas mudanças linguísticas deveriam ser encaminhadas às autoridades para estimular a leitura no país.

4. (ESPM) Assinale o item em que o par de vocábulos não seja exemplo de palavras parônimas, mas sim de homônimas:
a) pacto – pato
b) ratificar – retificar
c) cumprido – comprido
d) são (verbo ser) – são (santo)
e) descrição – discrição

5. (ESPM) No trecho: "Avicultura sociopolítica à parte, os lusos, *a despeito* de seus questionamentos, ...", a expressão em destaque pode ser substituída, sem prejuízo semântico, por:
a) à custa de
b) apesar de
c) à procura de
d) a respeito de
e) no âmbito de

6. (ESPM) Na última linha, o segmento "retórica de pretensos estudiosos do tema" possui um tom:
a) de elogio, significando a arte de convencer de pesquisadores sábios.
b) exortativo, significando detentores do saber que possuem o dom da oratória.
c) irônico, significando o discurso pomposo de supostos estudiosos.
d) pejorativo, significando esforçados estudantes com surpreendente eloquência.
e) crítico, significando o discurso ardiloso de linguistas soberbos.

7. (ENEM) Sou feliz pelos amigos que tenho. Um deles muito sofre pelo meu descuido com o vernáculo. Por alguns anos ele sistematicamente me enviava missivas eruditas com precisas informações sobre as regras da gramática, que eu não respeitava, e sobre a grafia correta dos vocábulos, que eu ignorava. Fi-lo sofrer pelo uso errado que fiz de uma palavra num desses meus badulaques. Acontece que eu, acostumado a conversar com a gente das Minas Gerais, falei em "varreção" — do verbo "varrer". De fato, trata-se de um equívoco que, num vestibular, poderia me valer uma reprovação. Pois o meu amigo, paladino da língua portuguesa, se deu ao trabalho de fazer um xerox da página 827 do dicionário, aquela que tem, no topo, a fotografia de uma "varroa" (sic!) (você não sabe o que é uma "varroa"?) para corrigir-me do meu erro. E confesso: ele está certo. O certo é "varrição" e não "varreção". Mas estou com medo de que os mineiros da roça façam troça de mim porque nunca os vi falar de "varrição". E se eles rirem de mim não vai me adiantar mostrar-lhes o xerox da página do dicionário com a "varroa" no topo. Porque para eles não é o dicionário que faz a língua. É o povo. E o povo, lá nas montanhas de Minas Gerais, fala "varreção" quando não "barreção". O que me deixa triste sobre esse amigo oculto é que nunca tenha dito nada sobre o que eu escrevo, se é bonito ou se é feio. Toma a minha sopa, não diz nada sobre ela, mas reclama sempre que o prato está rachado.

ALVES, R. *Mais badulaques*. São Paulo: Parábola, 2004 (fragmento).

De acordo com o texto, após receber a carta de um amigo "que se deu ao trabalho de fazer um xerox da página 827 do dicionário" sinalizando um erro de grafia, o autor reconhece
a) a supremacia das formas da língua em relação ao seu conteúdo.
b) a necessidade da norma-padrão em situações formais de comunicação escrita.
c) a obrigatoriedade da norma culta da língua, para a garantia de uma comunicação efetiva.
d) a importância da variedade culta da língua, para a preservação da identidade cultural de um povo.
e) a necessidade do dicionário como guia de adequação linguística em contextos informais privados.

8. (PUC-PR) O texto a seguir faz parte de uma correspondência enviada por Mário de Andrade a Manuel Bandeira, em 26 de janeiro de 1935.
(...) Não vá pra Cumbuquira "concertar" o fígado que você se estraga completamente! Isso acho que é demais. Apesar de suas razões que já conheço hoje, concertar com "c", pra qualquer

sentido da palavra está consagrado definitivamente. Vamos: me retruque que o "hontem", o "geito" e o "pêcego" também estavam concertados definitivamente entre escritores e que então eu não devia concertá-los. Você está certo, mas a minha resposta é o "brinque-se"! Por enquanto. Porque se vier uma nova reforma ortográfica mandando distinguir definitivamente consertar e concertar, assim farei em nome da minha desindividualização teórica.

Mundo Jovem, ed. 466, maio 2016, p. 21.

A variação linguística interfere na produção de sentidos dos textos. No trecho da correspondência de Mário de Andrade, ele argumenta a favor

a) da prevalência do uso que os indivíduos fazem da língua em relação ao poder coercitivo das regras ortográficas, até que seja possível.

b) da permissão do uso indiscriminado da grafia das palavras, já que a variação das línguas com o passar do tempo pode gerar prejuízos de significado.

c) da antecipação de uma grafia unificadora para palavras com mesmo significado, antecipando-se a uma possível reforma ortográfica.

d) da combinação entre grafia e pronúncia, incentivando os falantes a estabelecerem uma relação de representação mais uniforme dos sons.

e) do abandono de marcas etimológicas na grafia das palavras, a fim de atualizar o registro escrito da língua antes de uma reforma ortográfica.

9. (ENEM) O presidente Lula assinou, em 29 de setembro de 2008, decreto sobre o Acordo Ortográfico da Língua Portuguesa. As novas regras afetam principalmente o uso dos acentos agudo e circunflexo, do trema e do hífen.

Longe de um consenso, muita polêmica tem-se levantado em Macau e nos oito países de língua portuguesa: Brasil, Angola, Cabo Verde, Guiné-Bissau, Moçambique, Portugal, São Tomé e Príncipe e Timor Leste.

Comparando as diferentes opiniões sobre a validade de se estabelecer o acordo para fins de unificação, o argumento que, em grande parte, foge dessa discussão é

a) "A Academia (Brasileira de Letras) encara essa aprovação como um marco histórico. Inscreve-se, finalmente, a Língua Portuguesa no rol daqueles que conseguiram beneficiar-se há mais tempo da unificação de seu sistema de grafar, numa demonstração de consciência da política do idioma e de maturidade na defesa, difusão e ilustração da língua da Lusofonia.

SANDRONI, C. Presidente da ABL. Disponível em: http://www.academia.org.br. Acesso em: 10 nov. 2008.

b) Acordo ortográfico? Não, obrigado. Sou contra. Visceralmente contra. Filosoficamente contra. Linguisticamente contra. Eu gosto do "c" do "actor" e do "p" de "cepticismo". Representam um património, uma pegada etimológica que faz parte de uma identidade cultural. A pluralidade é um valor que deve ser estudado e respeitado. Aceitar essa aberração significa apenas que a irmandade entre Portugal e o Brasil continua a ser a irmandade do atraso.

COUTINHO, J. P. *Folha de S. Paulo*. Ilustrada. 28 set. 2008, E1 (adaptado).

c) Há um conjunto de necessidades políticas e econômicas com vista à internacionalização do português como identidade e marca econômica. É possível que o (Fernando) Pessoa, como produto de exportação, valha mais do que o PT (Portugal Telecom). Tem um valor econômico único.
RIBEIRO, J. A. P. Ministro da Cultura de Portugal. Disponível em: http://ultimahora.publico.clix.pt. Acesso em: 10 nov. 2008.

d) "É um acto cívico batermo-nos contra o Acordo Ortográfico." "O acordo não leva a unidade nenhuma." "Não se pode aplicar na ordem interna um instrumento que não está aceito internacionalmente" e nem assegura "a defesa da língua como património, como prevê a Constituição nos artigos 9º e 68º."
MOURA, V. G. *Escritor e eurodeputado*. Disponível em: www.mundoportugues.org. Acesso em: 10 nov. 2008.

e) "Se é para ter uma lusofonia, o conceito [unificação da língua] deve ser mais abrangente e temos de estar em paridade. Unidade não significa que temos que andar todos ao mesmo passo. Não é necessário que nos tornemos homogéneos. Até porque o que enriquece a língua portuguesa são as diversas literaturas e formas de utilização."
RODRIGUES, M. H. Presidente do Instituto Português do Oriente, sediado em Macau. Disponível em: http://taichungpou.blogspot.com. Acesso em: 10 nov. 2008 (adaptado).

10. (ENEM) "Assum preto"
Tudo em vorta é só beleza
Sol de abril e a mata em frô
Mas assum preto, cego dos óio
Num vendo a luz, ai, canta de dor

Tarvez por ignorança
Ou mardade das pió
Furaro os óio do assum preto
Pra ele assim, ai, cantámió

Assum preto veve sorto
Mas num pode avuá
Mil veiz a sina de uma gaiola
Desde que o céu, ai, pudesse oiá
GONZAGA, L.; TEIXEIRA, H. Disponível em: www.luizgonzaga.mus.br. Acesso em: 30 jul. 2012 (fragmento).

As marcas da variedade regional registradas pelos compositores de "Assum preto" resultam da aplicação de um conjunto de princípios ou regras gerais que alteram a pronúncia, a morfologia, a sintaxe ou o léxico. No texto, é resultado de uma mesma regra a

a) pronúncia das palavras "vorta" e "veve".
b) pronúncia das palavras "tarvez" e "sorto".
c) flexão verbal encontrada em "furaro" e "cantá".
d) redundância nas expressões "cego dos óio" e "mata em frô".
e) pronúncia das palavras "ignorança" e "avuá".

11. (ENEM) Quando vou a São Paulo, ando na rua ou vou ao mercado, apuro o ouvido; não espero só o sotaque geral dos nordestinos, onipresentes, mas para conferir a pronúncia de cada um; os paulistas pensam que todo nordestino fala igual; contudo as variações são mais numerosas que as notas de uma escala musical. Pernambuco, Paraíba, Rio Grande do Norte, Ceará, Piauí têm no falar de seus nativos muito mais variantes do que se imagina. E a gente se goza uns dos outros, imita o vizinho, e todo mundo ri, porque parece impossível que um praiano de beira-mar não chegue sequer perto de um sertanejo de Quixeramobim. O pessoal do Cariri, então, até se orgulha do falar deles. Têm uns três doces, quase um the; já nós, ásperos sertanejos, fazemos um duro au ou eu de todos os terminais em al ou el – carnavau, Raqueu... Já os paraibanos trocam o l pelo r. José Américo só me chamava, afetuosamente, de Raquer.

QUEIROZ, R. *O Estado de São Paulo*. 09-05-1998 (fragmento adaptado).

Raquel de Queiroz comenta, em seu texto, um tipo de variação linguística que se percebe no falar de pessoas de diferentes regiões. As características regionais exploradas no texto manifestam-se
a) na fonologia.
b) no uso do léxico.
c) no grau de formalidade.
d) na organização sintática.
e) na estruturação morfológica.

12. (PUC-PR) Leia o texto a seguir.

A crise e a crase

Ônibus de turismo já costumavam parar em frente à mansão de Chiquinho Scarpa, em São Paulo, para que os passageiros tirassem fotos. Há um mês, o movimento aumentou. É que o playboy de 64 anos estendeu uma faixa no jardim, com seu rosto estampado. Diz ele que os motoristas que passam por ali aprovam a mensagem, gritando: "É isso aí, Chiquinho". O slogan: "Juntos pelo Brasil! Não a (sic) luta de classes!".

Veja, 20-04-2016, p. 89.

O emprego ou a omissão do acento grave indicativo de crase pode mudar o sentido de uma afirmação. A análise adequada do *slogan* referido no texto, considerando-se o emprego ou não do acento grave, encontra-se em:

a) Sem o acento grave, a afirmação fica sem sentido e por isso vem acompanhada do vocábulo sic, para mostrar que não foi feita uma alteração gramatical necessária.
b) O vocábulo sic, empregado na reprodução do slogan, indica que houve a manutenção do estilo de elaboração do texto, o que não fere a norma-padrão.
c) A opção pela omissão do acento grave revela que o autor do slogan se refere a uma luta geral, sem que haja recorte de envolvidos.
d) Caso optasse pelo emprego do acento grave, o autor do slogan geraria ambiguidade no enunciado, pois não seria possível identificar que luta estaria em questão.
e) As pessoas que passam pelo local em que se encontra o slogan compreendem a mensagem de duas maneiras, por isso fazem elogios ao autor.

13. (FATEC) Assinale a alternativa que apresenta o correto emprego da crase.
a) Alguns atletas olímpicos irão à São Paulo fazer exames médicos periódicos.
b) À um ano dos Jogos Olímpicos do Rio, é impossível adquirir alguns ingressos.
c) Nossos atletas, à partir dessa semana, serão submetidos a novos treinamentos.
d) Nenhum atleta dessa delegação pode comer o que deseja o tempo todo, à vontade.
e) A homenagem à João Carlos de Oliveira, o João do Pulo, resgata a nossa história olímpica.

14. (UFRGS) "Preocupava-se especialmente com a situação dos franceses ..... vésperas da Revolução de 1789, quando havia miséria generalizada no campo."
"Tudo leva a crer que esse dinamismo demográfico, desconhecido nos séculos anteriores, contribuiu para a estagnação dos salários no campo e para o aumento dos rendimentos associados à propriedade da terra, sendo portanto um dos fatores que levaram ..... Revolução Francesa."
"De fato, o valor da terra permaneceu alto por algum tempo, mas, ao longo do século XIX, caiu em relação ..... outras formas de riqueza, à medida que diminuía o peso da agricultura na renda das nações."
Assinale a alternativa que preenche corretamente as lacunas, nesta ordem.
a) às – à – a
b) as – à – a
c) às – à – à
d) às – a – à
e) as – a – a

15. (UFRGS) Assinale a alternativa que preenche corretamente as lacunas dos fragmentos, nesta ordem.
"A princípio quero tratá-lo como intruso, mostrar-lhe ..... minha hostilidade, não abertamente para não chocá-lo..."
"De repente fere-me ..... ideia de que o intruso talvez seja eu, que ele tenha mais direito de hostilizar-me..."
"e conta que, toda vez que faz reparos ..... comida, mamãe diz que ele deve ir para um hotel, onde pode reclamar e exigir."
"Confirmo ..... proibição. Ele suspira e diz que então não viveria em um hotel nem de graça."

a) a – à – à – a
b) à – à – a – a
c) à – a – à – a
d) a – a – à – a
e) à – a – a – à

16. (ESPM) Leia: *A luta dos usuários dos fretados pelo direito de descer a Serra pela Pista Sul da Imigrantes intensificou-se durante a onda de protestos que atingiu boa parte do País em junho.*

A Tribuna, 25-09-2015, Santos.

Na frase acima:
a) haveria uma vírgula optativa depois do termo "usuários".
b) a expressão "pela Pista Sul" deveria estar entre vírgulas.
c) faltou uma vírgula obrigatória antes de "intensificou-se".
d) o segmento "pelo direito de descer a Serra" deveria estar entre vírgulas.
e) a rigor não há obrigatoriedade de vírgula alguma no período todo.

17. (UNITAU) Assinale a opção em que o texto foi transcrito sem erro de pontuação.

As frases foram adaptadas do jornal Folha de S. Paulo, 1º-10-2013

a) A Prefeitura de São Paulo anunciou que o IPTU, em 2014, ficará 24% mais caro; essa alta, porém ficará acima da inflação acumulada, nos últimos 12 meses.
b) O aumento é previsto no projeto de Orçamento encaminhado, pelo prefeito à Câmara dos Vereadores e representa o que a Prefeitura, estima ganhar, cerca de R$ 6,8 bilhões.
c) Ainda não é possível saber qual será a alta, específica por região ou tipo de imóvel mas ela deve valer para todos os lugares com valorização imobiliária nos últimos anos.
d) A prefeitura pretende evitar que toda a valorização seja incorporada ao IPTU, pois existirão, por exemplo, travas para evitar aumentos individuais e uma possível redução do índice de cálculo.
e) A decisão de reajustar o IPTU terá altíssimo preço político e o prefeito pode recorrer, ainda, a outra vacina que poderia ser eficaz: a de dizer que esse reajuste, seria condição, para congelar o atual valor da tarifa de ônibus.

18. (FATEC) "E eu não quero ficar ouvindo falar de identidade corporativa, marco regulatório, desenvolvimento organizacional, demanda de mercado, sinergia, estratégia, parâmetros, metas, foco, valores..."
A organização sintática, na construção desse período, foi possível porque as vírgulas empregadas separam
a) o vocativo, termo que chama, evoca o interlocutor.
b) o aposto, termo que explica o termo anterior.
c) os predicativos do sujeito presentes na frase.
d) os adjuntos adnominais e os vocativos.
e) os termos de mesmo valor sintático.

19. (UFRGS) Associe cada ocorrência de sinal de pontuação à esquerda com a função, à direita, que tal sinal auxilia a expressar no contexto em que ocorre

dois-pontos
( ) "A princípio quero tratá-lo como intruso, mostrar-lhe a minha hostilidade, não abertamente para não chocá-lo, mas de maneira a não lhe deixar dúvida, como se lhe perguntasse com todas as letras: que direito tem você de estar aqui na intimidade de minha família, entrando nos nossos segredos mais íntimos, dormindo na cama onde eu dormi, lendo meus velhos livros..."

vírgula
( ) "De repente fere-me a ideia de que o intruso talvez seja eu, que ele tenha mais direito de hostilizar-me do que eu a ele, que vive nesta casa há dezessete anos."

vírgula
( ) "Ele me olha, e vejo que está me examinando..."

(1) Assinala explicação do narrador-personagem.

(2) Assinala sujeitos distintos em período coordenado.

(3) Assinala a introdução de uma pergunta, em forma direta, suposta pelo narrador-personagem.

(4) Assinala enumeração de ações do irmão do narrador-personagem.

A sequência correta de preenchimento dos parênteses, de cima para baixo, é
a) 3 – 1 – 2
b) 3 – 2 – 1
c) 2 – 1 – 4
d) 1 – 4 – 2
e) 1 – 2 – 3

20. (ENEM) Quem procura a essência de um conto no espaço que fica entre a obra e seu autor comete um erro: é muito melhor procurar não no terreno que fica entre o escritor e sua obra, mas justamente no terreno que fica entre o texto e seu leitor.
OZ, A. *De amor e trevas*. São Paulo: Cia das Letras, 2005 (fragmento).

A progressão temática de um texto pode ser estruturada por meio de diferentes recursos coesivos, entre os quais se destaca a pontuação. Nesse texto, o emprego dos dois-pontos caracteriza uma operação textual realizada com a finalidade de
a) comparar elementos opostos.
b) relacionar informações gradativas.
c) intensificar um problema conceitual.

d) introduzir um argumento esclarecedor.
e) assinalar uma consequência hipotética.

21. (UERJ) Os dois-pontos podem delimitar uma relação entre uma expressão e a especificação de seu sentido. Observa-se esse uso dos dois-pontos no trecho apresentado em:
a) São fronteiras feitas para, ao mesmo tempo, delimitar e negociar: o "dentro" e o "fora" trocam-se por turnos.
b) Mas o que aqueles pássaros construíram não foi uma parede: foi um buraco.
c) Nesse mesmo berço aconteceu um fato curioso: um oficial do exército francês inventou um código de gravação de mensagens em alto-relevo.
d) Somos um pouco como a tucana que se despluma dentro do escuro: temos a ilusão de que a nossa proteção vem da espessura da parede.

22. (ENEM) "L.J.C"
– 5 tiros?
– É.
– Brincando de pegador?
– É. O PM pensou que...
– Hoje?
– Cedinho.

COELHO, M. In: FREIRE, M. (Org.). *Os cem menores contos brasileiros do século*. São Paulo: Ateliê Editorial, 2004.

Os sinais de pontuação são elementos com importantes funções para a progressão temática. Nesse miniconto, as reticências foram utilizadas para indicar
a) uma fala hesitante.
b) uma informação implícita.
c) uma situação incoerente.
d) a eliminação de uma ideia.
e) a interrupção de uma ação.

23. (ENEM) Resta saber o que ficou das línguas indígenas no português do Brasil. Serafim da Silva Neto afirma: "No português brasileiro não há, positivamente, influência das línguas africanas ou ameríndias". Todavia, é difícil de aceitar que um longo período de bilinguismo de dois séculos não deixasse marcas no português do Brasil.

ELIA, S. *Fundamentos histórico-linguísticos do português do Brasil*. Rio de Janeiro: Lucerna, 2003 (adaptado).

No final do século XVIII, no norte do Egito, foi descoberta a Pedra de Roseta, que continha um texto escrito em egípcio antigo, uma versão desse texto chamada "demótico", e o mesmo texto escrito em grego. Até então, a antiga escrita egípcia não estava decifrada. O inglês Thomas Young estudou o objeto e fez algumas descobertas como, por exemplo, a direção em que a leitura deveria ser feita. Mais tarde, o francês Jean-François Champollion voltou a estudá-la e conseguiu decifrar a antiga escrita egípcia a partir do grego, provando que, na verdade, o grego era a língua original do texto e que o egípcio era uma tradução.

Com base na leitura dos textos conclui-se, sobre as línguas, que

a) cada língua é única e intraduzível.
b) elementos de uma língua são preservados, ainda que não haja mais falantes dessa língua.
c) a língua escrita de determinado grupo desaparece quando a sociedade que a produzia é extinta.
d) o egípcio antigo e o grego apresentam a mesma estrutura gramatical, assim como as línguas indígenas brasileiras e o português do Brasil.
e) o egípcio e o grego apresentavam letras e palavras similares, o que possibilitou a comparação linguística, o mesmo que aconteceu com as línguas indígenas brasileiras e o português do Brasil.

24. (ENEM) "Não tem tradução"
[...]
Lá no morro, seu eu fizer uma falseta
A Risoleta desiste logo do francês e do inglês
A gíria que o nosso morro criou
Bem cedo a cidade aceitou e usou
[...]
Essa gente hoje em dia que tem a mania da exibição
Não entende que o samba não tem tradução no idioma francês
Tudo aquilo que o malandro pronuncia
Com voz macia é brasileiro, já passou de português
Amor lá no morro é amor pra chuchu
As rima do samba não são *I love you*
E esse negócio de *alô, alô boy e alô Johnny*
Só pode ser conversa de telefone.

ROSA, N. In: SOBRAL, João J. V. A tradução dos bambas. *Revista Língua Portuguesa*, Ano 4, nº54. São Paulo: Segmento, abr. 2010 (fragmento).

As canções de Noel Rosa, compositor brasileiro de Vila Isabel, apesar de revelarem uma aguçada preocupação do artista com seu tempo e com as mudanças político-culturais no Brasil, no início dos anos 1920, ainda são modernas. Nesse fragmento do samba *Não tem tradução*, por meio do recurso da metalinguagem, o poeta propõe

a) incorporar novos costumes de origem francesa e americana, juntamente com vocábulos estrangeiros.

b) respeitar e preservar o português padrão como forma de fortalecimento do idioma do Brasil.
c) valorizar a fala popular brasileira como patrimônio linguístico e forma legítima de identidade nacional.
d) mudar os valores sociais vigentes à época, com o advento do novo e quente ritmo da música popular brasileira.
e) ironizar a malandragem carioca, aculturada pela invasão de valores étnicos de sociedades mais desenvolvidas.

25. (ENEM) Quando os portugueses se instalaram no Brasil, o país era povoado de índios. Importaram, depois, da África, grande número de escravos. O Português, o Índio e o Negro constituem, durante o período colonial, as três bases da população brasileira. Mas no que se refere à cultura, a contribuição do Português foi de longe a mais notada.
Durante muito tempo, o português e o tupi viveram lado a lado como línguas de comunicação. Era o tupi que utilizavam os bandeirantes nas suas expedições. Em 1694, dizia o Padre Antonio Vieira que as "as famílias dos portugueses e índios em São Paulo estão tão ligadas hoje umas com as outras, que as mulheres e os filhos se criam mística e domesticamente, e a língua que nas ditas famílias se fala é a dos Índios, e a portuguesa a vão os meninos aprender à escola."

TEYSSIER, P. *História da língua portuguesa*. Lisboa: Livraria Sá da Costa, 1984 (adaptado).

A identidade de uma nação está diretamente ligada à cultura de seu povo. O texto mostra que, no período colonial brasileiro, o Português, o Índio e o Negro formaram a base da população e que o patrimônio linguístico brasileiro é resultado da
a) contribuição dos índios na escolarização dos brasileiros.
b) diferença entre as línguas dos colonizadores e as dos indígenas.
c) importância do padre Antônio Vieira para a literatura de língua portuguesa.
d) origem das diferenças entre a língua portuguesa e as línguas tupi.
e) interação pacífica no uso da língua portuguesa e da língua tupi.

26. (ENEM) Há certos usos consagrados na fala, e até mesmo na escrita, que, a depender do estrato social e do nível de escolaridade do falante, são, sem dúvida, previsíveis. Ocorrem até mesmo em falantes que dominam a variedade padrão, pois, na verdade, revelam tendências existentes na língua em seu processo de mudança que não podem ser bloqueadas em nome de um "ideal linguístico" que estaria representado pelas regras da gramática normativa. Usos como ter por haver em construções existentes (tem muitos livros na estante), o do pronome objeto na posição de sujeito (para mim fazer o trabalho), a não concordância das passivas com se (aluga-se casas) são indícios da existência, não de uma norma única, mas de uma pluralidade de normas, entendida, mais uma vez, norma como conjunto de hábitos linguísticos, sem implicar juízo de valor.

CALLOU, D. Gramática, variação e normas. In VIEIRA, S. R.; BRANDÃO, S. (orgs.). *Ensino de gramática: descrição e uso*. São Paulo: Contexto, 2007 (fragmento).

Considerando a reflexão trazida no texto a respeito da multiplicidade do discurso, verifica-se que

a) estudantes que não conhecem as diferenças entre língua escrita e língua falada empregam, indistintamente, usos aceitos na conversa com amigos quando vão elaborar um texto escrito.
b) falantes que dominam a variedade padrão do português do Brasil demonstram usos que confirmam a diferença entre a norma idealizada e a efetivamente praticada, mesmo por falantes mais escolarizados.
c) moradores de diversas regiões do país que enfrentam dificuldades ao se expressar na escrita revelam a constante modificação das regras de empregos de pronomes e os casos especiais de concordância.
d) pessoas que se julgam no direito de contrariar a gramática ensinada na escola gostam de apresentar usos não aceitos socialmente para esconderem seu desconhecimento da norma-padrão.
e) usuários que desvendam os mistérios e sutilezas da língua portuguesa empregam forma do verbo ter quando, na verdade, deveriam usar formas do verbo haver, contrariando as regras gramaticais.

27. (ENEM) Só há uma saída para a escola se ela quiser ser mais bem-sucedida: aceitar a mudança da língua como um fato. Isso deve significar que a escola deve aceitar qualquer forma da língua em suas atividades escritas? Não!
Há outra dimensão a ser considerada: de fato, no mundo real da escrita, não existe apenas um português correto, que valeria para todas as ocasiões: o estilo dos contratos não é o mesmo do dos manuais de instrução; o dos juízes do Supremo não é o mesmo do dos cordelistas; o dos editoriais dos jornais não é o mesmo do dos cadernos de cultura dos mesmos jornais. Ou do de seus colunistas.

POSSENTI, S. Gramática na cabeça. *Língua Portuguesa*, ano 5, n. 67, maio 2011 (adaptado).

Sírio Possenti defende a tese de que não existe um único "português correto". Assim sendo, o domínio da língua portuguesa implica, entre outras coisas, saber
a) descartar as marcas de informalidade do texto.
b) reservar o emprego da norma-padrão aos textos de circulação ampla.
c) moldar a norma-padrão do português pela linguagem do discurso jornalístico.
d) adequar as formas da língua a diferentes tipos de texto e contexto.
e) desprezar as formas da língua previstas pelas gramáticas e manuais divulgados pela escola.

28. (ENEM)
Exmº Sr. Governador:
Trago a V. Exa. um resumo dos trabalhos realizados pela Prefeitura de Palmeira dos Índios em 1928.
[...]

ADMINISTRAÇÃO
Relativamente à quantia orçada, os telegramas custaram pouco. De ordinário vai para eles dinheiro considerável. Não há vereda aberta pelos matutos que prefeitura do interior não ponha no arame, proclamando que a coisa foi feita por ela; comunicam-se as datas históricas ao Governo do Estado, que não precisa disso; todos os acontecimentos políticos são badalados. Porque se derrubou a Bastilha – um telegrama; porque se deitou pedra na rua – um telegrama; porque o deputado F. esticou a canela – um telegrama.
Palmeira dos Índios, 10 de janeiro de 1929.
Graciliano Ramos

RAMOS, G. *Viventes das Alagoas*. São Paulo: Martins Fontes, 1962.

O relatório traz a assinatura de Graciliano Ramos, na época, prefeito de Palmeira dos Índios, e é destinado ao governo do estado de Alagoas. De natureza oficial, o texto chama a atenção por contrariar a norma prevista para esse gênero, pois o autor

a) emprega sinais de pontuação em excesso.
b) recorre a termos e expressões em desuso no português.
c) apresenta-se na primeira pessoa do singular, para conotar intimidade com o destinatário.
d) privilegia o uso de termos técnicos, para demonstrar conhecimento especializado.
e) expressa-se em linguagem mais subjetiva, com forte carga emocional.

29. (ENEM) "Da corrida de submarino à festa de aniversário no trem"
Leitores fazem sugestões para o Museu das Invenções Cariocas
"Falar 'caraca!' a cada surpresa ou acontecimento que vemos, bons ou ruins, é invenção do carioca, como também o 'vacilão'."
"Cariocas inventam um vocabulário próprio". "Dizer 'merrmão' e 'é merrmo' para um amigo pode até doer um pouco no ouvido, mas é tipicamente carioca."
"Pedir um 'choro' ao garçom é invenção carioca."
"Chamar um quase desconhecido de 'querido' é um carinho inventado pelo carioca para tratar bem quem ainda não se conhece direito."
"O 'ele é um querido' é uma forma mais feminina de elogiar quem já é conhecido."

SANTOS, J. F. Disponível em: www.oglobo.globo.com. Acesso em: 6 mar. 2013 (adaptado).

Entre as sugestões apresentadas para o Museu das Invenções Cariocas, destaca-se o variado repertório linguístico empregado pelos falantes cariocas nas diferentes situações específicas de uso social. A respeito desse repertório, atesta-se o(a)

a) desobediência à norma-padrão, requerida em ambientes urbanos.
b) inadequação linguística das expressões cariocas às situações sociais apresentadas.
c) reconhecimento da variação linguística, segundo o grau de escolaridade dos falantes.
d) identificação de usos linguísticos próprios da tradição cultural carioca.
e) variabilidade no linguajar carioca em razão da faixa etária dos falantes.

30. (ENEM) "Como escrever na internet"
Regra 1 – *Fale, não GRITE!*
Combine letras maiúsculas e minúsculas, da mesma forma que na escrita comum. Cartas em papel não são escritas somente com letras maiúsculas; na internet, escrever em maiúsculas é o mesmo que gritar! Para enfatizar frases e palavras, use os recursos de _sublinhar_ (colocando palavras ou frases entre sublinhados) e *grifar* (palavras ou frases entre asteriscos). Frases em maiúsculas são aceitáveis em títulos e ênfases ou avisos urgentes.

Regra 2 – *Sorria :-) pisque ;-) chore &-(...*
Os *emoticons* (ou *smileys*) são ícones formados por parênteses, pontos, vírgulas e outros símbolos do teclado. Eles representam carinhas desenhadas na horizontal e denotam emoções. É difícil descobrir quando uma pessoa está falando alguma coisa em tom de brincadeira, se está realmente brava ou feliz, ou se está sendo irônica, em um ambiente no qual só há texto; por isso, entram em cena os *smileys*. Comece a usá-los aos poucos e, com o passar do tempo, estarão integrados naturalmente às suas conversas *on-line*.

Disponível em: www.icmc.usp.br. Acesso em: 29 jul. 2013.

O texto traz exemplos de regras que podem evitar mal-entendidos em comunicações eletrônicas, especialmente em *e-mails* e *chats*. Essas regras
a) revelam códigos internacionalmente aceitos que devem ser seguidos pelos usuários da internet.
b) constituem um conjunto de normas ortográficas inclusas na escrita padrão da língua portuguesa.
c) representam uma forma complexa de comunicação, pois os caracteres são de difícil compreensão.
d) foram desenvolvidas para que usuários de países de línguas diferentes possam se comunicar na *web*.
e) refletem recomendações gerais sobre o uso dos recursos de comunicação facilitadores da convivência na internet.

31. (ENEM) O acervo do Museu da Língua Portuguesa é o nosso idioma, um "patrimônio imaterial" que não pode ser, por isso, guardado e exposto em uma redoma de vidro. Assim, o museu, dedicado à valorização e difusão da língua portuguesa, reconhecidamente importante para a preservação de nossa identidade cultural, apresenta uma forma expositiva diferenciada das demais instituições museológicas do país e do mundo, usando tecnologia de ponta e recursos interativos para a apresentação de seus conteúdos.

Disponível em: www.museulinguaportuguesa.org.br. Acesso em: 16 ago. 2012 (adaptado).

De acordo com o texto, embora a língua portuguesa seja um "patrimônio imaterial", pode ser exposta em um museu. A relevância desse tipo de iniciativa está pautada no pressuposto de que

a) a língua é um importante instrumento de constituição social de seus usuários.
b) o modo de falar o português padrão deve ser divulgado ao grande público.
c) a escola precisa de parceiros na tarefa de valorização da língua portuguesa.
d) o contato do público com a norma-padrão solicita o uso de tecnologia de última geração.
e) as atividades lúdicas dos falantes com sua própria língua melhoram com o uso de recursos tecnológicos.

32. (ENEM) "S.O.S Português"
Por que pronunciamos muitas palavras de um jeito diferente da escrita? Pode-se refletir sobre esse aspecto da língua com base em duas perspectivas. Na primeira delas, fala e escrita são dicotômicas, o que restringe o ensino da língua ao código. Daí vem o entendimento de que a escrita é mais complexa que a fala, e seu ensino restringe-se ao conhecimento das regras gramaticais, sem a preocupação com situações de uso. Outra abordagem permite encarar as diferenças como um produto distinto de duas modalidades da língua: a oral e a escrita. A questão é que nem sempre nos damos conta disso.

S.O.S Português. *Nova Escola*. São Paulo: Abril, Ano XXV, nº 231, abr. 2010 (fragmento adaptado).

O assunto tratado no fragmento é relativo à língua portuguesa e foi publicado em uma revista destinada a professores. Entre as características próprias desse tipo de texto, identificam-se as marcas linguísticas próprias do uso
a) regional, pela presença de léxico de determinada região do Brasil.
b) literário, pela conformidade com as normas da gramática.
c) técnico, por meio de expressões próprias de textos científicos.
d) coloquial, por meio do registro de informalidade.
e) oral, por meio do uso de expressões típicas da oralidade.

2 MORFOLOGIA

Introdução

Na gramática da língua, o estudo das classes de palavras pertence ao campo da MORFOLOGIA, nosso assunto deste capítulo.

Distinguem-se, na Língua Portuguesa, dez classes de palavras. Estudaremos cada uma delas nas subdivisões que seguem.

Sugerimos que você preste atenção à definição de cada classe, antes de aprofundar o estudo da mesma. A especificidade presente na definição facilita entender o papel da classe, na elaboração da sua frase.

Neste capítulo, aprofundaremos o estudo dos vocábulos que expressam ação ou estado dos seres (verbos), dos que nomeiam os seres do mundo (substantivos) e substituem essa nomeação no período (alguns pronomes), dos que determinam e qualificam esses seres (artigos, outros pronomes, numerais, adjetivos), bem como daqueles que modificam processos verbais e outros núcleos na oração (advérbios), e ainda dos elementos que estabelecem relações entre as palavras e as orações (preposições e conjunções). Falaremos também da interjeição, um grupo de palavras que não se enquadra na especificidade das demais, por fugir às relações sintáticas que constituem a organização da frase.

Ao descrevermos resumidamente cada uma dessas formas – com detalhes sobre as flexões de gênero e número, nos nomes, bem como as de modo, tempo, pessoa e número, no verbo –, estaremos ampliando seu conhecimento da bagagem gramatical do nosso vernáculo. Diluímos o assunto em itens, de fácil assimilação, a que seguem exercícios de fixação de aprendizagem.

Julgamos ainda conveniente associar alguns aspectos da gramática da frase à gramática do texto, o que irá ampliar sua proficiência na comunicação linguageira. Afinal, nós nos comunicamos por textos! Criamos, então, o subcapítulo 2.11, resumindo e exemplificando discurso direto, indireto e indireto livre; funções da linguagem; coesão e coerência; figuras de linguagem; tipologia textual, gêneros textuais, intertextualidade.

Ao final do capítulo transcrevemos algumas questões do ENEM e de Vestibulares, para testar o que você aprendeu.

Bom estudo!

2.1 Verbo

Uma palavrinha sobre esta classe de palavras...

O verbo é a base da oração. Opõe-se ao nome, na proporção processo em andamento *versus* estado de repouso: o verbo equivale ao processo em si (*construir algo, ser bela, ficar triste*); os nomes referem-se a objetos estáticos (*construção* = edifício construído) ou especificam noções estáticas e abstratas (*beleza, tristeza*). Por sua associação a processo, o verbo expressa o tempo – momentâneo ou durativo – do fato; além de referir-se geralmente a um sujeito, agente ou referente (*Maria saiu. Maria é bela*) do processo, ou paciente dele (*José foi castigado*).

Como processo, o verbo flexiona-se em aspecto, modo e tempo. Por referir-se geralmente a um sujeito, o verbo flexiona-se em número e pessoa, conforme as pessoas do discurso (1ª, 2ª, 3ª, do singular e do plural).

O verbo centraliza o processo da oração, ainda que nem sempre, semanticamente falando, o verbo exprima ação (caso do verbo de estado, em que o núcleo da oração é o predicativo).

Dissemos também ser pelo verbo que geralmente nos reportamos a um sujeito, mas há situações especiais em que não há sujeito na oração, como é o caso de verbos que indicam fenômenos da natureza (*chover, trovejar*). Importa destacar que você sempre terá um verbo na oração, para expressar o tempo do processo ali descrito.

Distribuímos os diversos aspectos deste estudo (definição, classificação, flexão; os modos do verbo, as formas nominais do verbo, tempos compostos, vozes do verbo, verbos quanto à conjugação — regulares, irregulares, auxiliares, impessoais, defectivos, pronominais, anômalos) em pequenos tópicos a que seguem alguns exercícios de fixação.

O VERBO é a base da oração: ora explicita uma ação (*A menina saiu*), ora exprime um estado – permanente (*Ela é bela*) ou provisório (*Ele está triste*) – do ser, ora especifica um fenômeno da natureza (*Nevou*).

1. Reconheça, nas frases a seguir, o tipo de verbo empregado.
Modelo: Carlos ganhou o prêmio de melhor funcionário.
R: ganhou – verbo *ganhar* – explicita uma ação.
a) Antônio Carlos é um menino muito levado.

b) Alguns valores andam esquecidos no mundo político.

___

c) Eduardo caminhava devagar.

___

d) Como trovejou ontem, hein?!

___

e) Choveram impropérios naquela reunião.

___

2.1.1 Flexão do verbo

O VERBO flexiona-se para expressar categorias próprias de ASPECTO (concluso, não concluso); MODO (indicativo, subjuntivo, imperativo); TEMPO (presente, pretérito ou passado, futuro); PESSOA (1ª, 2ª, 3ª) e NÚMERO (singular, plural).

2. Reconheça as categorias expressas pelo verbo nas frases a seguir.
Modelo: Deus te abençoe!
R: abençoe – aspecto não concluso, modo subjuntivo, tempo presente, 3ª pessoa do singular.
a) Carlos viajou ontem.

___

b) Maria Amélia comprava frutas no mercado.

___

c) Tatiana encontrará um presente para mim.

___

d) Estudáramos bem nossas lições.

___

e) Estudastes bem vossas lições de hoje.

___

2.1.2 Imperativo afirmativo e negativo

O MODO IMPERATIVO exprime ordem ou pedido de quem fala. Distinguimos, neste modo, o IMPERATIVO AFIRMATIVO e o IMPERATIVO NEGATIVO. O imperativo não possui a primeira pessoa do singular, por razões óbvias, mas você pode empregar a primeira pessoa do plural, quando conclama o interlocutor a uma ação conjunta, você e ele (*Analisemos a questão, com cuidado!*).

A ação do imperativo não se conclui no ato da fala, ou seja, é não conclusa.

3. Classifique os verbos destacados nas frases a seguir.
Modelo: *Estude* bem suas lições, até amanhã.
R: ação não conclusa, modo imperativo, afirmativo, 2ª pessoa do singular, tratamento você.
a) *Obedeçamos* às leis!

b) "*Ama* com fé e orgulho a terra em que nasceste!" (O. Bilac)

c) *Respeite* o seu próximo.

d) *Distribuí*, por favor, todo este material com vossos colegas.

e) Não *vendais* o que não vos pertence.

> ### 👍 Saiba mais
>
> • Como você explica a afirmação de que não existe a primeira pessoa do singular do imperativo, "por razões óbvias"?
> — Porque ninguém dá ordens, ou faz pedidos, a si mesmo!
>
> • Os pronomes de tratamento (*você, V. Ex.ª* etc.) que se referem à pessoa com quem falamos são considerados de segunda pessoa, embora com eles empreguemos o verbo na terceira pessoa.
>
> • Podemos usar o infinitivo pelo imperativo, como acontece nos mandamentos da Lei de Deus (*Amar a Deus sobre todas as coisas. Não tomar seu santo nome em vão. Honrar pai e mãe.*) e em ordens militares (*Apresentar armas! Descansar!*)

2.1.3 Verbo com pronome de tratamento

O VERBO FICA SEMPRE NA TERCEIRA PESSOA — singular ou plural — quando o sujeito é um pronome de tratamento (*você(s)*, *V. S.ª*, *V. Ex.ª*, *Vossas Ex.ªˢ*) que se refere à pessoa com quem se fala: *Vocês estão felizes com a nova residência? V. Ex.ª pernoitará aqui?*

Obviamente, também usamos verbo na 3ª pessoa com pronomes de tratamento que se referem à pessoa de quem se fala (*S. Ex.ª*, *S. Ex.ªˢ*): *S. Ex.ªˢ pronunciarão o juramento.*

4. Assinale o item em que há uma inadequação no emprego da forma verbal referente ao pronome de tratamento:
a) V. Ex.ª ficareis bem instalado aqui, Senhor Ministro.
b) Você merece uma promoção, meu amigo!
c) V. Revm.ª deseja seu chá agora, Senhor Bispo?
d) V. S.ª será bem recebido ali, caro Diretor!
e) V. M. deseja mais alguma coisa?

👍 Saiba mais

Os pronomes possessivos e os oblíquos que se referem aos pronomes de tratamento também ficam na terceira pessoa:

V. M. ficou feliz com o casamento do seu filho? Você está triste porque seu filho não lhe obedeceu?

2.1.4 Formas nominais do verbo

Além dos modos — indicativo, subjuntivo e imperativo — podemos distinguir ainda, no verbo, as FORMAS NOMINAIS. Elas acrescentam ao valor de verbo uma função de nome (substantivo, adjetivo, advérbio). Com exceção do infinitivo, essas formas não apresentam flexões de número e pessoa.

5. Reconheça as formas nominais (infinitivo, gerúndio, particípio) destacadas nas frases a seguir e substitua-as convenientemente por uma oração e/ou pela classe de palavra correspondente.
Modelo: *Vencer* é preciso.
R: Infinitivo. Equivale à oração subordinada substantiva "que a gente vença", ou ao substantivo "vitória".

a) *"Viver* é muito perigoso!" (G. Rosa)

_____

b) *Terminada* a guerra, o saldo foi negativo.

_____

c) *Saindo* mais cedo, chegaremos a tempo!

_____

d) Antes de *sair*, apague a luz, João.

_____

e) Vejo um pato *voando* ali.

_____

2.1.5 Infinitivo

O INFINITIVO expressa o processo verbal propriamente dito — a ação, o estado, o fenômeno. Equivale a um substantivo. Na língua portuguesa, alguns infinitivos flexionam-se em pessoa e número. Há, portanto, dois tipos de infinitivo: o impessoal e o pessoal.

6. Classifique os infinitivos das frases a seguir em pessoal ou impessoal, reconhecendo a pessoa, quando for o caso:
Modelo: *Vencer* é preciso.   R: Infinitivo impessoal.

a) Deixei *sair* as crianças e mandei os adultos *permanecerem*.   ....

b) *"Viver* é lutar!" (G. Dias)   ....

c) Para *honrarem* seus compromissos, ser-lhes-ia necessário um
   grande aporte de dinheiro.   ....

d) Não saiam depois de *iniciarmos* a sessão.   ....

e) Mandou-nos *ficar* aqui.   ....

> 👍 **Saiba mais**
>
> - Chamam-se VERBOS CAUSATIVOS aqueles verbos que, na oração principal, são os causadores da ação da oração subordinada com verbo no infinitivo. São causativos os verbos *mandar, fazer, deixar* e sinônimos. Exemplos: *Mandei sair os alunos. Fiz todos saírem. Deixou-nos ficar ali.*
>
> - O infinitivo da oração subordinada a esses verbos *flexiona-se* com mais frequência quando seu sujeito for um substantivo plural, ou um pronome indefinido plural, inserido entre os dois verbos (*Mandei os alunos saírem. Deixei todos saírem*); *não se flexiona* quando o sujeito for um pronome átono (*Mandou-nos ficar ali. Mandei-os sair logo*), ou quando um verbo vier imediatamente seguido do outro (*Mandei sair os alunos*).
>
> - Se o infinitivo da oração subordinada a verbos causativos e/ou sensitivos for um verbo pronominal flexiona-se, mesmo que seu sujeito seja um pronome átono (*Deixei-os queixarem-se à vontade*).
>
> - O mesmo acontece com os verbos sensitivos (*sentir, ver, ouvir* e sinônimos), ou seja, verbos que indicam o sentido pelo qual é percebida a ação do infinitivo. Exemplos: *Vi os alunos saírem* (infinitivo flexionado). *Ouviu-nos passar por ali* (infinitivo não flexionado). *Senti-os desfalecer nos meus braços* (infinitivo não flexionado). *Ouvi-os queixarem-se de mim* (infinitivo flexionado por ser verbo pronominal). *Ouvi passar os soldados* (infinitivo não flexionado porque os dois verbos estão imediatamente próximos).
>
> - Bom destacar que o pronome oblíquo átono só neste caso se emprega como sujeito: nas construções com verbos causativos e sensitivos (*Deixou-nos ficar ali. Ouvi-o passar*).

2.1.6 Particípio

O PARTICÍPIO exprime ação acabada e exerce função sintática equivalente a adjetivo ou a advérbio. O particípio regular termina em *-(a)do* e *-(i)do*, respectivamente terminações da primeira conjugação e da segunda e terceira. O particípio é empregado na formação dos tempos compostos do verbo (*José tinha chegado*) e na formação da passiva analítica (geralmente com auxiliar ser: *Ele foi castigado*).

7. Reconheça o emprego dos particípios dos verbos a seguir, especificando-lhes a conjugação e a flexão.

Modelo: Casas são alugadas.

R: alugadas – particípio do verbo da 1ª conjugação *alugar*, feminino plural; voz passiva analítica.

a) Encerrados os trabalhos, todos se retiraram.

_____

b) Sairei após conferir todas as informações solicitadas.

_____

c) Ela tinha sido minha melhor amiga.

_____

d) Vocês não haviam pagado todas as suas contas?

_____

e) Saí triste, após serem esgotados todos os meus argumentos.

_____

8. Consulte um breviário de verbos, um dicionário, ou uma gramática, e cite os particípios dos verbos:

a) escrever _____   c) fazer _____   e) pôr _____

b) dizer _____   d) pagar _____   f) vir _____

> ### 👍 Saiba mais
>
> - Os particípios formadores da passiva flexionam-se para concordar com os substantivos a que se referem:
>   *Casas são destruídas.*
>
> - Você não deve flexionar os particípios formadores de tempos compostos na voz ativa, caso em que se empregam os auxiliares *ter* e *haver*: *tinha sido, haviam pagado.*

- Os particípios dos verbos podem ser: regulares (*amado, vendido, partido*), irregulares (*feito ‹ fazer*). Há os que apresentam duplo particípio (*pagado, pago ‹ pagar*).

- O particípio de *pegar* é *pegado*. A forma *pego*, popularmente empregada, foge à regra gramatical da flexão desse verbo. Assim se dirá: *Eu tinha pegado o ônibus ali*.

- O verbo *vir* apresenta a mesma forma para o gerúndio e o particípio: *vindo*.

- No caso dos verbos irregulares que apresentam duas formas para o particípio, a regular (*pagado*) é usada com auxiliar *ter* e *haver* (*tinha pagado*); a irregular (*pago*) é usada com auxiliar *ser* e *estar* (*é pago, está pago*).

2.1.7 Gerúndio

O GERÚNDIO é uma forma nominal, de sufixo *-ndo*, que indica o processo verbal em andamento, não concluso: *amando, vendendo, partindo*. Exerce geralmente a função de advérbio ou de oração adverbial. Às vezes exerce função de adjetivo ou de oração adjetiva.

9. Substitua os gerúndios a seguir por expressões de valor adverbial (locuções, ou orações com verbo na forma finita).
Modelo: Maria foi vista *trocando* informações com ele.
R: trocando – gerúndio empregado como oração reduzida (= cujo verbo está numa forma nominal, ou seja, infinitivo, gerúndio, particípio), subordinada adverbial temporal. Equivale à oração desenvolvida (= cujo verbo está numa forma finita, ou seja, no modo indicativo, subjuntivo, imperativo) *quando trocava*, ou à locução adverbial de tempo *na troca de*.

a) *Saindo* (................................) cedo, viajarei com menos trânsito.

b) Vi o José *saindo* (................................) do trabalho ontem.

c) *Estando* (................................) com febre, não compareci à sua festa.

d) Ela economizou mais, *comprando* (................................) frutas no final da feira.

e) *Escrevendo* (................................) o diário, ela desabafava.

> 👍 **Saiba mais**
>
> • Deve-se evitar o emprego do gerúndio em frases que expressam ações no futuro, como *Amanhã vou estar fazendo os exercícios determinados pelo fisioterapeuta*. Diga-se *Amanhã farei/vou fazer os exercícios determinados pelo fisioterapeuta*.
>
> • Não confundir com a referência a uma ação em momento determinado: *Amanhã, a esta hora, já estarei viajando.*
>
> • Na frase *Vi os meninos jogando pedra na vidraça*, pode-se entender que *Vi os meninos que jogavam pedra na vidraça* (gerúndio equivalendo à oração subordinada adjetiva restritiva) ou *Vi os meninos quando jogavam pedra na vidraça* (gerúndio equivalendo à oração subordinada adverbial temporal).

10. Substitua por substantivo, adjetivo, advérbio — ou expressão equivalente — as formas nominais destacadas a seguir:

a) *Estudar* é (....................................) importante.

b) *Vencidos* (....................................) seus temores, você será mais feliz.

c) *Conferida* (....................................) a conta, o saldo foi negativo.

d) *Cantando*, (....................................) espantarei minhas mágoas.

e) Antes de *receberes* (....................................) a carta, tinhas alguma suspeita?

2.1.8 Infinitivo e futuro do subjuntivo

É comum a CONFUSÃO ENTRE INFINITIVO E FUTURO DO SUBJUNTIVO, especialmente quando o verbo tem regulares essas formas. Nos dois tempos, as desinências número-pessoais são as mesmas, seja o verbo regular ou irregular; o radical é que muda, no verbo irregular. Distinções a fazer:

▶ usa-se infinitivo depois de preposição ou locução prepositiva (*para; a fim de, antes de, defronte a* etc.):

> *Antes de eu viajar para Paris, vamos esclarecer esse assunto. Alberto saiu cedo, para trazer o presente do filho.*

▶ usa-se a forma finita do verbo, ou seja, o futuro do subjuntivo, depois de conjunção (*quando, se, logo, que* etc.):

> *Quando eu viajar para Paris, vou esclarecer esse assunto. Se ela trouxer o irmão, você poderá conhecê-lo.*

11. Preencha os parênteses com (1) para infinitivo pessoal e (2) para futuro do subjuntivo:
a) (   ) Antes de ela *sair*, fechou a porta.
b) (   ) Quando ela *sair*, fechará a porta.
c) (   ) Esta encomenda é para eu *levar* para casa.
d) (   ) O ladrão te abordará assim que tu *chegares* à porta da igreja.
e) (   ) A polícia foi mobilizada, a fim de *prender* o ladrão.

> ### 👍 Saiba mais
>
> Nos verbos que apresentam irregularidade no futuro do subjuntivo, as formas do radical são bem distintas e há menos possibilidade de confusão. Compare e comprove o que foi dito:
> *Antes de tu fazeres o exercício*, deves ler sobre verbos. (infinitivo pessoal; empregado com locução prepositiva *antes de*)
> *Quando fizeres o exercício*, presta atenção aos verbos irregulares. (futuro do subjuntivo; empregado com a conjunção *quando*)

2.1.9 Tempos simples e compostos. Tempos compostos do modo indicativo

Os TEMPOS VERBAIS podem ser SIMPLES E COMPOSTOS. No MODO INDICATIVO são COMPOSTOS: o pretérito perfeito composto (presente do indicativo do verbo auxiliar + particípio do verbo conjugado), o mais-que-perfeito composto (imperfeito do indicativo do auxiliar + particípio do verbo conjugado), o futuro do presente composto (futuro do presente do auxiliar + particípio do verbo conjugado) e o futuro do pretérito composto (futuro do pretérito do auxiliar + particípio do verbo conjugado). Como auxiliares empregam-se os verbos *ter* ou *haver*.

12. Com base na formação dos tempos compostos do modo indicativo, analise a forma verbal destacada.
Modelo: *Tem chovido* muito por aqui.
R: ação não conclusa, modo indicativo, pretérito perfeito composto, 3ª pessoa do singular.
a) Ela não *teria chegado* tão cedo, com trânsito ruim!

b) *Teríamos compreendido* suas razões, se você as apresentasse.

___

c) Até amanhã, você *terá completado* a tarefa?

___

d) Ninguém *tinha encomendado* pizza!

___

e) Teus primos *têm frequentado* a piscina do clube.

___

> 👍 **Saiba mais**
>
> • O particípio é empregado na formação dos tempos compostos dos verbos.
>
> • A ação verbal, nos tempos compostos do verbo, geralmente é não conclusa, exceção para o mais-que-perfeito composto:
>   *Maria já tinha saído.*

2.1.10 Tempos compostos do subjuntivo

No MODO SUBJUNTIVO são COMPOSTOS: o pretérito perfeito (presente do subjuntivo do verbo auxiliar + particípio do verbo conjugado), o mais-que-perfeito (imperfeito do subjuntivo do auxiliar + particípio do verbo conjugado), o futuro composto (futuro do subjuntivo do auxiliar + particípio do verbo conjugado).

13. Com base na formação dos tempos compostos do modo subjuntivo, analise os tempos verbais destacados.
Modelo: Desejo que você *tenha chegado* a tempo no trabalho.
R: ação não conclusa, modo subjuntivo, pretérito perfeito, 2ª pessoa do singular, pronome de tratamento você, o que leva o verbo para a 3ª pessoa.
a) Quando ele *houver chegado*, iniciaremos a sessão.

___

b) Se ela não *tivesse vindo*, eu me aborreceria muito.

___

c) Quando vós *tiverdes compreendido* nossas razões, nos perdoareis.

d) Espero que os senhores *tenham encontrado* os documentos em perfeita ordem.

e) Tudo aconteceu como se eu *tivesse previsto* aquela vitória.

> **Saiba mais**
>
> Como o modo subjuntivo só possui um tempo simples no passado (o pretérito imperfeito), desnecessário empregar a palavra composto na denominação dos tempos compostos do passado (pretérito perfeito e mais-que-perfeito) desse modo, certo?

2.1.11 Formas nominais

As FORMAS NOMINAIS são geralmente empregadas em locuções verbais: *tenho de sair*, *vou saindo*, *tenho saído*. Na formação dos tempos compostos do verbo, emprega-se o verbo principal no particípio: *tem saído, que eu tenha saído, tínhamos saído, se nós tivéssemos saído*. Não se tratando de tempos compostos, você pode empregar ora o infinitivo (*quero sair*), ora o gerúndio (*estou saindo*), ora o próprio particípio (*foi castigado*).

14. Sublinhe as locuções verbais empregadas a seguir e analise o sentido que elas conferem às frases.
Modelo: Hei de vender todos os livros até o final do mês, conforme combinamos.
R: <u>hei de vender</u>. Indica propósito, desejo. Expressa ação futura.
a) Ficou a ver navios!

b) Meu time estava ganhando até os 40 minutos do segundo tempo.

c) Quero convidar você para a festa do meu aniversário, dia 20, no Clube Elite, início às 22 horas.

d) Para encerrar a festa, iremos convidar os cantores José e Jairo.

e) Melhor fechar a loja, já que a rua será interditada por dois anos.

2.1.12 Vozes do verbo

Conforme a relação actancial que o verbo estabelece com o sujeito, você vai distinguir três VOZES VERBAIS: a voz ATIVA (o sujeito é o agente da ação: *Maria viu o leão*), voz PASSIVA (o sujeito é o paciente: *O leão foi visto por Maria*), voz REFLEXIVA (o sujeito é o agente e o paciente da ação mesma que ele pratica: *Maria feriu-se com a faca. Ela se nega o direito de descanso.*).

15. Distinga a relação actancial do sujeito com o verbo nas frases a seguir.
Modelo: Maria Amélia me trouxe um presente.
R: voz ativa – o sujeito *Maria Amélia* é o agente da ação.
a) Aprecio música clássica.

b) Você se viu naquele espelho?

c) Fernando ficou envolvido pelas más companhias.

d) Maria foi demitida.

e) Márcia se dá importância demasiada.

2.1.13 Voz reflexiva e reciprocidade

Como você acabou de ver, a VOZ REFLEXIVA (*Ela se feriu*) acontece quando o sujeito é o paciente da ação mesma que ele pratica. Muitas vezes, no entanto, essa mesma ação é trocada entre dois ou mais sujeitos e diz-se que há uma RECIPROCIDADE na ação verbal: *Maria e Joana feriram-se mutuamente naquela luta.*

> **👍 Saiba mais**
>
> • O mesmo verbo pode ser empregado, ora como reflexivo (*Maria se lembra do acidente. Ela se penteava há dez minutos.*), ora como não reflexivo (*Ela me lembrou o compromisso. A mãe penteia a filha.*)
> • Verbo reflexivo difere do essencialmente PRONOMINAL, este sempre conjugado com pronome oblíquo. Indica a) sentimento (*alegrar-se, arrepender-se, indignar-se, queixar-se* etc.); b) estado de espírito (*descuidar-se, tornar-se* etc.); c) ação eminentemente reflexiva (*suicidar-se*).

16. Reconheça o único caso em que as ações são trocadas entre os dois sujeitos.
a) Paulo e Antônio vendiam livros naquele colégio.
b) Romeu e Julieta amaram-se perdidamente.
c) Verônica e Paulo compraram uma casa na cidade.
d) Os livros e os brinquedos da criança ficaram fora do lugar.
e) Os corruptos e os corruptores merecem punição.

17. Reconheça o único caso em que não existe voz reflexiva, nem reciprocidade:
a) Os conterrâneos se encontram ali.
b) Aqueles alunos se queixavam do mestre
c) Todos se viram no grande espelho.
d) Eles não se entregam facilmente.
e) João e José se conhecem desde o ginásio.

2.1.14 Voz passiva

A VOZ PASSIVA acontece geralmente com verbo transitivo direto, e o paciente da ação na voz ativa (o objeto direto, ou seja, a pessoa ou coisa que recebe a ação verbal) é que aparece como sujeito da voz passiva. Há dois tipos de passiva: a PASSIVA ANALÍTICA, formada com os auxiliares *ser, estar* e sinônimos (*Maria sempre é / está acompanhada de belos rapazes*), e a PASSIVA SINTÉTICA, formada com a partícula *se* (*Alugam-se carros*). O agente da ação aparece geralmente na voz passiva analítica (Ela foi premiada *pelo mestre*).

18. Reconheça as duas modalidades da voz passiva, citando também o agente da ação, quando houver.
Modelo: Alugam-se estas casas; o preço do aluguel foi agora aumentado pelo dono.
R: Veem-se aqui os dois tipos de passiva: *alugam-se* — passiva pronominal ou sintética, caso em que geralmente não aparece o agente da ação; *foi aumentado* — passiva analítica; e o agente da ação é *o dono*.

a) Diz-se que havia ali um monstro de três olhos!

b) Rita não foi reconhecida pelo amigo.

c) A cidade estava cercada de inimigos.

d) Ninguém ficara ferido.

e) Conhecia-se a fama de corrupto daquele político.

👍 Saiba mais

- A passiva analítica geralmente vem com o agente da ação explícito, o que não quer dizer que ele não possa vir, às vezes, subentendido, como em
   Ninguém ficara ferido.

- A passiva pronominal, também chamada de passiva sintética, geralmente vem com o agente da ação implícito:
   Alugam-se casas.

- Caso raríssimo, em que se encontra agente da ação com passiva sintética:
   Alugam-se casas por pessoas inidôneas.

- O auxiliar *ser* usa-se geralmente na passiva analítica com ação (*Ele foi premiado pelo mestre*); o *estar* usa-se com passiva analítica de estado (*A cidade está cercada de inimigos*).

- Há verbos com sentido passivo, embora aparentemente se conjuguem como ativos:
   Batizei-me na Igreja São José.
   Ela se chama Caroline.

2.1.15 Verbos com dois particípios

Quando o verbo possui dois particípios (*pago, pagado*), usa-se a forma regular na locução verbal de ação (*Amanda tinha pagado a conta*) e a forma irregular na passiva analítica de estado (*A conta está paga*).
O particípio da voz passiva concorda em gênero e em número com o sujeito.

19. Assinale uma formação de passiva inadequada nas frases a seguir:
a) Nossos estudos foram pagos pelo meu tio.
b) As lições não tinham sido estudadas por vocês.
c) A mesa não estava posta ainda.
d) Se os soldados tivessem preso o malfeitor José, hoje ele estaria preso, certo?
e) O cheque foi aceito pela empresa.

2.1.16 Modalização no verbo

Pela variação de alguns modos do verbo, são indicadas situações de certeza, dúvida, suposição, da parte de quem comunica algo. Essas situações são reforçadas, às vezes, por expressões ditas modalizadoras [*com certeza, é certo, é possível, quero crer (que)*].

20. Reconheça as situações de certeza e possibilidade, bem como seus reforços modalizadores, nas frases a seguir.
Modelo: Talvez eu *vá* à sua festa de aniversário.
R: ação não conclusa expressa no modo subjuntivo; ideia de possibilidade. O advérbio *talvez* é um modalizador.
a) Quero crer que José *vá* à sua festa de aniversário.

b) Com certeza *irei* à sua festa de aniversário.

c) É certo que ela não *irá* à sua festa de aniversário.

d) Parece-me que ainda *chove* na festa de seu aniversário, pela previsão meteorológica.

e) Às sextas-feiras ela *vai* a festas de aniversário.

2.1.17 Verbos auxiliares de modalização

Alguns verbos também funcionam como modalizadores e expressam o modo como o locutor considera o processo verbal expresso pela forma nominal. Podem indicar: desejo ou volição (*querer, desejar*), dúvida (*parecer*), necessidade, obrigação (*ter de, haver de*), consecução (*conseguir*), hipótese, possibilidade (*poder*), capacidade (*poder*).

21. Reconheça, nas frases a seguir, o sentido expresso pelo verbo auxiliar modal.
Modelo: Você terá necessariamente de cumprir a lei, sempre.
R.: Sentido deôntico (= sentido de obrigação) — terá de (cumprir).

a) O jardineiro pode ter praticado o crime.

b) Indubitavelmente você terá de estar presente amanhã.

c) Felizmente você conseguiu chegar a tempo.

d) Quero vencer na vida!

e) Você parece estar segura e poderá vencer a disputa.

MORFOLOGIA | 113

2.1.18 Auxiliares indicadores de aspecto

Alguns auxiliares acrescentam uma noção de aspecto ao verbo principal, ou seja, exprimem como o processo verbal se realiza no tempo: inicial, final, habitual, descontínuo, progressivo, conclusivo. São eles: *começar, pôr-se a, estar, ter, voltar a, continuar, ir, vir de, acabar de* etc. O verbo principal fica no infinitivo ou no gerúndio.

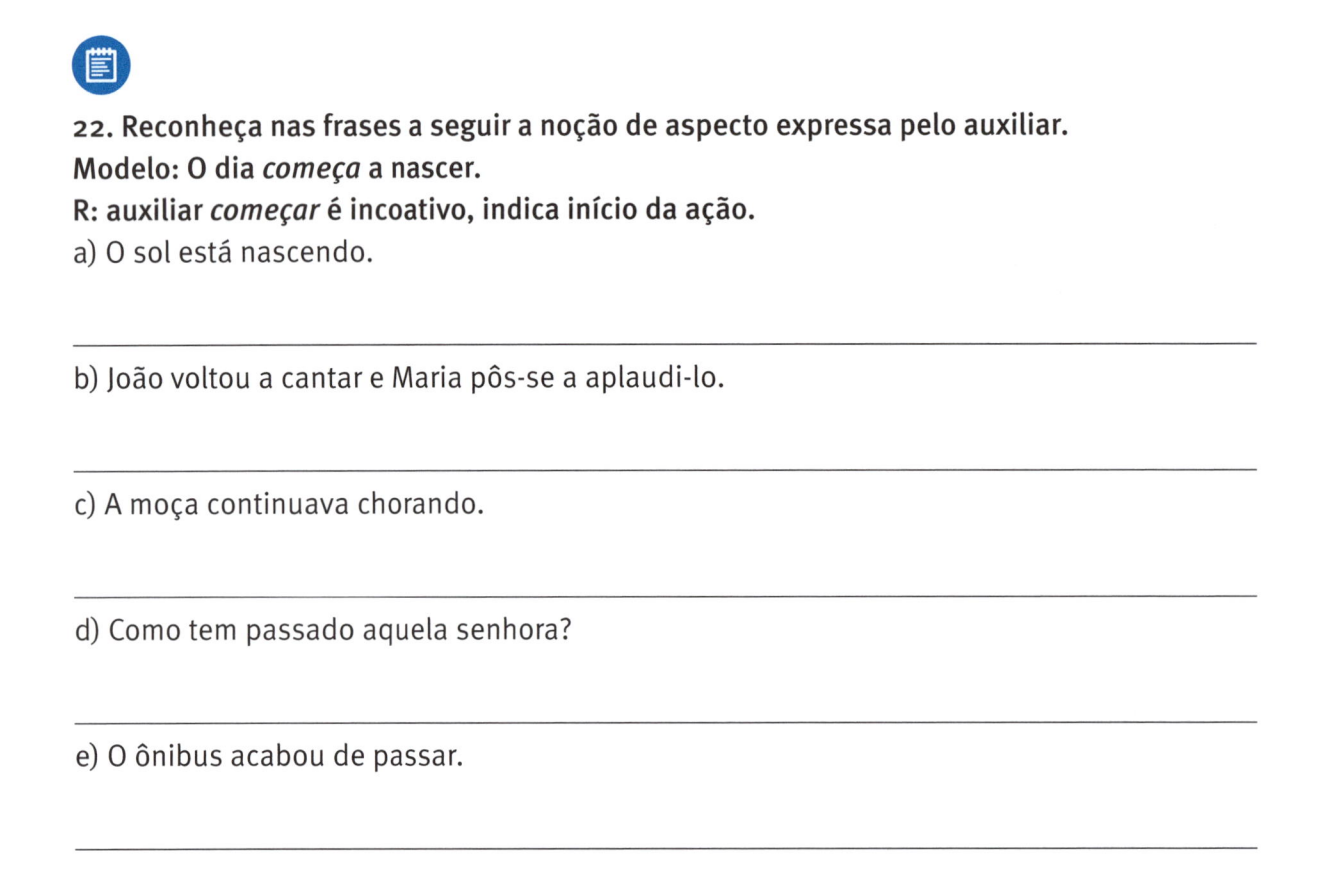

22. Reconheça nas frases a seguir a noção de aspecto expressa pelo auxiliar.
Modelo: O dia *começa* a nascer.
R: auxiliar *começar* é incoativo, indica início da ação.
a) O sol está nascendo.

b) João voltou a cantar e Maria pôs-se a aplaudi-lo.

c) A moça continuava chorando.

d) Como tem passado aquela senhora?

e) O ônibus acabou de passar.

2.1.19 Emprego do verbo *ficar*

O verbo FICAR emprega-se: a) com o particípio do verbo principal, na indicação de mudança de estado — *Ele ficou encantado com o fato*; b) com gerúndio (no Brasil) ou com infinitivo antecedido da preposição *a* (em Portugal), na indicação de ação duradoura — *Ficava falando sem pausas* (Brasil) // *Ficava a falar sem pausas* (Port.); c) com infinitivo antecedido da preposição *por*, na indicação de ação não realizada — *Minha redação ficou por elaborar*.

23. Reconheça os diversos sentidos do verbo *ficar* nas frases a seguir:

a) Você ficaria rotulado de "criador de casos".

b) Maria ficava a olhar o quadro de Dégas.

c) João ficava olhando para a rua.

d) Afinal, muitas questões ficariam por terminar ainda.

e) Você fica esperando agradecimentos dela?

2.1.20 Emprego dos verbos *ir* e *vir*

Os verbos IR e VIR empregam-se com o gerúndio do verbo principal, indicando ação progressiva — *Amélia ia chegando. Venho conversando com eles sobre o assunto.* O verbo *ir* emprega-se ainda com infinitivo do verbo principal, indicando futuro próximo — *Minha prima vai partir para Minas.* O verbo *vir* emprega-se ainda: a) com infinitivo precedido da preposição *a* — *Só vieste a saber disso aos vinte anos?* (resultado final da ação); b) com infinitivo precedido da preposição *de* — *Veio de lutar insanamente com o primo* (resultado recente da ação); c) com infinitivo, indicando intenção — *Ela veio fazer compras no Rio.*

24. Reconheça os diversos sentidos expressos pelo emprego do verbo *vir* nas frases:

a) Ela vem conversando comigo.

b) A menina só veio a saber que era adotada na adolescência.

c) Você vai fazer festa no seu aniversário?

___

d) Nós vimos de esclarecer todos os pontos para os alunos.

___

e) Marta virá completar o trabalho.

___

> **Saiba mais**
>
> Na frase *Ela veio chorando* não há locução verbal. Trata-se de uma oração de predicado verbo-nominal, em que *chorando* é o verbo principal da segunda oração. Equivale a um desdobramento com duas orações: *Ela veio e (estava) chorando*. Difere da construção com verbo que indica ação progressiva: Ela vem *chorando* (= tem chorado) muito ultimamente.

2.1.21 Emprego do verbo *haver*

Alguns verbos, como o HAVER, admitem vários empregos: a) pronominal e conjugado em todas as pessoas, no sentido de *comportar-se* (*Como você se houve na escola?*); b) auxiliar de tempos compostos (*Ela havia chegado — pretérito mais-que-perfeito composto do indicativo*); c) auxiliar de modalização (*Ela há de vencer!*); d) pessoal e transitivo direto e indireto, sentido de *obter* (*Ela houve dos pais um bom dinheiro*); e) impessoal, sinônimo de *existir* e de *acontecer* (*Há bons alunos na turma. Há aula hoje*); f) impessoal na indicação de tempo passado, tempo transcorrido (*Houve dias difíceis para nós*).

25. Reconheça, nas frases a seguir, os diversos empregos do verbo *haver*, preenchendo os parênteses com a letra equivalente à especificação de sentido feita à direita:

a) (   ) Ela não se houve bem naquela reunião.   (I) existir, acontecer
b) (   ) Há vários anos não o vejo.   (II) comportar-se
c) (   ) Você há de ajudar seus pais.   (III) tempo transcorrido
d) (   ) Houve alguns percalços na sua vida.   (IV) obter
e) (   ) Os agricultores houveram do patrão o legado da terra. (V) auxiliar de obrigação

2.1.22 Verbos quanto à conjugação

Os verbos classificam-se, quanto à conjugação, em REGULARES (seguem a regra geral) e IRREGULARES (apresentam algumas alterações no radical e nas flexões); DEFECTIVOS (não se conjugam em todas as formas, como *precaver-se*); UNIPESSOAIS (conjugados numa só pessoa, pelo sentido que expressam, como *florir*); ANÔMALOS (apresentam alterações profundas no radical, como o verbo *ser*); PRONOMINAIS (são sempre conjugados com os pronomes oblíquos, como *queixar-se*); ABUNDANTES (apresentam mais de uma forma para a mesma flexão, como o verbo *pagar* e seus dois particípios — *pagado* e *pago*).

26. Classifique, quanto à conjugação, o verbo das frases a seguir.
Modelo: Não afastes teus amigos.
R: afastar – regular

a) Gustavo tinha estudado pouco e Maria se queixou dele. (.................................)

b) Se o diretor tinha suspendido o aluno, ele está suspenso, certo? (.................................)

c) A fábrica faliu. (.................................)

d) O cachorro latiu. (.................................)

e) Ninguém é perfeito. (.................................)

◉ DE OLHO VIVO PARA NÃO ERRAR NA HORA DE USAR OS VERBOS

1. Importante atentar para a definição de Ana Maria Barrenechea: "Os verbos são as palavras que têm a função obrigatória de predicado e um regime próprio" (*apud* Cunha e Cintra, 2013), para entender o verbo como parte obrigatória do predicado, mesmo no caso do predicado nominal.

2. Do ponto de vista semântico, o verbo pode expressar ação (praticada — *Maria saiu*; ou sofrida — *Maria foi castigada*), ou pode ser elemento de ligação entre o sujeito e um estado ou uma qualidade reconhecidamente a ele atribuídos (*Ela está triste. Maria é bela.*).

3. O verbo expressa categorias de aspecto, modo, tempo, pessoa e número. Daí as formas finitas apresentarem flexões próprias para modo, tempo, pessoa e número.

4. Distinguem-se como formas finitas do verbo (modos indicativo, subjuntivo e imperativo) as que apresentam flexão de modo, tempo, pessoa e número. Já as formas nominais, ou formas infinitas do verbo (infinitivo impessoal, gerúndio e particípio), não apresentam tais flexões (exceção para o infinitivo pessoal).

5. O infinitivo pessoal coloca-se como um caso à parte: é forma nominal, mas apresenta flexão de pessoa e número.

6. O único caso em que um pronome oblíquo átono pode ser sujeito é na oração reduzida que completa um verbo causativo ou um verbo sensitivo. O infinitivo da oração reduzida será pessoal: *Deixei-os sair. Vi-o sair. Deixei os meninos saírem.*

7. Um recurso para distinguir o infinitivo pessoal e o futuro do subjuntivo é o conector: — no infinitivo pessoal o conector é uma preposição ou locução prepositiva (*Para* ele sair, precisou de minha ajuda. *Antes de* nós viajarmos, iremos visitar você); — no futuro do subjuntivo, o conector é uma conjunção ou locução conjuntiva (*Se* você trouxer minha encomenda, ficar-lhe-ei muito grata. *Logo que* você chegar, iremos à praia).

8. Os modos indicativo e subjuntivo apresentam tempos compostos: pretérito perfeito composto, pretérito mais-que-perfeito composto, futuro do presente composto e futuro do pretérito composto — no modo indicativo; e pretérito perfeito, pretérito mais-que-perfeito, futuro composto — no modo subjuntivo. Como não temos pretérito perfeito, nem pretérito mais-que-perfeito *simples*, no modo subjuntivo, não usamos o adjetivo "composto" na denominação dos pretéritos (perfeito e mais-que-perfeito) desse modo.

9. Na formação do tempo composto, usa-se sempre o particípio do verbo principal (*Eu tenho ido ao cinema*). Isso não impede que tenhamos outras locuções verbais, em que o verbo principal esteja no infinitivo ou no gerúndio (*Ela quer ir ao cinema. Maria está indo ao cinema*).

10. As vozes verbais são: ativa, passiva e reflexiva. A recíproca é um desdobramento da reflexiva. A diferença é que na reflexiva a ação praticada e sofrida diz respeito ao mesmo sujeito (*Nara se feriu*); na recíproca, a mesma ação é trocada entre dois ou mais sujeitos (*Nara e Antônio se amam*).

11. Verbo abundante é o que possui mais de uma forma para indicar a mesma flexão. É o caso dos duplos particípios (*pago, pagado*). Nesse caso, cumpre observar que o particípio regular (terminado em *-do*) é usado com auxiliares *ter* e *haver*; e o particípio irregular é usado com auxiliares *ser* e *estar* (*Felizmente* tenho/hei pagado *minhas contas em dia, de modo que essas contas hoje* estão pagas).

12. Alguns verbos e seus respectivos particípios duplos: anexar (*anexado, anexo*), benzer (*benzido, bento*), dispersar (*dispersado, disperso*), eleger (*elegido, eleito*), entregar (*entregado, entregue*), enxugar (*enxugado, enxuto*), exprimir (*exprimido, expresso*), ganhar (*ganhado, ganho*), imergir (*imergido, imerso*), imprimir (*imprimido, impresso*), incluir (*incluído, incluso*), isentar (*isentado, isento*), omitir (*omitido, omisso*), pagar (*pagado, pago*), prender (*prendido, preso*), salvar (*salvado, salvo*), soltar (*soltado, solto*), suspender (*suspendido, suspenso*), tingir (*tingido, tinto*).

13. Um verbo modalizador expressa o modo como o locutor considera o processo verbal: desejo (*Quero* vencer), dúvida (Ela *parece* fingir), necessidade/obrigação (*Tenho de* chegar cedo), consecução (*Consegui* passar no concurso), hipótese/possibilidade (Ela *poderá* visitar-me), capacidade (Ela *pode* sair desse sufoco).

14. Coincidem as formas de gerúndio (*vindo*) e de particípio (*vindo*) do verbo *vir*.

15. Forma rizotônica de um verbo é a que possui a tônica no radical, o que acontece na 1ª, 2ª, 3ª do singular e 3ª do plural do presente do indicativo, presente do subjuntivo e formas do imperativo: *eu estudo, tu perdes, ela parte; que eles durmam; não cantes mais*. As demais formas são ditas arrizotônicas.

16. O verbo *ser* em português resulta da fusão de dois verbos latinos *sedere* e *esse*. Esse verbo é anômalo e apresenta radicais variáveis, derivados ora de um, ora de outro verbo latino. Também, por essa fusão, o verbo *ser* acumula os significados de estado definitivo (*ser ‹ esse*) e de estado provisório (*estar ‹ sedere*).

17. O verbo cujo sujeito é um pronome de tratamento fica na terceira pessoa: *V. Ex.ª está contente? Os senhores estão bem? S. M., o Rei D. Manuel, custeou as naus.*

2.2 Substantivo

E agora uma palavrinha sobre outra classe de palavras, o SUBSTANTIVO.

Vimos, no subcapítulo anterior, como alguns estudiosos da língua opõem o dinamismo do verbo ao caráter estático do substantivo. O substantivo é a palavra que nomeia todos os seres — reais (pessoas, instituições, objetos) ou imaginários (fada, gnomo) —, bem como as noções estáticas e abstratas, referentes a ação (colheita), sentimento (amor), estado (tristeza), qualidade (limpeza) dos seres.

O SUBSTANTIVO flexiona-se em gênero e número, além de poder expressar uma noção de grau, frequentemente explorada como recurso de comunicação.

Como você vê, cabe ao SUBSTANTIVO uma responsabilidade grande na comunicação. Acresçamos a isso as possibilidades de jogar com a flexão desta classe, partir de um nome para criar novas palavras, elaborar figurações na linguagem, enfim, explorar os recursos que tornam mais eficiente nossa comunicação! Tudo isso, junto e misturado, é o que veremos neste subcapítulo sobre o SUBSTANTIVO e suas flexões, formação de novas palavras na língua, grau e sentidos afetivo e pejorativo.

No processo de comunicação verbal, o SUBSTANTIVO desempenha papel fundamental na estrutura da oração, ora como agente ou paciente da ação verbal (sujeito, objeto direto, complemento nominal), ora como aquele em benefício de quem ela é praticada (objeto indireto), ora como pessoa a quem dirigimos uma fala (vocativo), entre outras funções.

Continuamos a apresentar o assunto por tópicos teóricos, em que destacaremos a definição desta classe de palavras, sua classificação e flexão, além de breve incursão pelos assuntos afins — formação de palavras na língua, funções da linguagem, figura de linguagem. Cada tópico teórico seguido de exercícios de fixação.

SUBSTANTIVO é a palavra que nomeia os seres — reais (*livro*) ou imaginários (*fada*); palpáveis (*livro*) ou não palpáveis (*ar*). São os chamados substantivos concretos.

Também descreve ação verbal (*morte*, *saída*), sentimento (*amor*), qualidade (*feiura*), propriedade (*durabilidade*) e estado dos seres (*instabilidade*). São os chamados substantivos abstratos.

Observação: O substantivo abstrato existe em função de outro substantivo.

1. Reconheça os substantivos concretos e os abstratos dentre os termos destacados.
Modelo: Meus *netos* me trouxeram um *ramo* de *flor*, como *prova* de *amor*.
R: netos, ramo, flor – substantivos concretos
prova, amor – substantivos abstratos

a) A *fada* deu uma *varinha* enfeitada à *visita*.

___

b) O *crescimento* e a *beleza* da *cidade* tornou-a digna da *visita* de *turistas*.

___

c) A *instabilidade* emocional daquele *homem* é uma *doença*.

___

d) O *ar* atmosférico não tem *peso*, nem *tamanho*.

___

e) A *construção* ali de *armazéns*, em 1800, explica as diversas *construções* atuais.

___

> ### 👍 Saiba mais
>
> • Um substantivo pode equivaler a toda uma oração: *Os homens praticaram atos de corrupção* e ainda continuam no poder // *Os corruptos* ainda continuam no poder.
>
> • Alguns SUBSTANTIVOS ABSTRATOS não derivam diretamente de verbos, nem de adjetivos, mas enquadram-se como tais, por existirem em função direta de outro substantivo: peso (nomeia a força exercida por um corpo sobre uma superfície), tamanho (nomeia volume, área ou comprimento de outro substantivo), saudade (nomeia sentimento da falta de uma pessoa), cor (existe em função de um substantivo).
>
> • Às vezes, temos necessidade de distinguir o substantivo abstrato, relativo à *ação de*, do seu homônimo, concreto, que nomeia *algo feito*, ação concluída: *A redação* (ato de redigir) *do editorial do jornal* e *A redação* (texto redigido) *cheia de erros, do aluno*.
>
> • O SUBSTANTIVO diz-se PRÓPRIO quando distingue um entre vários elementos da mesma espécie. Subdivide-se em próprio personativo e próprio locativo, conforme nomeie respectivamente uma pessoa (*José*) ou um lugar (*Rio de Janeiro*).

2.2.1 Classificação do substantivo – pares opositivos

Além da oposição CONCRETO/ABSTRATO, há outros pares opositivos na classificação do substantivo: PRIMITIVO (*ferro*) e DERIVADO (*ferrugem*), SIMPLES (*roupa*) e COMPOSTO (*guarda-roupa*), GENÉRICO (*fruta*) e ESPECÍFICO (*maçã*), ANIMADO (*pato*) e INANIMADO (*pedra*), HUMANO (*homem*) e NÃO HUMANO (*pato, pedra*), REAL (*moça*) e IMAGINÁRIO (*fada*), PALPÁVEL (*árvore*) e NÃO PALPÁVEL (*ar, vento*), CONTÁVEL (*lápis*) e NÃO CONTÁVEL (*mar, multidão, enxame*).

2. Com base nos pares opositivos, classifique os substantivos destacados nas frases a seguir.
Modelo: *Paulo* esperava que o *fidalgo* melhorasse a *condição* de *vida* dele.
R.: *Paulo* — substantivo concreto, próprio personativo, simples, animado, humano, real, palpável, contável; *fidalgo* (= filho de alguém importante) — substantivo comum, concreto, composto («filho + de + algo), animado, humano, real palpável, contável; *condição* — substantivo comum, abstrato (existe em função direta de outro substantivo, expressa o pável, não contável; *vida* — substantivo comum, abstrato (existe em função direta de outro substantivo), simples, primitivo, real, não palpável, não contável.

a) Prefiro o *vermelho* ao *amarelo*.

b) Ali estava o *oceano*, majestoso e misterioso! E os *minutos* passavam...

c) A *foliã* fantasiada de *fada* trazia um *copo* de *cobre* cheio de *vinho*.

d) Como são lindas as *manhãs* do *outono*!

e) *Antônio Carlos* e *Eduardo* viajaram para *São Lourenço*.

3. A compreensão dos elementos semânticos da palavra (animado/inanimado, humano/não humano...) é que torna sem sentido uma frase como *A pedra-sabão viu o homem*, exceção para sentido figurado.
Assinale a explicação adequada:
a) substantivo inanimado só pode ser agente de um verbo de ação.
b) substantivo não humano não pode ser sujeito de verbo.
c) substantivo inanimado não pode praticar ação de ver.
d) substantivo não humano só pode ser complemento de verbo.
e) substantivo composto não pode ser sujeito de verbo de ação.

2.2.2 Classificação do substantivo – o coletivo

O SUBSTANTIVO COLETIVO nomeia todo um conjunto de elementos, embora empregado no singular: *multidão, manada* etc. Alguns coletivos numerais (*duplo, centena*) especificam o número de objetos.

4. Assinale as opções em que se encontram substantivos coletivos:
a) Você comprou vários enfeites, dezenas deles.
b) Parece que todos estariam ali na festa.
c) O fazendeiro comprou toda a tropa de burros.
d) Apoiou-se com ambas as mãos.
e) Prenderam todo o bando de malfeitores.

2.2.3 Formação de palavras – noções

Os pares opositivos primitivo/derivado e simples/composto fundamentam-se na FORMAÇÃO DE PALAVRAS da língua. As palavras primitivas (*ferro*) não se formam a partir de outras na língua e ainda podem dar origem a derivadas (*ferrugem, ferramenta*), pelo acréscimo de prefixos (derivadas por prefixação: *subverbete*) ou de sufixos (derivadas por sufixação: *ferreiro*). Outras vezes combinam-se dois ou mais radicais de palavras existentes para a formação de outra palavra — caso da formação por composição (*fidalgo, passatempo, guarda-roupa*). Na composição, pode haver perda de fonemas (*filho de algo > fidalgo*), caso da composição por aglutinação, como também pode não haver perda de fonemas das palavras primitivas (*passatempo, guarda-roupa*).

Glossário

CISBORDO – grande abertura, com portas, no costado de alguns navios, para embarque e desembarque de objetos pesados.

SUBURGO – termo popular para designar uma aldeola.

SOBPÉ – base, sopé.

5. Preencha a coluna da direita com 1 ou 2, conforme a palavra seja derivada, respectivamente, por prefixação ou por sufixação; e preencha a coluna da esquerda com 3 ou 4, conforme as palavras se combinem, respectivamente, sem perda de som (composição por justaposição), ou com perda de algum som (composição por aglutinação).

( ) madrepérola ( ) lealdade
( ) pernalta ( ) ferreiro
( ) couve-flor ( ) cisbordo
( ) aguardente ( ) sobpé
( ) pé de moleque ( ) suburgo

6. Assinale o item em que há falha no confronto entre derivação e composição:
a) Na derivação há um só radical; na composição, dois ou mais.
b) A derivação se faz com radical e afixos; a composição, com radicais.
c) A palavra formada por derivação pode receber desinências; a da composição não.
d) Tanto na derivação, quanto na composição, pode haver perda de fonemas.
e) Derivação e composição são processos de formação de novas palavras.

7. Assinale o item em que se encontra exemplo de substantivo formado por composição:
a) Para mim, nada se compara ao hábito de ler como passatempo.
b) Seguem duas questões para a prova de amanhã.
c) Não subestime a capacidade do inimigo.
d) Nem tanto ao mar, nem tanto à terra!
e) Você tem visitado seus pais no exterior?

8. Assinale o item em que se encontra exemplo de substantivo formado por derivação:
a) Que lindo o pôr do sol naquela praia!
b) Você não tem necessidade de mentir, José Maria!
c) Há vinte anos a família de Maria Clara supre o mercado de queijo da cidade.
d) Como está passando aquela sua amiga que adora pé de moleque?
e) Foi muito útil aquele encontro entre mim e ela.

> **👍 Saiba mais**
>
> • A DERIVAÇÃO POR PREFIXAÇÃO acontece com mais frequência em adjetivos e verbos (*desleal*, *cisandino*, *subverter*, *repor* etc.).
>
> • No processo de composição, denomina-se HÍBRIDA a palavra formada por elementos de línguas diferentes:
> *automóvel* (radical grego *auto* + radical latino *móvel*)
>
> • Chama-se ONOMATOPEIA a palavra que imita um som físico — a voz do animal, ou o barulho de uma máquina:
> *ciciar* (rumor leve — dos ramos das árvores ou de cochichos), *tique-taque* (barulho da máquina do relógio)
> A onomatopeia pode apresentar dissimilação dos sons:
> tique-taque (por tic-tic) — para indicar o barulho mais frequente dos relógios.
>
> • DERIVAÇÃO POR PARASSÍNTESE é a formação de nova palavra pelo acréscimo *concomitante* de prefixo e sufixo, de modo a que não exista vocábulo só com um desses afixos:
> *apedrejar*, *anoitecer*, *empobrecer*
>
> • DERIVAÇÃO POR PREFIXAÇÃO E POR SUFIXAÇÃO é aquela em que ou o prefixo, ou o sufixo se acrescenta a um conjunto em que já aparece um afixo:
> *deslealdade* (< des + lealdade ou desleal + dade)
>
> • DERIVAÇÃO IMPRÓPRIA é aquela em que a palavra se emprega em outra classe gramatical, sem alterar sua forma:
> Ele não sabe receber um *não*! (emprego do advérbio como substantivo: não = negativa)
> Segundo Moura Neves (2000), é o caso de derivação em que o substantivo é obtido "pela recategorização de outro nome, sobre uma base metafórica ou metonímica". Outro exemplo: Ele era o lanterninha do cinema.

2.2.4 Derivação regressiva

Chamamos de DERIVAÇÃO REGRESSIVA ao processo de se formar nova palavra a partir de outra em que se elimina o sufixo: *janta* (de *jantar*), *comuna* (de *comunista*).

9. Reconheça um caso de derivação regressiva empregado nas frases a seguir:

a) Todos acudiram ao apelo desesperado da criança.
b) Ninguém acredita mais em cataplasma?
c) Convém a presença de todos, certo?
d) Uma declaração desse tipo é catastrófica.
e) Nossa sugestão foi acatada, felizmente.

> ### 👍 Saiba mais
>
> - Geralmente a DERIVAÇÃO REGRESSIVA ocorre pela redução de um verbo, ou seja, o substantivo (geralmente abstrato) é a palavra derivada e o verbo de ação é a palavra primitiva:
>   *abalo* (*abalar*), *ajuda* (*ajudar*), *apelo* (*apelar*), *busca* (*buscar*), *censura* (*censurar*), *choro* (*chorar*) etc.
>
> - Quando o substantivo designa um objeto (*âncora*), ele é que é o primitivo; e o verbo (*ancorar*), o derivado.
>
> - Popularmente vemos casos de derivação regressiva em que o substantivo deriva de outro substantivo:
>   *marujo* (‹ *marinheiro*), *milico* (‹ *militar*), *portuga* (‹ *português*), *boteco* (‹ *botequim*)
>
> - Convém lembrar ainda termos populares que derivam de verbos (nesse caso, o verbo sendo o termo primitivo):
>   *agito* (‹ *agitar*), *amasso* (‹ *amassar*)

2.2.5 Derivação própria e derivação imprópria

Chamamos de DERIVAÇÃO PRÓPRIA àquela em que a nova palavra se forma a partir de acréscimo ou redução da primitiva (*lealdade*, *janta*); e de DERIVAÇÃO IMPRÓPRIA àquela em que a nova palavra simplesmente resulta de mudança de classe gramatical. Exemplos de derivação imprópria:

Os últimos serão os *primeiros* (numeral › substantivo).
Os *corruptos* foram premiados (adjetivo › substantivo).

10. **Assinale o único item em que não se empregou derivação imprópria:**
a) Você conseguiu um feito extraordinário!
b) "Viver é lutar!" (G. Dias)
c) Não fale alto para ele não acordar.
d) Você não é nenhum pelé!
e) Dia primeiro de cada mês ele efetua meu pagamento.

2.2.6 Sigla e abreviatura

Um vocábulo formado a partir da primeira letra ou da primeira sílaba de uma denominação extensa chama-se SIGLA, caso de SESI = Serviço Social da Indústria. Sigla difere de ABREVIATURA, em que a palavra é representada por alguma de suas sílabas: *lat.* por *latim*, ou por algumas de suas letras: *sr.* por *senhor*.

11. **Assinale o único item em que se tem uma abreviatura:**
a) Visitei uma escola SENAI no Rio de Janeiro.
b) Você leu o último ato do MEC?
c) O CINE Brasil está exibindo um ótimo filme hoje.
d) Você sabe o que é COFINS e CPMF?
e) Visitei o MAR ontem.

2.2.7 Gênero do substantivo

O SUBSTANTIVO possui um GÊNERO determinado, caso do feminino *mesa* e do masculino *livro*. Quando se refere a pessoa e a animal, no entanto, o substantivo FLEXIONA-SE frequentemente em gênero para indicar o sexo. Normalmente o feminino é formado pela troca da vogal do tema (-o, -e) pela desinência *-a* (*menino/menina; mestre/mestra*), ou pelo acréscimo dessa desinência ao masculino terminado em *-or* e *-es* tônico (*pastor/pastora; inglês/inglesa*).

Alguns SUBSTANTIVOS apresentam radicais diferentes para indicar a oposição de sexo, como *bode/cabra, homem/mulher, cão/cadela, carneiro/ovelha, cavalheiro/dama, cavalo/égua, compadre/comadre, frade/freira, frei/sóror, genro/nora, macho/fêmea, marido/mulher, padrasto/madrasta, pai/mãe, touro/vaca, veado/corça, zangão/abelha*.

12. **Reescreva as frases a seguir, passando adequadamente para o feminino os substantivos masculinos:**

a) Todos os alunos visitaram o frade, o monge e o pintor.

___

b) O camponês e o cavalheiro viram um veado.

___

c) O mestre castigou o aluno vadio.

___

d) O cavalo do infante é um belo animal.

___

e) Meu padrinho fantasiou-se de zangão.

___

2.2.8 Feminino do substantivo

Alguns SUBSTANTIVOS em -*dor* fazem o FEMININO em -*eira*: *cerzidor/cerzideira*. Substantivos outros em -*dor* e -*tor* apresentam sufixo -*triz* no correspondente feminino: *ator/atriz, embaixador/embaixatriz*. O feminino de *prior* é *prioresa*, mas existe a forma *priora* (irmã da Ordem Terceira).

13. **Consulte uma gramática, ou um dicionário, e indique o feminino dos substantivos a seguir:**

a) imperador _____

b) pastor _____

c) senador _____

d) contestador _____

e) trabalhador _____

f) patriarca _____

> **Saiba mais**
>
> - Algumas formas femininas adquiriram significados distintos no decorrer do tempo:
>   *embaixador/embaixatriz* (esposa do embaixador) e *embaixadora* (mulher que exerce as funções de representante do país)
>
> - O mesmo vem acontecendo com *senador*:
>   *senatriz* (esposa do senador) e *senadora* (mulher que exerce as funções de senador)
>
> - Bom lembrar formas de femininos ainda pouco usadas no Brasil:
>   *giganta* (< gigante), *hóspeda* (< hóspede), *presidenta* (< presidente)

2.2.9 Feminino de substantivos masculinos em *-ão*

SUBSTANTIVOS MASCULINOS em *-ão* fazem o feminino em *-ã* (*alemão/alemã*), *-oa* (*beirão/beiroa*; *ermitão/ermitoa*) e *-ona* (geralmente femininos de aumentativos: *solteirão/solteirona*).

14. Consulte uma gramática, ou um dicionário, e indique o feminino dos substantivos a seguir:

a) bonachão _____   d) ancião _____

b) ladrão _____   e) lebrão _____

c) ermitão _____   f) leão _____

> **Saiba mais**
>
> - Substantivos que fogem à regra geral da formação de feminino quando o masculino termina em *-ão*:
>   barão (> *baronesa*); cão (> *cadela*); lebrão (> *lebre*); perdigão (> *perdiz*); sultão (> *sultana*); zangão (> *abelha*)

- Alguns masculinos em *-ão* possuem várias formas de feminino:
    anfitrião/anfitrioa, anfitriã; bretão/bretoa, bretã; ladrão/ladra, ladrona; vilão/vilã, viloa

- Substantivos terminados em *-ão*, com exceção de *mão* e dos abstratos (*aflição, admissão, vocação* etc.), geralmente são masculinos:
    algodão, mamão, limão

- Substantivos que designam títulos de nobreza e dignidades fazem o feminino em *-esa* e *-essa*:
    barão > *baronesa*; conde > *condessa*; duque > *duquesa*; príncipe > *princesa*; cônsul > *consulesa*

- Os femininos de *abade* e *maestro* são, respectivamente, *abadessa* e *maestrina*.

15. Releia o que foi dito sobre o assunto e passe para o feminino as frases a seguir:
a) Nosso atual embaixador da simpatia virá para os festejos juninos.

b) O barão atirou no lebrão e acertou o perdigão.

c) O ladrão foi mordido pelo zangão e o touro ainda veio atrás dele.

d) O vilão viu o genro do meu compadre roubar o carneiro.

e) O sultão premiou o bretão e o maestro.

2.2.10 Substantivos epicenos, sobrecomuns e comuns de dois

Alguns SUBSTANTIVOS referentes a animais e pessoas possuem um só gênero, independentemente do sexo. São os chamados SUBSTANTIVOS EPICENOS (quando se referem a animais: *a águia, a araponga, a cobra, o condor, a baleia, o besouro, a borboleta, o gavião, a mosca, a onça, o polvo, a pulga, o rouxinol, a sardinha, o tatu, o tigre*) e SOBRECOMUNS (quando se referem a pessoas: *o algoz, o apóstolo, o carrasco, o cônjuge, a criança, a criatura, o indivíduo, a pessoa, a testemunha, a vítima, o verdugo*). Há substantivo que possui uma só forma comum aos dois gêneros, o chamado COMUM DE DOIS (*o/a agente, o/a estudante, um/uma doente, o/a mártir, o/a suicida*).

16. Preencha os parênteses com o artigo definido, conforme o gênero do substantivo:
a) ( ) cedilha   ( ) juriti   ( ) champanha   ( ) sentinela
b) ( ) sanduíche   ( ) lagarta   ( ) pessoa   ( ) soprano
c) ( ) libido   ( ) fonema   ( ) telefonema   ( ) diabete
d) ( ) eclipse   ( ) diploma   ( ) cobra   ( ) sabiá
e) ( ) bate-boca   ( ) passatempo   ( ) aguardente   ( ) saca-rolhas

> ### Saiba mais
>
> - O sexo, no sobrecomum, é explicitado pela junção de um determinante ao nome da pessoa ou do animal:
>   a cobra *macho*/a cobra *fêmea*; o cônjuge *masculino*/o cônjuge *feminino*
>
> - Alguns substantivos em *-a* são masculinos:
>   anátema, clima, cometa, dia, emblema, fantasma, idioma, jesuíta, mapa, poema, pirata, problema, sistema, telefonema, tema, teorema
>
> - Há femininos indicados por alternância vocálica:
>   avô/avó
>
> - Femininos que indicam dignidades religiosas apresentam terminações especiais:
>   *sacerdotisa* (« sacerdote), *papisa* (« papa), *diaconisa* (« diácono), *pitonisa* (« píton, no sentido de mago, adivinho), *profetisa* (« profeta)

- Femininos ainda dignos de destaque:
    czar (imperador da Rússia)/*czarina*; *felá/felaína*; *grou/grua*; *herói/heroína*; *jogral/jogralesa*; *maestro/maestrina*; *poeta/poetisa*; *rajá/rani*; *rapaz/rapariga* (em Portugal); *rei/rainha*; *réu/ré*; *silfo* (= o gênio do ar)/*sílfide*

17. **Complete as lacunas com o feminino dos substantivos citados nos parênteses:**

a) Visitamos a casa da .... (poeta) espanhola.

b) Visitei a .... (profeta).

c) Aquela .... (czar) russa foi muito infeliz.

d) Foram vistas no castelo muitas .... (silfos) maravilhosas.

e) A .... (embaixador), esposa do embaixador João, recebeu a .... diácono).

Saiba mais

- Há quem prefira empregar apenas a forma masculina para indicar posições destacadas na sociedade intelectual:
    Aquela poeta foi premiada.

- Vale lembrar substantivos em cujo emprego há vacilação de gênero e suas tendências:
    ágape, antílope, caudal, clã, contralto, diabete, gengibre, lança-perfume, praça (soldado), sanduíche, soprano, suéter tendem para o MASCULINO;
    abusão, alcíone, aluvião, áspide, fácies, filoxera, jaçanã, juriti, omoplata, ordenança, sentinela, sucuri tendem para o FEMININO.

2.2.11 Oposição de gênero e oposição de significados

Há SUBSTANTIVOS cuja oposição de gênero implica oposição de significados, ou seja, o masculino tem um significado e o feminino, outro: *o guia* (pessoa cuja função é orientar outras)/ *a guia* (documento que acompanha uma mercadoria em trânsito); *o grama* (unidade de medida de massa)/ *a grama* (erva da família das gramíneas); *a moral* (regras de conduta válidas numa sociedade)/ *o moral* (conjunto das nossas faculdades morais); *o voga* (remador que se senta no final de embarcação miúda)/ *a voga* (divulgação, moda).

18. Preencha as lacunas com artigo definido ou indefinido, feminino ou masculino, conforme o sentido do substantivo na frase:
a) (   ) lente da escola, Dr. Fulano, tirou os óculos para limpar (   ) lente.
b) (   ) cura do doente devia-se ao Fulano, (   ) falecido cura daquela freguesia.
c) (   ) língua deve falar muito bem (   ) língua para a qual traduz o texto.
d) (   ) cabeça da revolta foi preso e cortaram-lhe (   ) cabeça.
e) Você tem (   ) cisma de que haverá (   ) cisma dentro do partido.

2.2.12 Flexão de número

O SUBSTANTIVO flexiona-se, quanto a número, em SINGULAR e PLURAL.
A) No SINGULAR, ora o substantivo pode designar um só elemento, ora pode designar um conjunto de seres considerados como um todo (SUBSTANTIVO COLETIVO):
    gato, livro, menino; multidão, batalhão, cardume

B) No PLURAL, o substantivo designa vários seres ou vários conjuntos de seres:
    gatos, livros, meninos; multidões, batalhões, cardumes

19. Coloque 1 ou 2 nos parênteses que precedem os substantivos a seguir, conforme se trate, respectivamente, de vários seres ou vários conjuntos de seres:
(   ) cruzes   (   ) líquenes
(   ) enxames   (   ) lebres
(   ) mesas   (   ) homenzarrões
(   ) itens   (   ) caravanas
(   ) sons   (   ) manadas
(   ) cardumes   (   ) hifens

> **👍 Saiba mais**
>
> Alguns substantivos terminados em *-s* não designam conjunto de vários elementos, mas um conjunto de procedimentos referentes ao significado do substantivo (*núpcias* — vários procedimentos na celebração do casamento; *exéquias* — cerimônias nas honrarias fúnebres), ou uma intensificação de significado (*trevas* — muita escuridão, muita treva).

2.2.13 Formação do plural de substantivos

▶ Normalmente o PLURAL DOS SUBSTANTIVOS se forma pelo acréscimo de *-s* à vogal, ou ao ditongo final — oral ou nasal —, do singular da palavra:
   salas, bambus, órfãs, troféus, mães

▶ Substantivos terminados em consoante *-r, -z* e *-n* recebem *-es*:
   mares, hambúrgueres, rapazes, cânones

▶ Substantivos paroxítonos terminados em *-s* e *-x* ficam invariáveis no plural:
   os *tênis*, os *tórax*, os *fax*

▶ Substantivos monossílabos em *-s* fazem o plural com acréscimo de *-es*:
   mês/meses, rês/reses

▶ Também os oxítonos em *-s* recebem *-es*:
   inglês/ingleses, país/países

20. Assinale o item em que o plural do substantivo empregado na frase foge às regras anteriormente lidas:
a) Todos os prédios estavam danificados pelas bombas.
b) Os tênis trazidos por aqueles ônibus foram trocados por lápis coloridos.
c) Os meses que antecederam o evento foram de muita correria.
d) Colamos vários cartaz nas paredes dos prédios da rua.
e) Os tórax dos rapazes inflaram de orgulho nacionalista.

21. Complete com o plural do substantivo no parêntese:

a) Comi vários .... (hambúrguer).

b) Conferi todos os .... (fax) recebidos na semana.

c) Havia fotos de vários .... (czar) russos.

d) Na infância colecionei .... (álbum) de figurinhas.

e) Preste atenção aos .... (hífen) empregados no texto.

👍 Saiba mais

• Os monossílabos *cais* e *cós* ficam geralmente invariáveis, embora se encontre a forma *coses* em alguns autores.

• O plural de substantivos invariáveis é assinalado, na frase, pelo determinante do substantivo:
   os lápis macios, os tórax

• A palavra cuja nasalidade da vogal final é grafada com *-em, -im, -om, -um* troca a letra *m* por *-ns*:
   bem/bens, flautim/flautins, som/sons, atum/atuns

• Não é regra geral, mas alguns substantivos, além da formação do plural com acréscimo de *-s*, trocam o timbre da vogal (timbre fechado para aberto):
   caroços, corpos, olhos, ossos, reforços, rogos etc.

2.2.14 Plural de substantivos em *-al, -el, -ol* e *-ul*

▶ O PLURAL DOS SUBSTANTIVOS terminados em *-al, -el, -ol* e *-ul* se faz trocando o *-l* por *-is*:
   jornal/jornais, papel/papéis, anzol/anzóis, paul/pauis

▶ Substantivos terminados em *-il* tônico (ou seja, oxítonos) fazem o plural com a troca do *-il* por *-is*:
   funil/funis

▶ Se forem terminados em *-il* átono (ou seja, paroxítonos), trocam o *-il* por *-eis*:
   fóssil/fósseis

22. Assinale o item em que o plural dos substantivos empregado na frase foge às regras anteriormente lidas:
a) Ali há muitos pauis.
b) Os caroços dos girassóis estavam nos fornos das fazendas.
c) Aqui no Brasil, hoje, quem tem muito dinheiro tem muitos réis.
d) Os anzóis trazidos por aqueles ônibus foram trocados por muitos lápis coloridos.
e) Os projetis da época da guerra estavam lá.

Saiba mais

• O plural de *real*, nome da moeda brasileira, é *reais*: *Aqui hoje quem tem muito dinheiro tem muitos reais*. O plural da moeda antiga brasileira, o *real* antigo, é que era *réis* (*Nossos avós falavam em réis*).

• Há substantivos com duas formas de plural, em razão da variação da sílaba tônica no singular: as formas paroxítonas *répteis* (‹ réptil) e *projéteis* (‹ projétil), ao lado das oxítonas *reptis* (‹ reptil) e *projetis* (‹ projetil).

2.2.15 Plural dos substantivos em *-ão*

Na formação do PLURAL DOS SUBSTANTIVOS EM *-ÃO*, você encontra três opções, a saber:

A) O PLURAL EM *-ÕES* é encontrado na maioria desses substantivos (*botões, limões, tubarões*). É encontrado ainda em plural de aumentativo (*homenzarrões, facões, moleirões*), em substantivos derivados em geral (*ações, canções, eleições, derivações, inclusões*, respectivamente *de agir, cantar, eleger, derivar, incluir*) e também em substantivos que fazem feminino em *-ona* (*cabeção/cabeçona › cabeções; sabichão/sabichona › sabichões*).

B) Menos frequente é o PLURAL EM *-ÃOS*, geralmente em substantivos cujos derivados apresentam *-anu* no radical (*mão ›* m*anu*faturado), ou que fazem o feminino em *-ã* (*cidadão/cidadã › cidadãos; cortesão/cortesã › cortesãos, cristão/cristã › cristãos; irmão/irmã › irmãos*). Nem sempre é fácil fazer essas associações, mas elas ajudam. Existem ainda outros substantivos que fazem plural em *-ãos*: *desvão(s), acórdão(s), bênção(s), órgão(s), sótão(s)*.

C) O PLURAL EM *-ÃES* é o menos frequente dos três e corresponde geralmente a substantivos cujos derivados apresentam *-ani* no radical (*), como: *pães* (› *panificação*), *cães* (› *canino*), *capelães* (› *capelania*), *capitães* (› *capitania*), *charlatães* (› *charlatanice*), *escrivães* (› *escrivaninha*).

(*) Podemos depreender o radical dos substantivos nos cognatos, como apresentamos nos parênteses.

23. Com base nessa variação de plural em *-ão*, indique o plural dos substantivos:

a) solteirão _____   d) guardião _____

b) irmão _____   e) tostão _____

c) navegação _____   f) vagalhão _____

> 👍 **Saiba mais**
>
> • Alguns substantivos oxítonos terminados em *-ão* apresentam mais de uma terminação no plural:
> ▪ encontram-se as três terminações em *aldeão, ancião, ermitão, sultão*; respectivamente: *aldeãos, aldeães, aldeões; anciãos, anciães, anciões; ermitãos, ermitães, ermitões; sultãos, sultães, sultões*.
> ▪ *anão, corrimão, cortesão, verão, vilão* apresentam plural em *-ãos* e *-ões*: *anãos, anões; corrimãos, corrimões; cortesãos, cortesões; verãos, verões; vilãos, vilões*.
> ▪ para *refrão* e *sacristão* podem-se empregar as terminações *-ães* e *-ãos*: *refrães, refrãos; sacristães, sacristãos*.
> ▪ para *guardião* e *charlatão* podem-se usar *-ães* e *-ões*: *guardiães, guardiões; charlatães, charlatões*.

> **👍 Saiba mais**
>
> • Na palavra *catalão* encontra-se uma série de realizações que fogem aos itens comuns das regras vistas: seu feminino é *catalã*, mas o plural é *catalães*. E há um derivado em *-ano*: *catalano*.
> Como você pode ver, há muitas coordenadas a considerar no plural dos substantivos em *-ão*. Tentamos algum artifício de associação, mas o melhor a fazer é consultar gramáticas e dicionários.
>
> • Há dois sentidos para *artesão*, o que vai implicar plurais distintos:
>   - significando *artífice*, o plural é *artesãos*;
>   - significando *adorno arquitetônico*, apresenta dois plurais possíveis — *artesãos, artesães*.
>
> • Por serem derivações de outras línguas, encontram-se os plurais: *alemão/-ães, bastião/-ães, guardião/-ães, sacristão/-ães, tabelião/-ães*.

2.2.16 Plural de diminutivos em *-zinho*

DIMINUTIVOS formados com sufixo *-zinho* fazem o plural da seguinte maneira: perdem o *s* final do plural da primitiva, antes do acréscimo do sufixo diminutivo; finalmente recoloca-se o *s*. Exemplos: *dolarezinhos* (< dólare(s) + zinho + s); *papeizinhos* (< papéi(s) + zinho + s).

24. Assinale o item em que se encontra uma formação de plural de substantivo fora do padrão formal:
a) Vamos falar dos Joões ou dos Antônios?
b) Comprei vários colarzinhos de pedras para as meninas.
c) A ideia é enxugar os pauis da região, para aproveitá-la ao máximo.
d) O plural de *mão* é *mãos*, e o de *corrimão* é *corrimões*?
e) A costureira ajustou os coses das calças dos jogadores.

> 👍 **Saiba mais**
>
> • Se um termo de língua estrangeira continua a ser usado, no singular, em sua forma original, a formação do plural segue a regra da língua de origem:
> *curriculum/curricula* (latim), *topos/topoi* (grego), *lady/ladies* (inglês)
>
> • Palavras e expressões substantivadas seguem as regras de formação do plural em português, com preferência da terminação mais frequente, no caso:
> *Se terrível palavra é um 'não', imagino dois 'nãos'!*
>
> • Nomes de pessoas seguem normalmente as regras de formação de plural:
> *Todos os Josés da cidade casaram-se naquela igreja.*
>
> • Já nos sobrenomes, a flexão de plural geralmente aparece só nos determinantes:
> *Os Almeida e os Pereira sempre foram amigos, ...casaram-se com moças dos Ribeiro.*

25. Assinale o item em que se exploram, equivocadamente, as duas formas — o singular e o plural — de uma expressão:
a) Por que ela chegou a casa com tantos *por quês*?
b) Você disse *dandy*? Pois aqueles dois rapazes vestiam-se como dois *dandys*.
c) Ah, o amor! Hoje os netos são os meus amores!
d) A senhorinha pôs os óculos para ver melhor pelo óculo da casa de campo.
e) O pirata pôs o prisioneiro a ferros, e o ferro da argola feriu o pé do coitado.

2.2.17 Oposição singular e plural e mudança de sentido

NOMES DE METAIS E SUBSTANTIVOS ABSTRATOS geralmente só se usam no singular. No plural adquirem outro sentido: *cobre* (metal)/*cobres* (dinheiro); *amor* (sentimento)/*amores* (pessoas prediletas).

26. Dê um sinônimo para os termos destacados nas frases a seguir:

a) O homem foi posto *a ferros*. (..)

b) Ela não levou *os bens* que o tio lhe deixara. (..)

c) Você está com o ás *de ouros*? (..)

d) Não tenho que me sujeitar a seus *ódios*! (..)

e) Você é pobre com *fumaças* de rico! (..)

> ### 👍 Saiba mais
>
> Substantivos que só se usam no plural:
> *anais, antolhos, belas-artes, exéquias, fezes, naipes do baralho* (*copas, espadas, ouros, paus*), *núpcias, óculos* (objeto usado para corrigir ou proteger a vista), *pêsames, trevas* (sentido figurado de falta de conhecimento), *víveres*.

2.2.18 Plural de substantivos compostos

No PLURAL DOS SUBSTANTIVOS COMPOSTOS, você deve observar o que acontece aos seguintes substantivos:

A) composto sem hífen, somente se acrescenta o plural no final da palavra: *claraboias*;

B) composto em que os elementos formadores mantêm sua tonicidade primitiva, sendo todos eles variáveis, ambos vão para o plural: *couves-flores*;

C) composto em que os elementos formadores mantêm sua tonicidade, se o primeiro é verbo ou advérbio, e o segundo é variável, só este vai para o plural: *guarda-roupas, sempre-vivas*;

D) elementos ligados por preposição, só o primeiro varia: *pés de moleque, mulas sem cabeça*;

E) primeiro elemento é um prefixo, ou forma reduzida de adjetivo, só o segundo varia: *vice-prefeitos, grão-duques*;

F) se o segundo elemento indica finalidade, semelhança, ou outro tipo de associação com o primeiro, só o primeiro varia: *navios-escola, peixes-boi, bananas-ouro*.

27. Assinale o item em que o plural da frase NÃO está adequadamente construído:
a) Os examinadores analisaram os *curricula* dos candidatos a professores titular das duas faculdades.
b) Todas as ultrassonografias realizadas naquele dia foram perdidas.
c) Vamos a dois bota-fora hoje.
d) O pescador viu três peixes-boi na água.
e) Troavam os reco-recos na madrugada das sextas-feiras naquela cidade.

Saiba mais

• A palavra *guarda* emprega-se nos compostos ora como verbo, ora como substantivo, razão por que ora não varia no plural — *guarda-roupas* (local onde se guardam as roupas) —, ora varia — *guardas-marinhas* (soldado da marinha).

• O plural de *banana-nanica* é *bananas-nanicas*, porque o composto é formado de duas palavras variáveis: o substantivo *banana* e o adjetivo *nanica*.

• Substantivos com prefixos, com ou sem hífen, fazem o plural com acréscimo de -(e)s ao último elemento:
   arquissacerdotes, autosserviços, pseudoartistas, ultrassonografias, circum-navegações, ex-diretores, soto-mestres

Observação: Não confunda o s dobrado por questão de grafia com o s plural, no final de *arqui**ss**acerdote, auto**ss**erviço, ultra**ss**onografia*.

2.2.19 Plural de compostos em que os dois elementos são verbos

No SUBSTANTIVO COMPOSTO EM QUE OS DOIS ELEMENTOS SÃO VERBOS, ligados ou não por hífen:
- se o segundo é de significado oposto ao primeiro, o plural se faz apenas com variação no determinante (*os leva e traz*);
- se os termos se repetem, ambos vão para o plural (*os corres-corres*).

28. Assinale o item em que há um plural INADEQUADO:
a) Os vaivéns das pessoas sempre me incomodam.
b) Triste é pensar nas famílias mineiras que usaram os vai-volta para enterrar seus parentes.
c) Vamos rezar duas ave-marias por eles e fugir desses corres-corres!
d) Nos jogos de mexes-mexes, as pessoas com mais conhecimento do vocabulário são privilegiadas.
e) Encontrei vários pisa-flores na festa, em incessantes leva e trazes.

> **👍 Saiba mais**
>
> - Se o segundo elemento do composto já vem no plural, só o determinante varia:
>   *os salta-pocinhas* (= indivíduo afetado no andar), *os pisa-flores* (= salta-pocinhas)
>
> - Sendo ambos os elementos invariáveis, também só varia o determinante:
>   *os bota-fora, os louva-a-Deus*
>
> - Em nomes de reza, varia somente o último elemento:
>   *ave-marias, padre-nossos*

2.2.20 Grau – flexão ou derivação

Considerar GRAU como flexão está muito discutido atualmente. Sem entrar no mérito da questão se grau é flexão ou derivação, queremos lembrar a você que há dois graus possíveis no substantivo, ora indicados por sufixos, ora por uma expressão determinante: o aumentativo (*bocarra*, boca grande; *manzorra*, mão grande) e o diminutivo (*cadeirinha*, cadeira pequena; *homúnculo*, homem pequeno).

29. Reconheça o grau dos substantivos nas frases a seguir, explicando se ele se formou por sufixo ou por expressão determinante.
Modelo: Mimi era a gatinha da moça grande.
R: gatinha – diminutivo formado com sufixo "-inha";
moça grande – aumentativo formado com um determinante, o adjetivo *grande*.

a) Este é um assunto longo demais.

___

b) Você tem uma manzorra, hein?

___

c) Aquele homúnculo é um grande homem!

___

d) A mão grande de alguns torna-os pessoas pequenas.

___

e) O terrenão destinado à praça foi todo aterrado.

___

👍 Saiba mais

- Algumas palavras em *-ão, -im* não expressam noção de grau aumentativo ou diminutivo:
    violão, cartão, flautim

- Diminutivos eruditos:
    nódulo (< nó), *montículo* (< monte), *partícula* (< parte), *questiúncula* (< questão)

2.2.21 Sentido afetivo e pejorativo do grau

Frequentemente, a modificação do SIGNIFICADO DO SUBSTANTIVO quanto a GRAU presta-se a outros sentidos: AFETIVO (*benzinho, amorzinho*), PEJORATIVO (*narigão, homúnculo*).

30. Explique a mudança de sentido nos pares de frases a seguir:

a) Meu filho, você precisa comprar um presente para sua esposa. Meu filhinho, você precisa comprar um presente para sua esposa.

___

b) Nas charges sobre aquele artista, sempre se explora o seu nariz grande. Nas charges sobre aquele artista, sempre se explora o seu narigão.

___

c) Qualquer questão deve ser discutida. Qualquer questiúncula deve ser discutida.

___

d) Recebi uma carta de meu primo. Recebi um cartão de meu primo.

___

e) Você toca viola? Você toca violão?

___

⊙ DE OLHO VIVO PARA NÃO SE ENGANAR NO EMPREGO DOS SUBSTANTIVOS

1. Na formação de novas palavras em português, o par primitivo (vocábulo que não se forma na língua a partir de outro, caso de *ferro*) e derivado (vocábulo que se forma a partir de uma primitiva — *ferreiro, ferramenta*) diz respeito à formação de palavras por DERIVAÇÃO; e o par simples (palavra com um só radical — *roupa, filho*) e composto (nova palavra formada pela combinação de dois ou mais radicais de palavras existentes na língua — *guarda-roupa; fidalgo*) diz respeito à formação por COMPOSIÇÃO.

2. No processo de derivação, há que destacar a PARASSÍNTESE, ou formação de novas palavras pelo acréscimo *concomitante* de prefixo e sufixo: *apedrejar, entardecer*. Não confundir com situação em que a palavra existe só com um dos afixos, caso da derivação por prefixação e sufixação: *deslealdade* (existem *desleal* e *lealdade*).

3. No processo de formação de palavras por composição, denomina-se HÍBRIDA a palavra formada por elementos de línguas diferentes: *automóvel* (radical grego *auto* + radical latino *móvel*).

4. Denomina-se ONOMATOPEIA a palavra que imita um som físico – a voz do animal, ou o barulho de uma máquina: *ciciar* (cochichar), *tique-taque* (barulho da máquina do relógio).

5. SIGLA é o nome que se dá a um vocábulo formado a partir da primeira letra (INSS = Instituto Nacional de Seguro Social) ou da primeira sílaba (SESI = Serviço Social da Indústria) de uma denominação extensa (organizações nacionais e internacionais, partidos políticos, sociedades industriais e comerciais etc.).

6. ABREVIATURA é o nome que se dá à palavra formada a partir da junção de letras ou de sílabas da palavra primitiva: *sr.* = senhor; *lat.* = latim.

7. Urge distinguir o SUBSTANTIVO ABSTRATO, relativo à *ação de*, do seu homônimo, CONCRETO, que nomeia algo feito, ação concluída: "A *construção* (ato de construir) do prédio demorou muito, mas hoje é a *construção* (prédio construído) mais bela da praça."

8. Lembrar que os EPICENOS são substantivos de um só gênero que se referem a animais, independentemente do sexo: *a cobra*.

9. Substantivos SOBRECOMUNS são os que também possuem um só gênero e referem-se a pessoas, independentemente do sexo: *o algoz, o apóstolo, o carrasco, o cônjuge, a criança, a criatura, o indivíduo, a pessoa, a testemunha, a vítima, o verdugo*.

10. Substantivo COMUM DE DOIS GÊNEROS é o substantivo que possui uma só forma para atender aos dois gêneros, e o gênero é marcado pelo determinante: *o/a estudante aplicado(a), o/a amante*.

11. Substantivos homônimos, opostos pelo gênero:
    o cabeça (líder de um movimento) // a cabeça (parte do corpo);
    o caixa (livro de registros — créditos, débitos) // a caixa (local onde se guardam objetos);
    o cisma (separação de grupos) // a cisma (mania, preocupação excessiva);
    o cura (vigário) // a cura (ato de curar);
    o lente (professor) // a lente (parte dos óculos);
    o língua (intérprete) // a língua (parte do corpo);
    o moral (disposição de espírito) // a moral (conjunto de valores éticos)

2.3 Adjetivo

Outra classe de palavras a ser vista com você é o ADJETIVO.

O ADJETIVO modifica o substantivo (seja de forma positiva, seja de forma negativa), indica-lhe a maneira de ser, caracteriza-o. A presença do adjetivo amplia a informação do que se comunica.

Comparem-se os exemplos:
1. A moça merece aplausos. /// A moça educada merece aplausos.
(qualifica positivamente o substantivo)

2. A estrada é perigosa. /// A estrada tortuosa é perigosa.
(indica-lhe a maneira de ser)

3. Atendeu-se à reivindicação. /// Atendeu-se à reivindicação operária.
(caracteriza o substantivo)

4. A bolsa é cara. /// A bolsa brega é cara.
(qualifica negativamente o substantivo)

A modificação acrescida pelo adjetivo ao substantivo pode ser subjetiva (exemplos 1 e 4, em que ser educada a moça ou ser brega a bolsa podem não equivaler à opinião de todos) ou objetiva (exemplos 2 e 3, características inegáveis – estrada *tortuosa*; reivindicação *operária*). O adjetivo subjetivo exerce papel essencial no desenvolvimento do texto: por exemplo, a progressão pode ser, na frase 1, explicitar a razão de eu julgar educada a moça; na frase 4, demonstrar o mau gosto da bolsa, enumerando qualidades negativas.

Como vimos fazendo nos demais subcapítulos, dividiremos em tópicos teóricos os assuntos relativos a esta classe de palavra. Neles cuidaremos de definir o adjetivo, distinguir o subjetivo e o objetivo na adjetivação, mostrar como o texto se prolonga pelo adjetivo subjetivo, explicar a fronteira *adjetivo* e *substantivo*, falar da flexão do adjetivo e da questão do grau. Após cada tópico você terá exercícios de fixação.

2.3.1 Reiterando, com novos exemplos, para melhor fixação da modificação feita pelo adjetivo ao substantivo

O ADJETIVO modifica o substantivo, qualificando-o (seja qualidade positiva, seja negativa), indicando-lhe a maneira de ser, caracterizando-o. Insistimos na presença do adjetivo para ampliar a informação do que é comunicado, como você pode ver pela comparação dos exemplos:

- A menina desapareceu. /// A menina <u>bonita</u> desapareceu.
 (adjetivo modifica positivamente o substantivo)

- O céu anuncia chuva. /// O céu <u>cinzento</u> anuncia chuva.
 (indica-lhe a maneira de ser)

- Gosto de sobremesas. /// Gosto de sobremesas <u>cremosas</u>.
 (caracteriza o substantivo)

- A menina merece ser castigada. /// A menina <u>malcriada</u> merece ser castigada.
 (modifica negativamente o substantivo)

---

1. A modificação acrescida ao substantivo pelo adjetivo pode ser subjetiva (opinião de quem fala) ou objetiva (realidade independente da opinião do falante). Reconheça o adjetivo e classifique-o, conforme seu emprego, nas frases a seguir, colocando S (= subjetivo) ou O (= objetivo) nos parênteses:

a) ( ) Visitei as principais livrarias do bairro.
b) ( ) Identificou-se a defasagem atual do orçamento.
c) ( ) As suas melhores obras não estavam ali.
d) ( ) Eles não tinham armas bastantes para enfrentar os invasores.
e) ( ) Havia bastantes homens na grande praça.

> 👍 **Saiba mais**
>
> A palavra *bastante* é pronome adjetivo indefinido quando equivale a *muitos* e vem anteposta ao substantivo (*Havia bastantes homens ali*); é adjetivo quando equivale a *suficiente* e vem posposta ao substantivo (*...não tinham armas bastantes*). Em ambos os casos, admite plural. Como advérbio, não admite plural e modifica verbo, adjetivo e advérbio (*Falou bastante. Falou bastante bem. Chegou bastante cedo*).

2.3.2 Sentido denotativo e sentido figurado

O adjetivo mantém o sentido primeiro, ou seja, seu sentido exato, quando posposto ao substantivo (SENTIDO DENOTATIVO). Já anteposto ao substantivo, pode adquirir um SENTIDO FIGURADO. Na frase *Ele não era um homem grande, mas foi um grande homem*, a posposição do adjetivo em *homem grande* denota uma qualidade concreta, de *homem de grande estatura*; e a anteposição em *grande homem* expressa qualidades abstratas e figuradas, de honesto, inteligente.

2. Reconheça, nas frases a seguir, um caso semelhante ao emprego do adjetivo *grande*, em *Ele não era um homem grande, mas foi um grande homem*:
a) Meu irmão mais velho não é o mais velho dos amigos dele.
b) Após o gosto amargo da comida, o que sentia era o amargo gosto da decepção.
c) As melhores produções do poeta não estão entre as produções melhores classificadas como tais, no concurso de poesia.
d) Não sei se premio o bom poeta ou o poeta bom, do ponto de vista da preocupação social.
e) Você esqueceu o agravo intencional ou a intencionalidade do agravo que ele lhe fez?

> ### 👍 Saiba mais
>
> • Um exemplo de substantivação do adjetivo pode ser visto em *menina meiga* e *meiguice da menina*: do adjetivo do primeiro sintagma origina-se o substantivo abstrato meiguice, agora modificado pela expressão adjetiva *da menina*. É o mesmo caso de *agravo intencional* e *intencionalidade do agravo*, visto no exercício 2.
>
> • O adjetivo subjetivo equivale a um juízo de valor feito em relação ao substantivo e varia de pessoa para pessoa. Pode vir antes ou depois do substantivo: *menina bela // bela menina*. Geralmente a anteposição do adjetivo presta-se a sentido figurado: *Ele não é um funcionário* alto (sentido denotativo = *de elevada estatura*), *mas um* alto *funcionário da empresa* (sentido figurado ou conotativo = *muito importante*).
>
> • O adjetivo objetivo indica o modo de ser do substantivo (*sala quadrada*), ou caracteriza-o (*reivindicação operária*). Geralmente vem posposto ao substantivo e não admite variação de grau.
>
> • Expressões com preposição (*de criança*) também funcionam como adjetivo: *birra infantil*.

Glossário

SINTAGMA – combinação de palavras em que se explicita uma relação entre um termo determinante e um determinado, como em *a menina* (*a* = determinante e *menina* = determinado), *belo rapaz* (*belo* = determinante e *rapaz* = determinado), *livro de português* (*livro* = determinado e *de português* = determinante).

3. Substitua as expressões com preposição por um sintagma constituído de *substantivo + adjetivo*.
Modelo: textura de marfim = textura ebúrnea.

a) minas de ouro = minas _____

b) timbre de prata = timbre _____

c) cor de chumbo = cor _____

d) cidadão de Jerusalém = cidadão _____

e) homem de Salvador (antiga forma) = _____

4. Substitua o sintagma *substantivo concreto + adjetivo* por outro, constituído de *substantivo abstrato derivado de adjetivo + preposição + substantivo concreto*.
Modelo: menina meiga = meiguice da menina.

a) arbusto flexível _____

b) obra autêntica _____

c) número indivisível _____

d) político incorruptível _____

e) homem hesitante _____

2.3.3 Relação de sentido entre adjetivo e substantivo

O adjetivo pode estabelecer com o substantivo uma relação de espaço (*fachada lateral*), de finalidade (*movimento reivindicatório*), de matéria (*parede ebúrnea*), de procedência (*relógio suíço*), de tempo (*boletim anual*), de modo de ser (*águas calmas*), de estado (*semblante triste*), entre outras.

5. Reconheça as relações de sentido atribuídas pelo adjetivo ao substantivo, nas frases:

a) Comprei um vinho chileno para nosso jantar hoje. (..)

b) Como limite fronteiro está a Praça Pio XII. (..)

c) O relógio de ouro chamou a atenção do ladrão. (..)

d) Suas palavras apaziguadoras me comoveram. (..)

e) A planta anfíbia era cultivada ali. (..)

2.3.4 Orações adjetivas

Orações iniciadas por pronomes relativos (*que, o qual, cujo* etc.) são classificadas como ORAÇÕES SUBORDINADAS ADJETIVAS. Equivalem a um adjetivo.
Premiamos a menina que estuda (= menina estudiosa).

6. Substitua por orações adjetivas os termos destacados, a exemplo do que se vê em *homem hesitante* = homem que hesita.

a) graça *alcançada pelo José* = _____

b) homem *persistente* = _____

c) fruta *fibrosa* = _____

d) faca *pontiaguda* = _____

e) homem *defunto* = _____

> ### 🔹 Saiba mais
>
> A oração adjetiva pode vir reduzida de gerúndio [*Vi a menina saindo da casa* (= que saía da casa)].

2.3.5 Flexão do adjetivo

O ADJETIVO flexiona-se em gênero e número, para concordar com o substantivo que acompanha. A formação do feminino do adjetivo é semelhante à do substantivo, com alguns casos dignos de nota, que destacaremos a seguir.

7. Reescreva, no masculino, quando for possível, as frases a seguir:
a) A vizinha da jovem glutona comprou plantas ornamentais e presenteou a nora trabalhadeira.

___

b) A hipócrita mulher cortês comprou uma perdiz no mercado.

___

c) Uma jovem andaluza adotou uma garota surda-muda.

___

d) A órfã chinesa foi abandonada na estação do metrô.

___

e) A moça hindu visitou a senhora hebreia e a menina sandia.

___

2.3.6 Casos especiais de formação do feminino dos adjetivos

Alguns CASOS ESPECIAIS DE FORMAÇÃO DO FEMININO dos adjetivos podem ser observados:

A) Adjetivos em *-ão* fazem feminino em *-ona* (*glutão – glutona*); a maioria em *-ã* (*folgazão – folgazã, são – sã*).

B) Os terminados em *-or* ora ficam invariáveis (*exterior, melhor, pior, posterior, incolor, multicor, sensabor*), ora trocam a terminação *-dor* e *-tor* por *-triz* (*gerador – geratriz, motor – motriz*), ora substituem *-or* por *-eira* [(*trabalhador – trabalhadeira*); não confundir com o feminino do substantivo, *trabalhadora*], ora recebem apenas um *-a*, caso da distinção *embaixadora* (mulher que exerce a função) e o substantivo *embaixatriz* (esposa do embaixador).

C) Adjetivos em *-ês* recebem *-a* (*inglês – inglesa*), ou ficam invariáveis (*cortês, descortês, montês, pedrês*).

D) Geralmente os compostos flexionam-se apenas no segundo elemento (*luso-espanhola*), exceção de *surdo-mudo – surda-muda*.

E) Adjetivos em *-u* recebem a desinência *-a* no feminino (*cru – crua*), exceção de *hindu* e *zulu*, que ficam invariáveis.

F) Adjetivos em *-eu* fechado fazem feminino em *-eia* (*hebreu – hebreia*); adjetivos em *-éu* aberto fazem feminino em *-oa* (*tabaréu – tabaroa*). Atenção às exceções: *judeu – judia; sandeu – sandia*.

G) Adjetivos paroxítonos em *-s* e em *-a* ficam invariáveis: *simples, reles, homicida, asteca, celta, israelita, maia, persa* etc.

H) Adjetivos proparoxítonos em *-a* também ficam invariáveis no feminino: *silvícola, hipócrita*.

8. Passe para o feminino as frases a seguir, atentando para os adjetivos destacados:
a) O menino *folgazão* é *glutão*.

___

b) O menino *sandeu* saiu correndo da sala do homem *homicida*.

___

c) O guerreiro *surdo-mudo* foi filmado naquela sala.

___

d) O aluno *francês* foi contemplado com prêmios, apesar de ter sido *descortês*.

___

e) O irmão do *senador* Fulano de Tal cumprimentou o viúvo *hebreu*.

___

2.3.7 Adjetivos uniformes

ADJETIVOS UNIFORMES são os que possuem uma única forma para masculino e feminino. Há os terminados em *-l* (*amável, cordial* etc. Exceção para *espanhol*); os terminados em *-m* (*virgem, ruim*); em *-e, -nte* e *-ense* (*breve, doce, humilde, constante, crescente, catarinense*); em *-ar* (*exemplar*); em *-s* (*simples*) e em *-z* (*feliz, audaz, feroz*. Exceção *andaluz/andaluza*).

9. Passe para o feminino as frases a seguir, sublinhando os adjetivos:

a) O rapaz matogrossense foi cordial e cumprimentou o rapaz andaluz.

b) O menino nu saiu correndo da sala do homem homicida.

c) O gatinho espanhol foi separado dos meninos tabaréus doentes.

d) O aluno exemplar foi contemplado com prêmios.

e) O genro do senhor mais trabalhador dali comprou plantas do rapaz hindu.

2.3.8 Flexão de número

No que se refere à FLEXÃO DE NÚMERO, os adjetivos simples seguem as regras da formação do plural dos substantivos: acréscimo da desinência -s (*limpo – limpos*). Urge destacar as terminações em -*ão* (trocadas geralmente por -*ões*: *glutão – glutões*) e em -*ul* (que passa a -*uis*: *taful – tafuis*), bem como os oxítonos em -*il* (que trocam o -*l* por -*s*: *senil – senis*), os paroxítonos em -*il* (que trocam o -*il* por -*eis*: *útil – úteis*) e a invariabilidade dos adjetivos que apresentam uma só forma para os dois números (*simples*).

10. Reescreva no plural as frases a seguir:

a) A árvore cinzenta encantou o rapaz luso-brasileiro.

b) Ela visitou o médico-cirurgião e levou rosa vermelho-sangue para enfeitar o consultório.

c) O jovem surdo-mudo comprou roupa azul.

d) A moça gentil cedeu seu lugar no ônibus para a senhora simples.

e) Destacava-se ali o chapéu amarelo-ouro do médico-legista.

> **Saiba mais**
>
> • Normalmente a flexão de plural acontece somente no segundo elemento dos compostos: *médico-legistas*.
>
> • Exceção fazem os plurais de *surdo-mudo (surdos-mudos)*, *médico-cirurgião (médicos-cirurgiões)*.
>
> • Adjetivos compostos que se referem a cores ficam invariáveis: roupas *azul-celeste*, blusas *amarelo-ouro*.

2.3.9 Grau dos adjetivos

Sem entrar em detalhes sobre ser o GRAU um caso de FLEXÃO ou de DERIVAÇÃO, convém lembrar que os adjetivos subjetivos podem expressar variação de intensidade, o chamado GRAU DO ADJETIVO. Distinguem-se dois graus: o COMPARATIVO (indica que a qualidade de um substantivo é superior, inferior ou igual à de outro: *Maria é mais alta que / menos alta que / tão alta quanto Joana*) e o SUPERLATIVO (indica um exagero da qualidade, o que pode ser feito isoladamente — SUPERLATIVO ABSOLUTO: *Maria é altíssima!... é muito alta*; ou relacionando o substantivo a vários outros — SUPERLATIVO RELATIVO: *Maria é a mais alta de minhas amigas*.

11. Preencha os parênteses da esquerda com os números correspondentes ao grau dos adjetivos subjetivos empregados nas frases:

a) (   ) A jovem plebeia era muito vulgar.
b) (   ) Ele é menos inteligente que o irmão.
c) (   ) Você é o máximo!
d) (   ) Maria é mais bela que Joana.
e) (   ) Jiló é o mais amargo dos legumes.

1. comparativo de superioridade
2. comparativo de inferioridade
3. comparativo de igualdade
4. superlativo absoluto
5. superlativo relativo

2.3.10 Formas sintéticas e formas analíticas no grau dos adjetivos

Há formas especiais para expressar o GRAU DOS ADJETIVOS:

▶ Os adjetivos *bom, mau, grande* e *pequeno* apresentam formas especiais de comparativo (*melhor, pior, maior, menor*) e de superlativo (*ótimo/o melhor*; *péssimo/o pior*; *máximo/o maior*; *mínimo/o menor*). São chamadas formas SINTÉTICAS.

▶ Na comparação de *duas qualidades*, em lugar de *melhor* você deve usar *mais bom*; em lugar de *maior,* diga *mais grande*: *Ele é mais bom que mau. Ela é mais grande que pequena.*

▶ Os superlativos apresentam formas sintéticas e analíticas. O SUPERLATIVO ABSOLUTO SINTÉTICO é formado com terminação *-íssimo, -érrimo*; o SUPERLATIVO ABSOLUTO ANALÍTICO é formado com o auxílio de advérbios ou expressões equivalentes – *muito inteligente*; *inteligente pra chuchu*.

▶ No superlativo relativo emprega-se a forma de comparativo precedida do artigo (*o melhor*; *o pior*; *o maior*; *o menor*): *Ela é a melhor amiga que tenho.*

▶ O SUPERLATIVO RELATIVO pode ser de superioridade ou de inferioridade: *Você era a mais bonita dali. Joana é a menos suspeita, sem sombra de dúvida!*

▶ Podem-se comparar apenas qualidades: *Maria é mais simpática que bela. José é tão astuto quanto inteligente.*

12. Substitua os adjetivos destacados pela forma de superlativo absoluto sintético equivalente:

a) Você é um *sábio*! (..)

b) Marta foi *sutil* nas suas observações. (..)

c) A menina era *pudica*. (..)

d) Tais atitudes são *comuns* aqui. (..)

e) João é *cruel*, mas o irmão dele é *simples* e *íntegro*. (..)

> **👍 Saiba mais**
>
> • Antes de receber a terminação do superlativo, muitas vezes o adjetivo assume radical latino:
> *dulcíssimo* (< *dulce*),
> *amabilíssimo* (< *amabili*)
>
> • O superlativo absoluto também pode ser expresso por comparações hiperbólicas (*violento como um tsunâmi, podre de rico, bela de fechar o comércio* etc.), por recursos fonológicos (*maravilhoooooso!*), por escansão de sílabas (*ma-ra-vi-lho-so!*).
>
> • O diminutivo pode funcionar como recurso de intensificação, semelhante ao papel do advérbio de intensidade: rosto *vermelhinho* (= muito vermelho), *andar ligeirinho* (= muito ligeiro).
>
> • A expressão *o mais possível* é frequentemente empregada no superlativo (*Ela foi o mais possível cuidadosa*). Às vezes, há transposição do adjetivo e ele aparece intercalado na expressão (*Ela foi o mais cuidadosa possível*).
>
> • Adjetivos em *-ático, -ético* e *-ífico* só admitem superlativo absoluto analítico:
> *muito prático, muito ético, muito pacífico*

13. Reconheça a frase em que se pode entender um exagero na qualificação do substantivo:
a) Ele é sempre o primeiro qualificado, nos concursos, nas festas, em tudo!
b) Você é ético, nada fará de errado.
c) Não é possível que ele não venha.
d) Ela é componente do grupo frenético de moças, de quem lhe falei.
e) A questão é fácil; nada difícil.

2.3.11 Adjetivo subjetivo e progressão textual

Vimos que o adjetivo pode ser subjetivo (atributo dado pelo falante ao substantivo e do qual o destinatário pode discordar) e objetivo (atributo inquestionável: *sol nascente/ poente, praça quadrada*). Obviamente, o texto progride em função do adjetivo subjetivo, possibilitando ora uma justificativa, ora uma argumentação. Exemplos: A candidata é bonita – *tem belos dentes, voz agradável, boa altura, corpo bem feito*. Não a julgo uma moça sensata, *ou não falaria coisas que não pode provar*.

14. **Sublinhe a expressão com adjetivo subjetivo e reconheça o tipo de progressão textual (por justificativa/ por argumentação) por ela motivada nas opções a seguir:**

a) Carlos atribuiu ao político o epíteto de homem grande, e não discordo; afinal José tem um metro e noventa. Mas você querer ampliar essa opinião para grande homem já é demais, pois o cara está até o pescoço de processos por corrupção.

b) Maria Amélia tem atitude benevolente com a amiga: julga-a tranquila, amiga dos amigos, compreensiva e educada.

De olho vivo no emprego dos adjetivos

1. Em vocábulos eruditos, é comum encontrarmos superlativos sintéticos com sufixo *-íssimo*, *-érrimo* e radicais latinos: crudelíssimo (< *crudel* + *-íssimo*), paupérrimo (< *pauper* + *-érrimo*).

2. O artigo definido acompanha sempre o superlativo relativo: *o melhor, o pior, o maior, o menor, a mais bela de..., o menos inteligente dentre*.

3. Sempre atente para a distinção entre forma sintética — com terminações próprias (*dulcíssimo, belíssimo*) e forma analítica do superlativo — formada com auxílio de advérbios ou expressões equivalentes (*muito doce, cansado pra burro*).

4. Adjetivos em *-l* são uniformes, ou seja, apresentam uma só forma para os dois gêneros (*louvável, cordial*), exceção para *espanhol(-a)*.

5. O dicionário registra os seguintes plurais: *i) médicos-cirurgiões* ou *médicos-cirurgiães*; *ii) médico-legistas, médico-legais; médico-hospitalares; médico-dentários*. Isso leva a uma distinção possível: em *i)* temos o médico que acumula a profissão de cirurgião, tudo dentro da medicina; em *ii)* temos um médico cuja especialidade se liga a conhecimento de leis, um serviço médico associado a hospitais, um tratamento médico associado ao dos dentes.

6. O adjetivo mantém seu significado denotativo, de atributo concreto, quando colocado depois do substantivo (*homem grande*). Adquire um novo significado, de atributo abstrato, se colocado antes do substantivo (*grande homem*).

2.4 Pronome

Falemos agora de outra classe de palavras, o PRONOME.

Os PRONOMES associam-se ao substantivo, de duas formas: substituem o substantivo e indicam a pessoa do discurso (os pessoais – pessoa que fala, com quem se fala, de quem se fala), ou identificam o substantivo de alguma forma – demonstram a posição dele no tempo e no espaço (demonstrativos), indicam o possuidor de um substantivo (possessivos), referem-se a um substantivo sem defini-lo (indefinidos), indicam o que se deseja conhecer numa interrogação (interrogativos), relacionam duas orações representando o substantivo numa delas (relativos).

O PRONOME é fator importante na coesão textual, especialmente na substituição e/ou na referência a uma ideia já explicitada:
Comprei um livro; *ele* tem 400 páginas.
Hoje é possível que Maria saia mais cedo; *essa* possibilidade alegraria João.

O PRONOME destaca-se por sua função dêitica (de dêixis), ou seja, pela faculdade que tem de designar, em lugar de conceituar o ser.

O PRONOME será o tema deste quarto subcapítulo de Morfologia, também dividido em tópicos teóricos. Neles cuidaremos da definição desta classe de palavras, sua classificação (pronomes pessoais, demonstrativos, possessivos, indefinidos, interrogativos, relativos) e sua flexão. Em cada tópico você terá exercícios de fixação.

O PRONOME refere-se ao substantivo – ora indicando a pessoa do discurso, ora destacando alguma particularidade na referência a um substantivo. Distinguem-se:

A) PRONOME PESSOAL (indica as pessoas do discurso): *eu, me*, 1ª pessoa, a que fala; *tu, te*, 2ª pessoa, aquela com quem se fala, e *ele, lhe, o(s), a(s)*, 3ª pessoa, a de quem se fala.

Observação: *lhe (s)* pode referir-se também à 2ª pessoa, tratamento você: Eu *lhe* obedeço (= a você), mamãe.

B) PRONOME DEMONSTRATIVO (destaca a posição do substantivo no tempo e no espaço): *este* e flexões (junto à pessoa que fala e tempo presente); *esse* e flexões (junto à pessoa com quem se fala e tempo imediatamente passado); *aquele* e flexões (junto à pessoa de quem se fala e tempo passado).

C) PRONOME POSSESSIVO (indica o possuidor do substantivo): *meu, teu, seu, nosso, vosso* e flexões.

D) PRONOME INDEFINIDO (refere-se a um substantivo sem defini-lo): *algum* e flexões, *nenhum* e flexões, *nada, tudo* etc.

E) PRONOME INTERROGATIVO (determina ou substitui o substantivo a conhecer, numa interrogação): *que* e flexões, *quem, quanto* e flexões.

F) PRONOME RELATIVO (relaciona duas orações pela substituição, na segunda, de substantivo que nela se repetiria): *que, o qual* e flexões, *quem, cujo* e flexões etc.

---

1. Reconheça os pronomes destacados nas frases:
Modelo: *Meu* amigo comprou aquela casa; *ela* é espaçosa.
R: *meu* — pronome possessivo; *ela* — pronome pessoal.
a) João, conheci *sua* namorada e elogiei-*a* muito na festa.

___

b) Como estaríamos *nós*, sem o amigo a *quem* tanto admiramos!

___

c) *Que* dia é hoje?

___

d) *Ela* conheceu o homem *cujo* filho ganhou a loteria esportiva.

___

e) *Alguém* precisa avisá-*lo* do perigo *que* corre.

___

2.4.1 Pronomes pessoais

O PRONOME PESSOAL identifica a pessoa do discurso (a que fala, aquela com quem se fala e a de quem se fala). Divide-se em:
- RETO — formas sempre tônicas: *eu, tu, ele/ela, nós, vós, eles/elas*;
- OBLÍQUO — formas tônicas: *mim, ti, si*; e formas átonas: *me, te, se, o, a, lhe; nos, vos, os, as, lhes*.

2. Reescreva a frase *Espero que tu tenhas sucesso na empreitada que ora inicias*, substituindo o tratamento *tu* por *vós*, com as alterações que se fizerem necessárias.

> ### 👍 Saiba mais
>
> • Apenas o pronome pessoal de terceira pessoa é, de fato, uma pró-forma, visto que só ele substitui um substantivo já presente no texto, ao se referir à pessoa de quem se fala:
>
> A menina não estava presente, mas João se referia a *ela* de forma carinhosa.
>
> • Os pronomes pessoais da primeira e da segunda pessoas referem-se exclusivamente às pessoas do discurso – a que fala e a com quem se fala. Não remetem a substantivo presente no texto.

2.4.2 Pronomes de tratamento

Os PRONOMES DE TRATAMENTO se enquadram nos pronomes pessoais e dizem respeito à posição que a pessoa ocupa na sociedade: rei, Papa etc. Fazem-se acompanhar da 3ª pessoa do verbo – singular ou plural –, conforme eles estejam no singular ou no plural. Exemplos:

S. S. visitará o museu católico. (falando do Papa)
V. Ex.ᵃˢ fizeram boa viagem? (falando com dois ministros)
Vocês virão amanhã? (falando com dois amigos, na maioria das regiões brasileiras)

---

3. Reescreva a mesma frase *Espero que tu tenhas sucesso na empreitada que ora inicias*, substituindo, primeiro, o pronome *tu* pelo pronome de tratamento você; a seguir, pelo pronome de tratamento *V. Ex.ª*.

> 👍 **Saiba mais**
>
> • A posição social exercida pelo substantivo é indicada, no PRONOME DE TRATAMENTO, pelo substantivo abstrato que compõe a expressão pronominal: para um rei, *majestade*; para um presidente e/ou ministro, *excelência*; para um papa, *santidade*; para expressar respeito à pessoa, de modo geral, *senhoria*, e assim por diante.
>
> • Os pronomes de tratamento levam o verbo e os pronomes que os acompanham para a terceira pessoa:
> > *Vossa Excelência* aceita *seu* café agora? *Você* viu *seu* tio?
> > *Sua Santidade* viajou no avião especial.
>
> • Nos pronomes de tratamento, distinguem-se duas pessoas:
> > ▪ a segunda pessoa, *com quem se fala* (*você, V. S.ª, V. Ex.ª* etc.) — pronomes iniciados por *vossa*;
> > ▪ a terceira pessoa, *de quem se fala* (*S. S.; S. Ex.ª* etc.) — pronomes iniciados por *sua*.
>
> • O pronome *você* é a última forma evolutiva da expressão pronominal *Vossa Mercê*: *vossa mercê > vosmicê > você*.
>
> • Os pronomes oblíquos e os possessivos que acompanham os de tratamento também ficam na terceira pessoa:
> > *S. Ex.ª estava aqui? Não o vi.*
> > *V. Ex.ª aguardará aqui mesmo seu transporte? S. S., o Papa, deverá visitar o Brasil e, a seguir, sua terra natal, a Argentina.*
>
> • O termo *senhor* (feminino *senhora*) é pronome de tratamento, referindo-se à pessoa com quem se fala (O *senhor* quer sentar-se?), ou enquadra-se na classe de substantivo, referindo-se à pessoa de quem se fala (Aquele *senhor* ali está esperando o ônibus).

2.4.3 Pronomes retos *eu* e *tu*

Os PRONOMES RETOS EU e TU empregam-se geralmente como sujeito e nunca vêm regidos de preposição. Na frase "*Eu* não posso sair antes de *tu* prometeres cautela na disputa pelo prêmio", *eu* e *tu* são sujeitos, respectivamente da primeira e da segunda orações. Observe que a segunda oração é reduzida de infinitivo pessoal e inicia-se pela locução prepositiva *antes de*, preposição esta que rege o infinitivo da oração e não o pronome.

4. Assinale o item em que o emprego do pronome *eu* ou *tu* difere da situação encontrada nesta frase "*Eu* não posso sair antes de *tu* prometeres cautela na disputa pelo prêmio":

a) Eu só sairei daqui quando tu prometeres que agirás com cautela na disputa pelo prêmio.
b) Eu não gostaria de sair daqui sem tu prometeres que agirás com cautela na disputa pelo prêmio.
c) Eu terei de sair daqui para tu prometeres que agirás com cautela na disputa pelo prêmio?
d) Eu sairei daqui a fim de tu prometeres que agirás com cautela na disputa pelo prêmio.
e) Eu só posso sair depois de prometeres que agirás com cautela na disputa pelo prêmio.

2.4.4 Preposição nunca rege pronome sujeito

A PREPOSIÇÃO NUNCA REGE PRONOME SUJEITO; daí não se combinam *de + ele(s)* e *de + ela(s)*, quando o pronome *ele* e/ou flexões for(em) sujeito(s) do infinitivo. Dir-se-á, pois, *Antes de eles saírem da casa*, irei até lá. Fora da função de sujeito, combina-se a preposição com o pronome: Sairemos *antes deles*.

5. Complete as frases a seguir com o pronome reto masculino, de terceira pessoa do plural, *eles*, efetuando ou não a combinação com a preposição, se for o caso:

a) Atrasou-se o início da sessão a fim de .... assistirem a todo o evento.

b) Antes de ...., ninguém conhecia esse atalho.

c) Nada faremos contra ....

d) Ninguém entrou na casa depois de .... terem estado ali.

e) Nunca eu agiria como ....!

> 👍 **Saiba mais**
>
> • Bom lembrar que, depois de conjunção comparativa, emprega-se pronome reto (*Você é como eu*).
>
> • A forma pronominal oblíqua tônica emprega-se quando a expressão é complemento (*Trouxe a encomenda para mim?*).
>
> • Emprega-se o pronome reto de 3ª pessoa, quando a frase não é reflexiva (*Maria fala com ele?*). Se for reflexiva a frase, emprega-se *consigo*: *Ela falava consigo mesma*.

2.4.5 Reforço de pronomes pessoais

Os PRONOMES PESSOAIS podem vir reforçados pelas formas *mesmo* e *próprio*, que se flexionam em gênero e número para concordarem com eles:
Elas mesmas fariam isso.
Você próprio discorda disso.

6. Complete as lacunas com *mesmo* e flexões:

a) Vocês ...., meus amigos, não seriam capazes de tal atitude, certo?

b) Eu .... jamais faria isso! — disse José.

c) Antes de nós ...., Mauro e eu, termos saído, ela já chegara.

d) Sua atitude fala por si ....

e) V. Ex.ª .... vai dar o recado, Dr. João?

7. Complete as frases a seguir com os pronomes indicados nos parênteses:

a) Ninguém escreve como .... (2ª pessoa singular, tratamento *tu*)

b) Antes de .... (2ª pessoa singular, tratamento *tu*), ninguém aqui conhecia o atalho.

c) Maria é mais inteligente que .... (2ª pessoa singular, tratamento *tu*)?

d) Apesar de .... (3ª pessoa singular, feminino), conseguimos o prêmio.

e) Anita atirou contra .... (3ª pessoa singular) mesma?

> ### 👍 Saiba mais
>
> • Em linguagem coloquial, emprega-se com frequência *a gente* em lugar da primeira pessoa – do singular ou do plural:
> *Eu até compareceria, mas a gente não foi convidado. Nós até compareceríamos, mas a gente não foi convidado.*

- O pronome de primeira pessoa do plural pode ser empregado pela primeira do singular, no chamado plural de modéstia (*nosso* por *meu*):
    Nosso objetivo neste trabalho foi demonstrar que é possível ensinar pronomes.

- Os pronomes retos podem ser empregados com as conjunções comparativas *(do) que* e *como*:
    Ela é mais estudiosa (do) que eu. Nós somos mais aplicados que elas. Você é como eu: não gosta de jaca. Ninguém é como tu.

2.4.6 Pronomes oblíquos – átonos e tônicos

Os PRONOMES OBLÍQUOS podem ser ÁTONOS e TÔNICOS. Os pronomes oblíquos átonos são: *me, te, se, o, a, lhe, nos, vos, se, os, as, lhes*. Os pronomes oblíquos tônicos são: *mim, comigo, ti, contigo, si, consigo*.

8. Preencha adequadamente as lacunas com os pronomes oblíquos e indique a seguir os itens em que empregou formas tônicas:

a) Se puder atender ...., ficarei feliz. (1ª pessoa singular)

b) Sua irmã Marta trará o livro para .... ? (1ª pessoa singular)

c) Ela não trazia .... nenhum documento. (3ª pessoa)

d) Você não .... conhecia então! (1ª pessoa plural)

e) Somente assim nós .... colocaremos no lugar dela. (3ª pessoa singular, feminino)

👍 Saiba mais

- Na ausência de pronome oblíquo tônico para ser usado com preposição, usa-se a forma do pronome reto, na primeira e na segunda pessoas do plural:
    Falou de nós e não de vós.

- Os pronomes tônicos são usados com preposição.

> - Os pronomes oblíquos átonos empregam-se como complemento, sem preposição.
>
> - Único caso em que se empregam os pronomes oblíquos átonos como sujeito: quando a oração é objeto direto de uma principal com verbos causativos e sensitivos: *Mandei-o sair. Vi-os sair.* (Os pronomes *o* e *os* funcionam como sujeito de *sair*, oração objetiva direta nos dois exemplos, respectivamente do verbo que *causa a ação — mandar —* e do verbo *que indica como ela foi sentida, ou percebida — ver*)

9. Assinale o item em que o emprego do pronome não está correto:
a) Sabe o menino louro? Mandei-o voltar hoje.
b) Trouxeram livros para mim ler.
c) Antes de ele sair, deverá devolver o livro.
d) Nós nos queixávamos do trânsito.
e) Há muitas questões para tu resolveres.

2.4.7 Formas pronominais *se* (átona) e *si* (tônica)

As FORMAS PRONOMINAIS *SE* (ÁTONA) e *SI* (TÔNICA) se empregam como reflexivas de terceira pessoa, ou seja, quando a ação se volta para o sujeito que a praticou:
Sua irmã se feriu naquele relacionamento, mas feriu a si mesma, não a você.

10. Preencha adequadamente as lacunas com os pronomes *se* ou *si*, observando as pessoas indicadas nos parênteses:

a) Se eu visse a moça .... ferir, tê-la-ia ajudado, com certeza. (3ª pessoa)

b) Somente ontem Marta .... tocou dos nossos problemas. (3ª pessoa)

c) Ela não se referia ao irmão, mas a .... mesma. (3ª pessoa)

d) Você já .... viu em situação semelhante? (2ª pessoa, tratamento você)

e) Naquele momento ela .... colocou no lugar dele e chorou. (3ª pessoa)

2.4.8 Pronomes oblíquos átonos de 3ª pessoa: *o* e flexões

Os PRONOMES OBLÍQUOS ÁTONOS DE 3ª PESSOA *O, A, OS, AS* empregam-se como complementos de verbos transitivos diretos e tomam as formas especiais *-lo, -la, -los, -las* quando usados depois de formas verbais em *-r, -s, -z*, terminações que então são assimiladas (*amar + o › amá-lo; repôs + a › repô-la; refiz + os › refi-los*). Se empregados depois de formas verbais terminadas em nasais, esses pronomes tomam as formas *-no, -na, -nos, -nas* (*amam-no, refazem-na, dispõe-nos*), pela assimilação da nasalidade final da forma verbal.

11. Distribua adequadamente o pronome *o* e suas flexões, atentando para as variações posicionais dele, nas frases a seguir:
Modelo: Antônio, seus amigos aceitam-*no* (aceitam + o) com todos os seus defeitos e não me cabe criticá-*los* (criticar + os).

a) Ponham-.......... (ponham + os) sobre a mesa, a todos os objetos, por favor!

b) Põe-.......... (põe + a) sobre a mesa, por favor; depois vou abrir a caixa.

c) Louvamos-.......... (louvamos + o) a todo o momento.

d) As leis, devemos cumprir-.......... (cumprir + as), com certeza!

e) Só então deram-.......... (deram + o) por falecido.

> ### 👍 Saiba mais
>
> - Usam-se *lhe* e *lhes* com verbos transitivos indiretos: *Eu lhe obedeço*.
>
> - Os pronomes *me, te, se, nos, vos* usam-se como complementos de verbo transitivo direto ou indireto:
>   *Veio receber-me/te/nos/vos com alegria. Ninguém me/te/nos/vos obedece. Ela se feriu. Ela se dá ares de importância.*
>
> - Regidas de preposição, usam-se as respectivas formas tônicas dos pronomes oblíquos, na primeira e na segunda pessoas do singular:
>   *Ela só recebe a mim/a ti.*

- No caso da primeira e da segunda pessoas do plural, usam-se as formas retas *nós* e *vós* com preposição:
    Ela só receberia a nós, não a vós.

- O pronome tônico de terceira pessoa *si* é reflexivo:
    Ela só pensa em si mesma.

- Na escrita, podem-se combinar as formas de pronomes oblíquos de objeto direto e objeto indireto, quando o verbo pedir os dois complementos:
    Não mo (me + o) diga! Eu vo-lo (vos + o) digo, com certeza!

12. Preencha as lacunas com as formas pronominais adequadas, conforme as pessoas indicadas nos parênteses:

a) Nada .... deram como prêmio de consolação, justo a ele? (3ª pessoa singular)

b) Ninguém .... obedece mais, José? (2ª pessoa singular, tratamento você)

c) Quando .... for dada outra oportunidade, não pensarei duas vezes! (1ª pessoa singular)

d) Essas verdades, ninguém .... (2ª pessoa plural + 3ª do plural, feminino) dirá, por serem cruéis!

e) Ela não .... encontra em casa agora. (3ª pessoa singular, reflexivo)

2.4.9 Combinações pronominais

Combina-se a PREPOSIÇÃO *com* a formas pronominais de diferentes pessoas: *comigo*, *contigo*, *consigo* (reflexiva), *conosco*, *convosco*. As formas *conosco* e *convosco*, no entanto, devem ser substituídas pela expressão PREPOSIÇÃO *com* + PRONOME RETO *nós/vós*, quando são especificadas as pessoas a quem os pronomes se referem:
   Falava conosco. Falava com nós três. Falar convosco. Falar com vós dois.

A forma *consigo* só se emprega para voz reflexiva:
   Você falava consigo mesmo?

Observação: Não se diga *Quero falar consigo* mas *Quero falar com você*.

13. Reescreva as frases a seguir, substituindo as expressões destacadas por uma única forma pronominal:

a) A criança viria *com você e comigo*.

___

b) A criança sentou-se *entre você e mim*.

___

c) Você ousa falar *da minha pessoa*?

___

d) Põe *o livro* sobre a mesa, por favor!

___

e) Você pagou a dívida *a ela*?

___

2.4.10 Substituição do pronome possessivo pelo oblíquo

Você pode melhorar a redação de um texto substituindo o POSSESSIVO pelo PRONOME OBLÍQUO, em alguns casos. Em lugar de *Pisei o seu pé?* pode usar *Pisei-lhe o pé?*

14. Substitua o possessivo por um pronome oblíquo, nas frases em que tal substituição for cabível:

a) Espero não ter ofendido *seus* (..................) brios, por comentar tal fato.

b) Você defendeu *meus* (..................) interesses naquela questão. Obrigado!

c) Não era minha intenção cobrar *sua* (..................) dívida para comigo agora.

d) Esta não era *minha* (..................) intenção!

e) O cabelo emoldurava *sua* (..................) cabeça, de forma encantadora!

2.4.11 Partícula pronominal *se*

Quando o agente da ação está indeterminado, emprega-se a partícula pronominal *se* junto a verbos. Observe os seguintes casos:

A) verbo transitivo direto na 3ª pessoa + *se* + elemento que sofre a ação, sem preposição:
   Aguarda-se a chegada dos aviões. Aguardam-se os aviões.

Observação: Verbo concorda com sujeito passivo, no singular (1º exemplo) e no plural (2º exemplo). O "se" é chamado de pronome/ partícula apassivador(a).

B) verbo transitivo indireto na 3ª do singular + *se* + complemento regido de preposição:
   Necessita-se de muitos aviões.

Observação: Verbo no singular e sujeito indeterminado.

C) verbo intransitivo na 3ª do singular + *se*:
   Vive-se bem aqui!

Observação: O verbo no singular e sujeito indeterminado.

D) verbo transitivo direto na 3ª pessoa do singular + *se* + elemento que sofre a ação, preposicionado:
   Ama-se a Bernardes.

Observação: Como sujeito não pode vir regido de preposição, o paciente da ação (*a Bernardes*) continua como objeto, agora objeto direto preposicionado. E o sujeito é indeterminado.

---

15. Numere os parênteses que precedem as frases a seguir, conforme a situação em que se emprega a partícula *se*: (1) verbo transitivo direto + se + sujeito da passiva; (2) verbo transitivo indireto na 3ª do singular + se + complemento regido de preposição; (3) verbo intransitivo na 3ª do singular + se; (4) verbo transitivo direto na 3ª pessoa do singular + se + elemento que sofre a ação, preposicionado.

a) (   ) Amam-se os prazeres mais simples da vida!
b) (   ) Diz-se que beber suco faz bem.
c) (   ) Come-se bem no restaurante do Miguel.
d) (   ) Precisa-se de um bom mecânico.
e) (   ) Louva-se a Deus.

> **👍 Saiba mais**
>
> - Na voz reflexiva, o verbo concorda normalmente com o sujeito:
>   *Maria se feriu. As crianças se feriram.*
>
> - Indicando reciprocidade, o verbo vai para o plural:
>   *Maria e Mara se odeiam.*

2.4.12 Colocação dos pronomes oblíquos átonos – próclise

Os pronomes oblíquos átonos se colocam, em relação ao verbo que complementam:

- antes dele (próclise — *Nunca me decepciones!*);

- posterior a ele (ênclise — *Dê-me um exemplo*);

- entre as duas formas verbais de uma locução ou com o futuro — do presente e do pretérito – do modo indicativo (mesóclise — *Vou lhe fazer este favor. Far-te-ei um grande favor!*).

A PRÓCLISE é o mais comum no Brasil e acontece nos seguintes casos:

▶ quando existe na oração um pronome tônico, um advérbio, uma conjunção subordinativa (*Você se descontrolou. Não me interrompas! Quando me viste?*);

▶ em frases optativas (*Deus te abençoe!*);

▶ com verbo no infinitivo pessoal precedido de preposição (*Para nos prejudicar, ele faltou à reunião*);

▶ com verbo no gerúndio precedido da preposição *em* (*Em se plantando, tudo a gente pode colher aqui!*).

16. Reconheça os casos de próclise nas frases a seguir, completando os parênteses com o algarismo romano referente aos casos citados: (I) existe na oração um pronome tônico, (II) um advérbio, (III) uma conjunção subordinativa, (IV) frase optativa, (V) verbo no infinitivo pessoal precedido de preposição, (VI) verbo no gerúndio precedido da preposição *em*.

a) (   ) Antes de te conhecer, ela era diferente.
b) (   ) Nós ainda nos amamos, graças a Deus.
c) (   ) Logo que te viu, a menina começou a chorar.
d) (   ) Deus te abençoe!
e) (   ) Em se tratando de leis, é com ele ali.

2.4.13 Colocação dos pronomes oblíquos átonos – ênclise e mesóclise

▶ Emprega-se a ÊNCLISE geralmente quando a frase inicia-se por verbo:
Diga-me uma coisa...
Dando-se conta do escândalo...
Faça-me um favor.

▶ Emprega-se a MESÓCLISE com verbo no futuro do presente ou do pretérito, iniciando frase; ou em locução verbal iniciando oração, caso em que o pronome átono se prende ao primeiro verbo, nem sempre com hífen explícito:
Dir-te-ei o que quiseres saber.
Far-me-ias um favor?
Venho me dando conta que...

17. Reconheça os casos de ênclise e de mesóclise nas frases a seguir, justificando sua resposta:
Modelo: Cale-se!
R: Ênclise porque a frase inicia-se por verbo.

a) Far-me-ás esse favor? _____

b) Devem-se respeitar as leis. _____

c) Traga-me o livro aqui, por favor. _____

d) Trata-se de assunto delicado. _____

e) Abençoá-lo-ei, meu filho! _____

👍 Saiba mais

O futuro do presente e o do pretérito do modo indicativo equivalem a uma antiga locução verbal constituída por infinitivo do verbo que se conjuga + verbo auxiliar *haver* no presente (futuro do presente) ou no pretérito (futuro do pretérito): *amarei* (*amar + hei*), *amaria* (*amar + havia* — com perda do início da forma verbal *hav*). O lembrete é para demonstrar que esses futuros com o pronome no meio equivalem a locuções do tipo *Tendo-se dado conta ... Devem-se respeitar...*

2.4.14 Pronomes substantivos e pronomes adjetivos

Os pronomes demonstrativos, possessivos, indefinidos, interrogativos e relativos ora substituem o substantivo, ora acompanham-no na frase. Quando substituem o substantivo, dizem-se PRONOMES SUBSTANTIVOS (demonstrativo/possessivo/indefinido/interrogativo/relativo); quando acompanham o substantivo, dizem-se PRONOMES ADJETIVOS (demonstrativo/possessivo/indefinido/interrogativo/relativo).

2.4.15 Pronomes demonstrativos

Os PRONOMES DEMONSTRATIVOS acompanham ou substituem o substantivo na frase e indicam sua posição, no tempo e no espaço. São pronomes dêiticos. Classificam-se, conforme a pessoa do discurso, em: a) de primeira pessoa — *este* e flexões; b) de segunda pessoa — *esse* e flexões; c) de terceira pessoa — *aquele* e flexões.

Assim, os de primeira pessoa referem-se a substantivo próximo de quem fala (*esta vasilha aqui*) ou a substantivo no tempo presente (*este maravilhoso luar de hoje*); os de segunda pessoa referem-se a substantivo próximo à pessoa com quem se fala (*esses instrumentos aí*) ou a tempo imediatamente passado (*esse livro que você escreveu ano passado*); os de terceira pessoa referem-se a substantivos distantes dos participantes do ato de comunicação (*aquela cidade francesa*), ou a um tempo muito passado (*aqueles tempos da infância*), ou a algo distante já citado no texto (*Sobre a discussão lembrada no início desta carta por meu tio, melhor deixarmos de lado aqueles dissabores*).

Os pronomes demonstrativos possuem formas neutras para as três pessoas: *isto* (1ª pessoa), *isso* (2ª pessoa) e *aquilo* (3ª pessoa).

18. Reconheça o pronome demonstrativo empregado, indicando-lhe a pessoa e justificando seu emprego:

a) Vou emprestar-lhe esta vasilha aqui, mas tenha cuidado com ela.

_____

b) Cuidado com esses instrumentos cirúrgicos aí na sua mão!

_____

c) Tempos difíceis aqueles da nossa infância, hein, amigo?!

_____

d) Sabe o livro que você escreveu? Você me empresta esse livro, primo?

___

e) Esta monografia está muito bem escrita.

___

> 👍 **Saiba mais**
>
> • Como recurso enfático, os demonstrativos se fazem acompanhar de advérbios (*aqui, aí, lá*), bem como de *mesmo* e *outro*:
> *Este aqui pagará apenas a bebida; esse aí arcará com toda a despesa e aquele lá nada pagará.*
> *Conseguiste isto mesmo: isenção das taxas. Iremos neste barco ou naquele outro ali?*
>
> • O gramático Said Ali (1966) lembra que a boa tradição portuguesa prefere *nisto* a *nisso*, quando o sentido é *então*:
> *Conversávamos tranquilamente; nisto ouvimos um tremendo barulho de avião bem perto de nós.*

2.4.16 Pronomes demonstrativos *a*, *tal*, *mesmo*, *próprio*, *semelhante* e flexões

O(s) e *a(s)* são pronomes substantivos demonstrativos quando puderem ser substituídos por *aquele(s), aquela(s)*:
Está vendo aquelas meninas ali? Refiro-me à (= àquela) de verde.
Li vários livros referentes aos fatos históricos do século XII, não aos (a + aqueles) de que você falava ontem.

O pronome *tal* (flexão *tais*) é pronome adjetivo demonstrativo quando sinônimo de *este, esse, aquele* (e flexões), bem como de *semelhante(s)*:
Ao ver tal cena, assustei-me. Ante tal situação, ninguém disse nada.

Mesmo, próprio e flexões são pronomes adjetivos demonstrativos quando sinônimos de *exato, em pessoa*:
Ela vivia na mesma casa que ele. A própria Joana me disse isso. Lemos os mesmos livros.

Cunha e Cintra (2013) chamam de *demonstrativo de identidade* o emprego de *semelhante* modificando substantivo:
Semelhante descuido pode lhe ser fatal.

19. Sublinhe os pronomes demonstrativos *a, tal, mesmo, próprio, semelhante*, e flexões, nas frases:

a) Estivemos nos mesmos lugares que você.
b) Tal situação me deixa apreensiva.
c) Ela dizia que a situação é idêntica à que enfrentamos ontem.
d) Este rapaz é mais educado do que o que você me apresentou no ano passado.
e) Semelhante atitude compromete as boas intenções alegadas por você.

> **Saiba mais**
>
> *Tal* acompanha conectivo comparativo, em frases do tipo:
> *Ela é tal qual você.*

2.4.17 Pronomes possessivos

Os PRONOMES POSSESSIVOS indicam posse em relação ao substantivo a que se referem, e também distinguem a pessoa do discurso: *meu* e flexões, para a primeira pessoa do singular; *teu* e flexões, para a segunda pessoa do singular; *seu* e flexões, para a terceira pessoa do singular e/ou do plural; *nosso* e flexões, para a primeira pessoa do plural; *vosso* e flexões, para a segunda pessoa do plural.

20. Reconheça o pronome possessivo empregado, especificando se é pronome substantivo ou pronome adjetivo e indicando-lhe a pessoa.
Modelo: Como vai você, meu amigo?
R: meu — pronome adjetivo possessivo, primeira pessoa do singular; acompanha substantivo *amigo*.

a) Marta tem lá suas ideias!...

_____

b) Respondo pelos meus!

_____

c) V. Ex.ª receberá seu convidado na varanda do palácio?

_____

d) Você pretende ir no seu carro, ou no nosso?

_____

e) Não vos descuideis de vossos filhos.

_____

21. Assinale o item em que "meu" enquadra-se na classe de substantivo:
a) Meu problema é maior que o seu.
b) Meu primo chega amanhã.
c) Só há um monossílabo na oração: a palavra *meu*.
d) Encontrei meu tio na estação.
e) Atualmente as pessoas estão mais egoístas; a gente só ouve meus pertences, meu interesse...

👍 Saiba mais

- Na frase *Como vai, meu amigo?!* o possessivo é empregado com valor afetivo.

- Em *Marta tem lá suas ideias*, o possessivo tem valor de indefinido: *umas ideias*.

- Nas frases *V. Ex.ª receberá seus convidados na varanda do palácio?* e *Você pretende ir no seu carro, ou no nosso?* observa-se o possessivo *seu* acompanhando os pronomes de tratamento (*V. Ex.ª* e *você*) de segunda pessoa: os pronomes de tratamento pedem o verbo e outros pronomes que a ele se refiram na terceira pessoa — é bom repetir.

- Os possessivos de terceira pessoa podem ser substituídos pelas combinações *dele(s)* e *dela(s)*, ou *de + pronome de tratamento*, quando há necessidade de desfazer ambiguidades: *No dia do seu aniversário, Maria elogiou seus parentes, minha amiga!* (aniversário da Maria ou da pessoa com quem eu falo? parentes de quem?). Para desfazer essa ambiguidade, melhor evitar a forma *seu*. Dir-se-á: *No dia do aniversário dela, Maria elogiou os parentes dela, minha amiga!*

2.4.18 Pronomes indefinidos

Os PRONOMES INDEFINIDOS são todos de terceira pessoa e indicam sentido vago ou quantidade indeterminada em relação ao substantivo: *algum, nenhum, todo, outro, muito, pouco, certo, vário, tanto, quanto, qualquer* — admitem flexões de gênero e número; *tal, qualquer, bastante* — admitem flexão de número; *alguém, ninguém, tudo, outrem, nada, cada, algo* — não se flexionam.

22. Sublinhe os pronomes indefinidos empregados nas frases a seguir:
a) O rapaz carregava bastantes livros consigo.
b) Pode me passar toda a papelada aí exposta?
c) Nem todos puderam estar presentes à solenidade de posse do prefeito.
d) Algumas senhorinhas ficaram de pé, outras conseguiram sentar-se.
e) Algo estava errado ali.

👍 Saiba mais

- *Tudo* pode formar expressões: *tudo isto, tudo isso, tudo aquilo, tudo o que, tudo o mais.*

- *Mais, menos, muito, bastante* são pronomes adjetivos indefinidos quando acompanham substantivo:
    Mais amor e menos confiança! Comprei muitos livros e bastantes lápis.

- Essas mesmas palavras são advérbios quando acompanham verbo, adjetivo ou advérbio:
    Mais consegue quem muito trabalha. Fale menos e ouça mais.
    Ela é muito inteligente. Ela me pareceu bastante feliz. José virá mais cedo.

- Geralmente o indefinido *cada* vem acompanhado de substantivos, mas você pode encontrá-lo ainda ora como pronome substantivo indefinido, ora precedendo numeral para indicar discriminação, ora como parte da locução *cada um, cada qual*:
    Cada macaco no seu galho! Custa seis reais cada. Visitava-nos cada dez dias. Cada um sabe de si. Cada qual levaria um livro.

- *Certo, cada* e *qualquer* (plural *quaisquer*) empregam-se geralmente como pronomes adjetivos indefinidos:
    Havia certa ameaça no ar! Cada menina trazia um ramo de flor. Quaisquer novidades seriam aceitas.

- Posposto ao substantivo, *algum* (e flexões) tem valor negativo:
    Que eu saiba, coisa alguma foi ali encontrada.

- O artigo definido se mantém em expressões indefinidas do tipo: *em toda a parte, de toda a parte, por toda a parte.*

- *Toda* antes do substantivo é pronome adjetivo indefinido e equivale a *qualquer*:
    Toda nudez será castigada. (Nelson Rodrigues)

Observação: *Toda* posposto ao substantivo é adjetivo (= inteira):
    Pesquisou a papelada toda.

- Os indefinidos *alguém, ninguém, nada, outrem, algo, tudo* são sempre pronomes substantivos indefinidos:
    Alguém diria que ninguém estava lá? Nada como ganhar de outrem, ou saber algo! Vale tudo.

- *Outro, pouco, um, algum, nenhum, todo, tal, qualquer, muito, menos, mais, bastante, vário, tanto, quanto, mesmo* podem ser pronomes substantivos ou pronomes adjetivos indefinidos:
    Eu conhecia todos os presentes, outros conheciam poucos amigos do dono da casa.

- *Certo* e flexões, antes do substantivo, são pronomes adjetivos indefinidos (*Certo menino caminhava por ali, quando...*). Mas pospostos ao substantivo, são adjetivos e equivalem a *correto (a) (os) (as)*:
    Paulo fez a coisa certa.

- O mesmo acontece com *qualquer* e *vários*:
    Falaria com qualquer pessoa (pronome). *Ela não era uma pessoa qualquer* (adjetivo = sem importância).
    Várias pessoas estavam chegando (pronome). *Há interesses vários* (adjetivo = diversos) *a destacar.*

- Os pronomes indefinidos *que* e *quanto* (e flexões) são frequentes em exclamações:
    Que (= quanta) beleza naquela pintura, hein?! Que de / quanta tristeza naquela fisionomia!

> • O pronome indefinido *nenhum* exprime mais imprecisão que a expressão *nem um* (advérbio + numeral cardinal):
> *Nenhum amigo compareceu à comemoração do seu aniversário.*
> **Observação:** Compare com *Credo, então nem um único amigo compareceu?*
> *Credo, então nem um amigo compareceu?!* (= nem mesmo um amigo?)

23. Coloque P ou A nos parênteses, conforme as palavras destacadas sejam respectivamente pronome indefinido ou advérbio:
a) (   ) *Muito* lucro consegue quem cedo madruga.
b) (   ) Você obteve *poucos* exemplos de frases com pronomes.
c) (   ) Você se cansou *muito*?
d) (   ) Ela é *bastante* compreensiva.
e) (   ) Você estudou *menos* hoje?

2.4.19 Pronomes interrogativos

Os PRONOMES INTERROGATIVOS também são de terceira pessoa e indicam que se deseja conhecer um substantivo ainda não especificado claramente: *quem, que, o que, qual* (flexão *quais*), *quanto* (e flexões). Podem ser empregados em interrogação direta (*Quem chegou? Qual livro ela deseja?*) ou indireta (*Gostaria de saber quem chegou. Perguntei qual livro ela desejava.*).

24. Sublinhe o pronome interrogativo nas frases a seguir e coloque nos parênteses (1) ou (2), conforme se trate respectivamente de interrogação direta ou indireta:
a) (   ) Desconheço o que você veio fazer aqui.
b) (   ) Quem você pensa que é?
c) (   ) O que você pretende com essas afrontas?
d) (   ) Quantos anos ela tem?
e) (   ) Quero saber para que time ela torce.

> **Saiba mais**
> • Na interrogação direta a frase termina com um ponto de interrogação; a interrogação indireta não tem o sinal de interrogação e é precedida por expressões do tipo *gostaria de saber, quero saber.*
>
> • Usa-se indistintamente *que* ou *o que* nas interrogações.

2.4.20 Pronomes relativos

Os PRONOMES RELATIVOS representam, na oração subordinada adjetiva que eles iniciam, um substantivo ou uma expressão substantiva já citados na oração anterior. São relativos: *que, quem, onde, quanto* (e flexões), *o qual* (e flexões), *cujo* (e flexões). Os relativos são pronomes da terceira pessoa.

25. Escreva um só período subordinado empregando as duas orações independentes de cada item, substituindo a expressão destacada na segunda oração por um pronome relativo.
Modelo: Visitei, naquela cidade, os cinco museus. Você enumerara *cinco museus*.
R: Visitei, naquela cidade, os cinco museus *que* você enumerara.
a) Refiro-me àquele livro. A capa *daquele livro* é vermelha.

b) Joana e o rapaz são testemunhas do crime. Ontem lhe falei *do rapaz*.

c) Visitei os lugares. A tragédia aconteceu *nesses lugares*.

d) Refiro-me a seu primo. Ontem você me disse que amava *seu primo*.

e) Visitei meu tio e minha tia. *Minha tia* é irmã de minha mãe.

👍 Saiba mais

- O *que* é o pronome relativo mais empregado.

- Os pronomes *o qual* e flexões (*a qual, os quais/as quais*), *onde*, *quanto* e flexões (*quanta, quantos, quantas*), *que* e *quem* são sempre *pronomes substantivos relativos*. O *cujo* (flexões *cuja, cujos, cujas*) é sempre *pronome adjetivo relativo* porque ele precede o substantivo pelo qual se estabelece a relação entre as orações:
    Eis a casa cujo dono é meu tio.

- O relativo *quanto* (e flexões) geralmente se faz acompanhar do indefinido *tudo* como antecedente:
   Anotaremos tudo quanto ele disser.

- O pronome *o qual* (e flexões) emprega-se geralmente com locuções prepositivas e preposições acidentais de mais de uma sílaba:
   Eis o homem diante do qual todos se calam.
   Eis o homem sobre o qual pesa grave acusação.

- O pronome *o qual* (e flexões) emprega-se também para distinguir apenas um dentre dois antecedentes:
   Visitei meu tio e minha tia, a qual é irmã de minha mãe.

- O antecedente dos pronomes relativos pode ser um substantivo, um pronome, um advérbio pronominal:
   "(Amor) *é dor* que desatina sem doer." (Camões)
   "*És tu quem* dás alento a minha alma." (G. Dias)
   Ali onde nossa palavra é lei.

26. Assinale o item em que se poderia empregar outra forma de pronome relativo:
a) Meu amigo discursara sobre um tema em que João era versado.
b) Fugiu levando uma bolsa na qual escondera mil reais.
c) As autoridades daquele país decidiram aumentar os juros que incidiam sobre o empréstimo.
d) Critiquei a administração de cujas atitudes sempre divergi.
e) Maria não sabia o que dizer.

DE OLHO VIVO PARA NÃO TROPEÇAR NO EMPREGO DOS PRONOMES...

1. Os pronomes podem substituir ou acompanhar o substantivo e classificam-se em: pessoal, demonstrativo, possessivo, indefinido, interrogativo e relativo.

2. Os pronomes pessoais sujeito não se combinam com a preposição que possa antecedê-los: *Antes de eles saírem, falaremos com todos.*

3. O pronome *tal* (flexão *tais*) é pronome adjetivo demonstrativo quando sinônimo de *este, esse, aquele* (e flexões), ou de *semelhante(s)*:
Não gosto de tal (= desta) pessoa. Tal (= semelhante) assunto é proibido ali.

4. O pronome demonstrativo indica a posição do substantivo no tempo e no espaço. Quando indica espaço, pode vir reforçado pelos advérbios *aqui, ali, aí*: *Hoje quero este prato de frango aqui. Ei, você aí, me dá esse dinheiro aí...!*

5. O possessivo pode ter ora valor afetivo, ora valor indefinido: *Olá, meu camarada! Já vem você com suas manias!*

6. O pronome indefinido indica sentido vago em relação ao substantivo que ele acompanha ou substitui: *Estávamos preparados para qualquer eventualidade. A sessão atrasou-se para que todos pudessem assistir ao filme.*

7. O plural de *qualquer* é *quaisquer*: *Qualquer pessoa pode discorrer sobre quaisquer temas?*

8. *Quanto* pode ser pronome indefinido: *Quanta coisa ficou por dizer!* Também pode ser pronome interrogativo: *Quanto custou o carro?*

9. O pronome interrogativo indica aquilo que se deseja conhecer pela pergunta: *Quantos dias faltam para a Páscoa? Quem vem lá?*

10. O pronome relativo por excelência é o *que*; ele é empregado frequentemente com as preposições *a, com, de, em, por*: *Situação de que não se pode fugir*. Já com preposições de mais de uma sílaba e com locuções prepositivas, empregamos *o qual* e flexões: *Destaque sobre o qual estamos trabalhando. Visitei o teatro em frente ao qual você fotografou o artista.*

11. Cuidado para não empregar *cujo* no lugar dos pronomes *que, o qual*. Não se dirá "Visitei meu tio, *cujo* anda doente", mas "Visitei meu tio *que* está doente".

12. Também nunca se usa artigo depois de *cujo* e flexões.

13. Cuide também de empregar *onde* apenas como relativo de lugar. Não diga "Estamos no século XXI, *onde* tudo pode acontecer", mas "Estamos no século XXI, *em que* tudo pode acontecer".

14. *Algum* é pronome indefinido e normalmente precede o substantivo. Pode empregar-se posposto ao substantivo e enfatiza um sentido de negação ou privação: *Em lugar algum encontrei tantas estrelas no céu!*

15. O pronome *este* (e flexões) pode empregar-se com referente já citado anteriormente, no lugar de *esse*, quando destaca apenas o último elemento referido: *Comprei uma mesa e um relógio, este muito caro, por sinal.*

2.5 Advérbio

A nova classe de palavras a ser vista com você é o ADVÉRBIO. Como o adjetivo, o advérbio amplia a informação comunicada, ao situar o processo verbal no tempo e no espaço, ao indicar uma causa ou um modo de ser e de fazer explicitado pelo verbo, ou ao intensificar adjetivos e outros advérbios. Pode até modificar toda uma oração.

Também estudaremos esta classe de palavras dividindo os assuntos pertinentes a ela em tópicos teóricos. Após cada tópico você terá exercícios de fixação.

ADVÉRBIO é a palavra, ou expressão, que situa o processo verbal no tempo e no espaço, bem como indica uma causa ou um modo de ser e de fazer explicitado pelo verbo, ou até uma negação. Além dessa relação do advérbio com o verbo, há que falar no seu papel de intensificador de adjetivos e de outros advérbios, além de modificador de toda uma oração:

- *Ontem* estivemos *ali*. (situa o processo verbal no tempo e no espaço)

- Perdeu o cargo *por desleixo*. (indica a causa)

- Você agiu *bem*. (indica modo de fazer)

- *Não* irei à sua casa! (nega o que é explicitado pelo verbo)

- Você é *muito* teimoso. (intensifica o adjetivo *teimoso*)

- Você agiu *muito* bem. (intensifica o advérbio *bem*)

- *Com certeza* ela falou. (expressão adverbial que modifica toda uma oração)

1. Reconheça os advérbios empregados nas frases a seguir, indicando também o termo que ele modifica.
Modelo: Maria chegou bem.
R: *bem* é advérbio de modo e modifica o verbo *chegar*.

a) A experiência não foi satisfatória.

b) Maria chegou tarde.

c) Você chegou muito cedo.

d) Aquela goteira incomodava pra chuchu.

e) De forma alguma voltarei ali, pois o bandido está atirando a torto e a direito.

2.5.1 Expressões adverbiais

EXPRESSÕES ADVERBIAIS também se classificam conforme o sentido que acrescentam na frase: Sofre *do coração* (causa).

2. Numere a coluna da esquerda, conforme a classificação das expressões adverbiais destacadas:

a) ( ) *Com certeza* o diretor viria. (1) tempo
b) ( ) *Algumas vezes* havia informações sobre o tempo. (2) lugar
c) ( ) Ela deveria estar *por perto*. (3) causa
d) ( ) Morreu *de susto*? (4) dúvida
e) ( ) Caminhava *passo a passo*. (5) modo
  (6) afirmação

2.5.2 Advérbios modificadores de oração

O ADVÉRBIO pode modificar toda uma oração (*Com certeza* iremos à sua festa) e geralmente, nesse caso, exprime opinião de quem fala. Os advérbios que expressam a opinião do autor no enunciado são chamados MODALIZADORES.

GLOSSÁRIO

MODALIZAÇÃO – é a forma de o enunciador intervir no que ele diz:
Infelizmente você não consta da lista dos aprovados no concurso.
Para tristeza nossa, você não consta da lista dos aprovados no concurso.

3. Assinale os advérbios que modificam oração e reconheça o caso em que não existe modalização:

a) Primeiramente foi lida a ata da reunião anterior.
b) Felizmente você será convidado.
c) Para nossa alegria, você nunca falou mal dele.
d) Você colaborará com certeza.
e) De forma alguma você faltará à minha festa.

👍 Saiba mais

• Em *Primeiramente vamos comer algo e depois falaremos de trabalho*, *primeiramente* e *depois* são denominados advérbios de ordem e modificam toda a oração em que se situam.

• Alguns gramáticos denominam advérbios pronominais os que equivalem a expressões de base substantiva: *hoje* (= neste dia), *ali* (= naquele lugar) etc.

• Muitos gramáticos da língua portuguesa no Brasil reconhecem como advérbios: *sim, certamente, efetivamente* (de afirmação); *não, de forma alguma* (de negação).

• A palavra *quase* é advérbio quando modifica adjetivo: *A casa estava quase arruinada*. Moura Neves (2000) considera advérbio o *quase* que modifica o núcleo numeral de um sintagma, situação especialíssima, já que advérbio não modifica numeral: *Ela tem quase 100 anos*.

• *Cá* e *lá* são partículas de realce, que não modificam verbo, em *Eu cá nem sabia do acordo! Maria lá é que sabia de tudo*.

2.5.3 Palavras denotativas e expressões retificadoras

As PALAVRAS DENOTATIVAS modificam substantivo e pronomes; não são advérbios. Funcionam como palavras denotativas: *até, inclusive, também* (inclusão); *apenas, exceto, menos, somente, senão, salvo, só* (exclusão).
Até João estava na festa! Todos concordam comigo, exceto você. Só ela faltou.

As EXPRESSÕES RETIFICADORAS modificam parte do que se diz: *aliás, isto é, ou melhor, ou seja, melhor dizendo*.

Seriam mais valorizados se não aparecessem, ou melhor, se desaparecessem de vez.

Eis a questão colocada, ou seja (= melhor dizendo), a questão discutida.

4. Sublinhe as palavras e expressões denotativas empregadas no texto a seguir:

"A jovem optou por uma maquiagem que a valorizasse, ou melhor, que destacasse o que ela tem de bonito, os olhos. E veja lá o que foi arranjar: salientar os olhos da moça, dentre quase dez candidatas, valeu-lhe repreensões e também anulação do contrato que tinha, pois o desfile era para destacar as roupas. Salvo o destaque para os produtos de maquiagem, alegaram que ela traíra as grifes patrocinadoras do desfile."

2.5.4 Advérbios em *-mente*

Os ADVÉRBIOS em -MENTE formam-se a partir de adjetivos no feminino (se tiverem essa flexão): *certa + -mente; lenta + -mente*.

5. Reconheça e classifique os advérbios em *-mente*:

a) Você agiu corretamente. (......................................)

b) Expressou-se admiravelmente bem. (......................................)

c) Frequentemente ela vai àquele bar. (......................................)

d) Primeiramente veremos a parte teórica do assunto. (......................................)

e) O sol brilhava elegantemente a leste. (......................................)

> 👍 **Saiba mais**
>
> • No emprego de dois ou mais advérbios modificando o mesmo verbo, o sufixo *–mente* acrescenta-se ao último elemento e o primeiro mantém a forma (feminina, caso flexione) do adjetivo primitivo: *alta e claramente* dito.
>
> • A repetição, se houver, tem efeito de realce:
>   *O cavalo disparava pela campina elegantemente, velozmente, fogosamente.*

6. Assinale e justifique o item que foge ao caso de junção de dois advérbios modificando o mesmo verbo:
a) As palavras eram pronunciadas clara e vagarosamente.
b) Sua gentileza acalentava minha alma doce e carinhosamente.
c) José adentrou-se na sala inopinada e desagradavelmente.
d) Sua palavra foi oportuna e vejo que adequadamente pronunciada.
e) Você deverá pronunciar as sílabas das palavras pausada e cuidadosamente.

_____

_____

_____

2.5.5 Advérbios ou pronomes interrogativos?

O ADVÉRBIO INTERROGATIVO suscita discussão porque há quem o entenda como pronome substantivo interrogativo, quer pela função, quer pela distribuição. Aqui serão considerados ADVÉRBIOS PRONOMINAIS por enquadrarem-se nas definições das duas classes: como advérbios, modificam verbo e não se flexionam; como pronomes, substituem o que se deseja conhecer, numa pergunta:

Quando você chegou? (tempo)
Onde você estava? (lugar)
Como vai você? (modo)
Por que você faltou? (causa)

Na INTERROGAÇÃO INDIRETA, as perguntas seriam:
Gostaria de saber quando você chegou. (tempo)
Pergunto-lhe onde você estava. (lugar)
Quero saber como vai você. (modo)
Preciso saber por que você faltou. (causa)

7. Distinga os advérbios pronominais interrogativos nas frases a seguir, classificando-os e indicando se a interrogação é direta ou indireta.
a) Necessito saber como ela chegou aqui?

_____

b) Quantos anos tem a menina?

_____

c) Você ainda não me disse quantos anos tem a menina, José.

___

d) Como estão seus pais?

___

e) O chefe deseja saber onde você estava até agora.

___

> **Saiba mais**
>
> - O advérbio pronominal interrogativo de causa *por que* se escreve separadamente, quer seja direta (*Por que* ele faltou?), quer indireta (Quero saber *por que* ele faltou) a pergunta. Não confundir com *porque* junto, conjunção (Ele faltou *porque* estava doente). Importa ainda não confundir com o conjunto preposição + pronome relativo: Estes os piores momentos *por que* (pelos quais) ela passou na vida.
>
> - Resta lembrar ainda que existe o substantivo *porquê* (= causa, razão): Gostaria de saber o *porquê* de sua tristeza.
>
> - Bom lembrar que o advérbio pronominal interrogativo de causa *por que,* em final de período, vem acentuado: *Você faltou; por quê?*

2.5.6 Advérbios *onde, aonde, donde*

ONDE, AONDE, DONDE são advérbios pronominais interrogativos de lugar.
- *onde* usa-se com verbos de repouso:
    Onde vive seu irmão? Pergunte *onde* está o irmão dele.

- *aonde,* com verbos de movimento:
    Aonde você queria chegar? Quero saber *aonde* você vai.

- *donde,* com verbos de movimento indicando procedência:
    Donde vinha ele? Não sei *donde* vinha ele.

8. Assinale o único caso em que não se empregou o advérbio pronominal interrogativo de lugar:
a) Ela pronunciava vagarosamente a palavra: on - de.
b) Todos perguntavam aonde teria ido a menina fujona.
c) João, aonde você gostaria de ir hoje?
d) Donde venho, aonde vou, onde estou?
e) Ninguém sabia onde eu estivera.

2.5.7 Advérbios modalizadores

Vimos que os ADVÉRBIOS MODALIZADORES indicam uma intervenção do enunciador naquilo que diz. Distinguem-se modalizadores *asseverativos*, *delimitadores*, *deônticos*, *atitudinais*.

▶ ASSEVERATIVOS: exprimem algo considerado certo, quase certo, verdadeiro:
   Com certeza, a terra é redonda. Ela chegará atrasada, *com certeza*.

▶ DELIMITADORES: circunscrevem o ponto de vista do que é dito:
   Antônio *geralmente* fica calado nas reuniões. Ela é *psicologicamente* capaz.

▶ DEÔNTICOS: imprimem obrigação de fazer:
   Não tenho *obrigatoriamente* que comparecer. A lei deve ser *necessariamente* cumprida.

▶ ATITUDINAIS: indicam reações afetivas em relação ao que está sendo dito:
   Infelizmente ninguém foi punido.

9. Sublinhe e classifique os advérbios modalizadores nas frases:
a) Maria é praticamente minha irmã, pelo grau de amizade entre nós. (..............................)

b) Você quase não falou hoje!... (..............................)

c) Talvez ela não se recorde do fato, mas eu sim. (..............................)

d) A estrada passará obrigatoriamente pela periferia da cidade. (..............................)

e) Lamentavelmente o senador foi absolvido. (..............................)

> ## 👍 Saiba mais
>
> O reconhecimento dos modalizadores auxilia a análise e compreensão de um texto. Pela modalização é que o enunciador (= aquele que efetivamente produz o texto) interfere no que diz. Advérbios e palavras denotativas expressam essa interferência, como se pode ver no cotejo entre os exemplos:
>
> Lia faltou hoje. / *Infelizmente* Lia faltou hoje.
> Lia faltou hoje. / *Até* Lia faltou hoje.
>
> **Observação:** O acréscimo do advérbio *infelizmente* e da palavra denotativa *até* refletem o desgosto pela falta da Lia, no primeiro exemplo, e o destaque da inusitada falta dela, no segundo.

2.5.8 Graus do advérbio

Assim como os adjetivos, alguns advérbios, principalmente os de modo, podem apresentar gradação de comparativo

Maria lia *mais rapidamente* que sua prima.

e de superlativo

Joana andava *ligeirinho*. João está *muito bem*.

10. Preencha os parênteses da coluna da direita, conforme os tipos de comparativo e de superlativo apresentados na coluna da esquerda:

(1) comparativo de superioridade
(2) comparativo de inferioridade
(3) superlativo absoluto sintético
(4) superlativo absoluto analítico
(5) superlativo relativo de superioridade

a) (   ) Um trabalho pessimamente feito!
b) (   ) Vim o mais cedo possível.
c) (   ) Leio mais rapidamente que ele.
d) (   ) Ela caminha muito pouco
e) (   ) Ela lê menos que eu.

11. Reconheça o grau dos advérbios empregados nas frases:
a) As intenções foram, então, mais claramente expostas.

b) Suas opiniões foram mais claramente expostas que as dele.

___

c) Vocês agiram o mais discretamente possível.

___

d) Aquela monografia está menos bem elaborada que a sua.

___

e) Você está muito bem assessorado!

___

> 👍 **Saiba mais**
>
> • Sufixos formadores de diminutivos de substantivos podem ser empregados na formação do grau dos advérbios: andar *depressinha*.
>
> • Locuções formadas com *preposição + substantivo, preposição + adjetivo* e até *preposição + advérbio* podem ser empregadas como advérbios: *pra chuchu, de novo, por perto*.
>
> • Locuções com substantivos repetidos podem ser empregadas como advérbio de modo: Caía *gota a gota*.
>
> A expressão adverbial *o mais possível* pode indicar intensificação de advérbios, sem desmembramento, ou com o advérbio intercalado:
> Vocês agiram *o mais possível* discretamente.
> Vocês agiram *o mais* discretamente *possível*.
> Essa expressão não se flexiona.

12. Destaque e classifique as locuções adverbiais encontradas nas frases:

a) De forma alguma aceitarei suas ideias malucas.   (......................................)

b) Plantou flores a trouxe-mouxe.   (......................................)

c) O diretor, com certeza, não viria.   (......................................)

d) O barulho incomodava pra burro!   (......................................)

e) Todos ficaram em silêncio!   (......................................)

13. Nas intensificações de adjetivos derivados de particípios verbais, usam-se geralmente as formas adverbiais *mais + bem*, e *menos + bem (crianças mais bem educadas; pessoas menos bem trajadas)*, e não se usam, então, *melhor* e *pior*. Assinale o item em que o emprego da expressão adverbial obedece ao padrão exposto:

a) A frase do João está mais bem que a do José.
b) Tatiana tem o passo bem acelerado.
c) Carlos está mais bem informado que você.
d) Maria Amélia saiu-se melhor que você, na exposição de motivos.
e) Adélia mudou-se para uma cidade bem mais distante que Alberto.

14. Compare as duas frases em cada item e classifique os advérbios conforme o sentido que eles acrescentam à oração da direita:

a) Chegaste tarde?   Por que chegaste tarde?

b) Maria chegou.   Maria não chegou.

c) Maria virá.   Certamente Maria virá.

d) Maria chegou.   Maria chegou lá.

e) Ninguém compareceu.   Ninguém compareceu ontem.

👍 Saiba mais

- Ver a diferença sutil entre a expressão formada pela proximidade *advérbio + particípio* que pode ocorrer na frase e o adjetivo composto, com hífen:
    Essa criança foi bem educada pelos pais (= foi educada de forma correta, louvável). *Uma criança bem-educada* (= polida) *não grita assim!*
    As órfãs foram mal educadas pelos tios (= foram educadas de forma errada).
    Como você é mal-educada (= malcriada)*!*

> 👍
> - O mesmo pode ser observado com o substantivo composto:
>   *Comprei uma caixa de bem-casados* (substantivo composto).
>   *Maria e Jorge são muito bem casados* (advérbio + partícipio).

👁 DE OLHO VIVO PARA NÃO COMETER ENGANOS NO EMPREGO DOS ADVÉRBIOS

1. Advérbios modalizadores são os que expressam a opinião do enunciador; geralmente modificam toda a oração: *Certamente você se enganou. Felizmente você veio.*

2. São considerados advérbios: *sim, certamente, efetivamente* (de afirmação); *não, de forma alguma* (de negação).

3. A palavra *quase* é advérbio quando modifica adjetivo: *A casa estava quase arruinada.*

4. Não são advérbios as palavras *cá* e *lá*, quando modificam pronomes. São meros reforços: *Eu cá nem me importo; mas ela lá tem tanto ciúme!...*

5. Também não são advérbios as palavras denotativas *até, inclusive, também* (inclusão); *apenas, exceto, menos, somente, senão, salvo, só* (exclusão). Veja que modificam substantivos e pronomes: *Até você me faltou naquele momento! Todos compareceram, menos Maria. Só José desconhecia o fato.*

6. As expressões retificadoras não são advérbios: *Trata-se de uma questão já vista, isto é, sem novidade para você.*

7. Alguns advérbios são considerados advérbios pronominais: modificam o verbo e também participam da natureza do pronome substantivo, por substituírem nome. Exemplos: *Hoje* (= neste dia) *nada estudarei. O livro está aí* (= nesse lugar). *Onde* (= em que lugar) *você estava?*

8. Você não deve usar as formas sintéticas de comparativo *melhor* e *pior*, nas intensificações de adjetivos derivados de partícipios verbais. Assim, não diga *Seu vestido está melhor feito que o meu*, mas *Seu vestido está mais bem feito que o meu.*

9. Orações subordinadas adverbiais funcionam como advérbio da principal; daí serem substituídas por um advérbio ou por uma expressão adverbial:
   Sairemos *logo que amanhecer* = ...*cedo.*
   Elaborei a questão *como você sugeriu* = ...*de acordo com sua sugestão.*
   Carlos faltou *porque estava doente* = ...*por doença.*

2.6 Artigo

Veremos agora uma classe de palavras interessante, o ARTIGO.

Por que interessante? Porque é uma classe de palavras que não remete a significado externo, como o substantivo (*casa* remete a uma construção), o adjetivo (*bela* remete a uma ideia positiva de beleza), o pronome (o pessoal remete a pessoas do discurso; o possessivo à ideia de posse; o demonstrativo à situação no espaço ou no tempo etc.).

O artigo determina o gênero (*o* menino, *uma* menina) e o número do substantivo (*os* meninos, *umas* meninas). Sua classificação em definido e indefinido depende respectivamente da maior ou menor clareza na determinação do substantivo: se se trata de um substantivo definido, usamos *o, a, os, as* antes dele; se se trata de um substantivo sobre o qual temos uma ideia indefinida, usamos *um, uma, uns, umas*. Exemplo: *Os* meninos do meu bairro tinham conhecido *umas* garotas da capital.

Neste subcapítulo trabalharemos a caracterização do artigo — conforme esteja definindo ou não o substantivo —, as combinações do artigo com preposição que precede o substantivo, bem como seu emprego com outras classes que podem acompanhar o substantivo na frase (*uma bela* menina; *o meu* vizinho). Falaremos também de algumas particularidades do emprego do artigo, o que contribuirá para mostrar-lhe estratégias discursivas que você pode obter com o emprego desta classe de palavras.

Vamos ver isso?

2.6.1 Artigo definido e indefinido

ARTIGO é a palavra que determina o substantivo, indicando-lhe o gênero e o número. Distinguem-se:

▶ ARTIGO DEFINIDO (precede substantivo já conhecido – *o, a, os, as*):
   Visitei *o* museu de Van Gogh.

▶ ARTIGO INDEFINIDO (precede substantivo não conhecido e indica-lhe apenas a espécie, sem defini-lo – *um, uma, uns, umas*):
   Gostaria agora de *uma* fruta.

Observação: Plural anteposto a cardinal indica aproximação numérica: Tem *uns* 60 anos.

1. Reconheça e classifique o artigo (definido, indefinido) nas frases.
Modelo: Encontrei o José procurando um amigo.
R: *o* – artigo definido, masculino, singular, indicando tratar-se de alguém conhecido (José); *um* – artigo indefinido precedendo substantivo *amigo*, indicando-lhe o gênero e o número, mas sem definir qual é esse amigo.

a) Retirara uns quinhentos reais dali e se negava a devolvê-los.

b) Usava ambas as mãos, mas persistia a dificuldade de manuseio das máquinas.

c) Em virtude de os amigos o terem abandonado, José ficou deprimido.

d) Pesava uns doze quilos.

e) Antes de um homem se corromper por dinheiro, melhor a morte.

2.6.2 Combinação de artigo e preposição

O ARTIGO DEFINIDO combina-se às preposições *a* (ao, aos, à, às), *de* (do, dos, da, das), *em* (no, nos, na, nas) e *por* (pelo, pelos, pela, pelas), desde que o substantivo por ele modificado não seja o sujeito da oração:

> Fomos *à* praia e, depois *do* almoço, estivemos *na* Praça *do* Teatro e fomos vistos *pelos* seus dois amigos.

2. Reconheça as combinações do artigo definido com preposição, no texto:
"A jovem optou pela maquiagem pesada que a valoriza, ou melhor, que destaca o que ela tem de bonito, no caso, os olhos. O rosto da moça estava muito bem pintado!..."

2.6.3 Artigo e a oposição de gênero indicando significado distinto do substantivo

Vimos, no subcapítulo *Substantivo*, que o artigo marca a oposição de gênero de alguns substantivos, oposição que implica significados distintos, como em *o guia* (encarregado de mostrar pontos turísticos) // *a guia* (documento anexado à mercadoria em trânsito).

3. Consulte um dicionário para ver a oposição de significados decorrente da diferença de gêneros:

entre *o/a corneta* _____

entre *o/a guarda* _____

entre *o/a voga* _____

4. Assinale o item em que se observa a troca do gênero do substantivo, em função do seu significado:
a) O soldado ferira o cabeça do grupo de malfeitores.
b) Lacre bem os caixas em que coloquei a louça.
c) Aqueles empresários acumularam grande capital nos últimos cinco anos.
d) Ali fica a nascente do rio Pomba.
e) A quanto estava cotado o grama de ouro?

2.6.4 Combinação de artigo com pronome indefinido *todo(a)* e com numeral *ambos*

O artigo definido emprega-se depois do indefinido *todo(a)* para indicar totalidade:
Toda a casa foi revistada.

O numeral *ambos* emprega-se com o artigo definido determinando o mesmo substantivo:
Ela usou *ambas as* mãos.

5. Assinale o item que foge ao emprego pronome indefinido *toda* + artigo; justifique-o:
a) Toda criança merece respeito.
b) Estive ali toda a manhã.
c) Ajudei-a a organizar toda a papelada.

d) Precisei reunir toda a minha paciência.
e) Você precisa conhecer toda a casa, para opinar.

6. Destaque os itens que fogem ao emprego do numeral *ambos* com artigo:
a) Visitei meus tios e ambos estavam bem.
b) Visitei ambos os tios.
c) Havia pessoas de ambos os sexos.
d) Elas são ambas minhas irmãs queridas.
e) Convidei ambas as minhas irmãs.

> 👍 **Saiba mais**
>
> - *Todo* + artigo definido pode equivaler também ao demonstrativo *este, esse*:
>   E aí aconteceu o imprevisto no dia 26; mas eu ficara *todo o* (esse) dia em casa.
>
> - O artigo definido emprega-se pelo possessivo:
>   Machuquei *o* pé (= *meu* pé). Vesti *a* roupa (*minha*).
>
> - Este artigo emprega-se também nas locuções: *a todo o custo, a todo o instante, em todo o caso, a toda a hora, por toda a parte*.
>
> - Também se emprega este artigo na formação do grau superlativo relativo de adjetivos e de advérbios:
>   Lia tentou ser *o mais possível* educada. O trabalho era *o mais bem feito* de todos.
>
> - O artigo se interpõe entre o numeral *ambos* e o substantivo:
>   Você machucou *ambos os* pés?
>
> - Pode preceder o pronome indefinido *outro*, quando há sentido determinado:
>   Você cuida do ferido da ala B e eu verei *o outro*.

2.6.5 Emprego do artigo com pronome possessivo

▶ O artigo definido emprega-se ou não com pronome adjetivo possessivo:
   (A) Minha casa foi revistada.

▶ Omite-se o artigo
- quando o possessivo é parte do pronome de tratamento:
    V. Exa. é sempre muito atencioso conosco.

- quando a expressão faz parte de um vocativo:
    Tudo bem, *meu amigo*?

- com expressões formadas com possessivo: *em minha opinião, em meu poder, por minha vontade* etc.:
    A joia está *em meu poder*.

7. Assinale e justifique o item em que não se atendeu ao emprego adequado do artigo com o pronome possessivo:
a) Obedeço a V. Ex.ª.
b) Visitei a minha tia ontem.
c) Você não pode sair fazendo todas essas coisas, a seu bel-prazer.
d) Por minha vontade ela não estaria aqui!
e) Quanta tristeza vejo em olhos dela!

_____

_____

👍 Saiba mais

Com possessivo posposto ao substantivo, geralmente se emprega o artigo:
   Aguardo *o* pronunciamento *seu*.

2.6.6 Artigo definido e expressões de tempo (mês, dia da semana, horas)

▶ Com nomes de mês geralmente não se emprega artigo, o mesmo para datas:
   Visitarei meu irmão em *julho*. Em 22 de *junho* de 2013.

▶ Nome de mês acompanhado de atributo pede artigo:
Estes dias ficarão conhecidos como *o junho das reivindicações*.

▶ Data célebre admite artigo:
Este é *o 7 de setembro* daquela nação.

▶ Dias da semana podem vir ou não com artigo:
Viajarei (*na*) *segunda-feira*.

▶ Indicação de horas se faz sem artigo, quando a expressão não equivale a advérbio (*São 10 horas*). Mas emprega-se o artigo nas expressões adverbiais formadas com *preposição + artigo + substantivo*:
Sairemos *às 10 horas*.

8. Reconheça os casos do emprego do artigo em expressões de tempo, explicando a necessidade ou não de tal emprego:

a) Em janeiro estaremos em festa, se Deus quiser!

b) Estamos vivendo o setembro 68 da França!

c) Chegaremos às 10 horas.

d) E aí, na quinta-feira, ela compareceu!

e) Depois de tanta festa, poderemos falar no junho das festas, hein?!

2.6.7 Artigo definido e a palavra *palácio*

▶ Usa-se geralmente o artigo com a palavra *palácio*:
Visitarei *o palácio* do Rei Sol. Vamos *ao palácio*?

▶ Emprega-se ainda com artigo, quando vier modificada:
Vamos *ao palácio encantado*? Visitei *o Palácio das Rosas*.

▶ Não é empregada com artigo, na função de adjunto adverbial, quando se referir ao escritório de autoridades:
O Governador estava ontem *em palácio* até as 17 horas.

9. Preencha com o artigo, quando for o caso, combinado ou não com preposição, as frases a seguir:

a) A princesa estava .... palácio.

b) Você viu .... palácio encantado da Disney?

c) O Secretário permaneceu .... Palácio da Justiça.

d) Vou para .... palácio agora.

e) Ninguém deveria sair .... palácio sem ordem dele.

2.6.8 Artigo e a palavra *casa*

▶ Com a palavra *casa*, não se usa o artigo quando se refere ao lar da pessoa (*Vou para casa agora*) ou quando a palavra for empregada de modo generalizado (*Em casa* todos se sentem seguros).

▶ Mas o artigo acompanha a palavra *casa* quando empregada como prédio, casa de outrem, ou quando vier modificada:
Ali estavam *as casas*. Vou *à casa* de uma amiga. Estive *na casa* da minha infância.

10. Preencha com o artigo, quando for o caso, combinado ou não com preposição, as frases a seguir:

a) Ela nem estava .... casa naquele dia!

b) Visitamos muitos palácios, mas não fomos .... Palácio da República.

c) O Governador está .... Palácio?

d) Visitei todas .... casas da rua.

e) Nem sempre visitamos .... belas casas e .... palácios das cidades turísticas.

2.6.9 Artigo definido em citação de datas festivas, peso e medida

▶ Emprega-se o ARTIGO DEFINIDO nas citações de datas festivas:
   O Natal passo com você e *o Ano-Novo* com eles.

▶ O ARTIGO DEFINIDO indica valor da parte, em expressões de peso e medida:
   O bacalhau custou vinte reais o *quilo*.
   Comprei esta seda por sessenta reais o *metro*.

11. Assinale o item em que NÃO está correto o emprego do artigo definido:
a) Passarei o Natal em Natal, no Rio Grande do Norte.
b) Achei caro o presunto: cinquenta reais o quilo não é muito?
c) Estava aguardando um presente por ocasião de Ano-Novo.
d) Como você paga duzentos reais pelo metro de um tecido como esse?
e) Na semana de Páscoa, ninguém trabalha ali.

> 👍 **Saiba mais**
>
> Diga-se, no entanto, *Comprei um presente de Natal para você*. (O artigo deixa de acompanhar o nome da data festiva e precede as palavras *dia, noite, presente: os dias de Carnaval, a noite de Natal, um presente de Natal*.)

2.6.10 Combinações dos artigos

▶ Em registro informal da linguagem, o artigo indefinido combina-se às preposições *de* (*dum, duns, duma, dumas*) e *em* (*num, nuns, numa, numas*):
   Precisava *dum* amigo que me ouvisse *numa* situação destas!

▶ Não se combinam preposição e artigo (definido ou indefinido), quando este faz parte de um nome de obra:
   Antes de *Os Lusíadas*, ele não conhecia Camões.

▶ Evita-se a combinação, ou indica-se com apóstrofo a supressão da vogal:
   Antes d'*Os Lusíadas*, ele não conhecia Camões.

▶ Não se combinam preposição e artigo que precede substantivo sujeito:
   O fato *de o* dono da casa estar ausente dificulta as coisas.

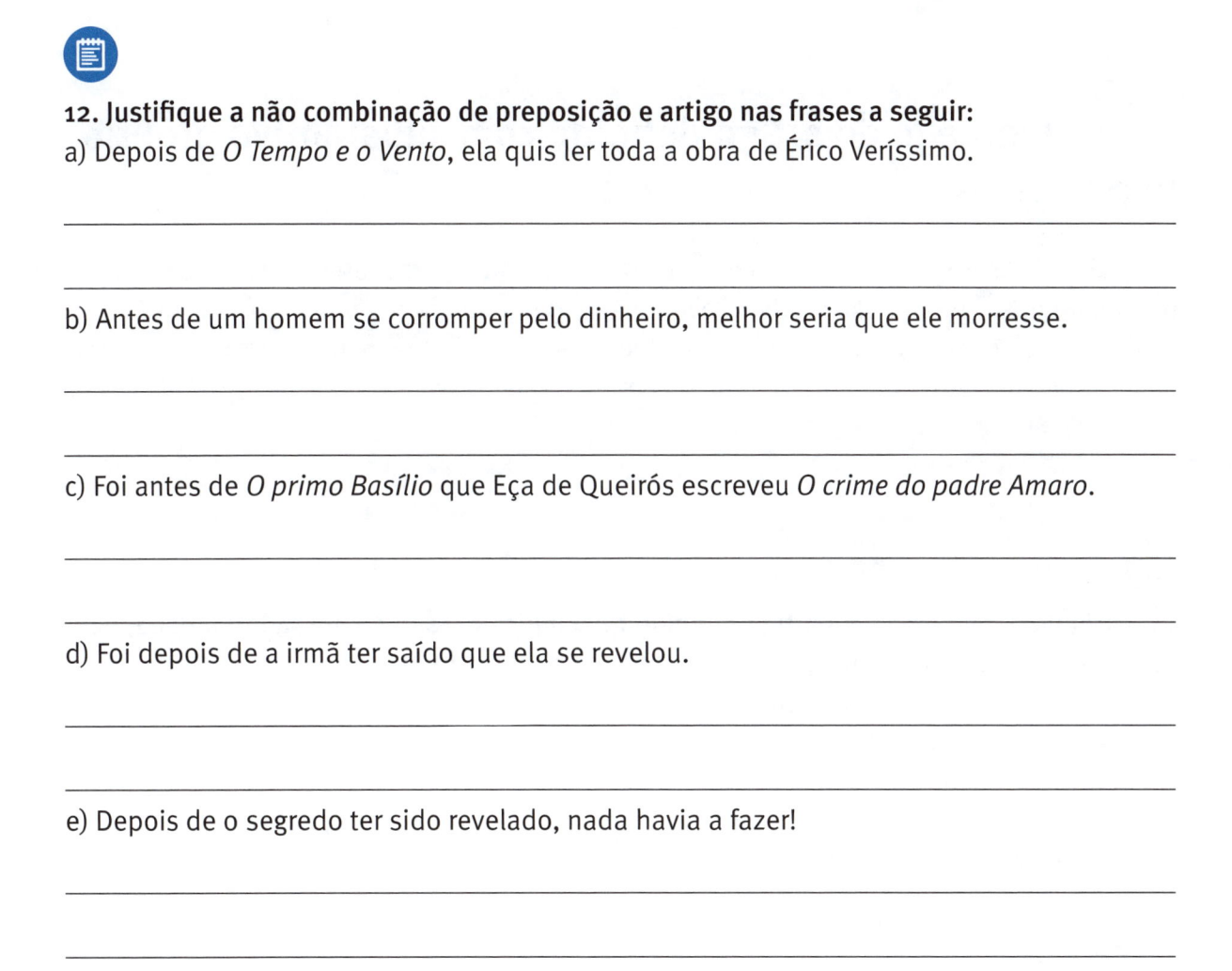

12. Justifique a não combinação de preposição e artigo nas frases a seguir:

a) Depois de *O Tempo e o Vento*, ela quis ler toda a obra de Érico Veríssimo.

b) Antes de um homem se corromper pelo dinheiro, melhor seria que ele morresse.

c) Foi antes de *O primo Basílio* que Eça de Queirós escreveu *O crime do padre Amaro*.

d) Foi depois de a irmã ter saído que ela se revelou.

e) Depois de o segredo ter sido revelado, nada havia a fazer!

2.6.11 Emprego especial do artigo definido

Em linguagem coloquial emprega-se o artigo definido com valor intensivo, acrescido de entoação especial, acompanhando substantivo:
   Ele é *o cara*!

13. Assinale o item em que não se emprega o artigo com valor intensivo:
a) Ali está o final do caminho da corrupção!
b) Você é o fim, minha amiga!
c) Ela é a professora!
d) Maria atuou como a amiga!
e) Ninguém esperava o herói, mas você foi sensacional!

2.6.12 Emprego do artigo definido com substantivo próprio personativo

O ARTIGO DEFINIDO emprega-se com substantivo próprio personativo, quando se trata de pessoa de nossa intimidade (*A Maria é minha amiga*), quando o nome próprio vem qualificado (*O nosso Camões*), quando o substantivo se refere à pintura de um artista (*Os Portinari que eu vi no museu*), quando se imprime sentido depreciativo ao nome (*Recuso-me aceitar os Judas da vida*).

14. Assinale o item em que o artigo definido NÃO indica pessoa de nossa intimidade, nem nome próprio qualificado, nem se refere à obra de algum artista:
a) Não visitei qualquer dos Fernandos ontem.
b) Adoro ler os livros do enxuto Graciliano.
c) Conheço os Dégas[1] de que você fala.
d) Ele ainda não voltou, mas transmito o recado por você: sou a Tonha, irmã dele.
e) Não defenderei o Calabar da turma.

> ### 👍 Saiba mais
>
> Usa-se também o artigo definido para acompanhar apelidos (*Visitei o Careteiro. Vi a Tonha*), para destacar nomes idênticos no mesmo grupo (*um dos Fernandos*) e para indicar o total de uma família (*dos Silva*) — caso em que, como vimos no plural dos substantivos, pode variar só o artigo ou podem ficar ambos no plural (*dos Silvas*).

---

[1] Edgar Dégas (19 julho de 1834 – 27 setembro de 1917) é um famoso pintor francês. No caso, fala-se dos quadros dele, emprega-se uma metonímia).

2.6.13 Emprego do artigo definido com substantivo próprio locativo

O artigo definido emprega-se geralmente com substantivo próprio locativo (*o Voga, o Brasil, o Vesúvio, o Pacífico*), quando este deriva de um substantivo comum (*O Rio de Janeiro continua lindo!*).

Excetuando-se esse caso, geralmente o artigo não precede locativos, a não ser quando estes vêm acompanhados de atributo especial, como se vê na diferença de emprego entre *Vim ontem de Itabuna; senti saudades da Itabuna de minha infância*.

---

15. Assinale o item em que o substantivo próprio locativo não se faz acompanhar do artigo definido:
a) Os Estados Unidos possuem grande extensão territorial.
b) Visitei Portugal e achei o país maravilhoso.
c) Visitei a Grécia dos meus sonhos!
d) O Espírito Santo é um estado brasileiro.
e) Visitei o Portugal da época dos reis.

16. O rio Pomba, na Zona da Mata de Minas Gerais, já foi navegável, como provam antigas denominações de povoados surgidos às suas margens: Porto dos Diamantes (atual cidade de Cataguases) e Porto (de) Santo Antônio (atual Astolfo Dutra). Como você explica a falta do artigo na segunda denominação?

👍 Saiba mais

• Cunha e Cintra (2013: 241) listam nomes de lugar que não se fazem acompanhar do artigo — *Portugal, Angola, Moçambique, Cabo Verde, Macau, Andorra, São Tomé e Príncipe, Israel, São Salvador, Aragão, Castela, Leão, Timor*.

• Pode-se não usar o artigo definido antes de *Espanha, França, Inglaterra, Itália*, quando esses nomes vierem regidos de preposição:
   Estive *em Espanha*. Passeei pelos corredores dos museus de *França*.

- Se o substantivo vier determinado, virá com artigo:
    Visitei *o Portugal* dos meus sonhos.

- Geralmente usa-se artigo antes dos pontos cardeais (e colaterais):
    Vamos para *o norte* e não para *o nordeste*.

2.6.14 Particularidades do artigo indefinido

▶ O ARTIGO INDEFINIDO pode vir associado ao definido no período, quando se especifica uma particularidade do substantivo já conhecido:
   Conheci *a menina*; pareceu-me *uma menina* cheia de complexos.

▶ Antepõe-se a um numeral cardinal para indicar quantidade aproximada:
   Pesava *uns noventa quilos*.

▶ Auxilia a expressão de ideia de intensidade:
   Você acaba de dizer *uma grande mentira*.

17. Reconheça os três empregos do artigo indefinido, preenchendo os parênteses que precedem as frases a seguir com (1) para especificação de particularidade de substantivo conhecido, (2) para indicar quantia aproximada e com (3) para expressar intensidade:
a) (   ) O sol não aparecera de fato — apenas um sol indeciso ensaiava mostrar-se.
b) (   ) Você é de uma ingenuidade que me preocupa!
c) (   ) Pesava uns dez quilos.
d) (   ) Necessito de uns quinhentos reais apenas.
e) (   ) Era uma insensatez sem tamanho!

DE OLHO VIVO NO EMPREGO DOS ARTIGOS

1. Você pode combinar o artigo definido com as preposições *a* (*ao, aos, à, às*), *de* (*do, dos, da, das*), *em* (*no, nos, na, nas*) e *por* (*pelo, pelos, pela, pelas*), desde que o substantivo por ele modificado não seja o sujeito da oração.
   Saí *antes da Maria* (preposição + artigo na locução adverbial).
   Saí *antes de a Maria chegar* (o artigo é parte do sintagma do sujeito).

2. O artigo não é empregado com pronome possessivo nas expressões *em minha opinião, em meu poder, por minha vontade* etc.

3. O artigo definido frequentemente é empregado com substantivo próprio personativo, quando se trata de pessoa de nossa intimidade:
   A Maria é minha amiga.

4. Particularidades do emprego do artigo – definido ou indefinido – no discurso:
   4.1 como intensificador: *Você foi o amigo!* **Observação:** Para Cunha e Cintra (*op. cit.*), acento de notoriedade. *Bateu-me uma saudade sem tamanho!...*
   4.2 substantivando palavra de outra classe, ou expressão. *Grande distância existe entre o fazer e o dizer! Há um não sei quê de mistério na casa!*
   4.3 artigo definido como demonstrativo: *No* (= naquele) *dia, ela estava doente.*
   4.4 artigo definido para expressar todo um gênero: *O homem é um ser racional.*

5. Cunha e Cintra (*op. cit.*) apontam o emprego estilístico para diferença entre o possessivo precedido ou não de artigo: *Esse relógio é o meu / Esse relógio é meu*. No primeiro caso, o relógio é destacado de forma especial; no segundo, apenas se indica o possuidor do objeto.

6. O artigo indefinido pode ser associado ao definido no mesmo período, quando se especifica uma particularidade do substantivo já definido na oração:
   Conheci *a* menina; pareceu-me *uma menina* cheia de complexos.

7. Cunha e Cintra (*op. cit.*) lembram que o artigo definido se repete, quando precede dois adjetivos referentes a qualidades opostas de um substantivo; e vêm unidos por conjunção *e/ou*. Exemplo: *A* boa ou *a* má companhia influenciam o jovem.

2.7 Numeral

Outra classe de palavras a ser vista por nós: o NUMERAL.

É uma classe de palavras que, como o pronome, ora acompanha, ora substitui o substantivo na frase. O NUMERAL especifica quantidade do substantivo (numeral cardinal, fracionário e multiplicativo), ou indica a ordem em que ele se apresenta (numeral ordinal). Sobre a flexão, alguns variam quanto a gênero (como os cardinais *um, uma, dois, duas,* as centenas a partir de *duzentos, duzentas, trezentos, trezentas...*; o fracionário *meio, meia*; os ordinais *terceiro, terceira*); outros não sofrem nenhuma variação (*três, cinco, sete, oito, nove* etc.). O numeral ordinal varia quanto a gênero e número: *primeiro(s), primeira(s); segundo(s), segunda(s); terceiro(s), terceira(s)* etc.

O NUMERAL que acompanha o substantivo é chamado de numeral adjetivo (*três* limões, *segundo* aluno, *meia* laranja). O que substitui o substantivo é um numeral substantivo (João e Hélio chegaram cedo; *ambos* saíram logo).

O NUMERAL determina o substantivo na frase, ora acompanhando-o, ora substituindo-o. Acrescenta a ideia de:

A) quantidade (numeral cardinal – *um, dois, três...*; fracionário – *meio, três décimos...* e multiplicativo – *dobro, triplo...*);

B) ordem (numeral ordinal – *primeiro, segundo, terceiro...*).

Os ordinais variam quanto a gênero e número: primeiro(s) / primeira(s).

Alguns variam quanto a gênero: *dois, duas, ambos, ambas, quatrocentos, quatrocentas.*

1. Reconheça, nas frases a seguir, os numerais que indicam quantidade (NQ) e os numerais que indicam ordem (NO) dos substantivos:
a) (　) Era meio-dia e meia.
b) (　) Ela tem o dobro de minha idade.
c) (　) Elza obteve a quadragésima colocação no concurso.
d) (　) Antônio, meu neto mais velho, é o primeiro aluno da turma.
e) (　) Eduardo, o caçula, está agora com mil reais no cofre.

2. Distinguem-se numerais adjetivos (*Tenho cinco objetos*) e numerais substantivos (*Os objetos são dez*), conforme o substantivo a que o numeral se refere esteja ou não presente nos sintagmas. Reconheça e classifique, como numerais substantivos (S) ou numerais adjetivos (A), os que encontrar nas frases a seguir:
a) (   ) Você conhece os dez mandamentos da Lei de Deus?
b) (   ) Os mandamentos da Lei de Deus são dez.
c) (   ) Qual o primeiro mandamento da Lei de Deus?
d) (   ) Comprei meia melancia e Maria comeu um terço dela.
e) (   ) Ele tem dupla razão de queixa: você lucrou o dobro da quantia aplicada.

2.7.1 Numerais cardinais, ordinais, fracionários, multiplicativos

▶ Os NUMERAIS CARDINAIS explicitam a quantidade dos seres:
um/uma, dois/duas, três, quatro etc.

▶ Os NUMERAIS ORDINAIS explicitam a ordem em que se sucedem os elementos de uma mesma classe: *primeiro, segundo, terceiro* etc. (e flexões).
Era a *primeira* aluna da classe.

▶ Os NUMERAIS FRACIONÁRIOS indicam uma fração do todo:
meio/-a, um terço, a quarta parte etc.

▶ Os NUMERAIS MULTIPLICATIVOS indicam aumento proporcional da quantidade:
duplo, triplo

👍 Saiba mais

O aumento proporcional da quantidade (numeral multiplicativo) pode ser indicado ainda pela substituição *cardinal + vezes mais*: *quatro vezes mais, dez vezes mais* etc.

3. Distinga os numerais empregados nas frases a seguir, conforme ele seja cardinal (C), ordinal (O), multiplicativo (M), fracionário (F):
a) (   ) Vânia recebeu os cinco colegas do filho com muita alegria.
b) (   ) Os filhos de Vânia são três.
c) (   ) Qual seu primeiro desejo hoje?
d) (   ) Comprei meia dúzia de maçãs e Maria comeu um terço delas.
e) (   ) Você obteve o triplo da quantia aplicada com pouco gasto.

👍 Saiba mais

• O *zero* emprega-se frequentemente posposto ao substantivo (*grau zero*).
Observação: Nem todos o consideram numeral.

• Às vezes *zero* é empregado como adjetivo (*honestidade zero*).

• *Primeiro* pode ser empregado como advérbio, equivalendo a *primeiramente*: *A saúde e a educação serão consideradas primeiro; depois cuidaremos da indústria.*

• O numeral às vezes se emprega como adjetivo no grau superlativo: *alegrias mil.*

• Na indicação dos fracionários, empregam-se ordinais representando o número de partes em que foi dividido o todo (um *quarto,* dois *décimos*) e cardinais especificando o número de partes tomadas (*doze* décimos, *quinze* avos).

• O numeral *meio* obviamente não vem precedido de cardinal: *meio* litro de vinho, *meia* laranja.

• Empregados como adjetivos, os multiplicativos variam: gêmeas *quádruplas*, saltos *tríplices*.

2.7.2 Numeral como adjetivo

O NUMERAL ORDINAL pode ser empregado como adjetivo:
    artigo de *primeira* categoria; carne de *segunda*
Observação: Há, pois, que distinguir a diferença de emprego do termo como
- numeral adjetivo: *Foi sua primeira jogada.*
- adjetivo: *Eis uma jogada de primeira.*

👍 Saiba mais

• As palavras *milhão, milhar, bilhão, trilhão,* etc. empregam-se como núcleo da expressão e frequentemente se fazem acompanhar da preposição *de* + substantivo plural:

    Comprou uma fábrica por *dois milhões de reais.*

• *milhão, bilhão, trilhão* etc. variam quanto a número:
    vinte milhões de reais

- Podem variar as formas:
    bilhão/bilião, trilhão/trilião

Entre formas variantes, ora com *lh* ora com *li*, a tendência é permanecerem as formas em *lh*: *três milhões e meio/três e meio milhões*.

- Moura Neves (2000) lembra o emprego de numerais cardinais de valor elevado, para indicar exagero em quantia indeterminada. E numerais cardinais de valor baixo, para indicar quantia indeterminada:
    Ela me pediu desculpas *um milhão de vezes*.
    Atrapalhei-me na fala, de fato, *umas duas ou três vezes*.

- O numeral fracionário *meio* flexiona-se (*meias verdades, meia laranja, meios blocos*). Na indicação das horas, emprega-se a forma feminina, pois estamos indicando a metade da hora:
    Ficaremos até meio-dia e meia. (hora)

- Não confundir *meio* numeral, que se flexiona em gênero e número, com *meio* advérbio, que é invariável:
    Comi *meia* maçã hoje à tarde. (numeral)
    Fernanda disse que está *meio* cansada. (advérbio)

4. Reconheça o único caso de emprego do numeral como adjetivo:
a) Ela cometeu mil loucuras, mas tem bom coração.
b) Isso é coisa de segunda!
c) Nenhuma das mil loucuras por ela cometidas foi maldosa.
d) O Artigo 5º da Constituição Federal cuida do assunto.
e) Lerei até a folha 406.

5. Reescreva as frases a seguir, cuidando que os numerais venham por extenso:
a) Lerei até a folha 406.

b) Leia a página CVIII do livro.

c) Qual foi o 45º rei daquele país?

_____

d) Baseia-se no artigo I do Regimento Interno.

_____

e) Quero 3/9 da melancia e 5/12 da goiabada.

_____

6. Numere a coluna da esquerda, conforme a especificação dos numerais na coluna da direita:
a) ( ) Falta meia hora para o início do filme.   1. cardinal
b) ( ) Suprimiram a página LX do livro de capa dupla.   2. ordinal
c) ( ) O país deve bilhões de dólares.   3. multiplicativo
d) ( ) Leremos da primeira página à página 43.   4. fracionário
e) ( ) Quero só a metade da laranja.

7. Reescreva as frases a seguir, cuidando que os numerais venham por extenso:
a) A casa do empresário custou R$ 4.450.000,00.

_____

b) O missal pertencera ao Papa Pio XII.

_____

c) Leia o Artigo 5º da Constituição.

_____

d) Ela era a 41ª aluna na lista de chamada.

_____

e) Leia o capítulo 21, por favor!

_____

2.7.3 Numeral coletivo

Chamam-se COLETIVOS os numerais que indicam quantidade exata de elementos: *ambos*, *dezena*, *cento*, *centena*, *dúzia*, *lustro*, *milheiro*, *par*, *sesqui-* etc. Os NUMERAIS COLETIVOS flexionam-se quanto a número:
    duas *dúzias*; três *lustros*

8. Assinale o único caso em que se emprega um numeral coletivo:
a) O pastor recebeu os dízimos dos fiéis com muita alegria.
b) A boneca de Vânia era três vezes maior que a de Joana.
c) Que tal realizar seu primeiro desejo hoje?
d) Comprei uma grosa de lápis.
e) Você desperdiçou dois contos de réis.

> **Saiba mais**
>
> - *Sesqui-* (= uma vez + meia) é usado como prefixo e não se flexiona: *Comemora-se hoje o sesquicentenário* (150 anos) *da cidade.*
>
> - *Lustro* (espaço de cinco anos).

2.7.4 Emprego de numeral cardinal e ordinal

Casos em que o ORDINAL é substituído pelo CARDINAL correspondente:
▶ Na indicação de séculos, capítulos, sequenciação de reis e papas com o mesmo nome, usam-se numerais ordinais de 1 a 10; e cardinais de 11 em diante:
século terceiro, século vinte e um, capítulo terceiro ao doze, artigo quarto, D. Pedro Segundo, Papa Clemente Onze

▶ Usam-se numerais cardinais para indicar páginas e capítulos de livros, sempre que o numeral vier posposto:
página um do terceiro capítulo; e folha quatro do capítulo dois

▶ O mesmo acontece na numeração de casa, apartamento, quartos de hotel, poltrona:
Avenida Brasil, duzentos e três. Apartamento quatro. Hospedou-se no Hotel das Garças, quarto trezentos. Cinema Paris, poltrona treze.

▶ Se o numeral antecede o substantivo, usa-se o ordinal:
trigésimo capítulo, *sétimo* canto

▶ Para citar artigos de lei, decreto e portarias, usa-se o ordinal até nono e o cardinal a seguir:
Artigo 5º (*quinto*), Portaria 10 (*dez*)

9. Escreva por extenso os numerais:
a) capítulo XII

_____

b) João XXIII

_____

c) artigo 42

_____

d) casa 47

_____

e) dia 1º de maio

_____

> **Saiba mais**
>
> - Na indicação de dias, anos e horas, você empregará os cardinais:
>   *Saiu às vinte horas do dia vinte e três de outubro de mil novecentos e trinta.*
>
> - No caso dos dias do mês, quando se trata do dia primeiro, você deve usar o ordinal:
>   *Comprou um carro no dia primeiro.*

10. Destaque a frase em que se emprega o numeral de forma inadequada:
a) Ela fez um pronunciamento no dia quinze de maio de dois mil e quinze, às dez horas.
b) Você deverá estar no portão de entrada às dez horas impreterivelmente.
c) Comemoraremos seu aniversário no dia décimo terceiro.
d) Lá estaremos no terceiro dia do mês.
e) Você virá no dia primeiro de junho?

⊙ DE OLHO VIVO PARA NÃO COMETER ENGANOS NO EMPREGO DOS NUMERAIS

1. *Zero* e os numerais ordinais *primeiro*, *segundo*, *terceiro* etc. podem ser empregados como adjetivos: paciência *zero*, inteligência de *primeira*.

2. Numeral cardinal pode ser empregado como superlativo: alegrias *mil*!

3. Podemos variar a grafia de *bilhão/bilião* e *trilhão/trilião*. A tendência é escrever com *lh*: dois *trilhões*.

4. Numerais cardinais de elevado valor podem indicar exagero:
   Já lhe pedi *um milhão* de desculpas!

5. Numerais cardinais de pequeno valor podem indicar quantia indeterminada:
   Ah, ela me visitou umas *duas* vezes só!

6. Alguns numerais coletivos e a quantidade exata de elementos que indicam:
   ambos – dois
   cento, centena – cem
   dezena – dez
   dúzia – doze
   lustro – cinco
   milheiro – cem
   par – dois
   sesqui – um e meio

7. Sempre é bom lembrar que *meio* pode ser numeral fracionário (*meio dia* e *meia hora*) e também advérbio (*Ando meio distraída*). E, detalhe muito importante: como numeral, flexiona-se; como advérbio, não se flexiona.

8. Usam-se numerais cardinais na indicação de páginas e capítulos de livros, quando o numeral vier posposto: *folha três do capítulo cinco*.

2.8 Conjunção

Veja agora um tipo de vocábulo que relaciona termos e orações dentro do período, a CONJUNÇÃO.

A CONJUNÇÃO não remete a um significado externo, como o verbo (*cantar*), o substantivo (*casa*), ou o adjetivo (*beleza*); seu papel é o de mero articulador. É um vocábulo gramatical, que realiza uma articulação sintática[2].

A CONJUNÇÃO é um vocábulo invariável e conecta

a) termos independentes e de mesma função, dentro da oração: *A casa e o carro* são meus (elementos do sujeito composto); Compro *lápis ou caneta?* (complemento composto);

b) orações independentes, isto é, orações com uma relação sintática, sem que uma seja termo da outra: *Você chegou tarde [e ela saiu cedo]. Fale [ou será castigado]*;

c) orações dependentes, isto é, oração que estabelece uma relação sintática com outra, da qual funciona como sujeito, complemento, adjunto adverbial etc.: Urge [*que você venha*] (sujeito, igual a *sua presença*). Quero [*que você venha*] [(e) *que fique comigo na minha casa*] (complemento composto, respectivamente igual a *sua presença* e *sua permanência na minha casa*). Saiu [*quando amanheceu o dia*], [*para que fugisse a seu assédio*] (adjuntos adverbiais, equivalentes às locuções adverbiais *pela manhã* e *como fuga a seu assédio*).

As conjunções que ligam termos e/ou orações independentes são as chamadas coordenativas; as que ligam orações dependentes são as subordinativas. Você deve ter observado, pelas explicações dadas para o complemento composto e para os adjuntos adverbiais dos exemplos do item *c*, que as orações ligadas por conjunções subordinativas, ditas orações dependentes, equivalem a substantivos e advérbios e exercem as funções que esses termos podem exercer em relação a outra oração (sujeito, complemento, adjunto adverbial) do período, dita principal.

Você vai ampliar esse estudo nos capítulos relacionados à Sintaxe e à Semântica. Por ora, estamos apenas apresentando-lhe a conjunção, por integrar o grupo das classes de palavras.

---

[2] A relação semântica existe nos textos, independente da sintática, e é um dos elementos da coesão textual. Veja, por exemplo, a relação existente entre as duas orações dos períodos [O carro bateu no muro]; [espatifou-se]. [Minha filha casou-se]; [ele é arquiteto]. O conhecimento do mundo é que nos garante a relação *bater no muro* e *espatifar-se*, bem como a ideia implícita do gênero masculino para o *noivo* da filha.]

CONJUNÇÃO é um vocábulo invariável que articula termos ou orações na frase e organiza-os de forma

A) independente, isto é, sem dependência sintática entre eles:

A casa *e* o carro são meus. Você chegou cedo [*e* ela saiu tarde];

B) dependente, isto é, oração que se articula a outra e com ela estabelece uma relação sintática:

Quero [*que* você venha logo].

👍 Saiba mais

COORDENAÇÃO – associação de termos, independentes sintaticamente, que exercem a mesma função sintática em relação a um terceiro. Funções de:

• SUJEITO:

A casa, o carro e o barco são meus.

Urge [*que ele venha*] [*e que traga o tio*].

Os termos em itálico são respectivamente sujeitos de *são* (no primeiro exemplo) e da oração *urge* (no segundo).

• COMPLEMENTO:

Comprei *livros e cadernos*.

Desejei [*que você viesse*] [*e que trouxesse meu presente*].

Os termos em itálico são respectivamente complementos de: *comprei* e de *desejei*.

• ADJUNTOS ADVERBIAIS:

Faltou *por doença ou* (faltou) *por desilusão*?

Faltou [*porque estava doente*] [*ou* (faltou) *porque estava desiludida*]?

Os termos em itálico são respectivamente adjuntos adverbiais de *faltou*.

• SEQUÊNCIA – é a denominação dada ao conjunto formado por coordenação, ou seja, pela junção de termos, de mesma classe gramatical, sintaticamente independentes. Assim, denomina-se sequência ao conjunto *a casa, o carro e o barco* — termos independentes entre si e que exercem a mesma função em relação ao predicado *são meus*.

Há que distinguir

• SEQUÊNCIA LEXICAL: *couve-flor* (junção de dois vocábulos na formação de um terceiro);

• SEQUÊNCIA ORACIONAL: *"Vim, vi e venci."* (J. César) — Três orações independentes sintaticamente, associadas ora sem, ora com conjunção.

1. Reúna em uma só oração, pelo processo sintático da coordenação de termos de mesma função, as duas orações de cada item, empregando a conjunção destacada nos parênteses.
Modelo: Maria Amélia saiu cedo. Carlos saiu cedo. (e)
R: Maria Amélia e Carlos saíram cedo.

a) Janaína saiu às 10 horas. Janete saiu às 10 horas. (bem como)

b) Jacinto será o futuro presidente da República. Orlando será o futuro presidente da República. (ou)

c) Visitei o Museu do Mar. Visitei a Fonte dos Suspiros. (e)

d) Mauro não será eleito. João não será eleito. (nem ... nem)

e) Não gosto de abacaxi. Não gosto de manga. (nem)

2.8.1 Conjunções coordenativas

A) As CONJUNÇÕES que ligam termos e/ou orações independentes são as conjunções coordenativas. Estabelecem, entre os termos relacionados, o sentido de:
- adição (aditivas): e, nem, não só ... mas também, bem como;
- alternância (alternativas): ou, ora ... ora, seja ... seja;
- oposição (adversativas): mas, porém, contudo;
- explicação (explicativas): pois (no início da oração), porque;
- conclusão (conclusivas): pois (quando intercalada, dentro da oração), logo, portanto.

B) A conjunção *pois* é coordenativa explicativa no início da oração:
Estude, *pois* sua aprovação no concurso é importante.

C) Ela é coordenativa conclusiva quando aparece intercalada, no meio da oração, entre vírgulas:
Trabalha muito; será, *pois*, recompensado.

D) As conjunções *não só ... mas também* (aditiva), *ora ... ora, seja ... seja* (alternativas) são consideradas correlativas, ou seja, estabelecem uma relação mútua entre os termos, ou as orações, que introduzem:

Não só você, *mas também* eu ficamos surpresos com a atitude dela.

Ela *não só* estuda muito, *como também* é muito inteligente.

Você *ora* ri, *ora* canta?!...

2. Reúna em um só período as duas frases de cada item, empregando a conjunção coordenativa destacada nos parênteses.
Modelo: Maria Amélia saiu cedo. Carlos saiu mais cedo. (mas)
R: Maria Amélia saiu cedo, mas Carlos saiu mais cedo.

a) Não deverá haver aula hoje. Houve um incêndio de grandes proporções no prédio da escola. (porque)

b) Houve um incêndio de grandes proporções no prédio da escola. Não deverá haver aula hoje. (logo)

c) Provavelmente não haverá aula hoje. Houve um incêndio de grandes proporções no prédio da escola. (pois)

d) Houve um incêndio de grandes proporções no prédio da escola. Ninguém ficou ferido. (porém)

e) José assumirá a presidência da empresa. João deixará a empresa. (e)

2.8.2 Conjunções subordinativas

As CONJUNÇÕES que ligam orações dependentes são chamadas conjunções subordinativas. Distinguem-se

A) as de BASE ADVERBIAL, que se classificam em:
- COMPARATIVAS (*que, do que*): Ela é mais esforçada *do que ele (é esforçado)*.
- CONCESSIVAS (*embora, ainda que, conquanto*): Ele foi premiado, *embora não o merecesse*.
- CONDICIONAIS (*se, salvo se, caso* etc.): A empresa crescerá *se ele for mais interessado*.
- CONFORMATIVAS (*conforme, como, segundo* etc.): Fez o trabalho *conforme você orientou*.
- CONSECUTIVAS (*que, de forma que, de modo que* etc.): Ela se esforçou tanto *que foi recompensada*. Ela se esforçou, *de modo que foi recompensada*.
- CAUSAIS (*porque, porquanto* etc.): Ela foi castigada *porque faltou à aula*.
- FINAIS (*para que, a fim de que*): Ela faltou às aulas *para que sua mãe pudesse ir ao médico*.
- PROPORCIONAIS (*à medida que, à proporção que* etc.): A empresa cresce, *à medida que o dono se esforça mais*.
- TEMPORAIS (*quando, logo que* etc.): Encontrou o amigo *logo que chegou ao aeroporto*.

B) as de BASE SUBSTANTIVA, as conjunções INTEGRANTES (*que, se*): Quero *que você venha*. Não sei *se você virá*.

> 👍 **Saiba mais**
>
> SUBORDINAÇÃO – é uma associação de termos, dependentes sintaticamente. Os termos subordinados compõem um:
>
> - SINTAGMA: conjunto binário em que se distinguem um elemento determinado subordinado a um determinante. Há que destacar:
>   - sintagma lexical: *cessão* (ceder + sufixo *-ão*);
>   - sintagma locucional: *livro de português* (preposição + substantivo que modificam o primeiro substantivo);
>   - sintagma oracional: *Necessito de ajuda / de que você me ajude* (verbo + preposição + substantivo; verbo + preposição + oração subordinada valendo por um substantivo).

> 👍
> A conjunção subordinativa estabelece uma hierarquia entre os termos que associa, no que difere fundamentalmente da coordenativa.
>
> No sintagma locucional, os termos têm classe gramatical distinta: substantivo + adjetivo (*menina bela*); substantivo + locução adjetiva (*livro de contos*), advérbio + adjetivo (*mal redigido*), preposição + substantivo (*sem luz*) etc.

3. Reúna os períodos independentes em um só período composto de duas orações, empregando a conjunção subordinativa destacada nos parênteses e fazendo os ajustes convenientes nos tempos verbais.

Modelo: Júlia faltará à aula. Está febril. (se)
R: Júlia faltará à aula *se estiver* febril.

a) Maria Amélia reclamou do atraso. Ela viu a remarcação do horário de partida do avião. (quando)

b) A remarcação do horário de partida do avião desgostou a jovem. Ela assumira um compromisso em São Paulo. (porque)

c) Antônio ficará na direção da empresa. Eduardo poderá viajar de férias. (para que)

d) A empresa do Eduardo cresce. Aumenta o interesse dele pelos negócios. (à medida que)

e) A empresa do João está crescendo. Diminui o interesse dele pelos negócios. (embora)

4. A oração subordinada funciona como termo da principal. Substitua os termos destacados por orações, de modo a transformar os períodos simples em períodos compostos.
Modelo: A empresa do Eduardo crescerá, *ante o aumento do interesse dele pelos negócios.*
R: A empresa do Eduardo crescerá, *à medida que aumenta o interesse dele pelos negócios.*

a) João encontrou, no Sul, um amigo, *logo na chegada ao aeroporto.*

_____

b) Só lhe desejo uma coisa: *sua felicidade!*

_____

c) Estou aguardando *a construção de casas populares, pelo prefeito.*

_____

d) Marta elaborou a redação *conforme a recomendação do professor.*

_____

e) A empresa do João crescerá, *na condição do aumento do seu interesse pelos negócios.*

_____

5. Substitua por orações subordinadas os termos destacados.
Modelo: João, não vou deixá-lo *no esquecimento das pessoas.*
R: João, não vou deixar que as pessoas o esqueçam.

a) Seria melhor *a ausência dele.*

_____

b) Receio *seu destempero.*

_____

c) Não é aconselhável *a readmissão do aluno.*

_____

d) Só receio isto: *sua decepção.*

_____

e) Estou na dúvida sobre *minha ida ao teatro.*

_____

> **👍 Saiba mais**
>
> - Alguns autores reconhecem como conjunção subordinativa adverbial MODAL a expressão *sem que*, quando em orações cujo tempo é concomitante ao da principal:
>   Ela saiu *sem que você notasse*.
>
> - A conjunção *como* pode ser
>   - subordinativa causal, quando *vem no início do período e equivale a porque*:
>   *Como (=porque) faltasse água, o menino não tomou banho.*
>
>   - subordinativa conformativa, quando não há concomitância de ação entre o verbo da principal e o de sua subordinada:
>   *Fiz o trabalho como você me ordenou.*
>   **Observação:** Primeiro você ordenou, depois eu fiz (o trabalho).
>
>   - comparativa, também equivalente a modo e com ações concomitantes:
>   Ela declama *como quem canta*.
>   **Observação:** Nesse caso as ações (*declamar* e *cantar*) se realizam ao mesmo tempo.
>
> - A oração subordinada conformativa iniciada por *como* pode ter a ordem alterada no período, exatamente por não haver CONCOMITÂNCIA ENTRE AS AÇÕES (a ação da subordinada é anterior à da principal).
>   (*Tal*) *Como você ordenou*, fiz o trabalho. / Fiz o trabalho *como você me ordenou*.
>
> - A oração iniciada por *como* é modal quando equivale ao advérbio de modo *assim*:
>   Sou *como sou* (= assim). Faça o dever *como você já sabe* (= assim).
>
> - A subordinativa consecutiva (que) frequentemente aparece em correlação com expressões de intensidade "tão, tal, tamanho, tanto", presentes na oração principal:
>   Ele é *tão* alto *que* não passa na porta.

2.8.3 Orações subordinadas de base substantiva

São orações iniciadas pelas chamadas conjunções subordinativas integrantes *que* (quando há certeza) e *se* (quando há dúvida). Equivalem a substantivos:
  Quero *que você esteja sempre presente*. (sua presença)
  Não sei *se você virá*. (dúvida sobre sua vinda)

6. As orações de base substantivas exercem funções semelhantes às do substantivo, ou seja, em relação à principal, podem ser sujeito, objeto direto, objeto indireto, predicativo, aposto, complemento nominal, agente da passiva. Substitua por substantivos as orações destacadas a seguir, observando a função sintática que ela exerce em relação ao verbo da principal e fazendo os ajustes necessários:

a) Seria melhor *que você saísse*. (sujeito)

b) Preciso *(de) que você me ajude*. (objeto indireto)

c) O trabalho foi feito *por quem entende do assunto*. (agente da passiva)

d) Desejo *que você seja feliz*. (objeto direto)

e) Só entendi uma questão: *você não estava com razão*. (aposto)

2.8.4 Papel da conjunção na argumentação de textos

As CONJUNÇÕES desempenham papel importante na construção da ARGUMENTAÇÃO dos textos. Assim, o sentido expresso varia conforme a conjunção empregada.

Chegou cedo *para que* obtivesse bons lugares // Obteve bons lugares *porque* chegou cedo.
finalidade (para que) // causa (porque)

7. Reconheça a diferença de sentido estabelecida entre os períodos de cada item:

a) Ela necessita de dinheiro, mas não quer trabalhar./ Ela necessita de dinheiro, logo vai trabalhar.

b) Ela necessita trabalhar, a fim de que obtenha dinheiro./ Ela obteve dinheiro já que trabalhou.

c) Ela trabalhou tanto, que obteve muito dinheiro./ Ela trabalhava mais, à medida que obtinha dinheiro.

___

d) Embora trabalhasse muito, não obteve dinheiro./ Ela trabalhou mais do que esperava fazer.

___

e) Se você trabalhar muito, obterá mais dinheiro./ Quando você trabalha muito, ganha mais dinheiro.

___

8. Assinale a melhor substituição para a locução conjuntiva destacada a seguir, sem alteração dos demais elementos do período:

"*Uma vez que* ninguém se apresentou como voluntário, o tenente teve de delegar ao cabo aquela incumbência."

a) porém   b) conforme   c) embora   d) porquanto   e) se

9. Assinale a opção em que a ideia expressa nos parênteses não corresponde à da oração subordinada:

a) Como ele não estava, preferi sair logo. (causa)
b) Ela fala como um papagaio. (modo/comparativa)
c) Elza trabalhou muito, de modo que mereceu o prêmio. (consecutiva)
d) Iríamos todos à praia, salvo se chovesse. (condição)
e) Porque seu pai obtivesse alta do hospital, ela procurou o médico. (causa)

> 👍 **Saiba mais**
>
> • A conjunção — coordenativa e/ou subordinativa — desempenha papel importante no discurso, pela orientação lógica que ela imprime ao texto, como visto no exercício 7.
>
> • Bom lembrar que empregamos os adjetivos *coordenativa*, *subordinativa* para atributos do substantivo *conjunção*, por ser ela o agente que coordena, ou subordina, os termos. E empregamos *coordenado(a)*, *subordinado(a)* para atributos do termo ou da oração que já sofreu a ação exercida pela conjunção. Assim diremos *conjunção coordenativa* ou *subordinativa*, *oração coordenada* ou *subordinada*.

2.8.5 Distinção entre conjunção coordenativa e subordinativa, respectivamente na indicação de motivo e causa

Há que estar atento à distinção entre CONJUNÇÃO COORDENATIVA EXPLICATIVA e CONJUNÇÃO SUBORDINATIVA CAUSAL:

A) A COORDENATIVA EXPLICATIVA acompanha a oração em que se explica o motivo
- uma hipótese: *Deve ter chovido* [*porque* o chão está molhado].
- um imperativo já enunciado: *Estude, menino,* [*pois que* sua aprovação é imperiosa]!

B) A SUBORDINATIVA CAUSAL precede a oração que indica uma causa, numa relação causa e efeito: O menino machucou-se, [*porque* caiu da bicicleta].

10. Reconheça e classifique as conjunções *pois* e *como*, destacadas nas orações a seguir:
a) Você será castigado, *pois* fala muito alto.

b) Ela fala muito alto; deverá, *pois*, ser aconselhada.

c) *Como* você fala alto, será escolhida.

d) Como como? Como *como* como!

e) Ela foi admoestada, *como* já esperávamos.

2.8.6 Formas nominais de verbos e oração reduzida

As formas nominais dos verbos podem ser empregadas como orações reduzidas cujas correspondentes orações desenvolvidas apresentarão uma *conjunção* (coordenativa ou subordinativa) + *verbo na forma finita*:

- Louvamos a aluna elogiando seu senso de responsabilidade. // Louvamos a aluna *e* elogiamos seu senso de responsabilidade.
- Terminada a aula, o professor retirou-se. // *Quando* terminou a aula, o professor retirou-se.

11. Substitua as formas nominais encontradas nos períodos a seguir, por orações desenvolvidas (conectivo + verbo no tempo finito).
Modelo: Saindo mais cedo, chegaremos ainda com o sol da tarde.
R: Se sairmos mais cedo, chegaremos ainda com o sol da tarde.
a) Nada mais havendo a tratar, foi encerrada a sessão.

b) Admiro a moça, causando-me (embora) tédio a companhia dela.

c) Sendo a literatura o tema do encontro, o que faria aquele homem ali?

d) Terminando a aula, saímos logo.

e) Não me considerando bastante seguro do assunto, nada disse.

2.8.7 Conjunções correlativas

Denomina-se CORRELAÇÃO a uma modalidade de construção sintática, dentro dos processos de coordenação e de subordinação, em que as partes se relacionam entre si, de modo que o anúncio da primeira já antecipa a existência da outra. Distinguem-se conjunções correlativas na

▶ coordenação: Você *não só* me enganou, *mas também* me difamou (*não só... mas também*).

▶ subordinação: Mauro é *mais* forte *que* José (*mais... que*)

12. Distinga a correlação nas conjunções coordenativas e nas subordinativas das orações a seguir:

a) Marta e Maria falam tão alto, que ouvi toda a conversa delas.

_____

b) Você ajudou não só meu primo, mas também a mim.

_____

c) João nem veio à aula, nem justificou a falta.

_____

d) Olavo ora elogia, ora difama o vizinho.

_____

e) Quanto mais cedo chegarmos, mais cedo poderemos falar com ele.

_____

DE OLHO VIVO PARA NÃO TROPEÇAR NO EMPREGO DAS CONJUNÇÕES

1. A relação semântica é independente da sintática. Assim é que podemos ter
a) relação semântica entre duas orações com base no conhecimento do mundo, sem conectivo: *A senhora caiu; quebrou a perna.*
b) a relação sintática de coordenação exprimindo finalidade: *Robin Wood roubava dos ricos e distribuía aos pobres* (= *para distribuir...*).

2. A conjunção é base na elaboração de textos argumentativos, como se vê na diferença entre os períodos:
- Estudou muito *para que obtivesse boas notas*.
- Obteria boas notas *se estudasse muito*.
- Estudou tanto *que obteve boas notas*.
- Obteve boas notas *porque estudou muito*.
- Só obteve boas notas *quando estudou muito*.
- Obteve melhores notas *à medida que estudou muito*.
- *Não obteve boas notas, embora estudasse muito*.
- Estudou muito, *mas não obteve boas notas*.
- Estudou muito, *logo obteve boas notas*.

3. A correlação é uma modalidade de estrutura de texto que se encontra quer na coordenação, quer na subordinação. Na coordenação é um recurso para ênfase. Em ambos os processos sintáticos, a correlação antecipa a oração que a segue:

Ela não só se dedica ao estudo da história da música, como também toca piano.
Marta tem tanto afeto aos padrinhos que lhes dedicou um livro.

4. No processo da coordenação, os termos em sequência possuem a mesma classe gramatical e exercem a mesma função sintática em relação a um terceiro termo; na subordinação, os termos em relação sintagmática diferem na classe gramatical e exercem função sintática distinta entre eles. Exemplos:

- de *sequências* (mesma classe de palavra e mesma função sintática): *Maria* e *Marta* são irmãs (sujeito). Quero *que você venha e que traga seu primo* (orações coordenadas entre si; ambas complementos de *querer*).
- de *sintagmas* (diferentes classes de palavras e funções sintáticas distintas): Comprei *livros de cálculo* (substantivo + locução adjetiva; *livros* é núcleo do objeto e *de cálculo* é seu adjunto adnominal). *Saí quando parou a chuva* (oração principal + oração subordinada. A subordinada equivale a adjunto adverbial da principal).

5. Bom lembrar a distinção entre motivo e causa: no motivo, inexiste a relação real de causa e efeito tipo *cair* e *quebrar*, e emprega-se a conjunção coordenativa; na causa, existe essa relação e emprega-se a conjunção subordinativa. Reveja a distinção:

a) COORDENATIVA EXPLICATIVA acompanha a oração em que se explica
- uma hipótese: Ela teve algum problema [*porque* normalmente não se atrasa].
- um imperativo já enunciado: Aproxime-se, menino, [*pois* assim verá melhor!]

b) SUBORDINATIVA CAUSAL precede a oração que indica uma causa, numa relação causa e efeito:

O vaso quebrou, [porque caiu da mesa]. — relação natural *cair / quebrar*
Atrasei-me [*porque o trânsito estava ruim.*] — conhecimento do mundo como justificativa para o atraso.

2.9 Preposição

Outro tipo de vocábulo que relaciona termos e orações dentro do período é a PREPOSIÇÃO. Seu papel é o de mero articulador e ela também não remete a um significado externo. Considerada um vocábulo gramatical, realiza uma articulação sintática, como elemento de coesão textual.

A PREPOSIÇÃO é um vocábulo invariável e relaciona termos e orações reduzidas, na construção do período. Pode constituir-se de uma só palavra (*a, ante, após, até, com*...) ou de mais de uma palavra (*acima de, a fim de* etc.).

Neste subcapítulo vamos examinar algumas particularidades das preposições, tais como: diferença entre preposição essencial e preposição acidental, modo como se formam as locuções prepositivas, os variados significados que a preposição ajuda a construir no texto, o elo sintático por ela estabelecido e, finalmente, alguma observação sobre a orientação lógica que a preposição pode estruturar no texto.

Vamos ler um pouco sobre esta classe de palavras?

PREPOSIÇÃO é uma classe invariável de palavras que relaciona termos e orações reduzidas, na construção do período. Pode constituir-se de uma só palavra (preposição simples: *a, ante, após, até, com, contra, de, desde, em, entre, para, perante, por, sem, sobre, sob, trás*) ou de mais de uma palavra (locuções prepositivas: *abaixo de, acerca de, acima de, a fim de, além de, ao lado de* etc.).

---

1. Sublinhe com um traço as preposições simples e com dois as locuções prepositivas encontradas em:
a) Muitos estados brasileiros dependem de investimentos federais para realizarem obras.
b) A respeito da prorrogação de tal imposto, convinha um plebiscito.
c) Amanda resolvia os problemas familiares à maneira de sua avó.
d) O chefe está prestes a chegar.
e) Desistimos de festas, diante dos últimos acontecimentos.

2. Coloque T ou O nos parênteses, conforme a preposição relacione termos dentro de orações, ou orações entre si:
a) (   ) A queda do dólar é a esperança do turista pobre.
b) (   ) O dólar barato é a esperança de eu viajar.

c) (   ) O Brasil pode aumentar a importação de gás boliviano.
d) (   ) O povo brasileiro gostaria de importar menos gás boliviano.
e) (   ) O menino mal-educado quebrou o copo de vinho.

> **👍 Saiba mais**
>
> • As locuções prepositivas formam-se pela associação de duas preposições simples, de advérbio com preposição simples, de substantivo com preposição simples:
>   *por entre, depois de, graças a*
>
> • Essas locuções sempre terminam por preposição simples.
>
> • Para efeito de ênfase, podemos combinar duas preposições: *por entre*.

3. Coloque, nos parênteses, (PP) ou (LP), conforme a frase apresente respectivamente mero acúmulo de preposições para efeito de ênfase, ou locuções prepositivas:
a) (   ) Passeava por entre as alamedas do parque.
b) (   ) Ele caminhava à frente dos colegas.
c) (   ) O texto estava de acordo com as opiniões dele.
d) (   ) Andava por sobre o mundo.
e) (   ) Atrasei-me por causa do trânsito ruim.

2.9.1 Preposição essencial e preposição acidental

A PREPOSIÇÃO SIMPLES subdivide-se em
▶ PREPOSIÇÃO ESSENCIAL, palavra que passa à língua portuguesa como tal, ou seja, já era preposição em latim:
   a («ad), ante («ante), após («ad post), com («cum), contra («contra), de («de), desde («de ex + de), em («in), entre («inter), para («per), por («pro), sem («sine), sob («sub), sobre («super), trás («trans)

▶ PREPOSIÇÃO ACIDENTAL, palavra que, embora primitivamente pertença a outra classe, emprega-se esporadicamente como preposição:
   conforme, consoante, durante, exceto, fora, menos, não obstante, salvo, segundo, senão, visto

4. Sublinhe as preposições acidentais encontradas nas frases a seguir:

a) Todos concordaram com ele, exceto Manuel.

b) Conforme os convidados iam chegando, todos aplaudiam, menos você.

c) Fora a palavra *exceção*, todas as outras eram grafadas com "SS".

d) Não obstante os vultosos impostos cobrados, eu apoiava aquela administração.

e) Não se ouvia um som durante a fala do Papa.

> **Saiba mais**
>
> A preposição *até* vem do árabe *hattã*.

5. Assinale o item em que o significado expresso pela preposição não está correto:

a) O livro estava sob o móvel. (lugar)

b) Ele vive às custas do pai. (modo)

c) A carta foi redigida de acordo com o modelo. (finalidade)

d) Em relação ao tempo, a informação estava errada. (assunto)

e) Antes de você, eu já visitara o museu. (tempo)

2.9.2 Preposição e significados expressos

Uma mesma PREPOSIÇÃO pode ser empregada na expressão de vários significados. A preposição *de*, por exemplo, pode aparecer em vários contextos distintos: caiu *de madura* (causa), veio *de Paris* (lugar), casa *de madeira* (matéria), ferimento *de faca* (instrumento), estava *de cócoras* (modo), dentre outros.

▶ Exemplos com a preposição *a*: morte *a facadas* (instrumento), ir *a Paris* (lugar), estar *à míngua* (modo) etc.

▶ Exemplos com a preposição *com*: veio *com a tia* (companhia), estava *com medo* (estado), reagiu *com raiva* (modo; causa) etc.

6. Reconheça os diversos significados das expressões com a preposição *de*, destacadas em:

a) Comprei um livro *de fábulas*.   (......................................)

b) O primo *de Maria* voltou *da Bahia*.   (......................................)

c) O castelo *de areia* ruiu.   (......................................)

d) Morreu *de rir*.   (......................................)

e) Era chuva *de verão*.   (......................................)

7. Determine o significado expresso pela preposição nas frases a seguir:

a) A fruta veio *do Sul*. (..)

b) Saímos *com Maria* e fomos à casa *de minha tia*. (..)

c) Estou *com você* nesta! (..)

d) Ela estava *em casa* e cortou-se *com o vidro*. (..)

e) Aline foi *para o exterior*. (..)

2.9.3 Preposição como elo sintático

A PREPOSIÇÃO pode ser empregada às vezes como mero *elo sintático* (Cunha e Cintra, 2013), sem conteúdo nocional. É o caso da preposição que acompanha objeto indireto e complementos nominais, respectivamente em *Obedecer* às *leis*; *amor* a *Deus*. Diz-se então que a preposição se explica por razões de regência.

8. Assinale o caso em que a preposição destoa, por deixar de ser mero *elo sintático*:
a) A primavera agrada aos jovens.
b) Muitos estados brasileiros dependem de investimentos federais.
c) Cada estado do Brasil possui belezas específicas.
d) Discordo totalmente de você!
e) Você difere totalmente de mim.

2.9.4 Preposição e orientação lógica do texto

A PREPOSIÇÃO desempenha papel semelhante ao da conjunção, na estruturação lógica do texto. Ora se emprega a preposição para expressar um argumento de finalidade (*Afastou-se para evitar confrontos*), ora se emprega a preposição para expressar oposição (*Sou contra seu posicionamento*).

9. Reconheça o argumento, ou orientação lógica, expresso pelos pares *preposição // conjunção* nos itens a seguir:

(1) causa   (2) comparação   (3) finalidade   (4) oposição

a) ( ) Prefere frequentar praia cedo, para evitar sol muito quente. // Prefere frequentar praia cedo, para que seja evitado sol muito quente.
b) ( ) Por frequentar praia muito cedo, evito sol muito quente. // Como frequento praia muito cedo, evito sol muito quente.
c) ( ) Ela trabalhou igual a você. // Ela trabalha tanto quanto você (trabalha).
d) ( ) Ela quer tudo, exceto trabalhar. // Ela quer tudo, mas não quer trabalhar.
e) ( ) Ela trabalhou sem obter dinheiro. // Ela trabalhou, sem que obtivesse dinheiro.

2.9.5 Identidade entre preposição e conjunção

As LOCUÇÕES PREPOSITIVAS terminam em preposição, enquanto as conjuntivas terminam em *que*: à frente de (locução prepositiva), à medida que (locução conjuntiva). Uma aproximação bem clara vê-se entre a locução prepositiva *antes de* e a conjuntiva *antes que*:

Vou cedo à praia *antes do* sol muito quente.

Vou cedo à praia, *antes que* o sol esquente.

10. Desenvolva as orações transformando a expressão com preposição em uma oração desenvolvida, com conjunção expressa.
Modelo: Saiu cedo por lugares mais próximos à tela.
R: Saiu cedo porque desejava obter lugares mais próximos à tela.
a) Voltou cedo, *por medo do trânsito*.

b) Saiu cedo, *para evitar o trânsito difícil*.

c) Estava triste *pela traição da amiga*.

d) Ficou revoltada *ante a traição da amiga*.

e) Preparou a carta de demissão *antes da chegada da amiga*.

⊙ DE OLHO VIVO PARA NÃO TROPEÇAR NO EMPREGO DE PREPOSIÇÕES

1. Preposição pedida por determinado verbo (regência verbal).

aludir a	*necessitar de*	*proceder a*
anuir a	*obedecer a*	*referir-se a*
aspirar a	*pagar a*	*visar a*
assistir a	*perdoar a*	
lembrar de, a	*prescindir de*	

2. Preposição pedida por determinado nome (regência nominal).

alusão a	*nocivo a*	*referência a*
hábil em	*obediência a*	*residente em*
lembrança de	*pavor de*	*útil a*
morador em	*próximo de, a*	

3. Locuções prepositivas terminam em preposição (*defronte a, à frente de, prestes a*); locuções conjuntivas terminam em *que* (*à medida que, logo que*).

4. Algumas locuções prepositivas:

abaixo de	*à procura de*	*para cima de*
acima de	*a respeito de*	*para com*
à custa de	*atrás de*	*perto de*
a despeito de	*de acordo com*	*em torno de*
adiante de	*debaixo de*	*por detrás de*
a fim de	*de cima de*	*junto de/a*
além de	*defronte de*	*embaixo de*
ao lado de	*dentro de*	*em cima de*
ao redor de	*depois de*	*em frente de/a*
a par de	*por entre*	*no âmbito de*
apesar de	*para baixo de*	*graças a* etc.

2.10 Interjeição

A INTERJEIÇÃO é considerada uma frase emocional, por sua característica básica de traduzir sensações. Na opinião de alguns estudiosos, a interjeição não deveria integrar o conjunto de classe de palavras, mas nossa finalidade é abranger todas as classes, conforme o ponto de vista gramatical tradicional, o que nos faz considerá-la no conjunto, sem discussões.

Neste subcapítulo destacaremos alguns sentidos expressos pelas interjeições, elencaremos interjeições simples e locuções interjetivas, mostraremos o valor da entoação e do contexto na expressão da emoção pela interjeição, e, especialmente, estabeleceremos com você a diferença entre uma interjeição e uma frase exclamativa, confusão frequente, ocasionada pelo fato de o sinal de exclamação acompanhar ambos os tipos de frases: a da interjeição e a meramente exclamativa.

A interjeição não possui flexão, o que é óbvio, por constituir frase feita. Sobre sua exploração em concurso, você poderá encontrar questões em que ela possa ser cobrada associada à interpretação de textos. Isoladamente nem sempre você encontrará questões de concurso sobre o assunto.

INTERJEIÇÃO é uma forma linguística especial de traduzir emoção, ordem, sensações. Em geral, não se combina gramaticalmente com os demais elementos da oração e, na escrita, ela se faz acompanhar do sinal de exclamação. Diz-se que ela é uma palavra-frase, representada, ora por um conjunto de sons (*Oh! Arre!*), ora por palavra existente na língua ou por conjunto de palavras — empregados em situação particular de tradução de emoção súbita (*Viva! Muito bem!*). Para Cunha e Cintra (2013), a INTERJEIÇÃO não deveria integrar o conjunto de classe de palavras, por equivaler a uma *frase emocional*.

1. Sublinhar as interjeições presentes nas frases a seguir:
a) Você é o máximo, meu amigo!
b) Saúde!
c) Alô! Quem fala?
d) Que coisa desagradável!
e) Ora bolas! Saia logo daí, menino!

2.10.1 Classificação da interjeição

A INTERJEIÇÃO pode constituir-se de um só vocábulo ou de uma locução interjetiva. Pelo sentimento usualmente expresso, classifica-se em:
- aborrecimento: *Ora bolas!*
- admiração: *Ah! Oh!*
- alegria: *Ah! Oba!*
- animação: *Avante! Coragem! Eia! Muito bem! Saúde!*
- aplauso: *Bravo! Viva! Admirável! Muito bom!*
- desejo: *Ah! Oxalá! Quem me dera!*
- despedida: *Adeus! Tchau!*
- dor: *Ai! Ui! Ai de mim!*
- impaciência: *Hum! Hem! Arra! Puxa!*
- espanto: *Ah! Oh! Ih! Puxa! Valha-me Deus!*
- invocação: *Alô! Olá! Psiu! Pst!*
- satisfação: *Oba!*
- silêncio: *Psiu! Silêncio!*
- suspensão: *Basta! Alto lá! Chega!*

2. Sublinhe a interjeição e reconheça o sentido que ela expressa:
a) Ih, quanta conversa paralela, gente!
b) Olá, vamos conversar depois?
c) Pst! Venha cá!
d) Psiu, você pode vir aqui?!
e) Psiu! Olhe o tio dela ali.

3. Reconheça o sentido expresso pelas interjeições nas frases:

a) Viva! Consegui chegar antes dela!   (......................................)

b) Oh! Você estava aí?   (......................................)

c) Silêncio! Agora que seu pai conseguiu dormir!   (......................................)

d) Psiu! Vamos sair logo, para não chamar a atenção.   (......................................)

e) Oba! Amanhã não teremos aula!   (......................................)

2.10.2 Valor da interjeição

O valor significativo da interjeição depende do contexto em que ela se encontra e da entoação que a acompanha. Daí podermos ter *sentimentos diversos expressos pela mesma interjeição*.

4. Reconheça a diferença de valores expressos pelas interjeições:

a) Oh! Você me assustou! (......................................)

b) Oh! Assim você não chega a lugar algum! (......................................)

c) Psiu, venha cá agora! (......................................)

d) Psiu, olha a irmã dela aí! (......................................)

e) Ah, é você! Ah, se eu pudesse voltar a Paris! (......................................)

Saiba mais

Como depende do contexto, é natural que a entonação acompanhe a diversidade da emoção expressa. Assim é com a interjeição *muito bem*: pronunciada devagar, com entonação decrescente, exprime aplauso; acompanhada de expressão de reprovação, passa a traduzir sentimento contrário ao de aplauso. Comparem-se:

Mu u u ui to bem!...
Muito bem! E agora?!

2.10.3 Relação da interjeição com o interlocutor

Ao expressar emoção e sentimentos, a interjeição exprime, sem qualquer estrutura frasal elaborada, o que se passa com o falante. Assim, ao expressar ordem e/ou fazer alguém modificar seu comportamento, ora o falante busca diretamente seu interlocutor, ora expressa, antes de qualquer coisa, sua emoção.

5. Preencha os parênteses com 1 (para emoção do falante) e 2 (para dirigir-se ao interlocutor), conforme a interjeição exprima estado de espírito do falante, ou vise a modificar o comportamento do interlocutor:
a) (   ) Avante! Ataquemos nosso adversário!
b) (   ) Arre! Perco a paciência ante sua teimosia.
c) (   ) Ai, ai, ai, menino! Não mexa nesses enfeites, por favor!
d) (   ) Sentido!
e) (   ) Arre! Chega de fofocas!

2.10.4 Distinção entre interjeição e exclamação

Mattoso Câmara Jr. (1964) distingue *interjeição* (palavras impregnadas de emoção) de *exclamações* (vocábulos soltos emitidos no tom de voz exclamativo — *Admirável!*; ou frases oracionais mais ou menos longas, geralmente iniciados por *que, como, quanto, quão — Que linda vista, hein?!*).

6. Distinga interjeições de frases exclamativas nos itens a seguir, preenchendo os parênteses respectivamente com I ou com E:
a) (   ) Quão difícil está a vida em cidades grandes atualmente!
b) (   ) Muito bem, amiga!
c) (   ) Viva! Você está ótima!
d) (   ) Como você engordou!
e) (   ) Olá, tudo bem?

7. Preencha os parênteses iniciais com (E) — exclamações e (I) — interjeições, e reconheça o sentido que expressam:
a) (   ) — Enfim você apareceu!
b) (   ) — Bom você ter vindo!
c) (   ) — Maravilhoooso!...
d) (   ) — Arre!
e) (   ) — Fora!

8. Assinale o item em que não se encontra interjeição:
a) Bravo! Meu amigo, você não pode negar que meu time venceu este jogo de maneira exemplar, hein?
b) Quanta corrupção estamos vendo no País! Você concorda comigo?
c) Chega! Ninguém aguenta mais ler sobre notícias de corrupção nos dias que correm, certo?
d) Olhe ali o político que encabeça a notícia dos jornais de hoje. Caluda! Tchau!
e) O doente está mal, certo? Precisamos fazer silêncio no recinto. – Psiu!

◉ DE OLHO VIVO PARA NÃO TROPEÇAR NO EMPREGO DE INTERJEIÇÕES

1. Urge não confundir *interjeições* (vocábulos pronunciados com muita emoção e que fogem à estruturação sintática padrão) com *exclamações* (vocábulos soltos emitidos no tom de voz exclamativo), ou frases oracionais mais ou menos longas, geralmente iniciadas por *que, como, quanto, quão*.
Comparem-se
Arre! – interjeição;
Beleza! – exclamação;
— *Quão triste está a moça!* – frase exclamativa.

2. Rocha Lima (1972) lembra a interjeição *caluda*, para expressar pedido de silêncio.

3. Bom lembrar sempre que o valor significativo da interjeição depende do contexto em que ela se encontra, e também da entoação da frase. É a importância da contextualização do discurso, como vemos em Charaudeau e Maingueneau, 2004, p. 171.

4. Há que distinguir interjeição com um só vocábulo (*Ah! Oh!*) e locução interjetiva (*Alto lá! Ora bolas!*).

5. Ao empregar uma interjeição, o falante pode estar apenas expressando sua emoção, mas pode também pretender atingir seu interlocutor.

2.11 Noções úteis ao usuário da língua portuguesa

> Pontuaremos neste capítulo algumas noções básicas de discurso direto e indireto, funções da linguagem, coerência e coesão, figuras de linguagem, modos de organização do discurso, gênero textual, pressuposto e implícito, estilo, gênero de texto, registro de fala, intertextualidade. Bom proveito!

2.11.1 Discurso direto, indireto e indireto livre

Há que distinguir no texto, principalmente o narrativo, três tipos de discurso – o direto, o indireto e o indireto livre. São recursos com que se pode enriquecer uma narrativa, destacando, por exemplo, a fala do personagem no discurso direto. A narrativa se torna mais forte, pela reprodução *ipsis litteris* (com todas as letras) da fala do personagem.

2.11.1.1 Discurso direto

O discurso direto reproduz com exatidão as palavras de alguém. Destacam-se como marcas do discurso direto: vir precedido, geralmente, de travessão e dois-pontos; emprego de primeira pessoa; poder aparecer ladeado de aspas; ser introduzido por um verbo *dicendi* (O réu *disse* apenas: "– *Não sou culpado de coisa alguma!*").

2.11.1.2 Discurso indireto

O discurso indireto reproduz o conteúdo da fala de outrem, sem repetir a forma como foi dita. O conteúdo vem precedido de conjunção integrante *que*, a primeira pessoa é substituída pela terceira, e os tempos verbais se alteram para atender à exigência da nova estruturação (O *réu disse apenas que não era culpado de coisa alguma*).

> 👍 **Saiba mais**
>
> • Verbo *dicendi* ou "verbo de dizer" é o que introduz a fala de outrem "Finalmente ele falou algo: – Não sou culpado", o verbo *dicendi* é o falar.
>
> • Empregam-se como *dicendi*, entre outros, os verbos *afirmar, concordar, dizer, falar, pedir, perguntar*.

1. Destaque as marcas linguísticas do discurso direto no texto:
A criança infringiu uma regra de comportamento do colégio e foi enviada à diretoria. Lá chegando, disse logo: "Não posso ser castigado! Exijo que leiam o Código de direito da criança!" E o diretor riu muito, pois o menino só tinha sete anos.

_____

_____

2. Reescreva o texto dado no enunciado do exercício anterior, substituindo o discurso direto pelo discurso indireto:

_____

_____

_____

_____

2.11.1.3 Discurso indireto livre

O discurso indireto livre associa as duas formas de discurso citadas, pois, sem explicitar o autor da fala, faz uma reprodução dela no texto, geralmente com emprego de algum sinal de pontuação que a destaca *(A insistência do réu na sua inocência, "não sou culpado de coisa alguma", dificultou minha formação de opinião sobre ele)*. Não se emprega a conjunção integrante, mas emprega-se a primeira pessoa na transcrição da fala do réu.

3. Reescreva o texto que segue, empregando discurso indireto livre:
A criança infringiu uma regra de comportamento do colégio e foi enviada à diretoria. Lá chegando, disse logo: "Não posso ser castigado! Exijo que leiam o Código de direito da criança!" E o diretor riu muito, pois o menino só tinha sete anos.

___

___

___

___

2.11.2 Funções da linguagem

As funções da linguagem são seis: REFERENCIAL ou DENOTATIVA (comunicação de forma objetiva, sem comentários pessoais, verbo na terceira ou na primeira pessoa: *Amanhã não vai chover. Viajaremos pela manhã*); EMOTIVA (comunica emoções; uso de primeira pessoa: *Minhas lágrimas expressam minha grande tristeza*); APELATIVA ou CONATIVA (comunicação em busca de convencimento; frequência de pronomes de tratamento: *Você não pode perder essa liquidação!*); METALINGUÍSTICA (usa o código linguístico para falar dele mesmo, na terceira pessoa: *O vocábulo três é monossilábico*); FÁTICA (busca manter o interlocutor preso à comunicação; uso de segunda pessoa: *Alô! Você está acompanhando meu pensamento?*); POÉTICA (comunicação com preocupação estética, caso dos poemas, das letras de música).

4. Reconheça as funções da linguagem nas frases a seguir:
a) Se você chegar cedo, encontrará melhores lugares no salão.

___

b) Olhe aqui, a palavra *comunicação* escreve-se com ç!

___

c) "(Havia pombos...) e libélulas que valsavam com seus vestidos de gaze e seus adereços de ametista". (Cecília Meireles)

d) O quadrado tem quatro lados iguais.

e) Ai que saudades tenho da minha infância em cidade pequena!

2.11.3 Coerência e coesão

Qualidades essenciais que distinguem um texto de um mero conjunto de períodos.

2.11.3.1 Coerência

Coerência é o sentido depreendido das relações lógicas estabelecidas no texto, de modo claro e conciso. O sentido de um texto não se restringe ao significado das expressões na superfície textual; incorpora conhecimento e experiência cotidiana, atitudes e intenções, isto é, fatores não linguísticos. "Um texto coerente é um conjunto harmônico, em que todas as partes se encaixam de maneira complementar, de modo que nada haja de destoante, de ilógico, de contraditório, de desconexo." (Fiorin e Savioli)

2.11.3.2 Coesão

Coesão compreende uma série de mecanismos linguísticos que atuam na estrutura textual; ela possibilita a articulação adequada dos enunciados do texto. Essa articulação se faz pelo léxico e por mecanismos de coesão (conjunção, preposição, palavras denotativas, expressões com formas nominais de verbos (*em se tratando, dito isto, coisas a fazer*), advérbios, pronomes, relação temporal no emprego de tempos verbais, repetição de palavras, substituição por sinônimos e/ou hiperônimos, verbo substitutivo *fazer* e *ser*, forma substitutiva *sim*, elipses etc.
Fávero (1991) distingue 3 tipos de coesão: a referencial, a recorrencial e a sequencial.

2.11.3.3 Coesão referencial por substituição

Coesão referencial se faz por substituição e nela se empregam advérbios pronominais de lugar, pronomes de terceira pessoa, numeral *ambos*, verbo substitutivo *fazer* e *ser*, forma substitutiva *sim*. Exemplo: Carlos foi a Portugal e *lá* ele conheceu a menina *que* não gostava de livros; ele tentou convencê-*la* desse absurdo, mas *foi* (não convenceu) inútil: *ela* não queria ser maluca, e *sim* (queria ser) uma rebelde diferente.

Observação: A retomada de *Portugal* se fez pelo advérbio pronominal de lugar *lá*; de *Carlos*, pelo pronome pessoal *ele*; de menina, pelo pronome relativo *que*, pelo pronome pessoal oblíquo *-la* e o reto *ela*; a forma verbal *foi* substitui a oração *tentar convencer*; a forma *sim* substitui *queria ser*.

5. Reconheça os casos de substituição na coesão referencial dos itens a seguir:
a) Maria anotou todos os itens discutidos na reunião; eu fiz o mesmo.

b) Maria anotou todos os itens discutidos; ela os passou ao secretário.

c) Visitei a casa da Rua das Laranjeiras; ali morou Machado de Assis.

d) Maria e Júlia são belíssimas; ambas são filhas de minha amiga.

e) Minha irmã comprou um lindo sapato; é vermelho.

6. Reconheça os termos e as orações a que se referem os termos em destaque:
a) Só posso lhe dizer *isto*: você errou ao prejulgar-me e vai pagar pelo *erro*.

b) Temos um restaurante muito agradável no bairro; *ali* nos encontramos no primeiro dia de cada mês.

c) Comemorarei meu aniversário no clube *em que* festejei meu casamento.

d) Adoro assistir a corridas de cavalo; desde criança este *animal* me fascina.

e) Ela se referia ao escândalo do dia anterior e *o fez* de forma muito educada.

> 👍 **Saiba mais**
>
> • Bom lembrar a possibilidade da substituição por *elipse* de um termo:
> *Ela comprou um sapato; (ele) é vermelho.*
>
> • Fávero (*op. cit.*) lembra que a substituição por pronomes pessoais só acontece com pronomes de terceira pessoa, já que os de primeira e segunda se referem a entidade fora do texto.
>
> • Chamamos ANÁFORA ao termo que se refere, total ou parcialmente, direta ou indiretamente, a um termo anteriormente visto no texto. Exemplos: Você viu o menino de *quem* lhe falei ontem? O governador Fulano de Tal esteve na inauguração do campo de futebol; o *Governador* aproveitou para fazer campanha política. Maria vai casar-se; *ele* é um político influente nesta cidade. Denomina-se CATÁFORA o termo que se refere ao que é posteriormente citado no texto. Exemplos: Só lhe desejo *isto*: juízo! Vi-*o* ali, José! Você estava de terno.

2.11.3.4 Coesão referencial por reiteração

Coesão referencial também se faz por reiteração, isto é, por repetição de palavras, pelo emprego de sinônimos, hipônimos e hiperônimos, por expressões que equivalem ao conhecimento prévio em relação ao referente. Exemplo: Maria Amélia não gosta de jaca e ninguém convence *minha filha* a comer essa *fruta*. (Aqui há o conhecimento prévio de que Maria Amélia é *minha filha*; jaca é o hipônimo de *fruta*).

> 👍 **Saiba mais**
>
> • Hiperônimo equivale ao gênero: *fruta*.
>
> • Hipônimo é o termo que designa as espécies do hiperônimo: *laranja, pêssego, maçã...*

7. Reconheça os casos de coesão por reiteração nas opções a seguir:

a) Minha amiga presenteou-me com um disco do Orlando Silva, por saber que admiro a voz do Cantor das Multidões.

_____

b) Fomos obsequiados com deliciosas tortas doces e comi uma torta de maçã deliciosa.

_____

c) A água jorrava, era água, água, água por todos os lados.

_____

d) Combinamos reunião em minha casa mesmo, já que meus amigos brincam que meu lar é também a casa deles.

_____

e) Encontrei uma coisa aqui: um antigo brinquedo de meu filho.

_____

> **Saiba mais**
>
> Uma retomada de termo na frase se faz por ANÁFORA (o termo referido já está expresso na frase – Eis a menina *que* roubou o livro) ou por CATÁFORA (antecipação do referente – Só lhe peço *uma coisa*: nada faça!).

2.11.3.5 Coesão referencial recorrencial

É a coesão em que o texto progride
- pela repetição de termos:
    Maria, Maria, Maria das Cores, não Maria das Dores!...

- pelo emprego de estruturas paralelas:
    E rir meu riso e derramar meu pranto. (Vinícius de Moraes)

- por paráfrases (outra formulação de um texto – mesma mensagem, outra formulação):
    Vade retro! (por *Passa fora!*)

- por recursos fonológicos:
    "Entrementes ocorria também o vozejo crocaz do socó: – *cró, cró, cró* ... – *membranosos*." (G. Rosa)

2.11.3.6 Coesão sequencial

É a coesão que cria as condições para o texto progredir.
Acontece de duas formas:
▶ por sequenciação temporal (ordenação dos elementos pela significação, expressões temporais, correlação de tempos verbais):

O homem nasce, vive e morre. Trabalhou muito antes e agora quer recompensa. Peço que saiam / Pedi que saíssem.

▶ por conexão (com emprego de operadores discursivos e pausas):
Se eu pudesse, você trabalharia comigo nesta seção.
"Vim, vi, venci." (Júlio César)

👍 Saiba mais

- Ampliando a exemplificação de coesão por sequenciação temporal:

    Andou, sentou no bar, bebeu cerveja, voltou para casa (ordenação dos elementos pelo significado). *Pela manhã estava bem; à tarde piorou* (ordenação por expressões temporais). *Mandarei que os meninos saiam* (futuro... presente subjuntivo)/ *Mandei que os meninos saíssem* (pretéritos).

- A sequenciação por conexão implica emprego de conjunções na articulação do texto, e ainda pausas indicadas por sinais de pontuação.

    Saímos cedo para que pudéssemos encontrar as crianças ainda na escola (finalidade). *Cheguei cedo, mas não o encontrei na escola* (oposição). *Se sairmos cedo, encontraremos as crianças na escola* (condição). *Estude: evite ser reprovado* (pontuação).

- Conforme Fávero (*op. cit.*, p. 40), a pontuação pode substituir conectores frásicos. Consequentemente indica relações variadas, como as dos conectores: *Chegue cedo: encontrará as crianças ainda na escola* (pausa; dois-pontos substituindo conector; ideia de consequência).

- A coesão sequencial por conexão é a responsável pelas *relações estabelecidas na construção da argumentação*.

- Funcionam também como mecanismos de coesão:
    - Expressões com gerúndio (em se *tratando*), com particípios (*feito* isto...), e com infinitivo (coisas a *fazer*).
    - A nominalização (emprego de substantivos que remetem ao verbo e aos termos a eles ligados): Os *grevistas* paralisaram as aulas; a paralisação durou quase um mês.

8. Complete adequadamente o período com um dos conectivos entre parênteses:
O que mais incomoda os verdadeiros brasileiros é a corrupção que grassa sem controle no País, ... as pessoas de bem ainda não encontraram meios de sustá-la.
(posto que; uma vez que)

9. Conecte os períodos de cada item, conforme o sentido solicitado nos parênteses.
a) Muitos países da América Latina voltam-se para métodos educacionais inovadores. Atualmente há um empenho na busca da chamada "avaliação educativa". (causa)

_____

b) Vários critérios vêm sendo debatidos. A avaliação educativa deve ser entendida como inserida em um projeto político-pedagógico. (finalidade)

_____

c) A criatividade de Drummond, no poema intitulado *Letras louvando Pelé*, é magistral. O poeta brinca com as palavras como Pelé com a bola, no futebol. (causa)

_____

d) Melhor encarar de pronto os problemas encontrados. Ficará mais fácil a solução deles. (condição)

_____

e) Ela está sempre de bem com a vida. Não parece. (concessão)

_____

10. Não parece haver uma relação entre as três falas que formam o diálogo abaixo. No entanto pode-se estabelecer as "pontes" que faltam entre elas e, facilmente, inferir o seu significado. Tente fazê-lo:

— Maria está chegando. _____

— Vou para o meu quarto. _____

— Está bem. Vou recebê-la. _____

2.11.4 Linguagem figurada – conotação e denotação

Distinguem-se tradicionalmente dois tipos de linguagem:
▶ a denotação (emprego da palavra em seu sentido exato), e

▶ a conotação (emprego da palavra, ou elaboração de construções frásicas, de forma inusitada, em busca de maior expressividade).

A LINGUAGEM FIGURADA ou CONOTAÇÃO caracteriza-se, pois, como importante recurso na comunicação. Compreende recursos de naturezas diversas, em que se trabalham recursos fônicos, sintáticos, morfológicos e semânticos da língua.

11. Preencha os parênteses com C ou D, conforme se distinga, ou não, no período, respectivamente, exemplo de conotação ou de denotação:
a) (   ) "O que vale na vida não é o ponto de partida e sim a caminhada. Caminhando e semeando, no fim terás o que colher." (Cora Coralina)
b) (   ) Este corante é usado mundialmente na indústria têxtil.
c) (   ) Baterias de lítio são empregadas em carros elétricos.
d) (   ) "Cerveja que desce redondo".
e) (   ) Sangra a alma do Brasil ante tanta corrupção.

2.11.5 Figuras de linguagem

Entende-se como FIGURA DE LINGUAGEM o produto linguístico em que o usuário da língua elabora uma comunicação linguageira de forma mais expressiva, a partir dos recursos que lhe propicia a língua. Essa variação acontece em diferentes partes da gramática – na fonética, na morfologia, na sintaxe, na semântica.

2.11.5.1 Figura de linguagem – metáfora

A figura de linguagem mais empregada é a METÁFORA – emprego de uma palavra com novo sentido, com base na associação comparativa de alguma unidade de significação do termo primitivo. Em *Ele é um leão*, por exemplo, destaca-se a força da pessoa, associada à força física do animal.

12. Assinale a opção em que acontece o emprego metafórico do termo destacado:
a) Você não é o *Pelé*, mas se parece com ele.
b) Você não é um *neymar*, mas joga futebol razoavelmente bem.
c) Uso sempre o *Feijão Saci* em minhas feijoadas.
d) Por que você também não experimenta usar *Feijão Saci* nas feijoadas?
e) Preciso ler a obra de *Guimarães Rosa*.

2.11.5.2 Figuras de linguagem – comparação, metonímia, catacrese, antonomásia, sinédoque, sinestesia

Figuras em que se faz uma transposição de significados entre palavras, como se faz na metáfora:

▶ COMPARAÇÃO: aproximação de dois termos, com base em alguma semelhança de significado, distinta da metáfora, pela presença do conectivo comparativo (Ela reagiu *como uma leoa*).

▶ METONÍMIA: emprego de um termo por outro, com base em alguma relação entre eles, tal como efeito e causa, continente e conteúdo, autor e obra (Respeite-lhe as *cãs*. Bebi um *copo de leite*. Gosto de ler *Guimarães Rosa*).

▶ CATACRESE: uma metáfora esvaziada, pelo uso já frequente do termo (*pés de mesa*).

▶ ANTONOMÁSIA: substituição de um nome por outro, ou por uma perífrase que se relaciona de algum modo ao nome substituído: Antônio Francisco Lisboa (por *Aleijadinho*, pela sua deformidade física), Paris (por *Cidade Luz*, pelo elevado nível cultural), Pelé (por *Rei do Futebol*, pelo seu notável desempenho nesse esporte).

▶ SINÉDOQUE: emprego de um termo por outro, com base no alargamento ou na diminuição de significado (parte pelo todo, gênero pela espécie): Não tinha *teto* (por *moradia*). *O Brasil* (os *brasileiros*) estava estarrecido.

▶ SINESTESIA: associação de percepções distintas entre um verbo e um substantivo (desespero de *ouvir* a *cor* púrpura da dor – audição/ visão), ou entre um substantivo e um adjetivo (*perfume gritante* das flores de maio – odor / audição).

13. Efetue o casamento das colunas a seguir, com o preenchimento dos parênteses, conforme o emprego conotativo das palavras nas frases:

a) ( ) Ele nunca leu Machado de Assis.
b) ( ) Devemos honrar nossa bandeira!
c) ( ) Os mortais sabem disso.
d) ( ) Bebeu um copo de suco, hein?
e) ( ) Ela é a cocadinha dos pais!

(A) metáfora
(B) metonímia
(C) sinédoque

14. Assinale o item em que não se emprega metonímia, nem sinédoque:
a) Bebi todo o suco de abacaxi do jarro.
b) Comprei belíssima porcelana naquela loja.
c) O professor elogiou o trabalho do aluno.
d) Você bebeu champagne demais.
e) Quase todo o Brasil está revoltado com o roubo.

2.11.5.3 Figuras de linguagem – aliteração, assonância

Elaboração de frases com repetição de sons:
► ALITERAÇÃO (repetição de sons consonantais):
"Vozes veladas, veludosas vozes..." (Cruz e Sousa)

► ASSONÂNCIA (repetição de sons vocálicos):
"A bela bola/ rola:/ a bela bola do Raul..." (Cecília Meireles, "Jogo de bola")

15. Reconheça casos de aliteração (AL) e de assonância (AS) a seguir:
a) ( ) "O rato roeu a roupa do rei".
b) ( ) "Com grandes golpes bato à porta e brado". (A. de Quental, *apud* Rocha Lima)
c) ( ) Ana Arabela ama Anacleto.
d) ( ) "É uma dança nova / que bole, bole, bole". (Exaltação do samba. *A dança do bole, bole*)
e) ( ) Para Mara, Ana acata fala da Anália.

2.11.5.4 Figuras de linguagem – anacoluto, polissíndeto, assíndeto, pleonasmo

São recursos em que se explora a estruturação da frase:
▶ ANACOLUTO: termo aparentemente solto na frase:
Ela ... parece que não gosto mesmo dela.

▶ POLISSÍNDETO: recurso em que se repetem conectivos dentro da oração, ou no período:
Compramos livros, e cadernos, e esferográficas, e lápis de cor. Ela andava, e parava, e gesticulava, e falava, e...

▶ ASSÍNDETO: recurso que consiste na omissão de conjunções (geralmente as aditivas):
"Vim, vi, venci". (Júlio César)

▶ PLEONASMO ou REDUNDÂNCIA: recurso de intensificação em que se repetem palavras ou em que se repete ideia já contida na palavra anterior:
João, João, o que queres? Vamos *intensificar* esse *aumento* de cores?
Observação: Pleonasmo pode ser vicioso (*subir para cima*), se não há razão especial para a repetição.

16. Reconheça os casos de anacoluto (1), polissíndeto (2), assíndeto (3) e pleonasmo (4):
a) (   ) A mim me parece que hoje ainda chove.
b) (   ) Estudou muito; não fez boa prova.
c) (   ) E assim eu... nada me consta contra você.
d) (   ) Fala pouco, sai pouco, nunca chega à janela.
e) (   ) E fala, e gesticula, e grita, e senta, e levanta...

2.11.5.5 Figuras de linguagem – hipérbato, elipse, silepse, zeugma

Figuras em que o recurso também se relaciona à estruturação da frase:
▶ HIPÉRBATO: inversão da ordem normal das palavras:
Indigno és de piedade nossa.

▶ ELIPSE: omissão de termo facilmente subentendido:
Chegamos (nós) cedo. Ela saiu e (ela) voltou logo.

▶ SILEPSE: concordância feita antes com a ideia que se deseja transmitir:
  Você é *digno*. (silepse de gênero – *você* refere-se a uma pessoa do gênero masculino).
  O *Brasil* está *atônito* diante de tanta corrupção! (silepse de número – *Brasil* por *brasileiros*).
  Amigo, *vamos* tratar hoje da falta de honestidade que grassa o País (silepse de pessoa – inclui-se a primeira pessoa e o verbo vai para o plural da primeira pessoa).

▶ ZEUGMA: omissão de termo (mais frequentemente o verbo) já expresso anteriormente:
  Frequento aulas de línguas, minha irmã, (frequenta aulas) *de ginástica*.

17. Reconheça as figuras de linguagem encontradas nas opções a seguir:
a) "É que tem mais chão nos meus olhos do que cansaço nas minhas pernas, mais esperança nos meus passos do que tristeza nos meus ombros, mais estrada no meu coração do que medo na minha cabeça." (Cora Coralina)
b) Os alunos do Colégio X, estamos preocupados com os assaltos.
c) "Ouviram do (rio) Ipiranga as margens plácidas".
d) Marta chegou às 20 horas; Maria só às 23 horas.
e) Mais de cem prisioneiros deixaram a prisão; o medo era sermos aprisionados novamente.

2.11.5.6 Figuras de linguagem – gradação, anáfora, antítese, paradoxo

São figuras com alteração na sintaxe, ou na estruturação da frase.
▶ GRADAÇÃO: sequência de termos em gradação ascendente (*clímax*), ou descendente (*anticlímax*) de significado:
  Maria era bonita, linda, maravilhosa! Foi milionária, rica, remediada, pobre.

▶ ANÁFORA: repetição de uma expressão no início de orações, ou em espaços regulares, dentro do período:
  Amiga leal, o que me traz aí, amiga leal, a que veio?!
  Você, amiga leal veio a mim e, amiga leal, me trouxe paz.

▶ ANTÍTESE: aproximam-se sequencialmente palavras de significados opostos:
  Era um *espetáculo de vida e de morte*.

▶ PARADOXO: construção sintática em que se evidencia um contrassenso, por uma relação em que há uma dependência aparentemente impossível de ideias contrárias:
  "Amor é dor que *desatina* sem doer" (Camões).
Observação: Antítese – opõe sentido das palavras; paradoxo – opõe conceitos.

18. Reconheça os casos de gradação (1), anáfora (2), antítese (3) e paradoxo (4).
a) (   ) Ela era simples, era analfabeta, era um zero!
b) (   ) Eis um triste momento feliz, pois os louvores à pessoa faziam presente uma grande saudade.
c) (   ) Nem te conto! Maria está rica, milionária!
d) (   ) Pobre ou rico, feio ou bonito, gordo ou magro, seja apenas honesto, rapaz!
e) (   ) (amor) "É um não querer mais que bem querer". (Camões)

2.11.5.7 Figuras de linguagem – eufemismo, ironia, hipérbole, prosopopeia

São figuras com alterações na expressão das ideias.
▶ EUFEMISMO: fala em que se minimizam excessos na comunicação pelo emprego de termos mais suaves:
passar desta para melhor por *falecer*.

▶ IRONIA: fala em que se diz o contrário do que se deseja comunicar:
Você é um amigão que me causa tamanho desconforto, hein?

▶ HIPÉRBOLE: figura em que se amplia ou diminui uma realidade:
Ela chorou um mar de lágrimas.
Você não tem um milímetro de razão no que diz.

▶ PROSOPOPEIA ou PERSONIFICAÇÃO: atribuição de ações e sentimentos próprios de seres humanos a animais e/ou seres inanimados:
O galo chorou.
O lago compreendia a minha dor.

19. Reconheça os casos de eufemismo (1), ironia (2), hipérbole (3) e personificação (4):
a) (   ) Você viu o que falou o cachorrinho da Net?
b) (   ) O bondoso senhor divertia-se matando pássaros na mata.
c) (   ) Os políticos se incumbem de aliviar os cofres públicos.
d) (   ) Para aquele famoso homem público milhões são pixulecos.
e) (   ) Até os pássaros estranhariam tanta corrupção.

2.11.6 Modo de organização do discurso. Tipologia textual

Conforme predomine no texto determinada organização formal, há que distinguir o
▶ DESCRITIVO: localiza, qualifica ou caracteriza o que descreve, com emprego de substantivos, adjetivos e orações adjetivas, verbos de estado, indicadores (pronomes pessoais, demonstrativos, possessivos);

▶ NARRATIVO: conta um fato, com situação, complicação da ação e final da trama; emprego de verbos de ação, conectores, indicadores;

▶ EXPOSITIVO: noticia um fato, apresenta algo, com isenção pessoal, sem argumentos; emprego das diversas classes de palavras;

▶ ARGUMENTATIVO: busca-se convencer alguém, com exposição lógica de um raciocínio, com argumentos e provas; estruturado com tese, premissas, argumentos e contra-argumentos, síntese, conclusão; emprego de modalizadores, conectivos.

Observação: Há quem acrescente o

▶ INJUNTIVO: orienta e/ou procura convencer alguém a uma determinada atitude. Emprega muito o modo imperativo. Exemplo: bula de remédio, manual de instrução.

👍 Saiba mais

• Texto argumentativo difere do meramente expositivo: este explica, exemplifica, expõe um fato; aquele busca convencimento.

• Ao classificarmos um texto quanto à sua tipologia, falamos da estrutura predominante. Dentro da argumentação pode haver, por exemplo, descrições, narrações; dentro da narração provavelmente haverá descrição – para situar a história.

• O texto descritivo caracteriza-se por não apresentar ações sequenciadas. Ele localiza, qualifica ou caracteriza o que descreve, com emprego de substantivos, adjetivos e orações adjetivas, verbos de estado, indicadores (pronomes pessoais, demonstrativos, possessivos), artigos, alguns advérbios, particípios, verbos de ação no presente e no imperfeito do indicativo ou do subjuntivo, mais-que-perfeito do indicativo e tempos compostos.

20. Reconheça como descritivo (D), narrativo (N), dissertativo expositivo (DE), dissertativo argumentativo (DA), injuntivo (I) os períodos a seguir:
a) ( ) "Ao redor, bons pastos, boa gente, terra boa para o arroz" (G.Rosa).
b) ( ) O termo *propaganda* vem do gerúndio do verbo latino *propagare*.
c) ( ) Conheci o menino no bate-bola de rua; o tempo passou e ele tornou-se vereador, depois governador .
d) ( ) Se você preza sua honestidade, nunca entre para a política.
e) ( ) Misture a aveia no leite frio, leve ao fogo e continue mexendo.

2.11.7 Gênero textual

Gênero é a variação tipológica do texto, conforme sua fundamentação sociocomunicativa. Pela variedade de suas finalidades, são vários os gêneros de textos, orais ou escritos: telefonema, carta, conto, crônica, reportagem, histórias em quadrinhos, lista de compras, conversa pelo computador, *outdoor*, propaganda, provérbio, publicidade, aforismo etc.

Saiba mais

• Aforismo é a expressão de um pensamento moral de forma breve, sucinta. Sinônimos de aforismos: ditado, máxima, adágio, axioma, provérbio e sentença.
   "Rir é o melhor remédio." "Seria cômico se não fosse trágico."

• Publicidade e propaganda são gêneros de texto em que se busca informar o destinatário; a diferença básica entre eles reside no fato de a publicidade visar à venda de um produto, preocupação inexistente na propaganda.

21. Reconheça o gênero dos minitextos a seguir.
a) Melhor sem milhão que vinte anos de prisão.   (..........................)

b) Comprar 3 rolos de papel gordura, 2 kg de arroz, 1 l de leite.(..........................)

c) – Alô, posso falar com seu irmão? (..)

d) Hj vc vem? Tá. (..)

e) Quem muito quer tudo perde. (..)

2.11.8 Implícitos

Frequentemente encontram-se ideias implícitas numa comunicação. Há dois tipos de implícitos:

- o pressuposto – sugerido no texto, por marcas linguísticas (tempos verbais, advérbios, locuções adverbiais); não admite ser negado: Ela saiu. Ela já saiu (*estava aqui antes*). Ela não toca no assunto mais (*antes tocava*). Deixou de fumar (*antes fumava*);

- o subentendido – não possui marcas linguísticas; depende de conhecimento de mundo do interlocutor para interpretá-lo; admite negação: A este médico eu não procuro (*O médico deve ter errado no diagnóstico, ou no tratamento de alguém*).

22. Estabeleça o pressuposto e o subentendido para cada opção a seguir.

a) Se você for a Itaipava neste final de semana, leve agasalho.
_____
_____

b) Você vai encarar as curvas daquela estrada com chuva?
_____
_____

c) Boca fechada não entra mosquito.
_____
_____
_____

d) Se queres manter tua honestidade, nunca sejas político nesta terra.

e) Água mole em pedra dura dando dá até que fure.

23. Explique a coerência dos períodos a seguir, observando se ela acontece por relações implícitas de pressuposto ou de subentendido:
a) Quem muito quer tudo perde.

b) José deixou de fumar e espera que seu pulmão melhore.

c) Meu avô estava feliz: conseguiu o passe de idoso para ônibus.

d) Meu filho casou-se; ela é médica.

e) Chegaremos cedo, para obter melhores lugares.

24. Coloque nos parênteses IL ou IC, conforme a incoerência das frases aconteça no nível linguístico ou no nível do conhecimento de mundo:
a) (   ) Ela já tinha chegado e estava chegando à nossa casa.
b) (   ) Ele deixou de pagar várias prestações e espera retirar o carro hoje.
c) (   ) Ela estava feliz: seu exame bacteriológico de sangue deu positivo.
d) (   ) Amanhã fui ao médico.
e) (   ) Chegou cedo, porque o trânsito estava congestionado.

25. Explique uma possível coerência na frase *O dia agora está bonito porque você chegou*, pelo conhecimento comum entre os falantes.

___

26. Explique em que reside o humor da piada a seguir:
Bin Laden, em fins de 2001, avisa a Bush ter duas notícias, uma boa, outra ruim, para dar ao presidente dos EUA. Bush pede primeiro a boa notícia e Laden diz: — Vou entregar-me pessoalmente a você! Bush então pede a segunda notícia, ao que responde Laden: — Vou de avião!

___

2.11.9 Estilo

Estilo é a maneira, o modo particular (pessoal, ou de grupo) de apresentar-se. Assim temos, na moda, Dior; na arquitetura, Niemeyer; na literatura, um escritor romântico (Alencar), ou um realista (Aluísio Azevedo), estilo pessoal de um poeta (João Cabral de Melo neto e seu estilo concreto, seco), de determinado escritor (Guimarães Rosa e a criação de neologismos).

Na literatura, distinguem-se, por características formais e seleção de conteúdos, alguns estilos, tais como: épico, lírico, satírico, técnico.

👍 Saiba mais

- O GÊNERO ÉPICO é uma narrativa, geralmente em versos, sobre um fato heroico da história de um povo, com presença de figuras fantasiosas. Quando as ações são narradas por versos, temos o poema épico ou epopeia. Dentre as principais epopeias, temos: *Ilíada* e *Odisseia*.

> - **O GÊNERO LÍRICO** é aquele em que predomina a expressão de sentimentos e emoções subjetivas do sujeito – o eu lírico.
>
> - **O GÊNERO SATÍRICO** é aquele em se ridiculariza uma organização, um tema do momento (Ampliou-se o Ministério da Ignorância), ou alguém (caso das cantigas de maldizer).
>
> - **O GÊNERO TÉCNICO** é aquele em que os textos se dirigem a determinada área, apresentam vocabulário específico e escassez de expressão de sentimentos.

2.11.10 Registros de fala

Certas escolhas no uso da língua se estendem a formas de ajustar a comunicação linguageira a uma situação determinada. As diferenças entre linguagem mais formal, menos formal, familiar etc. são vistas nos chamados REGISTROS DE FALA. A seleção de uma linguagem para adaptar o texto a uma finalidade acontece no léxico, nas construções sintáticas, na situação e na adaptação conforme a idade, o meio social e cultural do destinatário.

Assim, há que distinguir graus de formalidade na linguagem:
▶ ORAL: oratório, formal, coloquial tenso e coloquial menos relaxado;

▶ ESCRITA: literário, formal, informal.

Vejam-se alguns exemplos:
- Registro informal, modalidade oral e/ou escrita:
— Ei, gente boa! Hoje é dia de apresentação da peça do colega Fulano e todo mundo tem de ir. Falei? Tamo nessa ou num tamo?

- Registro formal, coloquial tenso, modalidade oral da língua:
— Olá, amigos! Hoje é dia de nosso colega Fulano apresentar-se na peça "Dueto". Bom seria que todos nós o prestigiássemos, certo?

- Registro formal, modalidade escrita:
Meus amigos, quero lembrar a vocês que hoje nosso colega Fulano apresenta-se na peça "Dueto". Convido-os a prestigiar o colega. Agradecido.

27. Reconheça o registro de fala dos minitextos a seguir, bem como a modalidade oral ou escrita:

a) Oi, Brô! Tudo em cima pra night? (................................)

b) Meu amigo, hoje tenho compromisso. Pode ser amanhã? (................................)

c) Senhores, a reunião está encerrada! (................................)

d) Impossibilitado de fazê-lo pessoalmente, venho, por esta, parabenizá-lo por seu aniversário. (................................)

e) Felicidades em sua nova fase de vida. Abraços extensivos a sua família. (................................)

2.11.11 Intertextualidade

Equivale à retomada que um texto faz de outro já existente, de forma implícita ou explícita. Seu reconhecimento depende do conhecimento de mundo dos participantes da comunicação. Basicamente a intertextualidade acontece por paráfrase e por paródia.

Pela paráfrase a intertextualidade equivale à referência a outro texto com o objetivo de reforçar, de exaltar sua mensagem:

Amiga, no meio do meu caminho tinha uma pedra, mas consegui passar por ela e vencer!

Pela paródia, ao contrário, a ideia é de criticar o texto primeiro:

Amiga, no meio do meu caminho tinha uma pedra e, como de esperar, tropecei e caí!

28. Reconheça exemplo de intertextualidade no texto:
Minha terra tem palmeiras
onde (en)canta o sabiá.
Políticos já não (en)cantam:
delação por delação,
premiado não o povo.
Aqueles são presos, saem;
o povo fica co'a conta!

Questões do ENEM e de Vestibulares

A seguir, apresentamos questões objetivas e discursivas, do Enem e também de vestibulares. Nas respostas comentadas, destacamos o assunto pontuado na questão (classe de palavra, modo de organização do texto, figuras de linguagem, funções da linguagem, formação de palavras, denotação e conotação, coesão textual). Ao citar a página em que tal assunto é tratado, no capítulo *Morfologia*, pretendemos convidar você a ler mais sobre ele.

I. *Conjunção*
1. (ENEM) Os filhos de Ana eram bons, uma coisa verdadeira e sumarenta. Cresciam, tomavam banho, exigiam para si, malcriados, instantes cada vez mais completos. A cozinha era enfim espaçosa, o fogão enguiçado dava estouros. O calor era forte no apartamento que estavam aos poucos pagando. *Mas* o vento batendo nas cortinas que ela mesma cortara lembrava-lhe que se quisesse podia parar e enxugar a testa, olhando o calmo horizonte. Como um lavrador. Ela plantara as sementes que tinha na mão, não outras, *mas* essas apenas.

LISPECTOR, C. *Laços de família*. Rio de Janeiro: Rocco, 1998.

A autora emprega por duas vezes o conectivo *mas*, no fragmento apresentado. Observando aspectos da organização, estruturação e funcionalidade dos elementos que articulam o texto, o conectivo *mas*
a) expressa o mesmo conteúdo nas duas situações em que aparece no texto;
b) quebra a fluidez e prejudica a compreensão se usado no início da frase;
c) ocupa posição fixa, sendo inadequado seu uso na abertura da frase;
d) contém uma ideia de sequência temporal que direciona a conclusão do leitor;
e) assume funções discursivas distintas nos dois contextos de uso.

II. *Substantivo e descrição*
2. (ENEM) O Rio de Janeiro tem projeção imediata no próprio estado e no Espírito Santo, em parcela do sul do estado da Bahia, e na Zona da Mata, em Minas Gerais, onde tem influência dividida com Belo Horizonte. Compõem a rede urbana do Rio de Janeiro, entre outras cidades: Vitória, Juiz de Fora, Cachoeiro de Itapemirim, Campos dos Goytacazes, Volta Redonda – Barra Mansa, Teixeira de Freitas, Angra dos Reis e Teresópolis.

Disponível em: http://ibge.gov.br. Acesso em: 9 jul. 2015 (adaptado).

O conceito que expressa a relação entre o espaço apresentado e a cidade do Rio de Janeiro é:
a) Frente pioneira.
b) Zona de transição.
c) Região polarizada.
d) Área de conturbação.
e) Periferia metropolitana.

III. *Substantivo abstrato; dissertação; verbo modalizador*

3. (ENEM) No início de maio de 2014, a instalação da plataforma petrolífera de perfuração HYSY-981 nas águas contestadas do Mar da China Meridional suscitou especulações sobre as motivações chinesas. Na avaliação de diversos observadores ocidentais, Pequim pretendeu, com esse gesto, demonstrar que pode impor seu controle e dissuadir outros países de seguir com suas reivindicações de direito de exploração dessas águas, como é o caso do Vietnã e das Filipinas.

KLARE, M. T. A guerra pelo petróleo se joga no mar. *Le Monde Diplomatique Brasil*, abr. 2015.

A ação da China em relação à situação descrita no texto evidencia um conflito que tem como foco o(a)
a) distribuição das zonas econômicas especiais.
b) monopólio das inovações tecnológicas extrativas.
c) dinamização da atividade comercial.
d) jurisdição da soberania territorial.
e) embargo da produção industrial.

IV. *Funções da linguagem*
4. (ENEM) Texto
A biosfera, que reúne todos os ambientes onde se desenvolvem os seres vivos, se divide em unidades menores chamadas ecossistemas, que podem ser uma floresta, um deserto e até um lago. Um ecossistema tem múltiplos mecanismos que regulam o número de organismos dentro dele, controlando sua reprodução, crescimento e migrações.

DUARTE, M. *O guia dos curiosos*. São Paulo: Companhia das Letras, 1995.

Predomina no texto a função da linguagem
a) emotiva, porque o autor expressa seu sentimento em relação à ecologia.
b) fática, porque o texto testa o funcionamento do canal de comunicação.
c) poética, porque o texto chama a atenção para os recursos de linguagem.
d) conativa, porque o texto procura orientar comportamentos do leitor.
e) referencial, porque o texto trata de noções e informações conceituais.

V. *Adjetivo e linguagem figurada*
(UERJ) "O Arrastão"
Estarrecedor, nefando, inominável, infame. Gasto logo os adjetivos porque eles fracassam em dizer o sentimento que os fatos impõem. Uma trabalhadora brasileira, descendente de escravos, como tantos, que cuida de quatro filhos e quatro sobrinhos, que parte para o trabalho às quatro e meia das manhãs de todas as semanas, que administra com o marido um ganho de mil e seiscentos reais, que paga pontualmente seus carnês, como milhões de trabalhadores brasileiros, é baleada em circunstâncias não esclarecidas no Morro da Con-

gonha e, levada como carga no porta-malas de um carro policial a pretexto de ser atendida, é arrastada à morte, a céu aberto, pelo asfalto do Rio.

Não vou me deter nas versões apresentadas pelos advogados dos policiais. Todas as vozes terão que ser ouvidas, e com muita atenção à voz daqueles que nunca são ouvidos. Mas, antes das versões, o fato é que esse porta-malas, ao se abrir fora do *script*, escancarou um real que está acostumado a existir na sombra. (...)

É uma imagem verdadeiramente surreal, não porque esteja fora da realidade, mas porque destampa, por um "acaso objetivo" (a expressão era usada pelos surrealistas), uma cena recalcada da consciência nacional, com tudo o que tem de violência naturalizada e corriqueira, tratamento degradante dado aos pobres, estupidez elevada ao cúmulo, ignorância bruta transformada em trapalhada transcendental, além de um índice grotesco de métodos de camuflagem e desaparição de pessoas. Pois assim como Amarildo é aquele que desapareceu das vistas, e não faz muito tempo, Cláudia é aquela que subitamente salta à vista, e ambos soam, queira-se ou não, como o verso e o reverso do mesmo. O acaso da queda de Cláudia dá a ver algo do que não pudemos ver no caso do desaparecimento de Amarildo. (...).

José Miguel Wisnik. Adaptado de oglobo.globo.com, 22-3-2014.

5. (UERJ) "O Arrastão"
No início do texto, ao expressar sua indignação em relação ao tema abordado, o autor apresenta uma reflexão sobre o emprego de adjetivos.
Essa reflexão está associada à seguinte ideia:
a) o fato exige análise criteriosa
b) o contexto constrói ambiguidade
c) a linguagem se mostra insuficiente
d) a violência pede descrição cuidadosa

6. (UERJ) "O Arrastão"
Pois assim como Amarildo *é* aquele que desapareceu das vistas, e não faz muito tempo, Cláudia *é* aquela que subitamente salta à vista, e ambos soam, queira-se ou não, como o verso e o reverso do mesmo. (l. 22-24)
Neste trecho, para aproximar dois casos recentemente noticiados na imprensa, o autor emprega um recurso de linguagem denominado:
a) antítese
b) negação
c) metonímia
d) personificação

VI. *Figuras de linguagem, diminutivo intensificador, sintagma "a gente".*
(UERJ) "Canção do ver"
   Fomos rever o poste.
   O mesmo poste de quando a gente brincava de pique
   e de esconder.
   Agora ele estava tão verdinho!
5 O corpo recoberto de limo e borboletas.
   Eu quis filmar o abandono do poste.
   O seu estar parado.
   O seu não ter voz.
   O seu não ter sequer mãos para se pronunciar com
10 as mãos.
   Penso que a natureza o adotara em árvore.
   Porque eu bem cheguei de ouvir arrulos de passarinhos
   que um dia teriam cantado entre as suas folhas.
   Tentei transcrever para flauta a ternura dos arrulos.
15 Mas o mato era mudo.
   Agora o poste se inclina para o chão - como alguém
   que procurasse o chão para repouso.
   Tivemos saudades de nós.
       Manoel de Barros. *Poesia completa*. São Paulo: Leya, 2010.

7. (UERJ) "Canção do ver"
No poema, o poste é associado à própria vida do eu poético. Nessa associação, a imagem do poste se constrói pelo seguinte recurso da linguagem:
a) anáfora
b) metáfora
c) sinonímia
d) hipérbole

8. (UERJ) O título *Canção do ver* reúne duas esferas diferentes dos sentidos humanos: audição e visão. No entanto, no decorrer do poema, a visão predomina sobre a audição. Os dois elementos que confirmam isso são:
a) o imobilismo do poste e a saudade dos tempos passados
b) a inclinação do poste e sua adoção pela paisagem natural
c) a aparência do poste e a suposição do arrulo dos passarinhos
d) o silêncio do poste e a impossibilidade de transcrição musical

9. (UERJ) "Canção do ver"
Agora ele estava tão verdinho! (v. 4) De modo diferente do que ocorre em *passarinhos*, o emprego do diminutivo, no verso acima, contribui para expressar um sentido de:
a) oposição
b) gradação
c) proporção
d) intensidade

10. (UERJ) "Canção do ver"
A memória expressa pelo enunciador do texto não pertence somente a ele. Na construção do poema, essa ideia é reforçada pelo emprego de:
a) tempo passado e presente
b) linguagem visual e musical
c) descrição objetiva e subjetiva
d) primeira pessoa do singular e do plural

VII. *Funções da linguagem*
(ENEM) "14 coisas que você não deve jogar na privada"
Nem no ralo. Elas poluem rios, lagos e mares, o que contamina o ambiente e os animais. Também deixa mais difícil obter a água que nós mesmos usaremos. Alguns produtos podem causar entupimentos:
cotonete e fio dental;
medicamento e preservativo;
óleo de cozinha;
ponta de cigarro;
poeira de varrição de casa;
fio de cabelo e pelo de animais;
tinta que não seja à base de água;
querosene, gasolina, solvente, tíner.
Jogue esses produtos no lixo comum. Alguns deles, como óleo de cozinha, medicamento e tinta, podem ser levados a pontos de coleta especiais, que darão a destinação final adequada.
MORGADO, M.; EMASA. Manual de etiqueta. *Planeta Sustentável*, jul.-ago. 2013 (adaptado).

11. O texto acima tem objetivo educativo. Nesse sentido, além do foco no interlocutor, que caracteriza a função conativa da linguagem, predomina também a função referencial, que busca
a) despertar no leitor sentimentos de amor pela natureza, induzindo-o a ter atitudes responsáveis que beneficiarão a sustentabilidade do planeta.
b) informar o leitor sobre as consequências da destinação inadequada do lixo, orientando-o sobre como fazer o correto descarte de alguns dejetos.

c) transmitir uma mensagem de caráter subjetivo, mostrando exemplos de atitudes sustentáveis do autor do texto em relação ao planeta.
d) estabelecer uma comunicação com o leitor, procurando certificar-se de que a mensagem sobre ações de sustentabilidade está sendo compreendida.
e) explorar o uso da linguagem, conceituando detalhadamente os termos utilizados de forma a proporcionar melhor compreensão do texto.

VIII. *Gerúndio, vozes do verbo, formação de palavras*
12. (PUC-Rio) Texto 1
Os filósofos chineses viam a realidade, a cuja essência primária chamaram *tao*, como um processo de contínuo fluxo e mudança. Na concepção deles, todos os fenômenos que observamos participam desse processo cósmico e são, pois, intrinsecamente dinâmicos. A principal característica do *tao* é a natureza cíclica de seu movimento incessante; a natureza, em todos os seus aspectos – tanto os do mundo físico quanto os dos domínios psicológico e social –, exibe padrões cíclicos. Os chineses atribuem a essa ideia de padrões cíclicos uma estrutura definida, mediante a introdução dos opostos *yin* e *yang*, os dois polos que fixam os limites para os ciclos de mudança: "Tendo *yang* atingido seu clímax, retira-se em favor do *yin*; tendo o *yin* atingido seu clímax, retira-se em favor do *yang*". Na concepção chinesa, todas as manifestações do *tao* são geradas pela interação dinâmica desses dois polos arquetípicos, os quais estão associados a numerosas imagens de opostos colhidas na natureza e na vida social. É importante, e muito difícil para nós, ocidentais, entender que esses opostos não pertencem a diferentes categorias, mas são polos extremos de um único todo. Nada é apenas *yin* ou apenas *yang*. Todos os fenômenos naturais são manifestações de uma contínua oscilação entre os dois polos; todas as transições ocorrem gradualmente e numa progressão ininterrupta. A ordem natural é de equilíbrio dinâmico entre o *yin* e o *yang*.
CAPRA, Fritjof. *O Ponto de Mutação*. São Paulo: Cultrix. 1982. Tradução de Álvaro Cabral, pp. 32-33.

Mantendo o sentido dos trechos em destaque, reescreva-os atendendo ao que é solicitado. Faça as modificações necessárias.
a) Não use gerúndio:
"Tendo *yang* atingido seu clímax, retira-se em favor do *yin*; tendo o *yin* atingido seu clímax, retira-se em favor do *yang*".

b) Inicie por "A interação".
"Na concepção chinesa, todas as manifestações do *tao* são geradas pela interação dinâmica desses dois polos arquetípicos."

___

___

___

13. (PUC-Rio) Destaque do Texto 1 a palavra em que o prefixo *in-* apresenta o mesmo sentido que na palavra "incessante".

___

IX. *Modos de organização do discurso. Palavras denotativas. Figuras de linguagem. Sinonímia. Coesão.*

(Consórcio Cederj) "O Jardineiro"
Só colhia rosas ao anoitecer porque durante o sono elas não sentiam o aço frio da tesoura. Uma noite ele sonhou que cortava as hastes de manhã, em pleno sol, as rosas despertas e gritando, sangrando na altura do corte das cabeças decepadas. Quando ele acordou viu que estava com as mãos sujas de sangue.
      TELLES, Lygia Fagundes. *A disciplina do amor*. 6. ed. Rio de Janeiro: Nova Fronteira, 1980, p. 78.

14. O tipo textual predominante no texto "O Jardineiro" é o
a) descritivo, pois são expressas características dos seres ("aço frio", "as rosas despertas", "cabeças decepadas", "mãos sujas") e modos de agir ("em pleno sol").
b) argumentativo, pois são expressas relações de causa e efeito com finalidade persuasiva ("Só colhia rosas ao anoitecer porque durante o sono elas não sentiam o aço frio da tesoura.").
c) narrativo, pois estão expressas ações atribuídas a um personagem ("sonhou", "cortava as hastes", "acordou") e essas progridem na linha do tempo.
d) injuntivo, pois são expressas ideias de influência direta quanto ao interlocutor ("as rosas despertas e gritando").

15. (Consórcio Cederj) "O Jardineiro"
"<u>Só</u> colhia rosas ao anoitecer..." (linha 1). O conector sublinhado expressa a ideia de
a) inclusão   c) causa
b) realce   d) exclusão

16. (Consórcio Cederj) "Gorjeios"
Gorjeio é mais bonito do que canto porque nele se
inclui a sedução.
É quando a pássara está enamorada que ela gorjeia.
Ela se enfeita e bota novos meneios na voz.
5 Seria como perfumar-se a moça para ver o namorado.
É por isso que as árvores ficam loucas se estão gorjeadas.
É por isso que as árvores deliram.
Sob o efeito da sedução da pássara as árvores deliram.
E se orgulham de terem sido escolhidas para o concerto.
As flores dessas árvores depois nascerão mais perfumadas.

Manoel de Barros

Para expressar a beleza do gorjeio da pássara, no verso "Seria como perfumar-se a moça para ver o namorado", é utilizado o seguinte recurso:
a) metáfora
b) comparação
c) metonímia
d) hipérbole

17. (Consórcio Cederj) "Gorjeios"
No processo de coesão lexical, o mecanismo de *substituição* pode ser realizado por meio da sinonímia, em que há a substituição de expressões que compartilham os mesmos traços semânticos. Sabe-se, no entanto, que não existem sinônimos perfeitos.
Justifique essa afirmativa – de que não existem sinônimos perfeitos – levando em consideração os termos sublinhados em:
a) "Gorjeio é mais bonito do que canto porque nele se inclui a sedução." (linhas 1 e 2)
b) "É quando a pássara está enamorada que ela gorjeia." (linha 3)
c) "É por isso que as árvores ficam loucas se estão gorjeadas." (linha 6)
d) "As flores dessas árvores depois nascerão mais perfumadas." (linha 10)

18. (Consórcio Cederj) "Gorjeios"
Na frase "É por isso que as árvores deliram", "isso" se refere a
a) "Gorjeio é mais bonito do que canto." (linha 1)
b) "a pássara está enamorada." (linha 3)
c) "Ela se enfeita e bota novos meneios na voz." (linha 4)
d) "as árvores ficam loucas." (linha 6)

X. *Formação de palavras*
19. (ENEM) Textos I e II

I. Um ato de criatividade pode contudo gerar um modelo produtivo. Foi o que ocorreu com a palavra sambódromo, criativamente formada com a terminação -(ó)dromo (= corrida), que figura em hipódromo, autódromo, cartódromo, formas que designam itens culturais da alta burguesia. Não demoraram a circular, a partir de então, formas populares como rangódromo, beijódromo, camelódromo.

AZEREDO, J.C. *Gramática Houaiss da língua portuguesa*. São Paulo: Publifolha, 2008.

II. Existe coisa mais descabida do que chamar de sambódromo uma passarela para desfile de escolas de samba? Em grego, *-dromo* quer dizer "ação de correr, lugar de corrida", daí as palavras autódromo, hipódromo. É certo que, às vezes, durante o desfile, a escola se atrasa e é obrigada a correr para não perder pontos, mas não se desloca com a velocidade de um cavalo ou de um carro de Fórmula 1.

GULLAR, F. Disponível em: www1.folha.uol.com.br. Acesso em: 3 ago. 2012.

Há nas línguas mecanismos geradores de palavras. Embora o Texto II apresente um julgamento de valor sobre a formação da palavra *sambódromo*, o processo de formação dessa palavra reflete

a) o dinamismo da língua na criação de novas palavras.
b) uma nova realidade limitando o aparecimento de novas palavras.
c) apropriação inadequada de mecanismos de criação de palavras por leigos.
d) o reconhecimento da impropriedade semântica dos neologismos.
e) a restrição na produção de novas palavras com o radical grego.

XI. *Denotação e conotação. Classes de palavras*
20. (FATEC) "Literatura e Matemática"
Letras e números costumam ser vistos como símbolos opostos, correspondentes a sistemas de pensamento e linguagens completamente diferentes e, muitas vezes, incomunicáveis. Essa perspectiva, no entanto, foi muitas vezes recusada pela própria literatura, que em diversas ocasiões valeu-se de elementos e pensamentos matemáticos como forma de melhor explorar sua potencialidade e de amplificar suas possibilidades criativas.
A utilização da matemática no campo literário se dá por meio das diversas estruturas e rigores, mas também através da apresentação, reflexão e transformação em matéria narrativa de problemas de ordem lógica. Nenhuma leitura é única: o texto, por si só, não diz nada; ele só vai produzir sentido no momento em que há a recepção por parte do leitor. A matemática pode, também, potencializar o texto, tornando ainda mais amplo o seu campo de leituras possíveis a partir de regras ou restrições.
Muitas passagens de *Alice no País das Maravilhas e Alice através do espelho*, de Lewis Carroll, estão repletas de enigmas e problemas que até os dias de hoje permitem aos leitores múltiplas

interpretações. Edgar Allan Poe é outro escritor a construir personagens que utilizam exaustivamente a lógica matemática como instrumento para a resolução dos enigmas propostos. Explorar as relações entre literatura e matemática é resgatar o romantismo grego da possibilidade do encontro de todas as ciências. É fazer uma viagem pelo mundo das letras e dos números, da literatura comparada e das ficções e romances de diversos autores que beberam (e continuarão bebendo) de diversas e potenciais fontes científicas, poéticas e matemáticas.

Jacques Fux. ‹http://tinyurl.com/h9z7jot › Acesso em: 17.08.2016 (adaptado).

No texto, entende-se que

a) o substantivo *literatura*, no primeiro parágrafo, está utilizado no sentido denotativo, pois se refere à produção escrita informal.

b) o verbo *dizer*, no segundo parágrafo, está utilizado no sentido denotativo, pois há um substantivo que possui voz ativa.

c) o substantivo *matemática*, no segundo parágrafo, está utilizado no sentido denotativo, pois as incógnitas são representadas por letras gregas.

d) o advérbio *exaustivamente*, no terceiro parágrafo, está utilizado no sentido conotativo, pois está relacionado ao cansaço dos escritores.

e) o verbo *beber*, no quarto parágrafo, está utilizado no sentido conotativo, pois remete ao sentido de absorver intelectualmente.

21. (FATEC) "Literatura e Matemática"
No trecho "correspondentes a sistemas de pensamento e linguagens" (l. 1 e 2), a palavra destacada é

a) um artigo definido feminino que concorda com o substantivo *sistemas*.

b) um pronome possessivo referente ao substantivo *pensamento*.

c) uma conjugação no presente do indicativo para o verbo *haver*.

d) uma preposição regida pelo adjetivo *correspondente*.

e) um adjetivo para destacar o advérbio *linguagens*.

XII. *Conectivos*
22. (ENEM)
O Flamengo começou a partida no ataque, *enquanto* o Botafogo procurava fazer uma forte marcação no meio campo e tentar lançamentos para Victor Simões, isolado entre os zagueiros rubro-negros. *Mesmo* com mais posse de bola, o time dirigido por Cuca tinha grande dificuldade de chegar à área alvinegra *por causa do* bloqueio montado pelo Botafogo na frente da sua área.
No entanto, na primeira chance rubro-negra, saiu o gol. *Após* cruzamento da direita de Ibson, a zaga alvinegra rebateu a bola de cabeça para o meio de área. Kléberson apareceu na jogada e cabeceou por cima do goleiro Renan. Ronaldo Angelim apareceu nas costas da defesa e empurrou para o fundo da rede quase que em cima da linha: Flamengo 1 a 0.

Disponível em http://momentodofutebol.blogspot.com (adaptado).

O texto, que narra uma parte do jogo final do Campeonato Carioca de futebol, realizado em 2009, contém vários conectivos, sendo que

a) *após* é conectivo de causa, já que apresenta o motivo de a zaga alvinegra ter rebatido a bola de cabeça.

b) *enquanto* tem um significado alternativo, porque conecta duas opções possíveis para serem aplicadas no jogo.

c) *no entanto* tem significado de tempo, porque ordena os fatos observados no jogo em ordem cronológica de ocorrência.

d) *mesmo* traz ideia de concessão, já que "com mais posse de bola", ter dificuldade não é algo naturalmente esperado.

e) *por causa de* indica consequência, porque as tentativas de ataque do Flamengo motivaram o Botafogo a fazer um bloqueio.

XIII. *Figuras de linguagem*

23. (ESPM) Assinale o item em que ocorreu uma concordância não gramatical, ou seja, uma concordância com a ideia:

a) Penso que todos acreditamos que o futuro está nas mãos das nossas crianças, dos nossos jovens.

b) Criminalidade e violência não se combatem com prisão, afirma pesquisadora da UFABC.

c) Os Estados Unidos preparam opções militares para pressionar o Estado islâmico na Síria.

d) Analistas avaliam que corrupção eleitoral e despreparo da população ainda são obstáculos para o voto facultativo.

e) A inadimplência nas operações bancárias das pessoas físicas subiu 6,6% em julho.

XIV. *Gênero textual*

24. (ENEM) O correr da vida embrulha tudo. A vida é assim: esquenta e esfria, aperta e daí afrouxa, sossega e depois desinquieta. O que ela quer da gente é coragem.

ROSA, J. G. *Grande sertão: veredas*. Rio de Janeiro: Nova Fronteira, 1986.

No romance *Grande Sertão: veredas*, o protagonista Riobaldo narra sua trajetória de jagunço. A leitura do trecho permite identificar que o desabafo de Riobaldo se aproxima de um(a)

a) diário, por trazer lembranças pessoais.

b) fábula, por apresentar uma lição de moral.

c) notícia, por informar sobre um acontecimento.

d) aforismo, por expor uma máxima em poucas palavras.

e) crônica, por tratar de fatos do cotidiano.

XV. *Pronomes*
25. (ENEM)
Há qualquer coisa de especial *nisso* de botar a cara na janela em crônica de jornal — eu não fazia *isso* há muitos anos, enquanto me escondia em prosa e ficção. Crônica algumas vezes também é feita, intencionalmente, para provocar. Além do mais, em certos dias mesmo o escritor mais escolado não está lá grande coisa. Tem os que mostram sua cara escrevendo para reclamar: moderna demais, antiquada demais. *Alguns* discorrem sobre o assunto, e é gostoso compartilhar ideias. Há os textos que parecem passar despercebidos, outros rendem um montão de recados: "Você escreveu exatamente o que eu sinto", "Isso é exatamente o que falo com meus pacientes", "É isso que digo para meus pais", "Comentei com minha namorada". Os estímulos são valiosos pra quem nesses tempos andava meio *assim:* é como me botarem no colo — também eu preciso. Na verdade, nunca fui tão posta no colo por leitores como na janela do jornal. De modo que está sendo ótima, essa brincadeira séria, com alguns textos que iam acabar neste livro, outros espalhados por aí. Porque eu levo a sério ser sério... mesmo quando parece que estou brincando: *essa* é uma das maravilhas de escrever. Como escrevi há muitos anos e continua sendo a minha verdade: palavras são meu jeito mais secreto de calar.

LUFT, L. *Pensar é transgredir*. Rio de Janeiro: Record, 2004.

Os textos fazem uso constante de recursos que permitem a articulação entre suas partes. Quanto à construção do fragmento, o elemento

a) "nisso" introduz o fragmento "botar a cara na janela em crônica de jornal".
b) "assim" é uma paráfrase de "é como me botarem no colo".
c) "isso" remete a "escondia em poesia e ficção".
d) "alguns" antecipa a informação "É isso que digo para meus pais".
e) "essa" recupera a informação anterior "janela do jornal".

XVI. *Figuras de linguagem. Adjetivos. Gerúndio. Elementos textuais*
26. (FGV) "Bocage no futebol"
Quando eu tinha meus cinco, meus seis anos, morava, ao lado de minha casa, um garoto que era tido e havido como o anticristo da rua. Sua idade regulava com a minha. E, justiça se lhe faça – não havia palavrão que ele não praticasse. Eu, na minha candura pânica, vivia cercado de conselhos, por todos os lados: – "Não brinca com Fulano, que ele diz nome feio!". E o Fulano assumia, aos meus olhos, as proporções feéricas de um Drácula, de um Nero de fita de cinema.
Mas o tempo passou. E acabei descobrindo que, afinal de contas, o anjo de boca suja estava com a razão. Sim, amigos: – cada nome feio que a vida extrai de nós é um estímulo vital irresistível. Por exemplo: – os nautas camonianos. Sem uma sólida, potente e jucunda pornografia, um Vasco da Gama, um Colombo, um Pedro Álvares Cabral não teriam sido almirantes nem de barca da Cantareira. O que os virilizava era o bom, o cálido, o inefável palavrão.

Mas, se nas relações humanas em geral, o nome feio produz esse impacto criador e libertário, que dizer do futebol? Eis a verdade: – retire-se a pornografia do futebol e nenhum jogo será possível. Como jogar ou como torcer se não podemos xingar ninguém? O craque ou o torcedor é um Bocage. Não o Bocage fidedigno, que nunca existiu. Para mim, o verdadeiro Bocage é o falso, isto é, o Bocage de anedota. Pois bem: – está para nascer um jogador ou um torcedor que não seja bocagiano. O craque brasileiro não sabe ganhar partidas sem o incentivo constante dos rijos e imortais palavrões da língua. Nós, de longe, vemos os 22 homens correndo em campo, matando-se, agonizando, rilhando os dentes. Parecem dopados e realmente o estão: – o chamado nome feio é o seu excitante eficaz, o seu afrodisíaco insuperável.

Nelson Rodrigues. *À sobra das chuteiras imortais*. São Paulo: Companhia das Letras, 1993.

A expressão *Nero de fita de cinema* (l. 05) tem a finalidade de, principalmente,
a) expressar um paradoxo, semelhante ao da expressão *anjo de boca suja*.
b) opor-se, quanto ao sentido, a proporções feéricas de um Drácula.
c) mostrar a popularidade do menino que falava palavrões.
d) traduzir a admiração que o autor nutria pelo seu vizinho.
e) reforçar a ideia contida em *anticristo da rua*.

27. (FGV) "Bocage no futebol"
Considerando as qualificações ambivalentes que o texto lhe atribui, pode-se corretamente concluir que, para o autor, o palavrão, em dadas situações, assume caráter propriamente
a) escatológico, na medida em que esse termo tanto pode se referir ao que é mais sujo, como remeter à esfera do sagrado.
b) pornográfico, uma vez que nele se conjugam as esferas da ignorância (ou da incultura) e da arte de escrever (ou literatura).
c) dialético, na proporção em que constitui a síntese da contradição entre a urbanidade (tese) e a grosseria (antítese).
d) compensatório, na medida em que serve para o populacho assumir sua condição subalterna e, ao mesmo tempo, agredir as elites sociais.
e) sublimatório, tendo em vista que traduz para uma esfera elevada e verbal os impulsos sexuais desviantes, reprimidos pela moral e pela religião.

28. (FGV) "Bocage no futebol"
Tendo em vista o contexto, sobre os seguintes trechos, só *não* é correto afirmar:
a) *era tido e havido* (l. 02): trata-se de uma repetição com valor enfático.
b) *meus cinco, meus seis anos* (l. 01): expressa ideia de aproximação.
c) *Bocage fidedigno / verdadeiro Bocage* (l. 19): embora sinônimos, os adjetivos foram usados com sentidos diferentes.
d) *justiça se lhe faça* (l. 03): pode ser considerada uma construção na voz passiva sintética.

e) *correndo (...), matando-se, agonizando, rilhando* (l. 24 e 25): apenas o primeiro gerúndio dá ideia de continuidade.

29. (FGV) "Bocage no futebol"
Considere os seguintes elementos de composição textual:
I. interação com o leitor;
II. incorporação de uma fala em discurso indireto;
III. procedimento intertextual;
IV. mistura de gêneros discursivos.

É correto afirmar que, no texto, ocorre apenas o que foi indicado em
a) I e IV
b) II e IV
c) I, III e IV
d) II e III
e) I, II e III

XVII. *Gêneros textuais. Estilo. Figuras de linguagem*
30. (FGV) "Bocage no futebol" e "Quando é dia de futebol"
Quando Bauer, o de pés ligeiros, se apoderou da cobiçada esfera, logo o suspeitoso Naranjo lhe partiu ao encalço, mas já Brandãozinho, semelhante à chama, lhe cortou a avançada. A tarde de olhos radiosos se fez mais clara para contemplar aquele combate, enquanto os agudos gritos e imprecações em redor animavam os contendores. A uma investida de Cárdenas, o de fera catadura, o couro inquieto quase se foi depositar no arco de Castilho, que com torva face o repeliu. Eis que Djalma, de aladas plantas, rompe entre os adversários atônitos, e conduz sua presa até o solerte Julinho, que a transfere ao valoroso Didi, e este por sua vez a comunica ao belicoso Pinga. (...) Assim gostaria eu de ouvir a descrição do jogo entre brasileiros e mexicanos, e a de todos os jogos: à maneira de Homero. Mas o estilo atual é outro, e o sentimento dramático se orna de termos técnicos.
                    Carlos Drummond de Andrade. *Quando é dia de futebol*. Rio de Janeiro: Record, 2002.

Ambos os textos – o de Nelson Rodrigues e o de Drummond – pertencem à modalidade textual conhecida como
a) colunismo social – variedade jornalística de crítica de costumes, que proliferou na imprensa de todo o Brasil, a partir dos anos de 1950.
b) poema em prosa – tipo de texto em que a prosa narrativa, sem apresentar os aspectos formais exteriores do poema (rimas, métrica etc.), submete-se, no entanto, ao rigor construtivo próprio da poesia.
c) paródia – uma variedade textual construída com base no paralelismo com outro texto, geralmente com intenção crítica ou jocosa.

d) editorial – que consiste, modernamente, nos textos que, ocupando as primeiras páginas dos grandes jornais, são assinados pelos seus mais renomados colunistas.
e) crônica – variedade ou gênero textual bastante livre, ocorrente no Brasil desde o século XIX, cuja proximidade com o cotidiano não impedia de, conforme o caso, explorar outras dimensões de sentido.

31. (FGV) "Quando é dia de futebol"
Ao narrar o jogo entre brasileiros e mexicanos, à maneira de Homero, o autor adota o estilo:
a) épico
b) lírico
c) satírico
d) técnico
e) teatral

32. (FGV) "Quando é dia de futebol"
O fragmento em que a convergência estilística predominante à que se estabelece entre metonímia e personificação encontra-se em
a) *da cobiçada esfera*
b) *semelhante* à *chama*
c) *o couro inquieto*
d) *de fera catadura*
e) *de aladas plantas.*

XVIII. *Gêneros textuais. Tipologia textual. Conjunção subordinativa*
33. (SENAC) "Códigos e Linguagens"
O termo propaganda, utilizado primeiramente pela Igreja Católica, no século XVII, *é* gerúndio latino do verbo *propagare*, que quer dizer: propagar, multiplicar (por reprodução ou por geração), estender, difundir. Procurando contrapor-se aos atos ideológicos e doutrinários da Reforma Luterana, o Papa Gregório XV criou a Sagrada Congregação para a Propagação da Fé, responsável pela disseminação do catolicismo. Com o tempo, outras organizações começaram a se utilizar da propaganda na difusão de ideias, princípios e doutrinas. A expansão da democracia e a evolução tecnológica no campo das comunicações, bem como o ritmo crescente das modificações sociais, afetaram o papel da propaganda na sociedade. No entanto, pode-se afirmar que uma de suas modalidades, a propaganda política, existe desde que as disputas políticas nasceram. A publicidade e a propaganda, embora tenham objetivos diferentes, apresentam pontos comuns quanto *à* técnica e aos veículos de que se utilizam. Mas a propaganda baseia-se na difusão de ideias sem finalidade comercial. A publicidade, que *é* também persuasiva, *é* definida como "arte de despertar no público o desejo de compra, levando-o *à* ação". Esta parte da definição *é* fundamental porque, se a publicidade não levar *à* ação, o seu principal objetivo, que *é* estimular vendas, não será atingido.

Assim, quando se divulga um produto aliado *à* marca, se faz publicidade, cujo fim *é* essencialmente lucrativo. A propaganda, embora paga, *é* gratuita para o indivíduo. O fato de a publicidade e a propaganda se utilizarem dos mesmos veículos de divulgação contribui para a confusão entre os dois conceitos.

www.eloamuniz.com.br/arquivos/1188171156.pdf. Acesso em 06 nov 2015 (com adaptações).

Depreende-se do texto que
a) tanto a publicidade como a propaganda são estratégias persuasivas, cuja finalidade é influenciar a população a adotar determinado comportamento, como proteger-se contra a dengue.
b) a diferença entre propaganda e publicidade refere-se basicamente ao fato de que a primeira visa divulgar produtos e ganhar consumidores, ao passo que a segunda se propõe a converter as pessoas a determinada opinião.
c) ambos os termos propaganda e publicidade assumem como objetivo final a tarefa de promover a venda e estimular o consumo deste ou daquele produto.
d) a propaganda é ideológica, dirigida ao indivíduo, e apela para sentimentos como os religiosos e políticos, enquanto a publicidade é comercial e tem como objetivo a divulgação de um produto a ser comprado.
e) a evolução tecnológica no campo das comunicações e o ritmo crescente das transformações sociais fizeram com que surgisse, na sociedade moderna, uma nova modalidade de propaganda, qual seja, a política.

34. (SENAC) "Códigos e Linguagens"
Consideradas as características do texto, percebe-se que ele é, essencialmente,
a) narrativo, marcado pela presença do narrador-personagem.
b) descritivo, com predomínio de verbos de ação e marcas temporais.
c) dissertativo-expositivo, cujo emissor tem o objetivo de explanar sobre determinado assunto.
d) dissertativo-argumentativo, desenvolvendo-se por meio da apresentação de uma tese e sua antítese.
e) narrativo, marcado pelo uso do discurso indireto livre.

35. (SENAC) *A publicidade e a propaganda, embora tenham objetivos diferentes ...*
Sem prejuízo da correção e do sentido, o elemento sublinhado pode ser substituído por
a) assim
c) portanto
b) contudo
d) apesar de
e) ainda que

XIX. Formação de palavras

36. (FGV) Leia a *última* das cinco estrofes do poema "Rondó dos cavalinhos", de Manuel Bandeira, e responda ao que se pede

Os cavalinhos correndo,
E nós, cavalões, comendo...
O Brasil politicando,
Nossa! A poesia morrendo...
O sol tão claro lá fora,
O sol tão claro, Esmeralda,
E em minhalma – anoitecendo!

Nos dois primeiros versos da estrofe acima, os elementos linguísticos que também contribuem para criar um contraste semântico são
a) as inversões sintáticas
b) os sufixos
c) as desinências nominais
d) os prefixos
e) as desinências verbais

XX. Plural de palavras. Conotação

37. (FGV) O comércio de bens de consumo significa comércio de água; mas, como ela não está diretamente contida nos produtos, fala-se em "água virtual" – e esta todos nós consumimos em quantidades muito .... do que a água da torneira, e em geral sem saber. Ainda assim, na mais recente pesquisa "eurobarométrica", 75% de 25,5 mil .... da União Europeia (EU) .... exigiram um melhor esclarecimento sobre o consumo de *água*.

Geo, n. 40, 2012 (adaptado).

As lacunas do texto devem ser preenchidas, respectivamente, com:
a) maior   – cidadões   – entrevistados
b) maiores – cidadões   – entrevistado
c) maior   – cidadão   – entrevistados
d) maiores – cidadãos   – entrevistados
e) maior   – cidadãos   – entrevistado

38. (FGV)
A gangrena do setor financeiro norte-americano provocou uma crise mundial da qual conhecemos os resultados: hemorragia de empregos, falência de milhões de proprietários de imóveis, cortes nos serviços sociais. Contudo, quatro anos depois, por efeito de um paradoxo singular, não foi possível evitar a chegada à Casa Branca de um homem, Williard ("Mitt") Romney, que deve sua imensa fortuna às finanças especulativas, ao deslocamento de em-

pregos em direção à região com menores salários e aos charmes (fiscais) das Ilhas Cayman. Sua escolha do parlamentar Paul Ryan como candidato republicano à vice-presidência dá uma amostra do que podem se tornar os Estados Unidos se, no próximo dia 6 de novembro, os eleitores cederem à tentação do pior. Barack Obama já aceitou um plano de redução do déficit orçamentário cortando gastos sociais sem aumentar o nível – estranhamente baixo – dos impostos sobre as rendas mais altas do país.

Serge Halimi. "A tentação do pior". *Le Monde diplomatique Brasil*, setembro de 2012.

No primeiro parágrafo do texto, estão empregados em sentido conotativo os termos
a) gangrena e crise. O primeiro com o sentido de "desajuste"; e o segundo, de "conflito".
b) provocou e homem. O primeiro com o sentido de "perturbou"; e o segundo, de "herói".
c) hemorragia e charmes. O primeiro com o sentido de "perda"; e o segundo, de "atrativos".
d) paradoxo e especulativas. O primeiro com o sentido de "desentendimento"; e o segundo, de "curiosidades".
e) fortuna e região. O primeiro com o sentido de "sorte"; e o segundo, de "espaço geográfico".

XXII. *Combinação de preposição e artigo*
39. (ESPM) Assinale o item em que o termo grifado da frase transgride a norma culta da língua:
a) As declarações do Ministro do Planejamento foram dadas pouco depois *de ele* receber o cargo da antecessora.
b) A taxa de crescimento do PIB ficará abaixo *da do* ano passado.
c) Segundo João Goulart na época, o golpe de 64 teria ceifado a oportunidade *de o* Brasil dar um grande impulso para o processo democrático na América Latina.
d) A Coreia do Norte tornou-se uma ameaça nuclear (segundo os EUA), *apesar do* país conviver com seríssimos problemas sociais.
e) É maior a chance *de a* mulher (e não o homem) manifestar sentimentos de estresse no trabalho.

XXIII. *Emprego do verbo HAVER*
40. (PUC- PR)
"Sentar em frente a um computador para escrever é fazer uma escolha. Escolhemos um caminho em que há várias características que nos encantam."

Martha Medeiros. *Zero Hora*, 18-01-2017, p.4.

Assinale o que for adequado sobre o uso do verbo 'haver' nesse trecho.
a) Foi deixado no singular porque é impessoal.
b) Pode ser substituído pelo verbo 'existir' no singular.
c) Tem valor de preposição e pode ser substituído por "a".
d) Pode ser empregado no plural na mesma frase em que está.
e) Caracteriza uma situação futura em relação ao leitor.

3
SINTAXE

Introdução

Vamos iniciar agora o estudo da SINTAXE da Língua Portuguesa. Com base nas noções aqui expostas, você será capaz de criar e interpretar frases adequadas ao uso da variedade padrão da língua, de modo a aperfeiçoar seu desempenho linguístico, bem como terá a oportunidade de preparar-se adequadamente para qualquer concurso que envolva questões da sintaxe do português.

Os conteúdos programáticos da sintaxe portuguesa serão apresentados sob forma de pequenos textos em que se explicarão noções teóricas com os respectivos exemplos, seguidos de atividades de fixação da aprendizagem e de questões do ENEM e de V vestibulares.

Abordaremos os conteúdos abaixo discriminados:

3.1 Mecanismos de estruturação sintática: coordenação e subordinação (em que se comentarão as noções de coordenação e subordinação entre os termos da oração e entre as orações no período)

3.2 Orações coordenadas (o papel dos conectivos nas orações que introduzem)

3.3 Orações subordinadas (os constituintes oracionais e seus critérios de classificação)

3.4 Termos da oração (a transitividade verbal)

3.5 Regência

3.6 Concordância

O papel dos conectivos do ponto de vista de sua função morfológica, semântica e discursiva é discutido nos capítulos dedicados à Morfologia (capítulo 2) e à Semântica (capítulo 4).

Neste capítulo, os fatos sintáticos da Língua Portuguesa serão tratados à luz das novas correntes linguísticas, sempre a serviço do texto.

Esperamos assim contribuir para o seu domínio das relações entre os termos da frase, conhecimento essencial para eficiente compreensão e produção de frases e textos mais amplos.

Bom estudo!

3.1 Mecanismos de estruturação sintática: coordenação e subordinação

Vamos começar nosso trabalho com noções básicas sobre os mecanismos de organização das frases no português. De acordo com a gramática tradicional, que segue a Nomenclatura Gramatical Brasileira (NGB), os princípios organizadores da frase portuguesa são a COORDENAÇÃO e a SUBORDINAÇÃO. Para refletirmos sobre tais mecanismos, comparemos os exemplos a seguir:

[Cheguei da escola] [e almocei logo].
[Almocei logo] [porque estava com muita fome].

No primeiro exemplo, há independência sintática entre as orações (limitadas por colchetes), o que não ocorre entre as orações do segundo exemplo. Explicando melhor, na primeira frase, cada oração apresenta estrutura sintática completa, isto é, a presença de uma independe da presença da outra DO PONTO DE VISTA SINTÁTICO: cada uma delas contém os termos necessários para transmitir sua mensagem. Claro está que, entre elas, há uma dependência DE NATUREZA SEMÂNTICA, de sentido, ou não estariam no mesmo período. No segundo exemplo, a primeira oração (almocei logo) é a base e a outra (porque estava com muita fome) serve de termo adjacente à primeira, é função sintática do verbo da primeira, pois expressa a causa do fato de "almoçar logo". Podemos, então, concluir que as orações se articulam de dois modos diversos: o da primeira frase é o processo da COORDENAÇÃO e o da segunda é o da SUBORDINAÇÃO.

Glossário

INDEPENDÊNCIA SINTÁTICA entre orações – cada oração apresenta estrutura sintática completa, isto é, contém os termos necessários para transmitir a mensagem (uma não é termo da outra). Caso da COORDENAÇÃO.

DEPENDÊNCIA SEMÂNTICA – uma dependência de sentido, o que justifica estarem as orações no mesmo período.

DEPENDÊNCIA SINTÁTICA – uma oração funciona como termo da outra e o conjunto constrói a mensagem. Caso da SUBORDINAÇÃO.

1. Reconheça se os períodos são formados de orações dependentes ou independentes SINTATICAMENTE.

a) Chocolate é delicioso, mas engorda.

___

b) Nesta sala fica bem um móvel antigo, porque seu estilo é eclético.

___

c) Os economistas afirmam que o plano do governo não dará certo.

___

d) A previsão de que choverá amanhã e não haverá praia parece provável.

___

e) Paciência é artigo de luxo nos dias que correm.

___

3.1.1 Subordinação

"A SUBORDINAÇÃO é uma forma de organização sintática segundo a qual um termo exerce função no outro." (Duarte, 2007:205) A subordinação pode estar presente entre constituintes da oração ou entre orações. Em relação a orações, SUBORDINADAS são as que funcionam como membros, termos de outra oração. Exemplos:

Ela descobriu [que os sites de aluguel de apartamentos são fontes de inspiração] para decorar a casa.

Basta [escolher a opção] e a foto aparece.

No primeiro exemplo, a oração entre colchetes é constituinte da primeira, pois funciona como objeto direto da forma verbal *descobriu*; no segundo, a oração indicada pelos colchetes é o sujeito da forma verbal *basta*. As orações entre colchetes são, portanto, SUBORDINADAS às formas verbais *descobriu* e *basta*. Há uma hierarquia entre elas.

2. Indique a que termos as orações em destaque estão subordinadas.

a) Todo jovem tem necessidade [de ser orientado].

b) Sabemos [que a visita do Papa foi muito positiva para o país].

c) O Coordenador explicou as mudanças [para que os alunos ficassem informados.]

d) O certo é [que a licitação vai ocorrer.]

e) É certo [que a licitação vai ocorrer.]

3.1.2 Coordenação

A COORDENAÇÃO, diferentemente da SUBORDINAÇÃO, é um mecanismo por meio do qual elementos DO MESMO NÍVEL associam-se, formando uma *sequência*; são independentes sintaticamente uns dos outros. O processo ocorre entre termos da oração e entre orações.

> ## 👍 Saiba mais
>
> Dizemos que elementos, palavras ou orações são DO MESMO NÍVEL quando têm a mesma função e pertencem à mesma classe de palavra. Assim, coordenam-se termos com valor de substantivo, adjetivo etc. que tenham a mesma função sintática. Por exemplo, na frase "A farmácia não fecha; *de dia* ou *de madrugada*, há sempre um funcionário a postos", as duas locuções destacadas estão coordenadas pela conjunção *ou* — e formam, portanto, uma sequência —, uma vez que ambas equivalem a advérbios e funcionam como adjuntos adverbiais de tempo.

3. Sublinhe os termos coordenados nas orações a seguir.
a) Teotônio e Marcos são primos.
b) A visita do Papa foi positiva e agradável.
c) Comprei sapatos novos e bonitos.
d) Você pensa sair à tarde ou à noite?...
e) Ela é bonita mas arrogante.

4. Reconheça o único caso em que as orações destacadas pelos colchetes não são coordenadas.
a) [Teotônio saiu cedo], [somente Marcos ficou toda a madrugada ali].
b) [Maria falará na Sessão Solene] [ou coordenará uma mesa redonda].
c) [Faremos o trabalho], [mas você irá ajudar-nos].
d) [Urge] [que você chegue cedo].
e) [Viajarei durante a noite] [e não sentirei a turbulência no voo].

No exemplo *sapatos novos e bonitos*, os adjetivos *novos* e *bonitos* desempenham o mesmo papel em relação a *sapatos*. Se, então, exercem igual função, são coordenados um ao outro — formam uma sequência — e subordinados ao substantivo *sapatos*. Do mesmo modo que, no mecanismo da subordinação, há coordenação entre termos da oração ou entre orações.

No plano da oração, isso significa dizer que cada oração coordenada tem seus próprios termos e, assim, não apresenta constituinte expresso por outra oração. Vejamos os exemplos:
[Às vezes, paravam o trabalho], [enxugavam o suor do rosto] [e falavam alguma coisa tola].
[Esperamos] [que vocês aprendam os processos] [e (que) escrevam melhor].

No primeiro período, há três orações, todas com sua estrutura completa, portanto, independentes do ponto de vista sintático e, assim, *coordenadas*.

No segundo período, as orações 2 e 3 estão subordinadas à oração 1 e nela exercem a mesma função: são núcleos do objeto direto da forma verbal *esperamos*. As coordenadas não são função uma da outra, mas da oração 1; são *coordenadas entre si* e *subordinadas* à oração 1.

Esquema das diferenças entre coordenação e subordinação

COORDENAÇÃO	SUBORDINAÇÃO
Associa elementos de mesma função	Cria funções
Forma sequências	Forma sintagmas

ORAÇÕES COORDENADAS	ORAÇÕES SUBORDINADAS
Independentes sintaticamente	Dependentes sintaticamente
Estrutura sintática completa	São termos de outra oração

Muitos manuais de português citam a subordinação apenas quando tratam das orações, deixando subentendido que esse processo não ocorre em outros níveis. A subordinação, no entanto, também pode dar-se entre palavras (de classes distintas) ou entre uma palavra e um sintagma. A preposição é um instrumento de subordinação porque subordina uma palavra ou um sintagma a uma palavra:

pulseira *de ouro* (*de ouro* = metal de confecção da pulseira)
pulseira *dourada* (*dourada* = qualificador da pulseira)

Ouro é substantivo, uma classe nuclear, mas com a preposição *de* forma um sintagma preposicionado subordinado ao substantivo pulseira. *De ouro* equivale a um adjetivo (*dourado*), classe de palavras periférica, que tem a função de qualificar ou delimitar um substantivo. Saliente-se que não é usual um substantivo qualificar outro substantivo; isso só foi possível porque, com o concurso da preposição *de*, o substantivo passou a exercer uma função periférica, própria de adjetivo.

No âmbito do período composto, vimos que se coordenam orações de mesma natureza sintática e se subordinam orações que estão em uma relação de hierarquização.

> ## 👍 Saiba Mais
>
> SINTAGMA é uma combinação de elementos entre os quais existe uma relação de subordinação e se individualiza por uma mesma função sintática. Na frase, Os *livros raros* ficam nos fundos do prédio, a expressão destacada é um sintagma porque resulta da combinação dos vocábulos *livros + raros*, em que o adjetivo *raros* modifica *livros* e contrai com o substantivo a função de adjunto. O SINTAGMA NOMINAL, assim constituído, funciona todo ele como sujeito da oração. Resumindo, o mecanismo de subordinação cria funções, sintagmas, uma vez que estabelece uma relação de dependência entre dois termos, de modo que um passa a ser função do outro.

5. Nos sintagmas destacados, identifique os termos subordinados (1) e os subordinantes (2).
a) Elaborei *um exercício interessante* para o livro.

1. _____   2. _____
b) Vou escolher *o traje da festa* hoje.

1. _____   2. _____
c) *Aquelas duas blusas amarelas* podem ser uma boa opção para a viagem.

1. _____   2. _____
d) Vamos *escrever um romance atraente*.

1. _____   2. _____
e) *Resuma o capítulo* que indiquei.

1. _____   2. _____

6. Examine o *corpus* abaixo e marque com S os períodos em que há encadeamento (sequência) de ideias e com H aqueles em que há hierarquização de ideias.
a) (   ) A ministra explicou o novo plano econômico; a população não ficou esclarecida.
b) (   ) Embora a ministra tivesse explicado o novo plano econômico, a população não ficou esclarecida.
c) (   ) A ministra explicou o novo plano econômico para a população ficar esclarecida.
d) (   ) A ministra explicou o novo plano econômico, mas a população não ficou esclarecida.
e) (   ) Ou a ministra explica o novo plano econômico, ou a população não ficará esclarecida.

7. Além das preposições, as conjunções subordinativas e os pronomes relativos são instrumentos que estabelecem relações de subordinação entre orações. Complete as frases a seguir, com o emprego dos instrumentos subordinativos entre parênteses.

a) Sua vida sofreu uma reviravolta _____ (quando)
b) Os empreiteiros não prosseguirão na obra _____ (sem que)
c) _____, mais consciência tenho das minhas limitações. (à medida que)
d) O apartamento _____ fica defronte ao mar. (que, relativo)
e) Para cada assinatura _____, você tem direito a um prêmio. (que, relativo)

8. Faça a expansão dos sintagmas com elementos coordenados.

a) Os atletas .... e .... participarão das Olimpíadas. (adjetivos)

b) Os atletas .... e .... participarão das Olimpíadas. (sintagmas adjetivos)

c) Os atletas .... e .... participarão das Olimpíadas. (orações iniciadas por pronome QUE, com valor de adjetivos)

d) Os funcionários .... e .... ajudam a diminuir o problema da mobilidade urbana. (orações iniciadas por pronome QUE, com valor de adjetivos)

e) Os funcionários .... e .... sofrem menor nível de estresse. (orações iniciadas pela conjunção QUANDO, com valor de adjuntos adverbiais)

⊙ DE OLHO VIVO PARA NÃO TROPEÇAR NAS IDEIAS

1. Quando nos expressamos, na modalidade escrita ou na modalidade oral, utilizamos dois mecanismos fundamentais de organização sintática: a coordenação e a subordinação.

2. Usamos a COORDENAÇÃO para ligar estruturas (termos da oração ou orações) que se articulam, é claro, pelo sentido, mas que são independentes *sintaticamente* uma da outra, ou melhor, uma não é constituinte, termo da outra.

3. Pelo segundo processo, a SUBORDINAÇÃO, estabelecemos relação de dependência sintática entre elementos, sejam eles constituintes ou orações. Dizendo de outra forma, construímos estruturas em que um termo se subordina ao outro, contrai com outro uma função e ambos criam o sintagma.

3.2 Orações coordenadas

> As ORAÇÕES são COORDENADAS quando se equivalem, isto é, uma não é termo da outra com que se encadeia. Elas podem estar justapostas, lado a lado, sem qualquer conectivo que as enlace (coordenada assindética), ou podem estar ligadas por conjunções coordenativas (coordenada sindética).

1. Sobre o período seguinte, pode-se afirmar que:
[Os coordenadores discutiram as novas propostas], [votaram as decisões] [e encerraram o simpósio].
a) as três orações estão justapostas.
b) as orações classificam-se como assindéticas.
c) as orações estão ligadas apenas pelo sentido.
d) há uma oração coordenada sindética.
e) duas das orações são coordenadas.

2. Identifique as orações coordenadas no período a seguir:
É possível respeitar o ambiente e ser lucrativo, crescer e ser ambiental e socialmente respeitável. (*Veja*, n. 15, 18-4-2007, p. 11)

_____

_____

_____

3.2.1 Classificação das orações coordenadas sindéticas

São cinco as ORAÇÕES COORDENADAS SINDÉTICAS. Nos exemplos a seguir, as sindéticas estão entre colchetes e as assindéticas estão fora das marcas:

▶ ADITIVA: acrescenta uma informação — Insisti na pergunta [e ele estremeceu].

▶ ADVERSATIVA: expressa contraste — Estava frio na rua, [mas ela apenas sentia o seu calor].

▶ **ALTERNATIVAS:** indicam alternância — [Ou muito me engano] [ou não vou terminar essas avaliações].

▶ **CONCLUSIVA:** expressa resultado — Só como legumes, [logo vou emagrecer].

▶ **EXPLICATIVA:** expressa uma justificativa para uma afirmação anterior — Choveu, [porque as ruas estão molhadas].

Observação: A afirmação de que "choveu" é justificada pelo fato de "as ruas estarem molhadas".

3. Classifique as orações em destaque de acordo com o código e marque a sequência obtida.
1. Coordenada assindética
2. Coordenada sindética aditiva
3. Coordenada sindética adversativa
4. Coordenada sindética alternativa
5. Coordenada sindética conclusiva
6. Coordenada sindética explicativa

I. Comi bastante, *mas não fiquei satisfeita*.
II. Faça os exercícios *ou desista do curso*.
III. Guarde logo o sorvete no congelador, *pois ele vai derreter*.
IV. Viajou durante muito tempo, *portanto tão cedo não sairá do Brasil*.
V. Fala, fala *e nada resolve*.
VI. *Saiu feliz*, depois retornou chorando.

a) 3-4-5-6-1-2
b) 3-4-6-5-2-1
c) 2-4-3-6-1-5
d) 3-4-5-1-6-2
e) 3-4-5-1-6-2

4. A oração coordenada que se articula com outra sem o auxílio de um conectivo chama-se assindética. Leia os seguintes períodos e assinale em qual deles há coordenação assindética.
I. Os olhos viviam tristes, não esboçava um sorriso!
II. Cheguei tarde, jantei com apetite, mas não dormi logo.
III. Ou passageiros mostram os bilhetes ou o trem não partirá.

a) apenas I
b) apenas II
c) apenas III
d) I, II e III
e) I e II

5. Um dos períodos abaixo é composto APENAS por coordenação. Assinale-o.
a) A gente não programa um sonho.
b) A história me intrigou bastante embora não devesse intrigar-me.
c) Escrevi esta novela e, mais recentemente, reescrevi uma peça de teatro.
d) Todos estavam presentes e informaram-me o que ela decidiu.
e) Escrevendo, pensando ou dormindo, estamos sempre desenvolvendo ideias.

6. Nos trechos extraídos de Graciliano Ramos, os períodos são compostos por coordenação, exceto:
a) "Meu pai não tinha vocação para o ensino, quis, porém, meter-me o alfabeto na cabeça."
b) "Dona Prescila desfranziu a tromba, expôs a dentuça a Clementina, achou, por condescendência, a cidade encantadora."
c) "O riso grosso de Felipe Benício e o cacarejo de Teotônio Sabiá tranquilizavam-me."
d) "Perplexa, ora se voltava para a janela, ora examinava o livrinho aberto na sola do marquesão, negra e côncava."
e) "Arrastou-se para junto da família, tirou do bolso o cachimbo de barro, atochou-o, acendeu-o, largou algumas baforadas longas de satisfação."

7. "Depois da missa, conversou com o padre, nervosa; conduziram-na para a Sacristia." Sobre o período, pode-se dizer que
a) há uma oração subordinada adverbial.
b) a primeira oração é coordenada assindética.
c) uma das orações expressa relação de causa.
d) o período é composto por coordenação e subordinação.
e) há apenas uma oração coordenada assindética.

8. "Podem falar à vontade: estou tranquilo." Se quiséssemos explicitar a relação existente entre as duas orações justapostas, optaríamos pela conjunção:
a) e
b) portanto
c) pois
d) como
e) embora

9. Em "Maria está tossindo muito; portanto deve ter-se resfriado", a ideia expressa pela oração introduzida por conectivo é de:
a) oposição
b) explicação
c) adição
d) conclusão
e) alternativa

> **👍 Saiba mais**
>
> Para Cunha e Cintra (2013: 610-612), o valor semântico da oração sindética pode ser determinado pela conjunção que a introduz.

3.2.2 Correlação como estratégia de ênfase

A CORRELAÇÃO é uma estratégia de ênfase, pela qual já se antecipa um segundo termo na citação do primeiro; não é considerada mecanismo de articulação e pode aparecer quer na subordinação, quer na coordenação:

As crianças não só se divertem, mas também aprendem com os jogos didáticos. (correlação na coordenação)

Ela se cansou tanto que teve de parar a corrida. (correlação na subordinação)

10. Compare os pares de exemplos a seguir e assinale aquele em que não existe correlação:
a) Ela não só faltou como também eximiu-se de enviar representante. // Ela faltou e ainda eximiu-se de enviar representante.
b) Ela falou tanto mal de você, que eu me revoltei. // Ela falou muito mal de você, de modo que eu me revoltei.
c) Você chegou cedo e encontrou melhores lugares. // Você chegou cedo; logo encontrou os melhores lugares.
d) Ela manteve-se calada todo o tempo; mas também ninguém se dirigiu a ela. // Ela não apenas se manteve calada todo o tempo como também ninguém se dirigiu a ela.
e) Maria parece mais esperta do que sua irmã. // Maria e sua irmã são muito espertas.

11. As pesquisas mostram que cidadãos do mundo inteiro são intolerantes com a corrupção e não reelegem quem está envolvido em escândalos.
A opção INCORRETA quanto à descrição do período é:
a) Apresenta oração principal.
b) Contém uma coordenada sindética.
c) É formado apenas por coordenação.
d) Há duas orações que funcionam como objetos diretos de outras.
e) Organiza-se por coordenação e subordinação.

12. Reconheça o tipo de coordenação que a oração destacada mantém com a primeira.

a) Não irei ao congresso, (pois não me convidaram).

_____

b) Não me convidaram, (portanto não irei ao congresso).

_____

c) Não me convidaram, (não irei, pois, ao congresso).

_____

d) Não me convidaram, (porém irei ao congresso).

_____

e) Convidaram-me, (mas não irei ao congresso).

_____

> 🔵 **Saiba mais**
>
> • Como vimos, elementos correlativos são os que estão em uma relação de interdependência. Quando um ocorre numa oração, o outro aparece em outra. É o caso de *não só... mas também*. Se ocorre *não só* em uma oração, deveremos empregar na seguinte a expressão *mas também; como também*.
>
> • Na subordinação, acontece com a complementação feita à ênfase expressa, na primeira oração, pelo advérbio de intensidade *tão*, *tal*, *tamanho* e *tanto*.

👁 DE OLHO VIVO PARA NÃO CONFUNDIR OS PROCESSOS

Orações coordenadas são orações que se equivalem, não dependem umas das outras.

1. Podem ser introduzidas por conectivos, conjunções coordenativas: são as sindéticas.

2. Também podem estar justapostas, sem conectivos que as unam: são as assindéticas.

3. As conjunções coordenativas relacionam as orações e lhes emprestam valores semânticos diferentes, que baseiam a sua classificação.

3.3 Orações subordinadas

> São as orações que se subordinam, ou seja, exercem função sintática em relação a um TERMO de outra oração, dita oração principal (OP).
>
> Essa função pode ser própria de um substantivo (e a oração será SUBORDINADA SUBSTANTIVA), de um adjetivo (e a oração será SUBORDINADA ADJETIVA) ou de um advérbio (e a oração será SUBORDINADA ADVERBIAL).
>
> As orações subordinadas podem ligar-se à OP por meio de conectivos: as conjunções subordinativas (no caso das substantivas e das adverbiais) ou os pronomes relativos (no caso das adjetivas).

1. Sublinhe os constituintes das orações principais com os quais as subordinadas contraem funções.
a) Precisamos de que vocês cumpram o prometido.
b) Tinha medo de que a prova fosse difícil.
c) Aquele sonho, que estava caindo, repetia-se todas as noites.
d) A dúvida dos policiais é se as provas são verdadeiras.
e) É importante que todos fiquem felizes.

2. Destaque e classifique os conectivos que subordinam as orações indicadas a um termo da oração principal.
a) Percebe-se que *as negociações estão avançando favoravelmente à categoria*.

_____

b) "Estamos reunidos com o propósito de *conquistar melhores condições de trabalho*."

_____

c) "O sindicato necessita de que *os representantes do governo façam uma revisão do documento*."

_____

d) As questões que *elaborei* foram consideradas fáceis pelos alunos.

_____

e) Viajarei quando *a chuva passar*.

_____

3. Em "*Para revitalizar o centro da cidade*, o governo prevê um orçamento de um bilhão de reais."

3.1 A oração destacada estabelece com a segunda uma relação lógico-semântica de:
a) causa   b) condição   c) concessão   d) finalidade   e) meio.

3.2 A oração em 3 é introduzida por uma ....; o verbo que a estrutura está no ....

4. "Decidimos *que a greve será mantida por tempo indeterminado*." Sobre a oração destacada, pode-se afirmar que
a) é termo acessório do verbo da OP.
b) funciona como objeto indireto da forma verbal *decidimos*.
c) é termo integrante do verbo da OP.
d) tem valor adjetivo.
e) apresenta verbo na forma nominal.

3.3.1 Classificação das orações subordinadas substantivas

As orações SUBSTANTIVAS, de acordo com as funções que exercem em relação a um termo da principal, são:

▶ SUBJETIVAS: *Parece* [que a situação do país vai melhorar] – sujeito do verbo da OP.

▶ OBJETIVAS DIRETAS: Vou *provar* [que o empresário foi o causador do problema] – objeto direto do verbo da OP.

▶ OBJETIVAS INDIRETAS: *Lembre*-se [de que a adesão do Brasil ao Tribunal Penal Internacional simboliza...] – objeto indireto do verbo da OP.

▶ COMPLETIVAS NOMINAIS: Não tenho *esperança* [de que se resolva a questão da Ucrânia] – complemento de um nome da OP (substantivo *esperança*).

▶ PREDICATIVAS: O *problema* é [que não se operam mudanças reais na educação brasileira] – predicativo do sujeito do verbo da OP.

▶ APOSITIVAS: Só tenho uma *esperança*: [que os governantes valorizem a educação] – a oração exerce a função de aposto do substantivo *esperança* da OP.

▶ AGENTE DA PASSIVA: Os eleitores *são enganados* [por quem lhes promete ganhos fáceis] – a oração exerce a função de agente da passiva do verbo na passiva com auxiliar, na OP.

> **👍 Saiba mais**
>
> O conectivo das orações subordinadas substantivas é a conjunção integrante (QUE, SE), que, apesar de não ter valor semântico, apresenta a propriedade de passar a oração à condição de um substantivo.

5. Classifique as orações substantivas destacadas nas seguintes frases, indique os seus conectivos (se possível) e identifique na OP os elementos com que contraem funções.

a) "...e a menina teve a impressão [de que ele levava saudades]."

b) "...fabricam-se computadores capazes [de simular grande número de situações...]"

c) "Guardava lembranças [de quantos o ajudaram no infortúnio.]"

d) Era favorável [a que mudasse todo o regimento interno].

e) Senti [que meus olhos escureciam].

6. Numere a primeira coluna de acordo com a segunda de forma a classificar as orações subordinadas substantivas.

a) (　) "...mas eu desisto [de fazer agora uma sátira contra o vil metal...]"
b) (　) Ninguém duvida [de que há estranhos poderes na terra.]
c) (　) Tinha medo [de que a prova fosse difícil.]
d) (　) O importante é [que todos ficaram felizes com a decisão.]
e) (　) Anunciaram [que não haveria greve.]

(1) subjetiva
(2) objetiva indireta
(3) objetiva direta
(4) completiva nominal
(5) apositiva
(6) predicativa

7. Em "o governo disse aos líderes sindicais *que não tem dinheiro*", a função sintática da oração destacada é a mesma encontrada em:
a) "Percebe-se *que as negociações estão avançando favoravelmente à categoria*."
b) "Estamos reunidos com o propósito *de conquistar melhores condições de trabalho*."
c) "O sindicato solicitou *que os representantes do governo façam uma revisão do documento*."
d) "Os sindicalistas estão convictos *de que a participação de um grande número de profissionais da rede no último ato foi significativo para o movimento*."
e) "Os líderes do movimento avisaram os professores *de que haveria uma reunião na próxima quinta-feira*."

8. Identifique as subordinadas substantivas reduzidas e classifique-as.
a) Custa-lhe ser mais dedicado ao trabalho?

_____

b) Eu o aconselhei a estudar mais.

_____

c) Só há uma solução para o país: valorizar a educação.

_____

d) Minha primeira reação foi chorar.

_____

e) A necessidade de crer em algo é imperiosa para algumas pessoas.

_____

> **Saiba mais**
>
> As orações subordinadas substantivas que apresentam verbos no infinitivo são chamadas REDUZIDAS.

9. Marque as orações subjetivas com SU e predicativas com PR.
a) (   ) A verdade é que os estádios não ficaram prontos.
b) (   ) Parece que os manifestantes estão se organizando pela internet.
c) (   ) Está claro que as autoridades terão muito trabalho para acalmar o povo.
d) (   ) É verdade que o calendário foi alterado em virtude da Copa do Mundo.
e) (   ) Acontece que o dinheiro já foi gasto com a competição.

> ### 👍 Saiba mais
>
> Verbos SER, ESTAR, FICAR + substantivo ou adjetivo = oração subjetiva.
>
> Termo substantivado + verbo SER = oração predicativa.

10. Identifique se as orações substantivas destacadas são predicativas P ou subjetivas S.
a) (   ) A questão é *abrir o debate na sociedade*.
b) (   ) Fica claro *que não há interesse em mudanças econômicas*.
c) (   ) A solução simplista *seria repetir, em escala menor, o exemplo da China*.
d) (   ) Comenta-se *que não haverá substituições nos ministérios*.
e) (   ) É preciso *rediscutir o papel de cada colaborador do projeto*.

> ### 👍 Saiba mais
>
> Pode-se identificar a oração substantiva substituindo-a pelos pronomes *isso*, *esse*, *isto*, *este*, *aquele* e verificando a sua função. Essa será a função da oração correspondente.
>
> Quero *isto*.   Quero *terminar o livro*.
> ↓   ↓
> objeto direto   oração subordinada substantiva objetiva direta

3.3.2 Classificação das orações subordinadas adjetivas

As orações subordinadas ADJETIVAS exercem o papel de adjetivo e são introduzidas por pronomes relativos. Dessa forma, desempenham a função de adjunto adnominal de um substantivo — nome ou pronome — da oração principal, palavra que funciona como antecedente do relativo.

(1) A professora [sorridente] conquistava a simpatia dos alunos.
(2) A professora [que sorria] conquistava a simpatia dos alunos.

Em (1), o adjetivo *sorridente* desempenha a função sintática de adjunto adnominal de *professora*, atribuindo-lhe uma característica, portanto é um termo que modifica outro termo da oração. Em (2), a oração *que sorria* desempenha essa mesma função sintática, a de adjunto adnominal, mas agora subordinada a um termo — especificamente ao sujeito (*professora*) — de uma outra oração: *A professora conquistava a simpatia de todos*.

11. Substitua os adjetivos por orações subordinadas adjetivas nos períodos.

a) A internet propicia a presença simultânea em universos *infinitos*.

___

b) Este é um caso *insolúvel*.

___

c) Engarrafamentos *arrasadores* da cidade pioram a cada dia.

___

d) A obviedade, *constantemente repetida*, encobre questões mais sérias.

___

e) O homem *sábio* fala pouco e muito ouve.

___

12. Transforme as orações adjetivas em adjetivos:

a) Este é o zelador *que reside na escola*.

___

b) Estas são atitudes *que merecem admiração*.

___

c) Usou um gás *que provoca a morte*.

___

d) Assinou um contrato *que não se dissolve*.

___

e) Empregou palavras *que não se publicam*.

___

> As orações adjetivas podem ser RESTRITIVAS e EXPLICATIVAS. Observe:
> (1) Os jovens *que estão acostumados com as novas tecnologias* encontram boas oportunidades de trabalho.

(2) Os jovens, *que estão acostumados com as novas tecnologias*, encontram boas oportunidades de trabalho.

A leitura dos dois períodos, exatamente iguais, exceto pela pontuação, mostrará que, em (1), se está restringindo o nome *jovens*; o emissor refere-se a um grupo de jovens entre todos: aqueles "que estão acostumados com as novas tecnologias". Essa é a oração ADJETIVA RESTRITIVA, pois serve para definir, identificar os *jovens* referidos.

Em (2), entende-se que todos os jovens estão acostumados com as novas tecnologias e encontram boas oportunidades de trabalho. Esse segundo tipo de adjetiva, que aparece entre vírgulas — um recurso para representar a diferente curva entoacional que caracteriza sua realização —, é chamada de ADJETIVA EXPLICATIVA, pois encerra uma explicação sobre o antecedente do relativo.

13. Marque as orações adjetivas restritivas com R e as explicativas com E.
a) (   ) O filme que lhe recomendei ganhou um prêmio.
b) (   ) A peça *Marco Spada*, que um artista francês recriou, encerrou temporada.
c) (   ) Telão de 325m² exibe filmes na Marina da Glória, que terá shows após as sessões.
d) (   ) Assisti a uma comédia que parecia a biografia de meu vizinho.
e) (   ) Os professores cujos salários foram aumentados voltaram ao trabalho.

14. Assinale a diferença de sentido entre o período do exercício 13 e o que a seguir se transcreve e classifique as orações adjetivas.
Os professores, cujos salários foram aumentados, voltaram ao trabalho.

_____

_____

_____

_____

15. Use vírgulas para separar as orações adjetivas quando forem explicativas.
a) O rio Amazonas que é o maior em volume d'água do Brasil é fonte de vida para uma infinidade de seres.
b) O Pão de Açúcar que fica na cidade do Rio de Janeiro é um belo cartão-postal.
c) A pirâmide de Quéops que fica no Egito é a mais visitada.

d) As praias das quais você falou ontem ficam em Búzios.
e) A Copa do Mundo que mais me emocionou foi a de 1958.

3.3.2.1 Emprego dos pronomes relativos

Os PRONOMES RELATIVOS retomam o significado de um substantivo (nome ou pronome) antecedente e, conforme se explicou, iniciam as orações subordinadas adjetivas. Além de estabelecer relação de dependência entre a oração subordinada e a principal, o relativo exerce função sintática na oração em que se encontra. São: *que* (= *o qual*), *o qual*, *quem*, *cujo*, *onde*, *quanto*, *como* e são empregados da seguinte maneira:

▶ QUE, o pronome mais usado, pode exercer qualquer função sintática:
   A *crise* de *que* todos falam originou-se da falta de sensibilidade daqueles governantes. /
   Sou *o que* procuras. (objeto indireto / objeto direto)

▶ O QUAL (e flexões) emprega-se com preposições de mais de duas sílabas ou para evitar ambiguidade:
   As disposições *segundo as quais* se regem estes concursos não foram claras.

▶ QUEM refere-se a pessoa ou coisa personificada e vem sempre regido de preposição:
   É o *homem* de *quem* lhe falei. / É o *ator* a *quem* admiras.

▶ CUJO exprime *posse* e refere-se a um nome antecedente (ser possuidor) e a um consequente (ser possuído) com o qual concorda em número e gênero. Pode estar regido de preposição conforme a transitividade do nome ou do verbo a que esteja ligado. CUJO (*cuja*, *cujos*, *cujas*) são sempre adjuntos adnominais:
   Há *pessoas cuja aversão* honra mais que sua amizade. / Esta é a *casa em cujos cômodos* se promovem as reuniões.

▶ ONDE faz referência a lugar (= o lugar em que). Desempenha a função de adjunto adverbial de lugar e pode estar regido de preposição:
   Caiu a ponte *por onde* passou a comitiva. / O colégio *onde* estudas é excelente. /
   O lugar *aonde* vais não me parece adequado. (preposição *a* + *onde*)

> 👍 **Saiba mais**
>
> A palavra ONDE, como *pronome relativo*, somente pode ser utilizada para substituir um substantivo que exprima a ideia de lugar. Para a substituição de outros substantivos, devem-se empregar as formas *em que*, *na qual* ou *no qual* em vez de *onde*.

> **Observe:**
> Na rua *onde* ele mora não há muito movimento. [Adequado]
> Na oração *onde* o fiel pedia perdão a Deus não havia sinceridade. [Inadequado]
> Na oração *em que* o fiel pedia perdão a Deus não havia sinceridade. [Adequado]

16. Reúna os períodos num só, usando como conectivo um pronome relativo que substitua a expressão destacada no segundo período:

a) Visitei o museu do Louvre. Nas paredes *desse museu* estão obras consideradas as mais importantes da pintura no mundo.

b) Sua obra poética é notável. Referi-me, há pouco, às origens de sua *obra poética*.

c) O presidente convocou uma reunião. Os convidados *da reunião* seriam os notáveis da empresa.

d) A epidemia fora anunciada há dois anos. As principais vítimas *da epidemia* foram as crianças.

e) Visitei o salão. Na parede *do salão* está uma pintura de Van Gogh.

17. Empregue o relativo *o qual*, ou uma de suas flexões, a fim de desfazer a ambiguidade:

a) Este é o presidente da nação que não conseguiu privatizar todos os serviços.

b) Os focos de dengue do depósito que a polícia encontrou foram exterminados.

c) O filho da coordenadora da campanha que recebeu o prêmio não conhecia o promotor do evento.

d) A estrela do musical que alguns criticaram chamou a atenção dos jornalistas.

e) Não conheço o pai da garota que se acidentou.

18. Reúna os dois períodos num só, usando os relativos QUE ou QUEM.

a) Visitei meu tio. Devo a esse tio meus estudos.

b) O contrato será rescindido. Celebrou-se o contrato por questões de segurança.

c) Você conhece o prefeito? A notícia refere-se a ele.

d) A ideia foi do colunista. Você admira aquele colunista.

e) O candidato não aceitou as teses. Defendemos tais teses na última reunião.

19. Complete as lacunas com o pronome relativo *que* precedido ou não de preposição, conforme a regência do verbo que completa.

a) Observações sarcásticas caracterizam a crítica .... não se deve confiar.

b) Fama e prestígio são os prêmios .... aspiram os artistas.

c) Aquela foi uma história .... muitos acreditaram.

d) A anedota .... não consigo lembrar-me era muito engraçada.

e) As cenas .... assistimos nos telejornais são mais violentas do que as de certos filmes de ação.

20. Em relação às orações destacadas a seguir,
a) destaque o pronome relativo;
b) identifique o seu antecedente;
c) determine a função sintática do relativo;
d) explique o seu emprego;
e) justifique o emprego da preposição.
I. A mulher [*a quem o escritor idolatrava*] desapareceu.

II. Trata-se do livro [*a cujo autor sempre me refiro*].

3.3.3 Classificação das orações subordinadas adverbiais

As ORAÇÕES ADVERBIAIS exercem o papel de adjuntos adverbiais do verbo da oração principal. Como tal, expressam as circunstâncias que cercam as ações que os verbos expressam.

[Quando agosto vier], estaremos na Europa.

A oração destacada expressa a circunstância de tempo referente à ação de *estar* e funciona, então, como seu adjunto adverbial de tempo e classifica-se como SUBORDINADA ADVERBIAL TEMPORAL.

As ADVERBIAIS são introduzidas por conjunções subordinativas adverbiais e classificam-se como:

▶ CAUSAIS (expressam a causa de um fato da OP) → *porque, visto que, já que, como* (antes da OP).
   Não poderemos ir à festa [*uma vez que* viajaremos em agosto].
   [*Como* viajaremos em agosto], não poderemos ir à festa.

▶ COMPARATIVAS (iniciam o 2º membro de uma comparação) → (do) *que, quanto, como*.
   Matemática é mais difícil [*do que* português]?
   Aprendi tanto com os livros [*quanto* com a escola].

▶ CONCESSIVAS (expressam ressalva; negam a relação *causa* x *consequência*) → *embora, conquanto, ainda que*.
   [*Ainda que* quisesse], não poderia mudar de cidade.
   [*Por mais que* estude], não consegue entender as equações de segundo grau.

▶ CONDICIONAIS (condição) → *se, caso, contanto que*.
   [*Se* sairmos agora], ainda conseguiremos assistir à peça.
   Posso organizar a festa, [*contanto que* você faça os salgados].

▶ CONFORMATIVAS (conformidade) → *conforme, segundo, como* (= conforme).
   [*Conforme* mamãe me ensinou], só vou a festas para as quais sou convidada.
   Faremos a petição [*como* o professor nos ensinou].

▶ CONSECUTIVAS (consequência) → *que* (correlacionado com *tão, tal, tanto, tamanho*).
   Foi *tão* eloquente [*que* convenceu a plateia].
   Explicou de *tal* modo [*que* convenceu a plateia].

▶ FINAIS (finalidade) → *para que, a fim de que*.
   Estudamos [*para que* possamos ascender profissionalmente].
   Impetrou uma ação [*a fim de que* fosse garantido o seu direito de visita ao filho].

▶ **PROPORCIONAIS** (proporção) → *à proporção que, à medida que*.
[*À medida que* envelhecemos], ficamos mais sábios.
[*À proporção que* estudamos literatura], temos mais prazer com os livros.

▶ **TEMPORAIS** (tempo) → *quando, mal, logo que, antes que*.
[*Antes que* eu pensasse duas vezes], ela tinha dado a resposta ao colega.
[*Logo que* o vi], percebi que estava enganada.

21. Junte as orações dos itens abaixo em um período de modo a estabelecer as relações indicadas nos parênteses.

a) Não aceitara o convite. Não vira a carta. (causa)

b) Tenho um compromisso importante. Irei à sua formatura. (concessão)

c) Não lhe perdoei. Ele me pediu perdão. (tempo)

d) Tem de chover. A terra se tornará fértil. (finalidade)

e) Aceitarei o oferecimento. Você fará uma promessa. (condição)

22. Destaque os conectivos, reconheça as relações entre as orações e classifique as adverbiais.

a) Se não me telefonar, viajarei ao anoitecer.

b) A ponte foi construída conforme o prefeito nos prometeu.

c) A peça foi tão bem encenada que todos aplaudiram os atores de pé.

d) Quanto mais falava, menos se fazia entender.

e) Os temporais este ano foram menos destrutivos do que os do ano passado.

23. As orações destacadas abaixo expressam os resultados de ações. Classifique-as.
a) Os soldados dormiam pouco *de modo que o inimigo não os surpreenderia*.

b) Os soldados dormiam pouco *a fim de que o inimigo não os surpreendesse*.

c) Dormia tão pouco à noite *que passava o dia cochilando no trabalho*.

d) *Passava o dia cochilando no trabalho* porque dormia muito pouco à noite.

e) Dormia pouco, *portanto não rendia o suficiente no trabalho*.

24. Transforme os adjuntos adverbiais destacados em orações subordinadas adverbiais e dê a sua classificação.
a) Ela vencerá [apesar das dificuldades].

b) Cláudia chorou [de raiva] ao vê-lo.

c) Viajaremos para o Porto [no fim do inverno].

d) Trabalhou bastante [para a adequada organização da festa].

e) Instalaremos o computador [conforme as instruções do manual].

25. Nos períodos a seguir, sublinhe as expressões de circunstâncias e classifique as orações que as manifestam.

a) Se o final do período for antecipado, poucos alunos permanecerão na cidade.

_____

b) Como caiu um terrível temporal, nenhum convidado chegou na hora.

_____

c) Não cancelaram o espetáculo, apesar de ter faltado energia.

_____

d) Ela foi embora antes que a noite chegasse.

_____

e) À proporção que as horas passavam, mais angustiada se sentia com sua ausência.

_____

26. Complete os períodos com orações subordinadas que expressem as circunstâncias indicadas entre parênteses.

a) Não pude estudar fora de minha cidade .... (causa)

b) Não abandonaria minhas atividades .... (concessão)

c) Farei a obra .... (condicional)

d) O programa é bastante extenso .... (conformativa)

e) Atacaram as bases inimigas .... (final)

👁 DE OLHO VIVO PARA NÃO TROPEÇAR NA CLASSIFICAÇÃO DAS SUBORDINADAS

1. Orações que exercem função sintática em relação a um TERMO de outra oração, dita oração principal (OP), chamam-se orações subordinadas.

2. De acordo com a função exercida, a subordinada será substantiva, adjetiva ou adverbial.

3. As subordinadas podem ligar-se por conectivos (ou não) à OP. As substantivas, por meio de conjunções integrantes — QUE e SE; as adjetivas, por meio de pronomes relativos; as adverbiais, por meio de conjunções subordinativas adverbiais.

3.4 Termos da oração

Na estrutura sintática da oração, cada componente exerce um papel em relação a outro dessa mesma estrutura; é este papel que se denomina de FUNÇÃO: o complemento (do nome), o adjunto adverbial (do verbo) etc. Assim, FUNÇÃO é a relação de dependência entre dois elementos que se articulam e é identificada pela análise. As funções são desempenhadas pelos constituintes oracionais ou TERMOS DA ORAÇÃO.

De acordo com a Nomenclatura Gramatical Brasileira (NGB), os termos da oração classificam-se em ESSENCIAIS, INTEGRANTES e ACESSÓRIOS, conforme mostra o quadro a seguir.

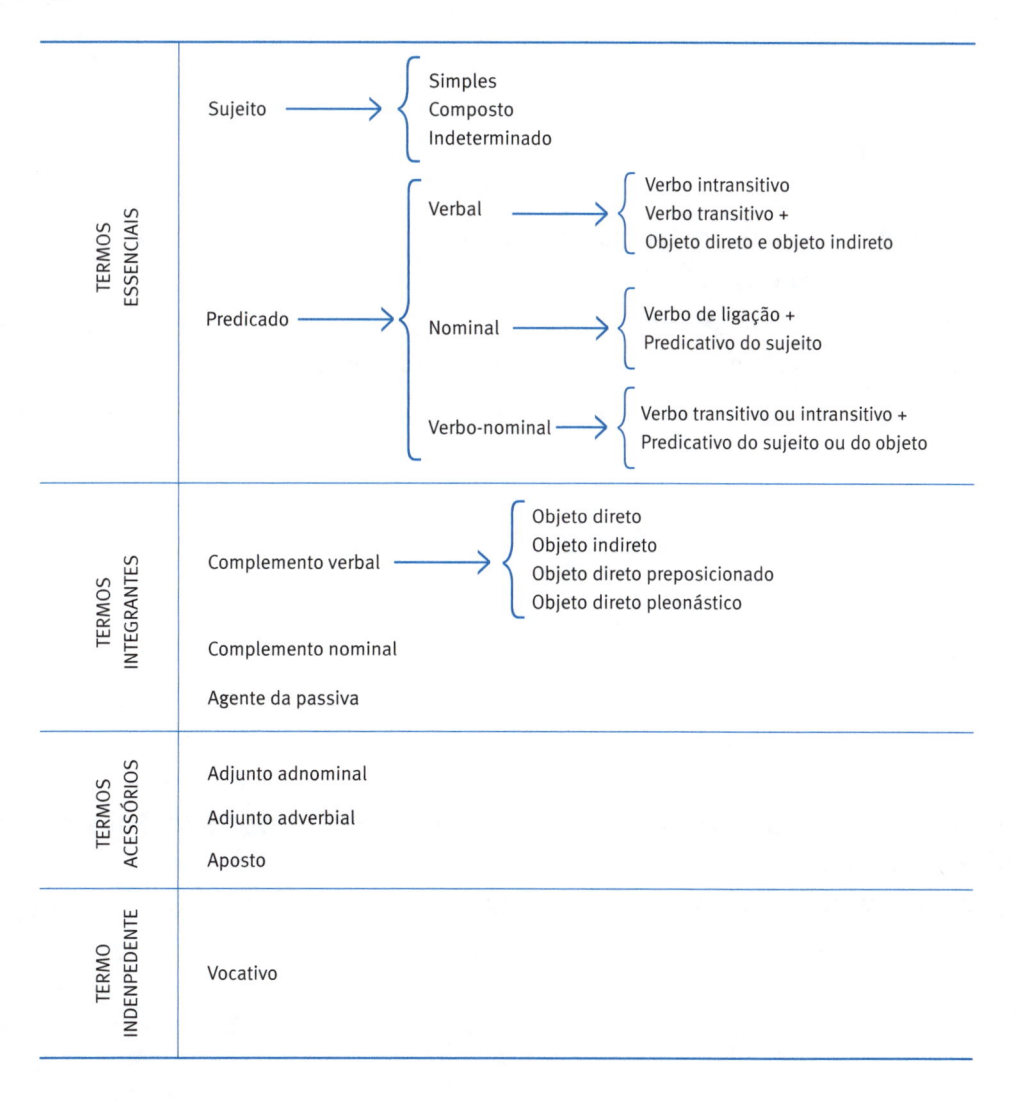

TERMOS ESSENCIAIS
- Sujeito
  - Simples
  - Composto
  - Indeterminado
- Predicado
  - Verbal
    - Verbo intransitivo
    - Verbo transitivo + Objeto direto e objeto indireto
  - Nominal
    - Verbo de ligação + Predicativo do sujeito
  - Verbo-nominal
    - Verbo transitivo ou intransitivo + Predicativo do sujeito ou do objeto

TERMOS INTEGRANTES
- Complemento verbal
  - Objeto direto
  - Objeto indireto
  - Objeto direto preposicionado
  - Objeto direto pleonástico
- Complemento nominal
- Agente da passiva

TERMOS ACESSÓRIOS
- Adjunto adnominal
- Adjunto adverbial
- Aposto

TERMO INDEPENDENTE
- Vocativo

3.4.1 Termos essenciais

Na maioria dos casos, a oração é constituída de SUJEITO e PREDICADO, que, por essa razão, são considerados termos essenciais da oração.

SUJEITO é o ser sobre o qual se faz uma declaração.
PREDICADO é a declaração feita sobre o sujeito.
Por exemplo, em

O Centro Cultural Banco do Brasil está expondo 150 obras de Salvador Dalí,

o sujeito — ser do qual se diz algo — é *O Centro Cultural Banco do Brasil,* e o predicado — o que se declara sobre o sujeito — está representado por *está expondo 150 obras de Salvador Dalí.*

> ### 👍 Saiba mais
>
> Para encontrar o sujeito, pergunta-se ao predicado
> QUEM É QUE...? ou O QUE É QUÊ...?
> Quem é que *está expondo 150 obras...?*
> R: *O Centro Cultural Banco do Brasil.* Logo *O Centro...* é o sujeito.

O NÚCLEO DO SUJEITO é sempre elemento de natureza substantiva: nome, pronome, numeral, oração.

Carlos é meu amigo. → nome substantivo
Ele é meu amigo. → pronome substantivo
Um é bom. → numeral substantivo
É possível *que este filme tenha sucesso.* → oração substantiva

O núcleo poderá estar acompanhado de outros elementos periféricos que o completam, qualificam, especificam:

Um grupo (N) *de alunos* dançou na festa junina.

Um e *de alunos* determinam e especificam o núcleo *grupo*: são seus adjuntos adnominais.

1. Sublinhe os sujeitos das orações e envolva os seus núcleos.
a) De minha janela, via-se um belíssimo crepúsculo.
b) Todas as trinta e duas seleções de futebol jogam bem.
c) Um conjunto de choro encantou os espectadores.
d) Festas animadas estão acontecendo em todo o Brasil no mês de junho.
e) O jornalista Fabiano integra a equipe de produtores do novo musical.

2. Identifique os sujeitos e os predicados das orações a seguir, separando-os por colchetes.
a) A indiferença ao argumento alheio é uma estratégia argumentativa.
b) Aristóteles estabelecia as possíveis violações aos debates racionais.
c) A culpa foi imputada ao casal pela mídia sensacionalista.
d) Escreveram-se livros importantes sobre argumentação.
e) Aconteceram festas animadas e sem violência durante a Copa do Mundo.

3.4.1.1 Classificação do sujeito

▶ SIMPLES: compõe-se de um só núcleo:
Meus melhores *amigos* vivem fora do Brasil.
↓
Núcleo: amigos, no plural

Meu melhor *amigo* vive fora do Brasil.
↓
Núcleo: amigo, no singular

▶ COMPOSTO: compõe-se de dois ou mais núcleos:
As *turistas* inglesas e os *rapazes* brasileiros conheceram-se no estádio.
↓   ↓
Núcleos: turistas e rapazes

▶ INDETERMINADO: não está explícito, porque não se sabe ou não se quer informar quem é. Estrutura-se de dois modos:
a) verbo na 3ª pessoa do singular + pronome SE (que é a partícula que indica a indeterminação do sujeito):
Trata-se de uma situação muito delicada. (Quem trata?)

Vive-se mal nesta cidade. (Quem vive?)
Necessita-se de jogadores no meio de campo na seleção do Uruguai.
(Quem necessita?)

b) verbo na 3ª do plural sem referência a um ser identificado anteriormente:
Procuraram o livro sem sucesso. (Quem procurou?)
Se baterem em você, procure o Juizado de Menores. (Quem irá bater?)

▶ ORAÇÕES SEM SUJEITO: há orações cujos verbos não fazem referência a sujeito algum → verbos impessoais. Os casos mais frequentes de orações sem sujeito ocorrem com:

a) verbos que indicam fenômenos da natureza: *anoitecer*, *chover*, *amanhecer*, *nevar*, *gear* etc:
Chove muito no verão, no Rio.

b) verbo *haver* (= *existir* ou em indicação de tempo decorrido), *fazer* (em indicação de tempo decorrido); *ser* (em datas e distância).

No caso de SER, a concordância estabelece-se com o predicativo, e nos outros casos, o verbo fica na 3ª pessoa do singular:
Há muitos assuntos para estudar.
Havia três anos de sua partida e a dor da perda não passava.
Fazia um bom tempo a esperávamos para sair.
São muitos quilômetros até São Paulo.

---

3. Sublinhe o sujeito das orações abaixo e classifique-o: simples S ou indeterminado I.
a) (   ) O caçador perseguiu o leão.
b) (   ) Pelo leão o caçador foi perseguido.
c) (   ) Feri meu dedo com o anel.
d) (   ) Guardavam-se os documentos no cofre.
e) (   ) Guardaram os documentos no cofre.

4. Nas frases a seguir, identifique as estruturas que manifestam o sujeito indeterminado e justifique.
a) Sujaram a mesa de doce.

_____

b) Precisa-se de bons analistas de sistema.

_____

c) Levaram o meu celular!

d) Venderam todos os aparelhos de televisão que estavam na oferta!

e) Não se vive bem com desorganização.

5. Em relação à frase "Mãe, mãe mesmo só há duas: a mãe judia e a mãe italiana" (Verissimo),

   a) identifique o sujeito

   b) reconheça se o verbo é pessoal ou impessoal

   c) destaque os termos que completam o verbo

   d) indique o significado do verbo

   e) retire sintagmas que têm valor explicativo

6. Complete as frases com os verbos impessoais indicados entre parênteses.

   a) .... de um assunto pouco complexo. (tratar-se)

   b) Em outubro, ... seis anos que estamos juntos. (fazer)

   c) Ainda bem que, no Rio, não .... (nevar)

   d) .... frio em Vacarias do Sul. (fazer)

   e) Daqui a Nova Friburgo .... 147 km. (ser)

7. Substitua as formas verbais destacadas pelo verbo *haver* (mesmo tempo e modo).

   a) *Sucederam* coisas importantes.

   b) Já *tinham* ocorrido casos semelhantes.

   c) *Achavam-se* muitas pessoas no passeio.

   d) Não *se apresentarão* muitos concorrentes.

   e) Muitos alunos *estavam* na sala.

3.4.1.2 Classificação do predicado

Os PREDICADOS são classificados como VERBAIS, NOMINAIS e VERBO-NOMINAIS.

▶ **PREDICADO VERBAL (PV):** a principal declaração sobre o sujeito está contida em um verbo nocional. Em *O professor [escreveu o livro em um ano]*, *escreveu* é o núcleo do predicado porque nele repousa a afirmação do comentário sobre o sujeito. Os verbos NOCIONAIS podem ser TRANSITIVOS ou INTRANSITIVOS.

▶ **PREDICADO NOMINAL (PN):** o principal comentário sobre o sujeito está contido em um nome (adjetivo, substantivo), já que o verbo com que se estrutura o predicado é vazio de significado. Esse tipo de verbo é classificado como *verbo de ligação,* ou *relacional,* justamente por sua função de ligar o sujeito a um atributo seu. Em *João [é educado]*, o predicado é composto por um verbo de ligação *é* + adjetivo *educado*, que expressa a qualidade atribuída ao sujeito *João*, de modo que a função do nome (adjetivo) é de PREDICATIVO DO SUJEITO.

Os VERBOS DE LIGAÇÃO mais comuns são: *ser, estar, ficar, parecer, permanecer, continuar, tornar-se*.

▶ **PREDICADO VERBO-NOMINAL (PVN):** a declaração que se faz sobre o sujeito é expressa por um verbo nocional, que indica a ação por ele realizada, e um nome, que indica a situação do sujeito ao realizar a ação. O PVN é resultado do cruzamento de um PV com um PN. O nome exerce a função de predicativo:

Larissa riu → PV / Larissa estava *despreocupada* → PN // Larissa riu e estava *despreocupada*. ‹—› Larissa riu *despreocupada* → PVN.

O PVN também pode estar estruturado com verbo + objeto direto + predicativo do objeto direto:

Nomeamos *Larissa secretária da reunião*.
  ↓   ↓
 objeto direto   predicativo do OD

O sofrimento torna *o homem fraco uma pessoa forte*.
  ↓   ↓
 objeto direto   predicativo do OD

8. Preencha os parênteses com PN, PV ou PVN, segundo o predicado de cada oração.
a) (   ) O professor estava feliz ontem.
b) (   ) Elegeram aquele jogador como o melhor da Copa.
c) (   ) Os soldados voltaram cansados.

d) (   ) O jogo permaneceu empatado durante o primeiro tempo.
e) (   ) Nada posso declarar sobre tema tão delicado.

> ### 👍 Saiba mais
>
> Predicativo é a função que expressa a qualidade, o estado ou o modo de ser do sujeito ou do objeto. Normalmente constituído por substantivos, adjetivos e pronomes, o predicativo pode aparecer sob a forma de expressão constituída por *preposição* + *substantivo* ou *pronome*.
>
> Ele é *dos nossos*. Esta mesa é *de madeira maciça*.

9. Em relação às orações do exercício anterior, destaque os predicativos e reconheça se são do sujeito ou do objeto direto.

a) _____

b) _____

c) _____

d) _____

e) _____

10. Há verbos que se constroem ora com PN, ora com PV. Reconheça os predicados estruturados com os verbos VIRAR e ANDAR nas orações abaixo.
a) (   ) A crisálida virou borboleta.
b) (   ) Vamos virar a página e esquecer esse acontecimento.
c) (   ) O copo virou e a água entornou na mesa.
d) (   ) Ando preocupada com os prazos de entrega do trabalho.
e) (   ) Não ande tão rápido que estou cansada.

11. Marque a opção em que aparece um verbo de ligação.
a) Acabei de chegar.
b) "O sonho acabou." (J. Lennon)
c) Todos acabaram exaustos.
d) Acabe com essa confusão!
e) Já acabamos todo o serviço.

12. Marque a opção que identifica a classificação do predicado e seu núcleo, na oração seguinte: "Tinha sido um simples organismo vegetativo."
a) verbal; tinha sido
b) nominal; sido
c) nominal; um simples organismo vegetativo
d) verbo-nominal; um simples organismo
e) nominal; tinha sido

13. Nos períodos abaixo, sublinhe o predicativo e reconheça sua estrutura.

a) Os livros para bebês são de papel.   (..)

b) A verdade é que o torcedor só pensa na
   vitória de seu time e nada mais.   (..)

c) Ela parece uma boneca de porcelana.   (..)

d) Disse a autoridade: "estou" ministro!   (..)

e) Jovens que depredam suas universida-
   des não são dos nossos.   (..)

3.4.2 Termos integrantes

São os que completam a estrutura e o sentido de um VERBO ou de um NOME.

Tipos de complementos
▶ De verbos:
- objeto direto;
- objeto indireto;
- agente da passiva.

▶ De nomes:
- complemento nominal.

▶ OBJETO DIRETO (OD) → complemento que se liga ao verbo sem o auxílio de preposição.

Do ponto de vista semântico, o OD é:
- o paciente da ação;
- o produto da ação;
- ser para quem se dirige um sentimento;

- o espaço percorrido ou o objetivo final (com verbos de movimento):

    O bom momento financeiro *estimula* [a venda de carros].

▶ OBJETO INDIRETO (OI) → complemento que se liga ao verbo de forma indireta, isto é, com o auxílio de preposição. Semanticamente, é:
- a pessoa ou coisa que recebe a ação verbal:

    Obedeço [aos mais velhos];
- a pessoa para cujo proveito se pratica a ação:

    Trouxe presentes [para mim];
- a pessoa ou a coisa sobre quem recai a ação de alguns verbos regidos de preposição determinada, como *gostar de, depender de, assistir a, precisar de, anuir a, reparar em*; e cujo complemento não pode ser substituído pelos pronomes *lhe* e *lhes*:

    Gosto [de sorvete]. Não *acredito* [nas suas promessas].

▶ AGENTE DA PASSIVA (AP) → complemento de verbo na voz passiva, geralmente, introduzido pela preposição *por* ou *de*. Semanticamente, é o termo que indica quem exerce a ação expressa pelo verbo na voz passiva:

    As soluções *serão discutidas* [pelos Chefes de Estado] dos países ricos.

👍 Saiba mais

Há também:
- DATIVO ÉTICO, em que o OI remete à pessoa que, vivamente interessada na ação, procura captar a simpatia ou a benevolência do destinatário. Pode ser retirado do enunciado sem prejuízo ao sentido da frase.

    Prendam-*me* esse homem.

    Não *me* vire esses papéis da mesa.

- DATIVO DE OPINIÃO, em que o OI é a pessoa a quem pertence uma opinião. Pode acompanhar um verbo de ligação.

    Para a torcida, o Brasil já é campeão.

- DATIVO DE POSSE, quando o verbo se refere a partes do corpo ou a um objeto de um ser representado nesse tipo de OI:

    Queimaram-*me* a mão com café. / A tinta sujou-*te* a calça.

> OBJETO DIRETO PREPOSICIONADO → O OD pode aparecer preposicionado
> - em razão da categoria da palavra que preencha essa posição na estrutura oracional:
>   - com o pronome oblíquo tônico:
>   Nem ele entende *a nós* nem nós *a ele*.
>   - com o relativo QUEM:
>   Chegou o autor premiado *a quem* tanto esperavas.
>
> - para evitar ambiguidade:
>   - quando o OD precede o sujeito:
>   *A Cláudio* abraçou Pedro. // (Se retirarmos a preposição, Cláudio passa a ser sujeito — *Cláudio abraçou Pedro*.)
>   - na comparação:
>   Estimo-o como *a um pai*. (Compare: *Estimo como um pai*: como um pai estima ou como se estima um pai?)
>
> - nas construções em que se coordenam um pronome átono e um substantivo:
>   "... para *vos* agasalharem e *aos vossos filhinhos*."

14. Assinale os papéis sintáticos dos complementos dos verbos destacados.

a) No Brasil, a prisão não *recupera* o criminoso.

___

b) Gastamos bastante tempo para *planejar* nossas aulas.

___

c) Já *escreveu* a seus pais sobre a decisão de troca do curso?

___

d) *Atravessar* rios caudalosos, *subir* e *descer* montanhas íngremes foram algumas provas do programa *Hipertensão*.

___

e) Ela *pareceu*-me descontente com os acontecimentos.

___

15. Reconheça os papéis semânticos dos complementos verbais assinalados.
a) Como não amar *essa profissão*?

b) Queimou-*me* o pé com o leite fervente.

c) Prendam-*me* este homem!

d) Novas estradas foram os benefícios que aquele governo *nos* legou.

e) O turista disciplinado obedecia *ao guia*.

16. As frases abaixo ilustram situações de emprego do OD preposicionado. Reconheça essas situações:
a) Você provou *do bolo de maçã*?

b) Tinha um filho *a quem* muito elogiava.

c) *A mim* ninguém convida para essas funções.

d) "... o Reitor *o* esperava e *aos seus respeitáveis hóspedes*..."

e) Prezava o vizinho como *a um membro da família*.

17. Marque as afirmativas VERDADEIRAS, considerando-se a frase abaixo.
O Governo Federal vem perseguindo, desde 1995, combater a pobreza estrutural e promover a inclusão social, após ampliar a oferta de vagas no ensino fundamental.
a) A locução verbal *vem perseguindo* apresenta três objetos diretos.
b) O objeto direto da forma citada está expresso por duas orações.
c) A última oração não é complemento de *vem perseguindo*.

d) O complemento da forma em análise é *a pobreza* e *a inclusão social*.

e) A estrutura *após ampliar a oferta de vagas no ensino fundamental* tem valor adverbial.

18. Na frase "A federação vai tirar-lhe o prêmio por mal comportamento", é correto afirmar que
a) a forma verbal *vai tirar* apresenta dois objetos indiretos.
b) são complementos de *vai tirar as* funções expressas por *lhe* e *o prêmio*.
c) *lhe* é objeto indireto e indica posse.
d) a expressão *o prêmio* refere-se ao paciente da ação que a forma *vai tirar* expressa.
e) *lhe* e *o prêmio* desempenham a mesma função sintática.

19. Na frase "Certos hábitos estrangeiros nos são inculcados pela mídia", pode-se afirmar que
a) o verbo *inculcar* está em uma forma ativa.
b) a expressão *pela mídia* é agente da passiva.
c) *a mídia* é o agente da ação expressa pelo verbo *inculcar*.
d) há um objeto indireto.
e) a palavra *hábitos* é o núcleo do sintagma *certos hábitos estrangeiros*.

20. Leia o fragmento de texto a seguir e faça o que se pede.
"Helen considerava esse dia como o de um autêntico renascimento. Lembrava a vida anterior a esse momento de uma maneira muito vaga e incompleta. Graças à língua, adquiriu rapidamente o acesso a um mundo rico."

a) Levando em conta que o verbo *considerar* expressa um juízo de valor, reconheça os termos que designam o ser avaliado e a avaliação.

_____

b) Identifique as funções dos termos constantes de sua resposta ao item *a*.

_____

c) Classifique o complemento do verbo encontrado no segundo período.

_____

d) Transforme o verbo do segundo período em pronominal e verifique se o seu complemento permanece o mesmo.

_____

e) Destaque e classifique o complemento da forma verbal *adquiriu*, no terceiro período.

_____

21. Leia as fases transcritas e julgue se a afirmativa a seguir está certa ou errada.
"Só ocorre a noção de paciente da ação verbal nas construções passivas."
a) O iatista sofreu um sério acidente em Vitória.
b) Gosto muito de marrom glacê.
c) Todos lerão com prazer a nova obra de Zuenir Ventura.
d) O trabalho dos monitores foi supervisionado pelo Coordenador.
e) Aprendeu a digitar por necessidade de trabalho.

_____

_____

22. Os sintagmas destacados estão regidos pelas preposições *por* ou *de*. Marque os que exercem a função de agente da passiva.
a) (   ) Os alunos foram repreendidos *por seu mau comportamento*.
b) (   ) Eles foram repreendidos *por um dos coordenadores*.
c) (   ) Aqueles professores são estimados *de todos os alunos*.
d) (   ) Eles vinham sendo conscientizados *de sua força*.
e) (   ) Desejamos ser aceitos *por nossos amigos*.

23. Identifique, entre os termos destacados, com OD os objetos diretos e com OI os indiretos.
a) (   ) A planta permitia-*nos uma bela visão do mar*.
b) (   ) O conhecimento *nos* torna mais tolerantes com o próximo.
c) (   ) A internet propicia *comunicação imediata* com o mundo.
d) (   ) Não *lhe* telefonarei amanhã, pois estarei ocupado.
e) (   ) Informe-*nos o final das aulas*.

> ### 👍 Saiba mais
>
> Os PRONOMES OBLÍQUOS ÁTONOS O, A, OS, AS substituem os objetos diretos de 3ª pessoa. Os objetos indiretos são substituíveis pelos pronomes átonos LHE, LHES. Em relação às demais pessoas, os átonos podem funcionar como OD ou OI.
> Devemos respeitar [o professor].
> Devemos respeitá-*lo*.
> Peça o livro [ao bibliotecário].
> Peça-*lhe* o livro.
> Vocês devem respeitar-*me*. (OD)
> Ofereça-*me* um bom livro e eu esqueço o cinema. (OI)

24. Substitua os complementos verbais destacados pelos pronomes átonos adequados.

a) Ofereceram *a minha prima* um bom salário para fazer um estágio.

_____

b) Nunca ofenderia *seus princípios*.

_____

c) Entregou *o troféu* aos vencedores.

_____

d) Entregou o troféu *aos vencedores*.

_____

e) Obedeça sempre *a seus pais*.

_____

25. Reconheça a função sintática dos pronomes átonos destacados.

a) Você nunca *nos* explicou as razões de seu ato.   (....................................)

b) Trouxe-*te* um presente e não *me* agradeces!   (....................................)

c) Não contei a verdade a ele, mas vou contá-*la* a você.   (....................................)

d) O Coordenador não quis receber-*me*.   (....................................)

e) Essa mesa eu não compro. Você *a* compraria?   (....................................)

26. Assinale as opções corretas. Nabuco parte para Londres no mês de fevereiro de 1882, permanecendo como correspondente do Jornal do Comércio até 1884. Ele não passará como outrora o tempo londrino na ociosidade. Dedica-se agora ao trabalho e ao estudo. Como vários outros intelectuais de seu tempo, interessados todos pelos problemas sociais e vivendo no exílio, torna-se frequentador assíduo do Museu Britânico. (Adaptado de Francisco Iglésias)

a) Nas formas verbais *Dedica-se* e *torna-se*, o pronome enclítico exerce funções sintáticas diversas.
b) O SN *como correspondente do Jornal do Comércio* é complemento do verbo *permanecer*.
c) A forma verbal *parte* está integrada por um sintagma circunstancial.
d) Em *Dedica-se agora ao trabalho e ao estudo*, o sintagma *ao estudo* exerce a função de objeto pleonástico.
e) No sintagma *frequentador assíduo*, o segundo vocábulo tem função acessória.

3.4.2.1 Transitividade verbal

Há verbos que precisam de complementos para integrar o seu sentido e a sua estrutura sintática: são os verbos TRANSITIVOS. Há outros verbos, no entanto, que têm seu sentido e estrutura completos e, por isso, não precisam de complemento algum: são os INTRANSITIVOS. Os TRANSITIVOS, de acordo com os tipos de complementos que selecionam, classificam-se em:

- DIRETOS: selecionam objeto direto.
  Enfrentaram [as dificuldades] com coragem.
      ↓   ↓
    VTD   OD
- INDIRETOS: selecionam objeto indireto.
  A professora *referiu*-se [aos heróis da guerra].
              ↓   ↓
          VTI   OI
- DIRETOS E INDIRETOS: selecionam objeto direto e indireto.
  Os colegas *doaram* [roupas] [aos meninos carentes].
           ↓   ↓   ↓
       VTDI OD   OI

27. Marque os complementos dos verbos destacados e classifique-os de acordo com seus complementos.

a) Machado de Assis *escrevia* romances e contos.

b) Esse autor *escreve* muito bem.

c) Maria *fala* várias línguas.

d) Uma criança tão pequena e já *fala*.

e) *Falo* sempre a verdade ao meu chefe.

28. Complete as sentenças com os complementos dos verbos e classifique esses verbos segundo sua transitividade.

a) Em lugar de discutir .... da reunião, o coordenador falou de assuntos pessoais. (..............)

b) Claramente, pode-se afirmar que ele se desviou .... (..............)

c) Esse hábito provém .... de que ele gosta de contar suas proezas. (..............)

d) Atitudes semelhantes não agradam .... (..............)

e) Na verdade, ninguém simpatiza .... pretensiosas. (..............)

29. Sublinhe, no texto a seguir, os complementos das formas verbais destacadas e reconheça sua classificação quanto à transitividade.
"A fome *leva* mais longe seus efeitos destrutivos, *corroendo* a alma da raça e *destruindo* a fibra dos pioneiros lutadores, que *conseguiram* de início vencer a hostilidade do meio geográfico desconhecido, *tirando*-lhes toda a iniciativa." (Rosana Magalhães)

a) leva _____   b) corroendo _____

c) destruindo _____   d) conseguiram _____

e) tirando _____

30. Numere as frases, de modo a classificar os verbos segundo sua predicação.
1. intransitivo   2. transitivo direto   3. transitivo indireto   4. transitivo direto e indireto
a) (   ) É necessário *pagar* as dívidas antes de contrair novos empréstimos.
b) (   ) *Paguemos* aos credores para não sofrermos sanções legais.
c) (   ) *Vamos ofertar* uma pequena contribuição às instituições carentes.
d) (   ) O futuro da nação *depende* de nosso trabalho.
e) (   ) Os índios eram capturados para *servirem* de mão de obra barata.

31. Os relativos assinalados exercem funções de complementos de verbos. Identifique-as.

a) Café é uma bebida de *que* a maioria dos brasileiros gosta. (....................)

b) O fato demonstra o esforço *que* fazem os dirigentes sindicalistas. (....................)

c) Não escolhe a *quem* prejudicar; qualquer um serve. (....................)

d) A mulher a *quem* prometera fidelidade sofreu uma grande decepção. (....................)

e) Sua grande amiga com *quem* se indispusera salvou-o de grave problema. (....................)

3.4.2.2 Complemento nominal

Não só os verbos podem ter sentido incompleto; há também NOMES de significação incompleta. As estruturas a seguir estão incompletas, pois os nomes destacados são transitivos, isto é, precisam de um sintagma para completar-lhes o sentido.

A resposta *relativa* _____ (a quê?)
Sua *necessidade* _____ (de quê?)
Relativamente _____ (a quê?)

Esse sintagma desempenha a função de integrar — tornar inteira — a significação do nome e chama-se COMPLEMENTO NOMINAL:

a) Não posso dar ainda a resposta *relativa* [à sua questão].
b) Sua *necessidade* [de dinheiro] levou-o a extremos.
c) *Relativamente* [à data da prova], nada posso informar.

O COMPLEMENTO NOMINAL é sempre regido de preposição e integra o sentido de um adjetivo (exemplo *a*), substantivo abstrato (exemplo *b*), ou advérbio (exemplo *c*). Grande número dos nomes que se fazem acompanhar de CN é constituído de vocábulos derivados de verbos transitivos.

Colher bananas → colheita de bananas
Agradar ao público → agradável ao público
Favorecer a pretensão → favorável à pretensão
→ favoravelmente à pretensão

Glossário

FUNÇÕES LINGUISTICAMENTE SUPERIORES, em uma relação de dependência sintática, são as subordinantes. Por exemplo, o núcleo do sujeito em relação ao seu complemento nominal.

NOMES TRANSITIVOS precisam de outros para integrar sua significação. Por exemplo, *certeza* de...; *certo* de... (?)

SUBSTANTIVO ABSTRATO é o que nomeia um ser que depende de outro para sua existência. Por exemplo, *instabilidade* é abstrato pois é necessário um outro ser para que ela exista: a instabilidade da mesa; de alguns indivíduos etc. (Para outras explicações, veja o capítulo sobre SUBSTANTIVOS em MORFOLOGIA.)

SUBSTANTIVO CONCRETO é o que nomeia um ser que não depende de outro para sua existência. Por exemplo, *mesa, Deus* etc.

> **Saiba mais**
>
> • NÃO confunda o COMPLEMENTO NOMINAL com o OBJETO INDIRETO. Ambas as funções são regidas de preposição, mas o OI é complemento de verbos e o CN é complemento de nomes.
>
> • SUBSTANTIVOS CONCRETOS não são acompanhados de CN, pois já têm seu sentido completo. Os ABSTRATOS podem ser seguidos de CN ou de adjunto adnominal.

32. Reconheça as classes dos nomes transitivos destacados e aponte seus complementos.
a) A *certeza* de sua volta consola o enamorado.

b) Estamos *certos* da vitória de nossa candidata.

c) A *esperança* da *sobrevivência* dos náufragos manteve as equipes na busca.

d) Somos *apaixonados* por samba e futebol.

e) O *amor* ao filho constituiu *incentivo* à sua luta.

33. Os complementos nominais integram o sentido dos nomes que são núcleos de funções linguisticamente superiores. Reconheça, nas frases do exercício anterior, as funções de que os CN são parte.

a)

b)

c)

d)

e)

34. Reconheça a classe dos termos que são integrados pelos complementos destacados.

a) Sua falta *aos encontros* sufocava o nosso amor.

___

b) Estava ansioso *pelo resultado do concurso*.

___

c) Ela é alucinada *por lambada*.

___

d) Não tenho medo *da louca*.

___

e) Independentemente *da opinião da maioria*, vai viajar para o Iraque.

___

3.4.3 Termos acessórios

Os TERMOS ACESSÓRIOS da oração são o ADJUNTO ADNOMINAL, o ADJUNTO ADVERBIAL e o APOSTO. Apesar do nome, do ponto de vista semântico, todos os termos são indispensáveis à transmissão da mensagem. A palavra *acessórios* significa que esses termos não fazem parte da estrutura básica da oração e, do ponto de vista sintático, podem ser omitidos.

3.4.3.1 Adjunto adnominal

O ADJUNTO ADNOMINAL é o termo de natureza adjetiva que determina, qualifica ou especifica um substantivo. Os artigos, os adjetivos, as locuções adjetivas, os pronomes adjetivos e os numerais adjetivos, bem como as orações adjetivas, desempenham a função de adjunto adnominal.

Ivan Junqueira deixou [uma obra rica].

O OD "uma obra rica" é formado por um núcleo, o substantivo *obra*; um determinante, o artigo *uma*, e um qualificador, o adjetivo *rica*, que funcionam como adjuntos adnominais de *obra*.

[Aquelas duas estudantes brasileiras] encontraram-se [com alunos estrangeiros] no evento.

No sujeito da oração, *aquelas duas estudantes brasileiras*, o núcleo *estudantes* está modificado por três adjuntos adnominais: o determinante *aquelas*, o numeral *duas* e o adjetivo *brasileiras*. No OI, há também um adjunto adnominal expresso pelo adjetivo *estrangeiros*.

A mesa [de madeira] caiu e os pratos quebraram-se.
O núcleo do sujeito — mesa — está especificado pela locução adjetiva *de madeira*, seu adjunto adnominal.

35. Sublinhe os adjuntos adnominais e envolva os substantivos que estão modificando.
a) A palestra do professor foi recebida com muita admiração.
b) A lavoura cafeeira alcançou seu ápice nos primeiros dez anos do século.
c) Seu nome tornou-se um dos maiores pesadelos para os brasileiros.
d) A atitude do aluno deixou seus colegas contrariados.
e) A forte pressão do cimento armado destruiu as vigas.

36. Complete as frases com os adjuntos adnominais expressos pelas classes indicadas.

a) Era uma aluna .... (adjetivo)

b) Não é a .... opinião, mas a de .... pessoas. (possessivo – indefinido)

c) A .... turma desta Faculdade formou-se agora. (numeral)

d) .... livro foi o mais interessante que li neste ano. (demonstrativo)

e) Os exemplos .... estão no final de cada lição. (locução adjetiva)

37. Sublinhe os adjuntos adnominais e indique as classes que os representam.

a) Ficamos perplexos com os resultados do concurso.   (............................)

b) Uma lágrima triste caiu de seus olhos cansados.   (............................)

c) A apresentação do cantor causou enorme impacto. (..)

d) Nenhum fato vai impedir-me de assistir ao jogo final. (..)

e) A livraria entregou nossos livros no dia seguinte ao pedido. (..)

🔵 Saiba mais

As expressões preposicionadas que seguem os substantivos concretos NÃO podem ser complementos nominais, pois tais nomes têm sentido completo; elas são, na verdade, seus adjuntos adnominais.
As que seguem os substantivos abstratos poderão ser CN ou AA. Há um recurso para facilitar o reconhecimento da função.

Expressão preposicionada → Função
↓ ↓
Paciente do sentimento ou ação → Complemento nominal

Expressão preposicionada → Função
↓ ↓
Agente do sentimento ou ação → Adjunto adnominal

 Maria ganhou uma pulseira *de prata*.
A expressão *de prata* é adjunto adnominal, uma vez que *pulseira* é substantivo concreto.

 As crianças têm medo *de trovões*.
A expressão *de trovões* é complemento nominal, pois o substantivo *medo* tem significação incompleta.

 O Clube enviou-me uma carta solicitando o recadastramento *do meu carro*.
A locução *do meu carro* é o paciente, o alvo da ação de *recadastrar*, designada pelo substantivo *recadastramento*. Trata-se de um complemento nominal.

 A descoberta *de Cabral* propiciou nossa existência como nação.
A locução *de Cabral* indica o agente da ação de *descobrir* expressa pelo substantivo *descoberta*. Trata-se de um adjunto adnominal.

38. Reconheça se as expressões preposicionadas são CN ou AA.
a) ( ) A criação *de usinas de reciclagem* preserva o meio ambiente.
b) ( ) A criação *daquele estilista* fez sucesso em Paris.
c) ( ) A invenção *da penicilina* salvou muitas vidas.
d) ( ) A invenção *de Alexander Fleming* salvou muitas vidas.
e) ( ) A obediência *às leis* é característica de povos civilizados.

39. Reconheça se os termos destacados são CN ou AA.
a) ( ) A visita *ao consultório médico* deixou-a preocupada.
b) ( ) A visita *do médico* deixou-a preocupada.
c) ( ) A história *dos Estados Unidos* é cheia de lances heroicos.
d) ( ) A pesca *do salmão* se dá em águas canadenses e chilenas.
e) ( ) Não se faz mais conserto *de eletrodomésticos*.

3.4.3.2 Adjunto adverbial

O adjunto adverbial é um termo acessório da oração, cuja função é modificar um verbo indicando a circunstância (tempo, lugar, modo, intensidade etc.) em que o processo verbal se desenvolve ou intensificar o significado de um verbo, adjetivo ou advérbio. Na qualidade de termo acessório, pode ser retirado da frase sem alterar sua estrutura sintática. Poderá, contudo, ser importante e essencial para a compreensão da mensagem transmitida.

O adjunto adverbial pode ser representado por um advérbio, por uma locução adverbial ou por uma oração subordinada adverbial. Sua posição mais frequente é no final da frase, mas pode aparecer no início ou no meio e, assim, deverá ser separado por vírgulas, do restante da oração.

Exemplos de adjuntos adverbiais modificando verbo, adjetivo e advérbio.

O atleta correu muito. (O adjunto adverbial *muito* intensifica a forma verbal *correu*.)

Esta sobremesa é muito saborosa. (O adjunto adverbial *muito* intensifica o adjetivo *saborosa*.)

Meu filho de dois anos já fala muito bem. (O adjunto adverbial *muito* intensifica o advérbio *bem*.)

40. Destaque os adjuntos adverbiais.
a) Dediquei-me com afinco à causa das crianças carentes.

b) Apesar do desequilíbrio emocional dos jogadores, a partida foi emocionante.
c) Com o frio, os moradores recolheram-se mais cedo.
d) Minhas alunas estão preparadas para o concurso.
e) Ele estudou com o pai e hoje é administrador.

> 👍 **Saiba mais**
>
> - Exemplos de adjuntos adverbiais representados por advérbio, locução ou oração.
>   Ele faz aniversário *amanhã*. (Adjunto adverbial representado por advérbio.)
>   Estou trabalhando *de noite*. (Adjunto adverbial representado por locução adverbial.)
>   *[Quando vi minha casa nova]*, fiquei muito feliz. (Adjunto adverbial representado por oração subordinada adverbial.)
>
> - Exemplos de adjuntos adverbiais no início, meio ou fim da frase:
>   *Rapidamente*, o aluno saiu da sala. (No início da frase.)
>   O aluno saiu da sala *rapidamente*. (No fim da frase.)
>   O aluno, *rapidamente*, saiu da sala. (No meio da frase.)

3.4.3.2.1 Classificação dos adjuntos adverbiais

A CLASSIFICAÇÃO DOS ADJUNTOS ADVERBIAIS depende das circunstâncias que exprimem. Assim, seu número é muito grande, pois as circunstâncias que cercam os fatos representados pelos verbos são inúmeras. Serão destacados, por isso, os mais frequentemente empregados.

▶ AFIRMAÇÃO: *sim, com certeza, sem dúvida, de fato, certamente, realmente*.
   Ele provou que era, *de fato*, o melhor candidato.

▶ NEGAÇÃO: *não, em hipótese alguma, de modo algum, de forma alguma*.
   De modo algum poderá contar com minha ajuda.

▶ CAUSA: *por causa de, devido a, em virtude de*.
   Cheguei atrasado *por causa da chuva*.

▶ LUGAR: *aqui, ali, lá, acolá, abaixo, acima, em cima, embaixo, atrás, dentro, fora, longe, perto, ao lado, à direita, à esquerda*.
   Elas deixaram as bolsas *ali, junto ao portão*.

▶ TEMPO: *hoje, amanhã, ontem, cedo, tarde, agora, ainda, em breve, logo, à noite, de manhã, de vez em quando*.
    De vez em quando, ela aparece para vender seus produtos.

▶ INTENSIDADE: *muito, pouco, demais, bastante, mais, menos, tão, quão, intensamente, extremamente*:
    Este texto é *extremamente* complexo!

▶ COMPANHIA: *junto com, com, na companhia de*.
    Vou ao supermercado *com minha avó*.

• DÚVIDA: *talvez, acaso, porventura, provavelmente, quem sabe*.
    Talvez acabemos este capítulo hoje.

▶ CONCESSÃO: *muito embora, apesar de*.
    Apesar do frio, foi um passeio muito agradável.

▶ INSTRUMENTO: *de faca, com uma tesoura, a lápis*.
    Naquele tempo, preenchíamos as fichas *a lápis*.

▶ MEIO: *pelo correio, de ônibus, de carro, de trem, a pé*.
    Viajamos *de trem e de carro* pela Europa.

▶ MODO: *bem, mal, melhor, pior, igual, intensamente, lentamente, devagar, depressa, carinhosamente, educadamente, tranquilamente, às pressas, em silêncio*.
    Comeu o pastel *depressa*, sem saboreá-lo.

▶ CONDIÇÃO: *se, caso*.
    Caso ninguém concorde, teremos que pensar em outra hipótese.
    Em condições atmosféricas ruins, não poderemos voar.

▶ FINALIDADE: *para que, para, a fim de*.
    Ele estudou muito *para aprovação imediata*.

▶ DIREÇÃO: *para cima, para baixo, abaixo*.
    O bebê já consegue atirar a bola *para cima*.

▶ EXCLUSÃO: *menos, com exceção de, exceto*.
    Todos votaram favoravelmente à iniciativa, *menos o diretor*.

▶ MATÉRIA: *de, com, a partir de*.
   Estes objetos são feitos *de porcelana*.

▶ CONFORMIDADE: *conforme, de acordo, segundo*.
   Os funcionários agiram *conforme o combinado*.

> 👍 **Saiba mais**
>
> Existem outras classificações para os adjuntos adverbiais. Assim, é essencial que se faça a análise do adjunto adverbial inserido no contexto da frase.

41. Identifique as circunstâncias que expressam os adjuntos adverbiais da questão anterior.

a) _____

b) _____

c) _____

d) _____

e) _____

42. Observe o contexto em que os adjuntos adverbiais destacados estão inseridos e reconheça as circunstâncias por eles expressas.
(1) causa   (2) negação   (3) oposição   (4) meio   (5) preço
a) (   ) Os dirigentes esportivos estão lutando *contra o racismo*.
b) (   ) A casa de um grande jogador argentino foi avaliada *em milhares de euros*.
c) (   ) *De modo algum* sairia sem despedir-me.
d) (   ) Parou de fumar *por conselho médico*.
e) (   ) Mande uma mensagem *pelo correio eletrônico*.

43. Marque as palavras às quais os adjuntos adverbiais destacados se referem.
a) Mamãe era *extremamente* cuidadosa com seus filhos.
b) O porteiro abriu o elevador *com um pedaço de arame*.
c) Acordo *bem cedo, aos domingos*.
d) Feri o braço *com o canivete*.
e) Irei à festa *com meus novos amigos*.

44. Reconheça a forma como o adjunto é expresso – advérbio (A); locução adverbial (LA); oração adverbial (OA).

a) (   ) *Se meu pai o permitir*, irei ao cinema.
b) (   ) Os atletas alemães jogaram *com garra*.
c) (   ) *Às vezes*, meu professor fica zangado.
d) (   ) Não veio à aula *porque estava enferma*.
e) (   ) Trabalhou sempre *pelos amigos*.

45. Identifique as circunstâncias expressas pelos adjuntos adverbiais das frases do exercício anterior.

a) _____   d) _____

b) _____   e) _____

c) _____

46. Complete as frases com os adjuntos adverbiais solicitados entre parênteses.

a) Saímos .... (companhia)

b) .... o governador esteja certo. (dúvida)

c) Adolescentes comem .... (intensidade)

d) Tomou essa iniciativa .... (causa)

e) Saiu .... (concessão)

3.4.3.3 Aposto

O APOSTO é um termo acessório da oração de valor substantivo, que, sintaticamente relacionado com outro termo da oração, serve para

▶ explicar
   Monteiro Lobato, [um dos mais influentes escritores do séc. XX], nasceu em São Paulo.

▶ enumerar
   Poucas são as frutas que ele aprecia: [tangerina, caqui, banana e cajá.]

▶ resumir

Tangerina, caqui, banana, cajá, [nada] lhe apetecia nesse dia exaustivo.

▶ especificar

O rio [Amazonas] nasce no Peru.

O aposto permite o enriquecimento textual, fornecendo informações novas sobre os termos da oração.

Pode ser destacado ou não por sinais de pontuação, como vírgula, dois-pontos ou travessão. Pode ainda ser precedido ou não de preposições ou de expressões explicativas, como *isto é*, *a saber*.

47. Destaque o aposto nas orações abaixo.
a) Luís de Camões, importante poeta português, escreveu poemas sobre os descobrimentos portugueses.
b) Aquelas duas meninas — a Camila e a Tatiana — ficaram ajudando no fim da festa.
c) A professora mais antiga da escola, D. Cristina, é respeitada por todos.
d) Visitei a cidade de Salvador e adorei!
e) Apenas tenho um único objetivo de vida: ser muito feliz!

3.4.3.3.1 Tipos de aposto

O APOSTO pode ser

▶ EXPLICATIVO: serve para explicar ou esclarecer um termo da oração. Na frase, aparece destacado por vírgulas, parênteses ou travessões.

Bia, *a aluna mais aplicada da turma*, passou de ano com notas altíssimas.

D. Marina, *a velhinha do primeiro andar*, está vendendo sua casa.

▶ ENUMERATIVO: serve para enumerar partes constituintes de um termo da oração. Na frase, aparece separado por dois-pontos ou travessão e vírgulas.

Já estive em muitos lugares: *Polônia, Espanha, Argentina e Portugal*.

Em nosso povo, sobressaem três características: *alegria, honestidade e persistência*.

▶ ESPECIFICATIVO: serve para especificar ou individualizar um termo genérico da oração. Liga-se diretamente, ou por meio de uma preposição, ao termo que especifica e não vem destacado por sinais de pontuação. Os apostos especificativos são majoritariamente nomes próprios.

>Na praça *XV de Novembro* ficam muitos prédios antigos.
>O poeta *Vinícius de Moraes* faria cem anos em 2014.
>A palavra *saudade* não encontra tradução em outras línguas.

▶ RECAPITULATIVO OU RESUMITIVO: resume numa só palavra vários termos da oração.

>Prosperidade, segurança e alegria, *isso* é o que eu quero para minha família.
>Bandeirinhas, flâmulas, apitos, *tudo* estava pronto para os jogos da Copa.

▶ DISTRIBUTIVO: serve para distribuir informações de forma separada de termos da oração.

>Ambos são bons alunos, *um em português e o outro em matemática*.
>Meus irmãos são diferentes: *um louro, outro moreno*.

▶ CIRCUNSTANCIAL: expressa comparação, tempo, causa etc. e pode ser precedido ou não de palavra que marca esta relação.

>Os olhos do gato, *faróis na escuridão*, percorriam a mata à procura de alimento (tais como faróis...).
>*Felizes*, as crianças brincavam no pátio. (porque estavam felizes)

▶ DE ORAÇÃO: uma palavra pode referir-se ao conteúdo de toda uma oração com o valor de seu aposto:

>Não respondeu à metade das perguntas do exame, *sinal de estudo deficiente*.
>Maria disse que não quer mais estudar, *fato que me deixou um pouco preocupada*.

Observação: A oração adjetiva *que ... preocupada* restringe o núcleo do aposto (fato).

👍 Saiba mais

• O termo a que o aposto se refere pode desempenhar qualquer função sintática, inclusive a de aposto.

>Dona Clara servia a patroa, *mãe de Antônia, menina inquieta* (*menina inquieta* é aposto de *Antônia*, que integra o aposto de *patroa*.)

• Não se deve confundir o aposto de especificação com adjunto adnominal, função adjetiva.

> A obra do poeta *João Cabral* caracteriza-se pelo rigor estético (*João Cabral* é aposto especificativo de *poeta*).
>
> A obra *de João Cabral* caracteriza-se pelo rigor estético (o termo em destaque tem função de adjetivo, a obra *cabraliana*, e tem a função de adjunto adnominal).
>
> - O aposto pode ser representado por uma oração (substantiva apositiva).
>   Só queria isso: *viver em paz aquele amor* (a oração destacada é o aposto do pronome *isso*).

48. Destaque e classifique os tipos de aposto:

a) O romance Dom Casmurro é de autoria de Machado de Assis.

b) Machado de Assis, patrono da ABL, foi para muitos o maior romancista brasileiro.

c) "A obsessão pela ideia de modernização produziu duas palavras essenciais no vocabulário do século XX: *perestroika* (algo como reconstrução) e *glasnost* (transparência)".

d) Um jeito de sorrir, um suspiro conformado, uma voz amiga, tudo me lembra você.

e) Entre eles três — o pai, a mãe e o filho — a madrasta interpôs-se.

49. Numere as frases de modo a identificar o tipo de aposto destacado em cada frase.

1. representado por oração   2. resumitivo   3. aposto de oração   4. circunstancial

a) (   ) Tristezas, dores, dificuldades, *nada* deve impedi-los de alcançar suas metas.
b) (   ) Depois da reunião, a professora estava contente, *sinal de sua boa avaliação*.
c) (   ) Os convidados não foram à festa, *o que o deixou decepcionado*.
d) (   ) *Aluno premiado*, detestava os estudos.
e) (   ) *Vascaíno fanático*, Antônio não apreciava o Flamengo.

50. Reconheça as circunstâncias que o aposto exprime.

(1) comparação   (2) tempo   (3) causa   (4) concessão

a) (   ) *Aluno premiado*, detestava os estudos.
b) (   ) *Vascaíno fanático*, Antônio não apreciava o Flamengo
c) (   ) João de Castro, *vice-rei da Índia*, empenhou os cabelos da barba. (Bechara, 1999:457)
d) (   ) As estrelas, *como grandes olhos curiosos*, espreitavam através da folhagem.
e) (   ) A criança, *um pequeno general,* mandava na mãe e no pai.

51. Reconheça as funções dos termos acompanhados de aposto nas seguintes orações.

a) Comprei o novo livro de Cláudio, colega de universidade.

b) As portarias foram elaboradas por meu novo chefe, um jovem recém-formado.

c) Neymar, grande astro da seleção brasileira, foi ferido em um jogo da Copa.

d) Enviou-nos bons presentes: um anel e uma salva de prata.

e) A dona da casa destinou o melhor lugar a dois convidados ilustres: o prefeito e sua esposa.

52. Sobre o período "O português são dois: o que trazemos de casa e o que aprendemos na escola", estão corretas as afirmativas:

a) não há aposto;
b) há dois núcleos de aposto coordenados;
c) há duas orações adjetivas modificadoras dos núcleos;
d) os núcleos são artigos;
e) o período é composto por coordenação.

👁 DE OLHO VIVO PARA NÃO TROPEÇAR NAS FUNÇÕES SINTÁTICAS DE ALGUNS TERMOS

1. PREDICADO VERBO-NOMINAL (PVN) resulta do cruzamento de um PV com um PN. O nome exerce a função de predicativo do sujeito (Eles saíram daqui *despreocupados*) ou do objeto (Nomeamos *Larissa secretária da reunião*).

2. Normalmente o OBJETO INDIRETO (OI) liga-se ao verbo de forma indireta, isto é, com o auxílio de preposição. Semanticamente, indica a pessoa ou coisa a quem se dirige a ação verbal (Devemos obedecer *às normas de bom comportamento*) ou em proveito de quem se pratica a ação (Estes exercícios interessam *aos candidatos*). Nesses casos, na terceira pessoa, pode ser substituído pelas formas *lhes(s)*: Obedecer-*lhes*. Interessam-*lhes*.

Às vezes o que hoje ainda chamamos de objeto indireto equivale à pessoa sobre quem recai a ação de alguns verbos regidos de preposição determinada (*gostar de, depender de, assistir a, precisar de, anuir a, reparar em*) e seu complemento não pode ser substiuído pelos pronomes *lhe* e *lhes* (Gosto *de sorvete*. Não *acredito nas suas promessas*.) Alguns estudiosos do português denominam esses termos de *complementos relativos*.

3. Uma forma de distinção entre o CN e o AA quando acompanham substantivo abstrato é observar se a função que exerce a expressão é ativa (AA = adjunto adnominal. Ex.: amor *de mãe*; descoberta *do grande sábio*), ou passiva (CN = complemento nominal. Ex.: medo *de trovão*; recadastramento *do carro*). Se a expressão preposicionada acompanha substantivos concretos, é adjunto adnominal: cadeira *de ferro*.

4. Não confunda o adjunto adverbial de modo — que indica o MODO como a ação foi praticada — com o predicativo, que se refere a um substantivo.
   Ele fala *alto*. (adjunto adverbial de modo, PV)
   Ele é *muito alto*. (predicativo do sujeito, PN)
   As crianças brincavam *felizes*. (predicativo do sujeito, PVN)
   Julgamos o candidato indicado *o mais competente para a função*. (predicativo do objeto, PVN)

3.5 Regência

REGÊNCIA é relação de subordinação que ocorre entre um verbo (regência verbal) ou um nome (regência nominal) e seus complementos.

Necessito de *sua ajuda*. (regência verbal)
    ↓   ↓
  verbo   complemento
termo regente termo regido

O *descobrimento* dos *antibióticos* salvou muitas vidas. (regência nominal)
    ↓   ↓
  nome   complemento
termo regente termo regido

🔵 Saiba mais

O conhecimento do uso adequado das preposições é um dos aspectos fundamentais do estudo da regência verbal (e também nominal). As preposições são capazes de modificar completamente o sentido do que está sendo dito. Veja os exemplos:

    Quem *aspira* à Presidência deve ter honestidade comprovada.
    Quem *aspira* o ar puro da serra sente-se melhor.

No primeiro caso: ASPIRAR + preposição A = pretender, almejar.

No segundo: ASPIRAR (sem preposição) = inspirar.

1. Indique os termos regidos pelos termos regentes destacados e as preposições que os associam. Reconheça se a regência é verbal (RV) ou nominal (RN).
a) (   ) *Precisamos* de governos competentes.
b) (   ) Sempre foi *comprometido* com a causa pública.
c) (   ) Tinha verdadeira *devoção* pelo romancista morto recentemente.
d) (   ) Em *referência* à notícia da queda do avião, nada sei.
e) (   ) Meus amigos *assistiram* aos jogos na Fan Fest.

3.5.1 Regência nominal

É estabelecida por preposições que ligam um termo regido ou subordinado a um termo regente ou subordinante. O termo regente é sempre um nome, entendido como tal o substantivo, o adjetivo e o advérbio. Os termos regidos desempenham a função de complementos nominais. Veja o quadro exemplificativo.

Termo regente	Preposição	Termo regido
Disposição (substantivo)	para	viajar
Nocivo (adjetivo)	à	saúde
Favoravelmente	a	todos

Uma vez que não é possível relacionarem-se todos os nomes que pedem complementos regidos por preposição, citam-se alguns de uso mais frequente, com a respectiva preposição.

3.5.1.1 Relação de regências de alguns nomes

Substantivo	Preposição
admiração	por, a
afeição	por
ameaça	a
amizade	a, por, com
apaixonado	de (entusiasta)
apaixonado	por (enamorado)
atentado	a
bacharel	em
capacidade	de, para
consideração	a, com
consideração	por (respeito)
devoção	a, por
ojeriza	a, por
referência	a
relação	a

Adjetivo	Preposição	Adjetivo	Preposição
abrigado	de	constante	em
adequado	a	contrário	a
afável	com, para com	devoto	de
alheio	a	dócil	a
amante	de	doente	de
amigo	de	doutor	em
amoroso	com	entendido	em
análogo	a	fácil	de
ansioso	de, por	favorável	a
anterior	a	generoso	com
aparentado	com	hábil	em
apto	a, para	hostil	a
avaro	de	ida	a
avesso	a	idêntico	a
ávido	de	leal	a
bacharel	em	manso	de
benéfico	a	mau	com, para
bom	para	necessário	a
caro	a	nobre	de, em, por
certo	de	oposto	a
cheio	de	querido	de, por
cheiro	a, de	sábio	em
compreensível	a	temeroso	de
comum	a, de	único	em
conforme	com, a	útil	a, para

Advérbios nominais (derivados de adjetivos)	Preposição
relativamente	a
favoravelmente	a
referentemente	a
paralelamente	a

> ## 🔵 Saiba mais
>
> Ao aprender a regência de um verbo, você estará praticamente aprendendo a regência do nome cognato (que vem da mesma raiz do verbo). É o caso, por exemplo, do verbo *obedecer* e do nome *obediente*. Este verbo exige a preposição *a*, que é a mesma exigida pelo nome derivado do verbo.
>
> *Devemos obedecer à lei. Devemos ser obedientes à lei.*
>
> Da mesma forma, todos os advérbios formados de adjetivos + *-mente* tendem a apresentar a mesma regência dos adjetivos dos quais derivaram. Exemplo:
>
> | | | | |
> |---|---|---|---|
> | compatível | com | → compativelmente | com |
> | relativo | a | → relativamente | a |
> | próximo | a, de | → proximamente | a, de |

2. Complete as frases seguintes com as preposições adequadas.

a) Somos idênticos .... nossos pais, mas pensamos de modo diferente deles.

b) Ela é avessa .... cinema, mas louca .... esporte.

c) Atitudes preconceituosas são incompatíveis .... sua cultura.

d) Os deputados não foram solidários .... as questões apresentadas.

e) O diretor é residente .... Rio, mas tem simpatia .... Petrópolis.

3. Corrija as frases em que as preposições foram inadequadamente empregadas.

a) O imóvel é situado à rua Honório de Barros.   (........................)

b) É preferível um atraso do que um acidente de carro.   (........................)

c) Propensão a drogas é uma doença.   (........................)

d) O relatório da ONU fez alusão aos projetos do governo.   (........................)

e) Protestos de privatizações afastam os investidores.   (........................)

4. Complete as frases com as preposições que regem adequadamente os complementos dos adjetivos (combinadas com artigos, se necessário).

a) Estamos ansiosos .... resultados das eleições para Governador.

b) As gramáticas científicas são contemporâneas .... NGB.

c) Deus é misericordioso .... nossos pecados.

d) Os poetas românticos viviam doentes .... amor.

e) Atitudes hostis .... estrangeiros não são recomendáveis.

5. Tendo em vista a relação de dependência manifestada entre um nome (termo regente) e seu respectivo complemento (termo regido), complete as orações a seguir empregando a devida preposição.

a) O fumo é prejudicial .... saúde.

b) Financiamentos imobiliários tornaram-se acessíveis .... população.

c) Seu projeto é passível .... reformulações.

d) Esteja atento .... tudo que acontece por aqui.

e) Suas ideias são semelhantes .... minhas.

6. Indique a frase em que ocorre inadequação na regência nominal.
a) Ele é muito apegado em bens materiais.
b) Estamos fartos de tantas promessas.
c) Ela era suspeita de ter assaltado a loja.
d) Ele era intransigente com esse ponto do regulamento.
e) A confiança dos soldados no chefe era inabalável.

7. Aponte, nas orações seguintes, aquela em que não se admite o emprego da preposição "a".
a) Estou ávido ..... boas notícias.
b) Esta canção é agradável ..... alma.
c) O respeito é essencial ..... boa convivência.
d) Mostraram-se indiferentes ..... tudo.
e) O Juiz decidiu contrariamente ..... distribuidores do filme.

8. Complete as frases com as preposições adequadas.

a) Estamos ansiosos .... férias.

b) O amor é uma virtude comum .... todos.

c) Este rapaz é bacharel .... Direito.

d) A aluna era alheia .... todas as informações.

e) Tenha obediência .... leis de trânsito.

9. Há equívocos muito comuns em relação ao uso da preposição que rege termos associados a nomes. Reconheça alguns desses equívocos nas frases abaixo e corrija-os.
a) Estamos na era da TV a cores.

___

b) Outro igual a eu, você não encontrará.

___

c) Formou-se como bacharel de ciência da computação.

___

d) Resolva o problema junto à Gerência.

___

e) Não cabe recurso à decisão.

___

3.5.2 Regência verbal

Há verbos que mudam de regência ao mudarem de significado: ora têm suas preposições alteradas, ora se empregam ou não com preposições.
1) Ele aspirou o *ar da manhã* com entusiasmo. = inspirou, absorveu: TD
2) Muitos políticos aspiram *ao cargo de Presidente do Brasil*. = almejam, desejam: TI

Uma vez que não é possível em trabalho desta natureza mencionar todas as possibilidades de regência dos verbos do Português, serão comentados os que oferecem dúvidas no seu emprego e que frequentemente estão presentes em questões de concurso.

a) assistir	TD	socorrer, prestar assistência O médico *assistirá* o cantor até a sua recuperação.
	TI	1. Ver, presenciar *Assistimos* ao jogo (a ele) na casa da titia. 2. Ser atribuição de alguém (pede preposição *a*) Esse direito não *assiste* ao prefeito. 3. Deve-se evitar a construção "O jogo *foi assistido* por muitos torcedores", pois o verbo não admite voz passiva, no sentido de *presenciar*. Melhor dizer: *Muitos torcedores assistiram ao jogo*.
b) avisar	TDI	A secretária *avisou* a mudança de horário aos alunos. A secretária *avisou* os alunos da mudança de horário. **Observação:** Regência semelhante do verbo *informar*.
c) chegar	INT	1. Acompanhado de expressão circunstancial regida da preposição *a*: Elvira *chegara a*o topo da carreira. 2. Com *casa* nessa expressão, a frase correta é *Cheguei a casa* e, não *cheguei em casa*. 3. Acompanhado da palavra *lugar*, emprega-se o verbo com a preposição *em*: Nem todos podem *chegar* em primeiro lugar. **Observação:** Coloquialmente, o verbo *chegar* está sendo empregado com preposição EM, uso que deve ser evitado em situações formais de comunicação. O verbo *ir*, indicando movimento, apresenta construção sintática semelhante à do verbo *chegar*: Ele *foi a*o aeroporto.

d) comunicar	TDI	avisar Vou *comunicar* minha decisão ao diretor. **Observação:** A pessoa não pode ser OD na voz ativa e, consequentemente, sujeito na voz passiva.
e) esquecer	TD	*Esqueci* o livro em casa.
	TI	pronominal *Esqueci*-me do livro em casa. **Observação:** Regência semelhante à do verbo *lembrar*.
f) implicar	TD	acarretar, requerer Qualquer falha *implicará* a sua demissão. **Observação:** Encontram-se em textos escritos o uso da preposição *em* com este verbo.
g) obedecer	TI	cumprir as ordens de Os alunos *obedecem* ao professor (lhe).
h) pagar	TDI	saldar uma dívida (O.D. de coisa e O.I. de pessoa) *Paguei* ao meu pai uma dívida da adolescência.
i) preferir	TDI	escolher *Prefiro* o teatro ao cinema. **Observação:** Não usar: preferir mais ou preferir... do que.
j) querer	TD	desejar *Quero* aumento de salário.
	TI	amar Todo pai *quer* bem aos filhos.
k) reparar	TD	consertar O pedreiro *reparou* a janela da sala.
	TI	prestar atenção em Todos nós *reparamos* na beleza da candidata.

l) responder	TI	comunicar em resposta *Responda* a todas as questões. **Observação:** Deve-se evitar a construção "O questionário *foi respondido*", pois o verbo não admite voz passiva.
	TD	dar a resposta *Respondi* a verdade.
	TDI	*Respondi* a verdade a meu pai.
m) visar	TD	pôr visto em ou mirar O fiscal *visou* os passaportes. O soldado *visou* a cabeça dos ladrões, antes de atirar.
	TI	pretender Ela *visa* ao cargo de coordenador do curso. (a ele) **Observação:** Seguido de infinitivo, costuma-se omitir a preposição *a*: A revolução *visava* derrubar as oligarquias (ou visava a derrubar).
		Observação: *Morar*, *residir* e *situar* empregam-se com a preposição *em*: Moro *no* Flamengo. / Resido *na* rua Oswaldo Cruz. / O prédio fica situado *na* rua das Acácias.

10. Corrija, se necessário, os seguintes períodos:

a) No depoimento à CPI, os deputados acusados responderam, friamente, todas as perguntas.

b) As escolas de Belas-Artes não os ensinam o concretismo brasileiro.

c) Amiga da boa mesa, Madame M. prefere um quarto de carneiro do que uma peça de Tchecov.

d) Os tratados de economia da época informavam-nos de que imperava, no Brasil, a doutrina...

e) "A previsão é de que haverá chuvas fortes em todo o Estado."

11. Nas questões abaixo, marque as opções corretas (C) e corrija as incorretas (I):

a) (   ) I. O perfume a que aspiro é agradável.
    (   ) II. O título a que aspiras é cobiçado por muitos.   (......................................)

b) (   ) I. O filme a que assisti é campeão de bilheteria.
    (   ) II. Sempre assisto às aulas daquele grande acadêmico.   (......................................)

c) (   ) I. O doente que o médico assistiu já está curado...
    (   ) II. Assiste-lhe agora o direito de defesa.   (......................................)

d) (   ) I. Chego sempre cedo em casa.
    (   ) II. A cidade em que cheguei é uma metrópole.   (......................................)

e) (   ) I. Lembrei do fato.
    (   ) II. Lembrei-me o fato.   (......................................)

12. Reescreva as frases empregando as preposições adequadas.

a) Que lei devo obedecer?

b) Ontem o industrial pagou seus empregados.

c) Preferia mais trabalhar do que estudar.

d) Sempre informo os acontecimentos o amigo que está fora.

e) Todos visavam a aprovação no concurso.

13. Marque as alternativas em que há ERRO de regência:
a) O atleta cuja exibição me referi foi elogiado pela crítica especializada.
b) O estudante aspirava a cursar a faculdade.
c) Neste ano, poderei, finalmente, assistir o melhor carnaval do mundo.
d) Não te esqueças de que nada perderás, sendo humilde.
e) Deus, cujas palavras cremos, é nosso Pai.

14. Marque a construção CORRETA e corrija as incorretas:

a) Pretendo cumprimentar-lhe. (......................)

b) Vi-lhe ontem pela manhã. (......................)

c) Amo-lhe muito. (......................)

d) Quero-lhe como a um filho. (......................)

e) É um prazer encontrar-lhe aqui. (......................)

15. Assinale os verbos que podem ser empregados adequadamente nas frases em função de suas regências.
a) [Esqueci / Esqueci-me] todo o dinheiro em casa.
b) [Esqueci-me / Esqueci] de todo o dinheiro em casa.
c) Não [esquecerei / me esquecerei] de você, Cláudia.
d) [Lembro / Lembro-me] de minha infância em Minas.
e) Este doce [lembra / lembra-me] minha infância em Minas.

16. Destaque as estruturas que completem as frases, de acordo com a regência dos verbos.
a) O cargo está vago, mas não [lhe aspiro / aspiro a ele].
b) Todos em casa assistem [telenovelas / a telenovelas].
c) Trata-se de um direito que assiste [o / ao presidente].
d) A ópera é gratuita, mas ninguém quis [assisti-la / assistir a ela].
e) A empregada aspirou [o / ao pó do armário].

17. Corrija as frases que apresentem uso inadequado de preposições.

a) Você já pagou o dentista e o médico? (......................)

b) O pai ainda não perdoou à filha. (......................)

c) Domingo não saí à rua, só fui no terraço.   (......................................)

d) Aquele Estado paga bons salários.   (......................................)

e) Aquele Estado paga muito mal os professores.   (......................................)

18. Algumas das frases abaixo estão mal construídas no que se refere à regência do verbo *preferir*. Corrija-as.

a) Prefiro ser prejudicado do que prejudicar os outros.

___

b) Prefiro o livro de Antônio ao de Joaquim.

___

c) Prefiro muito mais crítica sincera do que elogios exagerados.

___

d) Preferia mais a cidade do que o campo.

___

e) Preferia carne a peixe.

___

19. Preencha as lacunas com as preposições adequadas (ou suas combinações com os artigos).

a) Os corpos obedecem .... leis da gravidade.

b) Meu pai se esqueceu de ir .... reunião.

c) Lembrou-se .... que era feriado.

d) Por que não simpatizas .... o diretor?

e) Obedeça .... regulamento.

20. Escolha uma das opções entre parênteses para completar as frases.
a) O garotinho respondeu ..... pai. [ao / o]
b) Você já respondeu ..... questionário? [ao / o]
c) O aluno respondeu ..... diretor a verdade. [o, ao]

d) Ele assistiu ..... jogo com muito nervosismo. [o / ao]
e) O médico assistiu ..... ferido na calçada. [o / ao]

21. Indique a opção adequada no que concerne à regência verbal.
a) Avisei-o de que não desejava substituí-lo na presidência, pois apesar de ter sempre servido à instituição, jamais aspirei a tal cargo.
b) Avisei-lhe de que não desejava substituí-lo na presidência, pois apesar de ter sempre servido a instituição, jamais aspirei a tal cargo.
c) Avisei-o de que não desejava substituir-lhe na presidência, pois apesar de ter sempre servido à instituição, jamais aspirei tal cargo.
d) Avisei-lhe de que não desejava substituir-lhe na presidência, pois apesar de ter sempre servido à instituição, jamais aspirei a tal cargo.
e) Avisei-o de que não desejava substituí-lo na presidência, pois apesar de ter sempre servido a instituição, jamais aspirei tal cargo.

22. Escolha as opções adequadas à regência do verbo atender.
a) Atendendo ..... pedido de V.S.a [...]. [o / ao]
b) Já atendemos ..... justas reclamações do povo. [as / às]
c) O ministro atendeu ..... requerente. [o / ao]
d) Deus não atendeu ..... oração do pecador. [a / à]
e) Seu telefone não atende ..... chamadas. [as/ às]

23. Assinale a opção em que o verbo *chamar* é empregado com o mesmo sentido que apresenta em "No dia em que o chamaram de Ubirajara, Quaresma ficou reservado, taciturno e mudo".
a) Bateram à porta, chamando Rodrigo.
b) Pelos seus feitos, chamaram-lhe o salvador da pátria.
c) Naquele momento difícil, chamou por Deus e pelo Diabo.
d) O chefe chamou-os para um diálogo franco.
e) Mandou chamar o médico com urgência.

24. Assinale a opção em que o verbo *assistir* é empregado com o mesmo sentido que apresenta em "não direi que assisti às alvoradas do romantismo".
a) Não assiste a você o direito de me julgar.
b) É dever do médico assistir a todos os enfermos.
c) Em sua administração, sempre foi assistido por bons conselheiros.
d) Não se pode assistir indiferente a um ato de injustiça.
e) O padre lhe assistiu nos derradeiros momentos.

25. O verbo destacado foi empregado com regência certa, EXCETO em:

a) A visita de José Dias *lembrou*-me o que ele me dissera.

b) Estou deserto e noite, e *aspiro* sociedade e luz.

c) *Custa*-me dizer isto, mas antes peque por excesso.

d) Redobrou de intensidade, como se *obedecesse* a voz do mágico.

e) Quando ela morresse, eu lhe *perdoaria* os defeitos.

26. A informática facilita o trabalho em todas as áreas do conhecimento.
Nas frases abaixo, há um verbo que apresenta a mesma regência de facilita. Marque essa frase.

a) ... astros que ficam tão distantes...

b) ... que a astronomia é uma das ciências...

c) ... que nos proporcionou um espírito...

d) ... cuja importância ninguém ignora...

e) ... onde seu corpo não passa de um ponto obscuro...

27. Indique a frase em que a regência verbal está INCORRETA.

a) Em um país civilizado, todos obedecem às leis.

b) O proprietário do apartamento perdoou a dívida ao inquilino.

c) Prefiro comida portuguesa do que a francesa.

d) Almejo um futuro vitorioso a meus alunos.

e) Gostaria de avisar-lhes que neste semestre não haverá provas.

👁 De olho vivo para não tropeçar nos casos de regência

• NOMINAL – O termo regente é sempre um nome (substantivo, adjetivo e advérbio): *Cansaço* de trabalhar; *cansado* do trabalho; *relativamente* ao trabalho.

• VERBAL – Conforme as observações do capítulo, é necessário prestar muita atenção ao emprego do verbo na frase para acertar sua regência. Há verbos que mudam de regência ao mudarem de significado: ora têm suas preposições alteradas, ora se empregam ou não com preposições. Por exemplo, *lembrar* tem regência diferente de *lembrar-se*, como *esquecer*, *esquecer-se* (*lembrar/esquecer* alguém, mas *lembrar-se/esquecer-se de* alguém); *perdoar* os pecados, mas *perdoar ao* pecador etc.

3.6 Concordância

> CONCORDÂNCIA é o mecanismo que mais claramente evidencia a interação entre a morfologia e a sintaxe. Trata-se de uma alteração no corpo das palavras (mórfica) que é também de natureza sintática, uma vez que somente concordam entre si termos entre os quais se estabelece uma relação de dependência: verbo e seu sujeito, substantivo e seus adjuntos (artigo, numeral, pronome adjetivo e adjetivo). A concordância é, assim, uma manifestação da relação sintática.

3.6.1 Concordância nominal

A concordância nominal é a alteração da forma de um determinante (adjetivo, artigo, pronome adjetivo, numeral adjetivo) para que se ajuste à forma do substantivo com o qual se relaciona.

Regra geral: O artigo, o adjetivo, o numeral e o pronome concordam em gênero e número com o substantivo.

O irmão de Maria é *aplicado*. / *A irmã* de Maria é *aplicada*.
Os irmãos de Maria são *aplicados*. / *As irmãs* de Maria são *aplicadas*.

Casos especiais: Há casos que fogem à regra geral. Os mais comuns serão apresentados a seguir.

A) **Um adjetivo após vários substantivos**
▶ Substantivos de mesmo gênero: adjetivo vai para o plural ou concorda com o substantivo mais próximo.

Irmão e primo *recém-chegado* estiveram aqui.
Irmão e primo *recém-chegados* estiveram aqui.

▶ Substantivos de gêneros diferentes: vai para o plural masculino ou concorda com o substantivo mais próximo.

Ela tem pai e mãe *louros*.
Ela tem pai e mãe *loura*.

▶ Adjetivo funciona como predicativo: vai obrigatoriamente para o plural.

O homem e o menino estavam *perdidos*.
O homem e sua esposa estiveram *hospedados* aqui.

B) **Um adjetivo anteposto a vários substantivos**
▶ Adjetivo anteposto: concorda, normalmente, com o mais próximo.
   Servi-me de *delicioso* antepasto e sobremesa.
   Ofereceram-me *deliciosa* fruta e suco.

▶ Adjetivo anteposto funcionando como predicativo: concorda com o mais próximo ou vai para o plural.
   Estavam *feridos* o pai e os filhos.
   Estava *ferido* o pai e os filhos.

C) **Um substantivo e mais de um adjetivo**
▶ antecede todos os adjetivos com um artigo:
   Falava fluentemente *a* língua inglesa e *a* espanhola.

▶ coloca o substantivo no plural:
   Falava fluentemente *as línguas* inglesa e espanhola.

D) **Pronomes de tratamento**
▶ sempre concordam com a 3ª pessoa:
   Vossa Santidade *esteve* no Brasil.

E) **Anexo, incluso, próprio, obrigado**
▶ concordam com o substantivo a que se referem:
   As cartas estão *anexas*. A bebida está *inclusa*.
   As *próprias* palavras foram ofensivas.
   Obrigado, disse o rapaz. / *Obrigada*, disse a moça.

F) **Um(a) e outro(a), num(a) e noutro(a)**
▶ Após essas expressões o substantivo fica sempre no singular e o adjetivo no plural.
   Renato advogou um e outro *caso fáceis*.
   Pusemos numa e noutra *bandeja rasas* o peixe.

G) **É bom, é necessário, é proibido**
▶ Essas expressões não variam se o sujeito não vier precedido de artigo ou outro determinante.
   Sopa *é bom*. / Esta sopa *é boa*.
   É necessário sua permissão. / *É necessária* a sua permissão.
   É proibido entrada de pessoas não autorizadas. / A entrada *é proibida*.

H) **Muito, pouco, caro**
▶ Como adjetivos, seguem a regra geral.
Há *muitos* alunos na sala ao lado.
Não tenho *pouco* trabalho!
Os pratos deste restaurante são sempre *caros*.

▶ Como advérbios, são invariáveis.
Trabalhou *muito* durante o congresso.
Empenhou-se *pouco* e o resultado foi o que se viu.
Às vezes, dizer a verdade custa *caro*.

I) **Mesmo, bastante**
▶ Como advérbios, são invariáveis.
Sofri *mesmo* com sua ausência.
Elas ficaram *bastante* tristes com a sua partida.

▶ Como pronomes, seguem a regra geral.
Não importa o partido: as promessas são sempre as *mesmas*.
O advogado apresentou *bastantes* argumentos na petição.

J) **Menos, alerta**
▶ Em todas as ocasiões são invariáveis.
Queremos *menos* promessas e mais ação.
Estamos *alerta* para suas atitudes depois da eleição.

L) **Tal qual**
▶ *Tal* concorda com o antecedente, *qual* concorda com o consequente.
As meninas são caprichosas *tais qual* a mãe.
Os alunos comportaram-se na reunião *tais quais* os pais.

M) **Grama**
▶ Unidade de medida de massa, é masculino.
Emagreci *quinhentos gramas* na semana passada.

N) **Junto**
▶ Flexiona-se, conforme o substantivo a que se refere.
No jantar, o Presidente e o Ministro estavam *juntos* e as esposas combinaram ir *juntas* a Fernando de Noronha.
Observação: As locuções prepositivas *junto a* e *junto de* não se flexionam: Ela estava *junto à* ponte. / Eles estavam *junto de* mim.

> **⚫ Saiba mais**
>
> Convém não usar frases do tipo "Resolveu o problema *junto à* gerência." A expressão *junto a* deve referir-se a espaço físico; logo deve-se dizer: "Resolveu o problema *na* gerência ou *com* a gerência."

O) **Possível**
▶ Com as expressões *o mais*, *o menos*, *o melhor*, *o pior*, o adjetivo *possível* não se flexiona.
Eram tarefas *o mais possível* complicadas.

Se, no entanto, as expressões estiverem no plural, o adjetivo *possível* também ficará no plural:
São *paisagens* as mais belas *possíveis*.
Cuidado com os casos em que a expressão *o mais possível* aparece separadamente nas frases:
É uma flor *o mais* bela *possível*.

P) **Meio**
▶ Como advérbio, invariável.
Estou *meio* insegura.

▶ Como numeral, segue a regra geral.
Comi *meia* laranja pela manhã.

Q) **Só**
▶ Apenas, somente (advérbio), invariável.
Só consegui comprar uma passagem.
▶ Sozinho (adjetivo), variável.
Estiveram *sós* durante horas.
Observação: Não confundir com a locução *a sós*.
Só conseguiram resolver a questão quando ficaram *a sós*.

R) **Melhor**
▶ = *mais bom*, flexiona-se:
Elas fizeram os *melhores* trabalhos da turma.

▶ = *mais bem*, não se flexiona:
Os jogadores do Flamengo atuaram *melhor*.

S) **Milhares** (e também *milhão*)
▶ São palavras do gênero masculino; assim, seus determinantes (artigos, pronomes e numerais) deverão ficar no masculino.
   Os milhares de amigos do Facebook postaram mensagens ao colega aposentado.

T) **Todo** (antes de substantivo)
▶ *todo = qualquer*, flexiona-se apenas em gênero:
   Todo homem gosta de futebol. / *Toda* generalização é perigosa.
Observação: *Todos*, no plural, só acontece quando acompanhado de artigo e o sentido for de totalidade.
   Todos os homens preparavam o churrasco enquanto *todas as* mulheres preparavam as mesas.

1. Sublinhe a(s) forma(s) adequadas para cada frase:
a) Ele compra somente carros e motos .... (premiados/premiadas)
b) Mostrou .... perspicácia e solidariedade. (fabulosa/fabulosos)
c) Mostrou perspicácia e solidariedade .... (fabulosas/fabulosa)
d) Mostrou discernimento e compreensão .... (fabulosos/fabulosa)
e) Li uma revista e um livro .... (cansativo/cansativos)

2. Marque as frases em que a concordância está adequada.
a) Viu, no zoológico, uma cobra e um macaco *peludos*.
b) *Elaboradas* as provas, todos saíram.
c) Visitei os *famosos* Ferreira Goulart e Rachel de Queirós.
d) Aprecia revistas de moda *francesa* e *italiana*.
e) *Cheios* está a piscina e o tanque.

3. Complete com o adjetivo *anexo*:

a) Segue a carta .... (anexo/em anexo)

b) Li a carta .... (anexa/anexo)

c) .... estão várias observações pertinentes ao assunto. (anexas/anexo)

d) Várias observações pertinentes ao assunto vão .... (anexa/em anexo)

e) Os exercícios .... dão conta das normas de concordância. (anexos/anexo)

4. Preencha as lacunas com *bastante* ou *bastantes*.

a) Antes da hora prevista, saíram da sala .... candidatos.

b) Voltaram da viagem .... preocupados.

c) Vou nomeá-la minha .... procuradora?

d) São problemas .... para um dia.

e) Precisamos de .... paciência.

5. Marque a opção em que deve ser usada a palavra *conformes* e não *conforme*.
a) Jogaram ..... a orientação do técnico.
b) ..... sua opinião, o Brasil não terá déficit este ano.
c) Se não estão contentes consigo mesmos, pelo menos estão ..... com o mundo.
d) ..... o pedido, seguem cinco caixas de lápis.
e) Aja ..... as prescrições do médico.

6. Marque as frases com C ou E e corrija as que estiverem incorretas:

a) (   ) Ela parece meia triste.   (..............................)

b) (   ) Não deixe a janela meio aberta.   (..............................)

c) (   ) Meia laranja não é suficiente para uma laranjada.   (..............................)

d) (   ) Estamos todos meios ansiosos.   (..............................)

e) (   ) As meias do uniforme são brancas.   (..............................)

7. Marque o que estiver incorreto:
a) Elas são as minhas melhores ( ) amigas, mas não trabalham melhores ( ) que eu.
b) Escrevem melhor ( ) que nós.
c) São melhores ( ) atores que os premiados.
d) Os artistas de teatro costumam atuar melhor ( ) do que os da televisão.
e) Dizem que os melhores ( ) perfumes vêm nos pequenos frascos.

8. Complete com a forma correta da palavra *mesmo*:

a) A diretora e o funcionário prejudicaram a si ....

b) Ela .... escreveu o texto de apresentação.

c) .... a família desconhecia o motivo de sua atitude.

d) Lemos os .... livros e gostamos das .... músicas.

e) "Nós .... resolvemos cancelar a reunião", disseram as professoras.

9. Marque as frases em que se empregam adequadamente as palavras destacadas.
a) Não é *permitida* a retirada de material da fábrica depois das 17 horas.
b) É *proibido* a retirada de material da fábrica depois das 17 horas.
c) Saída a qualquer momento não é *permitido* no pensionato.
d) A saída a qualquer momento é *proibido* no pensionato.
e) Esta medida sempre foi *proibida* no pensionato.

10. Marque as frases em que a concordância está adequadamente empregada.
a) Finalmente os noivos ficaram *sós*.
b) Finalmente os noivos ficaram *a sós*.
c) *Só* os professores compareceram à reunião.
d) *Todo o* estado do Nordeste necessita de ajuda do Governo federal.
e) *Toda* cidade de São Paulo foi castigada pelas chuvas.

11. Complete as lacunas adequadamente:

a) A crença nas palavras do governo decresce a olhos .... (visto)

b) A situação tornou-se difícil, ... as projeções dos candidatos. (haja vista)

c) Ela parece conhecer um e outro .... (político)

d) Nem um nem outro .... discutirá plataformas no debate. (político)

e) Um ou outro .... deverá ser eleito. (político)

3.6.2 Concordância verbal

O verbo geralmente varia para concordar com o número e a pessoa do seu sujeito. A CONCORDÂNCIA VERBAL evita, consequentemente, a repetição do sujeito que pode ser indicado pela flexão verbal a ele ajustada.

Regra geral: o verbo concorda com o núcleo do sujeito em número e pessoa, na voz ativa ou na passiva.

Os professores chegaram.

Depois de muita procura, *encontraram-se os náufragos* em uma ilha.

Ficaram sob suspeita *todos os diretores* daquela empresa.

Casos especiais:

Há muitos casos em que o sujeito simples é constituído de formas que apresentam um significado plural, embora o seu núcleo sintático esteja no singular.

▶ Quando o sujeito é formado por uma expressão partitiva (*parte de*, *uma porção de*, *o grosso de*, *metade de*, *a maioria de*, *a maior parte de*, *grande parte de*...) seguida de um substantivo ou pronome no plural, o verbo pode ficar no SINGULAR ou no PLURAL.

A maioria dos professores *aprovou / aprovaram* a proposta.

Metade dos candidatos não *apresentou / apresentaram* documentação adequada.

▶ Esse mesmo procedimento pode ser aplicado aos casos dos coletivos, quando especificados:

Um bando de vândalos *destruiu / destruíram* o monumento.

▶ Se o sujeito indica quantidade aproximada precedida de *cerca de*, *mais de*, *menos de*, o verbo vai para o plural, embora com a expressão *mais de um*, o verbo fique no singular.

Cerca de cem meninos *participaram* da gravação da Globo.

Perto de quinhentos alunos *compareceram* ao evento.

Mais de cem meninos *participaram* da gravação da Globo.

Mais de uma adolescente *quer* ser modelo.

▶ Quando se trata de nomes que só existem no plural, a concordância deve ser feita levando-se em conta a ausência ou presença de artigo. Sem artigo, o verbo deve ficar no SINGULAR. Quando há artigo no plural, o verbo deve ficar no PLURAL.

Alagoas tem praias muito bonitas.

Bombinhas é uma linda praia de Santa Catarina.

Os Estados Unidos retomaram as relações diplomáticas com Cuba.

Os Sertões constituem uma das grandes obras da literatura brasileira.

▶ Quando o sujeito é um pronome interrogativo ou indefinido plural (*quais*, *quantos*, *alguns*, *poucos*, *muitos*, *quaisquer*, *vários*) seguido por *de nós* ou *de vós*, o verbo pode concordar com o *primeiro pronome* (na terceira pessoa do plural) ou com o *pronome pessoal*.

> *Quais* de *nós são / somos* hábeis em negociações? *Alguns* de *vós conheciam / conhecíeis* o indicado ao prêmio? *Vários* de *nós quiseram / quisemos* desistir da empreitada.

Se o interrogativo ou indefinido estiver no singular, o verbo ficará no singular.

> *Qual* de nós é hábil em negociações?
> *Algum* de *nós deve assumir* a responsabilidade pela decisão.

▶ Quando o sujeito é formado por uma expressão que indica porcentagem seguida de substantivo, o verbo deve concordar com o substantivo.

> *25% dos ônibus* do Rio *serão retirados* de circulação.
> *25% do orçamento* dos Estados *deve* destinar-se à educação.
> *1% do eleitorado* não *aprovou* os cortes no orçamento.

▶ Quando a expressão que indica porcentagem não é seguida de substantivo, o verbo deve concordar com o numeral.

> *25%* não *querem* mudanças na política de cotas.
> *1% deseja* a manutenção da situação.

▶ Quando o sujeito é o pronome relativo QUE, o verbo concorda com o antecedente do relativo.

> Não fomos *nós* que *resolvemos* cancelar as inscrições.
> Ainda há *homens* que *abrem* portas de carro para as mulheres.

▶ Com a expressão *um dos que*, o verbo deve assumir a forma plural.

> Roberto Carlos é *um dos* cantores que mais *encantam* as plateias brasileiras.
> Se você é *um dos que admiram* este escritor, certamente lerá seu novo romance.

▶ Se o sujeito é o relativo QUEM, o verbo fica na 3ª pessoa do singular ou concorda com o antecedente do pronome.

> Certamente, não serei eu *quem* o *criticará* (*criticarei*) por tal ação.
> Foram eles *quem fez* (*fizeram*) toda a obra.

👍 Saiba mais

Alguns casos de sujeito composto merecem atenção especial:

• Se o sujeito composto for formado por palavras de significados semelhantes, o verbo pode ficar no singular ou no plural (mais comum).
   Seu orgulho e sua soberba estavam (ou *estava*) no troféu que a todos exibia.

• Se o sujeito for composto por palavras em gradação de sentido, o verbo pode ficar no singular, embora ocorram exemplos no plural.
   Interesse, afeto, amor sempre a *emocionava* (ou *emocionavam*).

• Se o sujeito composto for ligado por *nem...nem*, o verbo fica no plural ou no singular, por concordância atrativa.
   Nem a dedicação nem o afeto comoveram (*comoveu*) aquele duro coração masculino.

• Quando o sujeito é ligado por *com*, o mais frequente é o verbo ficar no plural, mas poderá ficar no singular, para realçar um dos núcleos.
   Ela com suas duas amigas queridas organizaram a festa.
   Maria, com sua amiga, organizou a festa.

• Se o sujeito composto é ligado pela série aditiva correlativa *não só ... mas também,* o verbo fica, de acordo com a maioria dos autores, no plural, embora possa ocorrer no singular (concordância atrativa).
   Não só o autor mas também o diretor dessa novela *parecem* (ou *parece*) estar confusos.

• Se o sujeito composto é ligado por *ou* com o significado de exclusão, o verbo fica no singular; se a noção expressa se refere a todo o sujeito, o verbo irá para o plural.
   Na opinião da maioria dos críticos, *Cristiano Ronaldo ou Messi deverá receber* o troféu de melhor jogador do mundo.
   O jogador português ou o jogador argentino merecem esse prêmio.

• Se o sujeito composto é resumido por um pronome indefinido, o verbo fica no singular concordando com o indefinido (na função de aposto).
   A bebida gelada, o mar azul, a calma do povo, *tudo* me *lembra* Bombinhas, praia de Santa Catarina.

3.6.2.1 Concordância com o verbo *ser*

▶ Se o sujeito for nome de coisa ou um pronome indefinido ou demonstrativo + verbo SER + predicativo no plural, o verbo ficará no plural (mais frequente) ou no singular, quando se deseja destacar o significado do indefinido:

Isto *são os ossos do ofício*, dizia vovó quando queria incentivar-me.
"A pátria não é ninguém: *são todos*." (Rui Barbosa)
"Tudo é flores no presente." (G. Dias)

▶ Se o sujeito referir-se a *pessoa*, o verbo concordará com o sujeito:

A criança era as alegrias da família.

▶ Quando o sujeito é um dos pronomes interrogativos *que, quem, o que,* o verbo *ser* concorda com o predicativo:

Quem eram aquelas jovens tão entusiasmadas pelo cantor?
O que são gentilezas para pessoas insensíveis?!

▶ Se o verbo *ser* é empregado como impessoal (na expressão das noções de tempo e distância), concordará com o predicativo:

Já *são 19 horas*?
Hoje *são 14 de janeiro*.
Hoje *é dia 14 de janeiro*.
Daqui até Nova Friburgo *são 110 quilômetros*.

▶ Quando o verbo *ser* ocorre nas expressões *é muito, é pouco* e o sujeito, no plural, indica preço, medida, quantidade, o verbo ficará no singular:

Dez mil homens é muito pouco para vencer tantos terroristas pelo mundo.
Milhões de dólares é muito dinheiro para desaparecer sem que ninguém o percebesse.

▶ Na locução de realce *é que*, o verbo ficará invariável:

As pessoas experientes *é que* não acreditaram nessas promessas vãs.

Observação: Nos dois últimos versos da quadrinha seguinte, em que a expressão foi desmembrada, estabeleceu-se a concordância entre o verbo *ser* e o sujeito:

As rosas é que são belas,
Os espinhos é que picam;
Mas *são* as rosas *que* caem;
São os espinhos *que* ficam. (Quadrinha popular)

3.6.2.2 Concordância com verbos impessoais

▶ Nas orações sem sujeito, o verbo fica na 3ª pessoa do singular.
Havia muitas mensagens de congratulações na caixa de meu telefone.
Deve haver muitas mensagens ainda não transcritas na caixa.
Não estudo inglês *há* mais de cinco anos.
Não estudo inglês *faz* cinco anos.

3.6.2.3 Concordância ideológica

▶ Em algumas construções, a concordância se dá com a ideia que o sujeito expressa e não com sua forma. Esse tipo de concordância tem o nome de *concordância ideológica*, *silepse* ou concordância *ad sensum*:
Todos somos solidários com o momento por que passa a Nigéria.

Embora o sujeito esteja na 3ª pessoa, o verbo aparece na 1ª do plural porque a pessoa que fala inclui-se no sujeito; trata-se de silepse de pessoa.
A turma ficou muito aborrecida e *decidiram* não vir à aula.

O sujeito *a turma* está no singular, mas expressa uma noção plural e há uma relativa distância entre o verbo e o sujeito; o verbo concorda com essa noção e fica no plural; trata-se de silepse de número.

12. Empregue, nas frases abaixo, os verbos entre parênteses, no pretérito imperfeito do indicativo.

a) A *maioria* não .... direito de moral. (distinguir)

b) *A maioria dos povos da Antiguidade* não .... direito de moral. (distinguir)

c) *Um quarto dos jurados*, naquele processo, não .... direito de moral. (distinguir)

d) Foram certos jurisconsultos *quem* .... as diferenças entre direito e moral. (sustentar)

e) Eras tu *que* .... a diferença entre direito e moral. (sustentar)

13. Estabeleça a concordância verbal nas frases seguintes e, posteriormente, justifique suas respostas.
a) *Mais de um* povo .... seu direito na severidade dos costumes. (sustentar)

b) *Nem um nem outro* povo .... seu direito na severidade dos costumes. (sustentar)

c) *Um ou outro* povo .... seu direito na severidade dos costumes. (sustentar)

d) Os romanos foram *um dos* povos *que* .... seu direito na filosofia grega. (apoiar)

e) *Trinta por cento* da população .... seu direito na filosofia grega. (apoiar)

f) *Trinta por cento* dos alunos não .... a mudança. (apoiar)

14. Observe as sentenças e descodifique a concordância:
a) *Muitos de nós têm/temos* dúvidas a respeito do texto humorístico.

b) *Alguns dentre nós sabem/sabemos* que a literatura parece bastante com a música.

c) *As frases longas e curtas têm* humor.

d) *Isso,* as frases longas e curtas, *tem* humor.

e) *Qual dentre nós sabe* a resposta para as questões existenciais?

15. Observe a concordância com a partícula SE e circule a opção correta para cada frase.
a) *Transforma-se/transformam-se* ideias simples em textos engraçados.
b) *Deve-se/devem-se* economizar palavras para o efeito de humor.
c) *Necessita-se/necessitam-se* de bons escritores de humor.
d) Como *se faz/fazem* boas piadas?
e) *Precisa-se/Precisam-se* de bons professores para incentivar os alunos.

16. As normas de concordância com os verbos haver/existir são diferentes. Assim, circule a opção correta para cada frase.
a) *Houve/houveram* sempre bons humoristas no Brasil.
b) *Existiu/existiram* sempre bons humoristas no Brasil.
c) *Deve/devem haver* bons humoristas no Brasil.
d) *Pode/podem existir* bons humoristas no Brasil.
e) Em nossas assembleias, *havia/haviam* sempre pessoas que atrasavam as discussões.

17. Embora o sujeito seja composto, em alguns casos, o verbo pode ficar no singular. Reconheça algumas dessas situações.
a) *Tem* modos diversos de encarar a obra literária *escritor e diretor de novela*.
b) *A censura, a irritação, o preconceito*, no caso de crítica à sua religião, *apareceu* de imediato.
c) *O amor e a dedicação* que temos com nossos semelhantes nos *enriquece* moralmente.
d) O *ir e vir* das marés nos hipnotiza.
e) *Refletia*-se, em seu texto, alternadamente *o amor e o ódio* por aquele homem.

18. Com o *pronome de tratamento* o verbo fica na terceira pessoa. Assim, sublinhe a opção correta.
a) Vossa Excelência já ..... entrar na sala. (pode/podeis)
b) Urge que Vossas Majestades ..... (recebam/recebais) o Ministro.
c) Vossa Excelência ..... (estais/está) confortável?
d) Sabemos que Vossa Excelência não .... (gosta/gostais) de esperar...
e) ...mas neste caso, nada .... (podereis/poderá) fazer.

19. Complete as frases com *ser* no presente.

a) Do centro à escola .... três quilômetros.

b) Isto não .... coisas que se diga para uma senhora.

c) O que o caracteriza .... as ideias bem concatenadas e lógicas.

d) O que .... comédias?

e) Não sei quem .... os debatedores de hoje.

👁 DE OLHO VIVO PARA NÃO TROPEÇAR NA CONCORDÂNCIA

1. Do verbo *ser* empregado na indicação de distância, data, tempo, casos em que concordará com os numerais da data etc.
   Daqui a Friburgo *são duas horas* de carro, pois *são muitos quilômetros* a percorrer. / Hoje *são 29 de janeiro*.

2. Do verbo *haver* impessoal, que estará sempre na 3ª pessoa do singular, como em:
   Havia muitas questões para formatar.

3. Com a partícula SE:
   Com esse ensino, *transformam-se* pessoas competentes em meros repetidores de noções.
   O verbo concorda com o sujeito paciente. Nesse caso, o SE é pronome apassivador.
   Necessita-se de bons professores no País.
   Na frase, o verbo fica na 3ª pessoa do singular, pois o sujeito é indeterminado; indeterminação indicada pelo pronome SE.

4. Do verbo com o sujeito posposto:
   Para o grupo ficar completo, somente *faltam três amigos*.

5. Quando o sujeito é o pronome relativo QUE, a concordância se dá com o antecedente do relativo:
   Não fui eu *que decidi* a cor da capa do livro.

6. Com os pronomes de tratamento, o verbo irá para a 3ª pessoa do singular:
   Você (o Senhor, V. Ex.ª) participará da votação para a escolha do coordenador?

7. O adjetivo *anexo* concorda com o substantivo a que se refere:
   Vão *anexas as observações* que acrescentei ao capítulo.

Não confundir com a locução *em anexo* – invariável:
   Vão *em anexo* as observações que acrescentei ao capítulo.

8. *Meio* pode ser *advérbio* e não variará:
   Ela anda *meio* preocupada.

Poderá também funcionar como *numeral* e, então, seguirá a regra geral:
   Meia xícara de leite é suficiente para o pudim.

Questões do ENEM e de Vestibulares

Valor semântico da oração subordinada

1. (ENEM) O senso comum é que só os seres humanos são capazes de rir. Isso não é verdade? Não. O riso básico – o da brincadeira, da diversão, da expressão física do riso, do movimento da face e da vocalização – nós compartilhamos com diversos animais. Em ratos, já foram observadas vocalizações ultrassônicas – que nós não somos capazes de perceber – e que eles emitem quando estão brincando de "rolar no chão". [Acontecendo de o cientista provocar um dano em um local específico no cérebro], o rato deixa de fazer essa vocalização e a brincadeira vira briga séria. Sem o riso, o outro pensa que está sendo atacado. O que nos diferencia dos animais é que não temos apenas esse mecanismo básico. Temos um outro mais evoluído. Os animais têm o senso de brincadeira, como nós, mas não têm senso de humor. O córtex, a parte superficial do cérebro deles, não é tão evoluído como o nosso. Temos mecanismos corticais que nos permitem, por exemplo, interpretar uma piada.

Disponível em: http://globonews. globo.com. Acesso em: 31 maio 2012 (adaptado).

A coesão textual é responsável por estabelecer relações entre as partes do texto. Analisando o trecho "Acontecendo de o cientista provocar um dano em um local específico no cérebro", verifica-se que ele estabelece com a oração seguinte uma relação de

a) finalidade, porque os danos causados ao cérebro têm por finalidade provocar a falta de vocalização dos ratos.

b) oposição, visto que o dano causado em um local específico no cérebro é contrário à vocalização dos ratos.

c) condição, pois é preciso que se tenha lesão específica no cérebro para que não haja vocalização dos ratos.

d) consequência, uma vez que o motivo de não haver mais vocalização dos ratos é o dano causado no cérebro.

e) proporção, já que à medida que se lesiona o cérebro não é mais possível que haja vocalização dos ratos.

Função do pronome átono
2. (ENEM) Páris, filho do rei de Troia, raptou Helena, mulher de um rei grego. Isso provocou um sangrento conflito de dez anos, entre os séculos XIII e XII a.C. Foi o primeiro choque entre o ocidente e o oriente. Mas os gregos conseguiram enganar os troianos. Deixaram à porta de seus muros fortificados um imenso cavalo de madeira. Os troianos, felizes com o presente, puseram-no para dentro. À noite, os soldados gregos, que estavam escondidos no cavalo, saíram e abriram as portas da fortaleza para a invasão. Daí surgiu a expressão "presente de grego".

DUARTE, Marcelo. *O guia dos curiosos*. São Paulo: Companhia das Letras, 1995.

Em "puseram-no", a forma pronominal "no" refere-se
a) ao termo "rei grego".
b) ao termo "troiano".
c) ao antecedente distante "choques".
d) à expressão "muros fortificados".
e) aos termos "presente" e "cavalo de madeira".

Emprego do relativo
3. (CEFET) O termo retomado pela palavra grifada foi corretamente identificado em:
a) "...a natureza é uma orquestra *cujo* maestro está sempre tocando uma música diferente." (orquestra)
b) "...pessoas que se alojaram em áreas de risco, *que* se tornaram miseráveis e sem alternativa." (áreas de risco)
c) "Vislumbram coisas terríveis e *isso* nos torna menos felizes, angustiados, e, quando estamos assim..." (coisas terríveis).
d) "É preciso salvar os animais, as plantas, mas também devemos salvar as pessoas, dentro de um sistema de vida que não *as* empurre para a miséria." (as plantas)
e) "A biologia surgiu assim. Percebo nela uma linguagem própria, um caminho para a identificação dos idiomas que a natureza nos oferece para entendê-*la*. (A biologia)

Oração coordenada
4. (FGV) A crise por que passa o país impõe redução de gastos, ... os candidatos garantem que não descumprirão as promessas de realizar as obras de que a cidade necessita.
Tendo em vista o tipo de relação de sentido que se verifica entre as orações dessa frase, a lacuna deverá ser corretamente preenchida pelo conectivo
a) onde
b) contudo
c) embora
d) visto que
e) dessa forma

Valor semântico da oração coordenada
5. (UERJ) A namorada
Havia um muro alto entre nossas casas.
Difícil de mandar recado para ela.

Não havia e-mail.
O pai era uma onça.
A gente amarrava o bilhete numa pedra presa por
um cordão.
E pinchava a pedra no quintal da casa dela.
Se a namorada respondesse pela mesma pedra
Era uma glória!
Mas por vezes o bilhete enganchava nos galhos da
goiabeira
E então era agonia.
No tempo do onça era assim.

    Manoel de Barros. *Poesia completa*. São Paulo: Leya, 2010

Difícil de mandar recado para ela.
Não havia e-mail.
O pai era uma onça. (v. 2-4)
O primeiro verso estabelece a mesma relação de sentido com cada um dos dois outros versos. Um conectivo que expressa essa relação é:
a) porém   b) porque   c) embora   d) portanto

Emprego do conectivo subordinativo
6. (UERJ) *Com a inacreditável capacidade humana de ter ideias, sonhar, imaginar, observar, descobrir, constatar, enfim, refletir sobre o mundo e com isso ir crescendo*, a produção textual vem se ampliando ao longo da história.
O trecho destacado acima estabelece uma relação de sentido com o restante da frase. Essa relação de sentido pode ser definida como:
a) simultaneidade   c) oposição
b) consequência   d) causa

Oração subordinada
7. (UERJ) "Como desertava, meu bisavô Antônio foi levado em um bote até o navio que já se afastava do porto de Gênova."
O trecho sublinhado estabelece com o restante da frase o sentido de:
a) causa   c) concessão
b) conclusão   d) conformidade

Papel da oração adjetiva
8. (UERJ) "Talvez eu tivesse encontrado a história *que todos nós procuramos nas páginas dos livros e nas telas dos cinemas*: uma história na *qual as estrelas e eu éramos os protagonistas*."
Na frase acima, o autor procura delimitar um sentido para a palavra história por meio dos trechos destacados. Esses trechos apresentam uma formulação do seguinte tipo:

a) exemplificação
b) particularização
c) modalização
d) dedução

Valor semântico do conectivo coordenativo

9. (ESA-Escola de Formação de Sargentos) O item que expressa a ideia correta da segunda oração, considerando a conjunção que a introduz, é: A torcida incentivou os jogadores; esses, contudo, não conseguiram vencer.

a) proporção   b) conclusão   c) explicação   d) oposição   e) concessão

Concordância

10. (PUC-RIO) Com relação ao trecho abaixo, faça o que é solicitado a seguir.

"A relação identificatória entre estado-nação e sociedade perdeu a obviedade e naturalidade, quando, no contexto da globalização, tornaram-se manifestas diversas formas de socialidade completamente desvinculadas do estado-nação."

a) Justifique o emprego da forma verbal "tornaram-se" na terceira pessoa do plural.

b) Reescreva o trecho, iniciando-o por "É possível que". Faça as modificações necessárias.

Valor semântico do conectivo coordenativo

11. (PUC-RIO) Com relação ao trecho abaixo, faça o que é pedido a seguir.

"Os indivíduos mais autônomos passaram a se defrontar com situações nas quais não podiam se limitar a obedecer às normas pré-fixadas pela comunidade e essas normas começaram a perder o vigor."

a) Indique um conectivo que apresente o mesmo valor semântico de *e* nesse contexto.

b) Observe: "Os indivíduos mais autônomos passaram a se defrontar com situações..." O emprego da locução verbal nessa passagem traz uma informação implícita. Diga que informação é essa.

Oração coordenada

12. (FUVEST-SP) Dentre os períodos transcritos abaixo, um é composto por coordenação e contém uma oração coordenada sindética adversativa. Assinalar a alternativa correspondente a esse período.
a) A frustração cresce e a desesperança não cede.
b) O que dizer sem resvalar para o pessimismo, a crítica pungente ou a autoabsolvição?
c) É também ocioso pensar que nós, da tal elite, temos riqueza suficiente para distribuir.
d) Sejamos francos.
e) Em termos mundiais somos irrelevantes como potência econômica, mas ao mesmo tempo extremamente representativos como população.

Conjunções e orações

13. (UFSM-RS) Assinale a sequência de conjunções que estabelecem, entre as orações de cada item, uma correta relação de sentido.
1. Correu demais, ... caiu.
2. Dormiu mal, ... os sonhos não o deixaram em paz.
3. A matéria perece, ... a alma é imortal.
4. Leu o livro, ... é capaz de descrever as personagens com detalhes.
5. Guarde seus pertences, ... podem servir mais tarde.
a) porque, todavia, portanto, logo, entretanto
b) por isso, porque, mas, portanto, que
c) logo, porém, pois, porque, mas
d) porém, pois, logo, todavia, porque
e) entretanto, que, porque, pois, portanto

Oração subordinada

14. (PUC-RIO) Conservando o sentido original, reescreva a frase abaixo, atendendo ao início proposto em cada item: "Toda pessoa é um indivíduo singular, com desejos e interesses particulares, mas é também – potencialmente – um representante da humanidade."
a) Apesar de

b) Embora

Emprego de preposição
15. (PUC-RIO) Comente as mudanças estruturais e semânticas decorrentes do emprego das preposições nas frases abaixo:
a) Consciência e responsabilidade são condições indispensáveis da vida ética.
b) Consciência e responsabilidade são condições indispensáveis à vida ética.

Relação de subordinação
16. (FATEC) Assinale a alternativa que apresenta uma relação de subordinação entre as orações desenvolvidas do período.
a) Quando se arrisca a escrever uma carta, sente dificuldades incríveis.
b) Quer ser reservado e parece frio; (...)
c) Comete o crime de não ser comum ou vulgar.
d) As suas cartas saem do coração e não da cabeça; (...)
e) O tolo é fortíssimo em correspondência amorosa, e tem consciência disso.

Termos da oração
17. (FATEC) No trecho "após visitar as instalações", o verbo visitar exige como complemento um
a) objeto direto, pois não necessita de preposição.
b) objeto direto, pois requer um objeto abstrato.
c) objeto direto e indireto, pois precisa de flexibilidade.
d) objeto indireto, pois exige preposição.
e) objeto indireto, pois exige conjunção.

Oração adjetiva
18. (FATEC) "É boa a notícia para os fãs da natação, vôlei de praia, futebol, hipismo, ginástica rítmica e tiro com arco que buscam ingressos para os Jogos Olímpicos Rio 2016. Entradas

para catorze sessões esportivas dessas modalidades, *que tinham se esgotado na primeira fase de sorteio de ingressos*, estão à venda."

Acesso em: 12.09.2015 (adaptado).

A oração subordinada destacada nesse fragmento é
a) adjetiva restritiva
b) adjetiva explicativa
c) substantiva subjetiva
d) substantiva apositiva
e) substantiva predicativa

Papel do conectivo e oração adverbial
19. (FGV) Poema
Encontrado por Thiago de Mello
No itinerário de Pasárgada

Vênus luzia sobre nós tão grande,
Tão intensa, tão bela, que chegava
A parecer escandalosa, e dava
Vontade de morrer.
        M. Bandeira

No poema, o conectivo "que" introduz uma oração com ideia de
a) causa
b) consequência
c) concessão
d) modo
e) finalidade

Termos da oração
20. (FATEC) "E eu não quero ficar ouvindo falar de identidade corporativa, marco regulatório, desenvolvimento organizacional, demanda de mercado, sinergia, estratégia, parâmetros, metas, foco, valores..."
A organização sintática, na construção desse período, foi possível porque as vírgulas empregadas separam
a) o vocativo, termo que chama, evoca o interlocutor.
b) o aposto, termo que explica o termo anterior.
c) os predicativos do sujeito presentes na frase.
d) os adjuntos adnominais e os vocativos.
e) os termos de mesmo valor sintático.

Termos da oração
21. (FATEC) Leia este fragmento: "Eu estava estonteada, e assim recebi *o livro* na mão."
A função sintática do termo destacado nesse período é
a) complemento nominal
b) objeto indireto
c) objeto direto
d) sujeito
e) aposto

Papel do conectivo e oração adverbial
22. (FATEC) Leia o fragmento do texto:
"[...] muitos aprendem que só vão se destacar e melhorar de vida *se* participarem de um grupo [...]".
É correto afirmar que a palavra destacada estabelece entre as orações uma relação de
a) indeterminação, uma vez que nos impossibilita determinar o sujeito de cada oração.
b) condição, pois expressa uma hipótese para que as ações das orações se realizem.
c) adversatividade, pois expressa uma ideia antagônica, de oposição entre as orações.
d) passividade, por transformar as orações em voz passiva sintética ou analítica.
e) concessão, por conceder uma ideia divergente, expressa na oração anterior.

Papel do conectivo
23. (FATEC) Assinale a alternativa em que a(s) palavra(s) destacada(s) funcione(m) como elemento(s) que adiciona(m) informações simultâneas.
a) "Nos últimos anos, poucos eventos sacudiram *tanto* a China *quanto* a internet."
b) "... a conceituada revista *Nature* realizou sondagem na comunidade científica chinesa *e* colheu resultados de primeira grandeza..."
c) "... a existência do Google levou a uma alteração de hábitos de pesquisa, interferindo no modo de explorar, testar *e* difundir informações..."
d) "... 84% afirmaram que suas pesquisas perderiam substantivamente em qualidade *se* fossem privados do uso do Google;"
e) "Para um país disposto a disputar a hegemonia mundial, em que a pesquisa científica *e* tecnológica é a menina dos olhos das autoridades, as novidades vindas da comunidade científica não poderiam ser piores."

Emprego do conectivo e oração coordenada
24. (FATEC) Leia as seguintes frases:
I. Todos eles, porém, encontram dificuldades para superar um gigantesco problema: a censura.
II. A segregação digital, porém, começa a ser sacudida por caminhos inesperados.
Sabe-se que um dos traços de oralidade é a repetição de palavras. Supondo que quiséssemos evitar essa repetição, sem alterar o sentido da informação expressa, teríamos que substituir a palavra porém na segunda frase.
Assinale a alternativa que cumpre esse objetivo.
a) A segregação digital, portanto, começa a ser sacudida por caminhos inesperados.
b) A segregação digital, por conseguinte, começa a ser sacudida por caminhos inesperados.
c) A segregação digital, pois, começa a ser sacudida por caminhos inesperados.
d) A segregação digital, consoante a isso, começa a ser sacudida por caminhos inesperados.
e) A segregação digital, todavia, começa a ser sacudida por caminhos inesperados.

Oração subordinada
25. (FATEC) Observe os períodos:
I. [Quanto mais incompreensível é ela], mais admirado é o escritor que a escreve, por todos que não lhe entenderam o escrito.
II. Todo esse folk-lore não tem sido coligido e escrito, [de modo que, dele, pouco lhes posso comunicar.]
As orações em destaque estabelecem, nos respectivos contextos, relações de sentido de
a) (I) tempo; (II) adição.
b) (I) conclusão; (II) condição.
c) (I) modo; (II) explicação.
d) (I) proporção; (II) conclusão.
e) (I) concessão; (II) comparação.

Valor semântico do conectivo
26. (FATEC) Para responder a essa questão, considere a passagem do texto e as afirmações seguintes.
"Eu cheguei a entender perfeitamente a língua da Bruzundanga, isto é, a língua falada pela gente instruída e a escrita por muitos escritores que julguei excelentes; mas aquela em que escreviam os literatos importantes, solenes, respeitados, nunca consegui entender, porque redigem eles as suas obras, ou antes, os seus livros, em outra muito diferente da usual, outra essa que consideram como sendo a verdadeira, a lídima, justificando isso por ter feição antiga de dous séculos ou três."

Lima Barreto. *Os Bruzundangas*.

I. A expressão – isto é – introduz no contexto uma retificação, uma correção da ideia anteriormente expressa.
II. A expressão – em que – pode ser corretamente substituída por – cuja.
III. A palavra – porque – tem o sentido de – pois – e introduz uma passagem que expressa a causa da afirmação anterior.
IV. A expressão – ou antes – tem sentido de – melhor dizendo – e introduz no contexto uma retificação do que foi afirmado: no juízo do narrador, os escritores de Bruzundanga produziam simples livros, não obras literárias.
Está correto o que se afirma apenas em
a) I e II   b) I e III   c) II e III   d) II e IV   e) III e IV

Colocação do pronome
27. (FATEC) Assinale a alternativa em que a nova colocação do pronome destacado na frase é aceita pela norma culta.
a) É um capítulo dos mais delicados, para tratar do qual não sinto-*me* completamente habilitado.
b) Quanto mais incompreensível é ela, mais admirado é o escritor que escreve -*a*.
c) Mas todo esse "folk-lore" não tem sido coligido e escrito, de modo que, dele, pouco posso comunicar-*lhes*.

d) Porém, um canto popular que foi narrado-*me*.

e) *Me* lembrei, porém, de que as minhas notícias daquela distante república não seriam completas.

Valor semântico do aposto

28. (UNESP) A questão, a seguir, toma por base uma passagem do artigo *Os operários da música livre*, de Ronaldo Evangelista.

Desde o final do século 20, toda a engrenagem industrial do mercado musical passa por intensas transformações, como o surgimento e disseminação de novas tecnologias, em grande parte gratuitas, como os arquivos MP3s, as redes de compartilhamento destes arquivos, mecanismos torrentes, sites de armazenamento de conteúdo, ferramentas de publicação *on-line* – tudo à disposição de quem quisesse dividir com os outros suas canções e discos favoritos. (...)

Galileu, março de 2013 (adaptado).

No trecho do primeiro parágrafo, o termo *tudo*, por sua relação sintática e semântica com a sequência que o precede, representa

a) uma forte redundância devida a um lapso do escritor.

b) a negação do que foi dito pelos termos antes enumerados.

c) uma circunstância de tempo acrescentada à enumeração.

d) o elemento que encerra uma enumeração, resumindo-a.

e) toda a engrenagem tradicional do mercado musical

Oração adverbial

29. (FGV) Eram tempos menos duros aqueles vividos na casa de Tia Vicentina, em Madureira, subúrbio do Rio, onde Paulinho da Viola podia traçar, sem cerimônia, um prato de feijoada – comilança que deu até samba, "No Pagode do Vavá". Mas como não é dado a saudades (lembre-se: é o passado que vive nele, não o contrário), Paulinho aceitou de bom grado a sugestão para que o jantar ocorresse em um dos mais requintados italianos do Rio. A escolha pela alta gastronomia tem seu preço. Assim que o sambista chega à mesa redonda ao lado da porta da cozinha, forma-se um círculo de garçons, com o maître à frente. [...] Paulinho conta que cresceu comendo o trivial. Seu pai viveu 88 anos à base de arroz, feijão, bife e batata frita. De vez em quando, feijoada. Massa, também. "Mas nada muito sofisticado." Com exceção de algumas dores de coluna, aos 70 anos, goza de plena saúde. O músico credita sua boa forma ao estilo de vida, como se sabe, não dado a exageros e grandes ansiedades.

T. Cardoso, *Valor*, 28/06/2013 (adaptado).

À frente das frases citadas abaixo, está indicado o tipo de circunstância que elas expressam no texto. A indicação NÃO está correta em:

a) "como não é dado a saudades" (causa)

b) "para que o jantar ocorresse em um ... do Rio" (finalidade)

c) "Assim que o sambista chega à mesa ... da porta da cozinha" (simultaneidade)
d) "que cresceu comendo o trivial" (consequência)
e) "como se sabe" (conformidade)

Termos da oração
30. (FGV) "Assim como assim, se há um poema carregado de sugestões líricas bastantes para lhe assegurarem grande colaboração leitores, será esse "Rondó dos Cavalinhos".
Aurélio Buarque de Holanda. http://www.academia.org.br/abl (adaptado).
Para a correta compreensão do último período do texto, deve-se atribuir ao termo "leitores" a função de
a) sujeito
b) vocativo
c) objeto direto
d) objeto indireto
e) complemento nominal

Valor do conectivo
31. (UFU) "A ação não é mero movimento. *Aliás*, pode implicar justamente o contrário. Numa situação em que duas crianças estão disputando para ver quem pisca primeiro, a ausência do piscar – ou seja, de movimento das pálpebras – também é ação."
O termo em destaque pode estabelecer diferentes relações entre enunciados, a depender do contexto em que é empregado. No trecho acima, para manter as mesmas relações entre os enunciados "A ação não é mero movimento" e "pode indicar justamente o contrário", o termo "Aliás" pode ser substituído por:
a) Além disso
b) De outro modo
c) No entanto
d) Ou melhor

Emprego dos conectivos
32. (ENEM) "Cultivar um estilo de vida saudável é extremamente importante para diminuir o risco de infarto, mas também de problemas como morte súbita e derrame. Significa que manter uma alimentação saudável e praticar atividade física regularmente já reduz, por si só, as chances de desenvolver vários problemas. Além disso, é importante para o controle da pressão arterial, dos níveis de colesterol e de glicose no sangue. Também ajuda a diminuir o estresse e aumentar a capacidade física, fatores que, somados, reduzem as chances de infarto. Exercitar-se, nesses casos, com acompanhamento médico e moderação, é altamente recomendável."
ATALLA, M. Nossa vida. *Época*. 23 mar. 2009.
As ideias veiculadas no texto se organizam estabelecendo relações que atuam na construção do sentido. A esse respeito, identifica-se, no fragmento, que
a) a expressão "Além disso" marca uma sequenciação de ideias.
b) o conectivo "mas também" inicia oração que exprime ideia de contraste.
c) o termo "como", em "como morte súbita e derrame", introduz uma generalização.

d) o termo "Também" exprime uma justificativa.

e) o termo "fatores" retoma coesivamente "níveis de colesterol e de glicose no sangue"

Papel semântico do conectivo

33. (ENEM) Tarefa
Morder o fruto amargo e não cuspir
Mas avisar aos outros o quanto é amargo
Cumprir o trato injusto e não falhar
Mas avisar aos outros quanto é injusto
Sofrer o esquema falso e não ceder
Mas avisar aos outros o quanto é falso
Dizer também que são coisas imutáveis
E quando em muitos a não pulsar
– do amargo e injusto e falso por mudar –
então confiar à gente exausta o plano
de um modo novo e muito mais humano.

CAMPOS, G. *Tarefa*. Rio de Janeiro: Civilização Brasileira, 1981.

Na organização do poema, os empregos da conjunção "mas" articulam, para além de sua função sintática,

a) a ligação entre verbos semanticamente semelhantes.
b) a oposição entre ações aparentemente inconciliáveis.
c) a introdução do argumento mais forte de uma sequência.
d) o reforço da causa apresentada no enunciado introdutório.
e) a intensidade dos problemas sociais presentes no mundo.

Regência nominal

34. (VUNESP-PC-SP) No que se refere às regras de regência nominal, assinale a alternativa que substitui corretamente a expressão destacada em
Buscando compreender o que considerou ser uma tendência para o século 21, Michael Ellsberg realizou seu estudo [...].

a) determinado a
b) empenhado sob
c) resolvido de
d) propenso em
e) disposto com

Regência verbal

35. (VUNESP-PC/SP) Considerando as regras de regência verbal, assinale a alternativa correta.

a) Ao ver a quantidade excessiva de prateleiras, o amigo comentou de que o livro estava acabando.
b) Enquanto seu amigo continua encomendando livros de papel, o autor aderiu o livro digital.
c) Álvaro convenceu-se de que o melhor a fazer seria sair para jantar.

d) As estantes que o autor aludiu foram projetadas para armazenar livros e CDs.
e) O único detalhe do apartamento que o amigo se ateve foi o número de estantes.

Regência nominal
36. (VUNESP-PC/SP) Assinale a alternativa correta quanto à regência dos termos em destaque.
a) A menina tinha o *receio* a levar uma bronca por ter se perdido.
b) A família toda se organizou para realizar a *procura* à garotinha.
c) Ele tentava convencer duas senhoras a assumir *responsabilidade* pelo problema.
d) A menina não tinha *orgulho* sob o fato de ter se perdido de sua família.
e) A garota tinha apenas a *lembrança* pelo desenho de um índio na porta do prédio.

Regência verbal
37. (FGV) Levando-se em conta a norma-padrão escrita da língua portuguesa, das frases abaixo, a única CORRETA do ponto de vista da regência verbal é:
a) A cidade tem características que a rendem, ao mesmo tempo, críticas e elogios.
b) Para você evitar o estresse, é imprescindível seguir o estilo de vida que mais o interesse.
c) É importante prezar não só a ordem mas também a liberdade.
d) Sua distração acarretou em grandes prejuízos para todo o grupo.
e) Alguém precisa se responsabilizar sobre a abertura do prédio na hora combinada.

Termos da oração
38. (FGV) No verso "Mas não me altere o samba tanto assim" (*Argumento*, de Paulinho da Viola), o pronome "me" não exerce função sintática alguma. Segundo a gramática da língua portuguesa, trata-se de um recurso expressivo de que se serve a pessoa que fala para mostrar que está vivamente interessada no cumprimento da exortação feita. Constitui uso mais comum na linguagem coloquial.
Nas citações abaixo, todas extraídas de *Memórias póstumas de Brás Cubas*, de Machado de Assis, esse recurso ocorre em:
a) Mano Brás, que é que você vai fazer? perguntou-me aflita.
b) ...estou farto de filosofias que me não levam a coisa nenhuma.
c) Mostrou que eu ia colocar-me numa situação difícil.
d) ...achou que devia, como amigo e parente, dissuadir-me de semelhante ideia.
e) Ânimo, Brás Cubas; não me sejas palerma.

Função do reflexivo
39. (CEFET-MG) NÃO tem valor reflexivo o pronome SE em
a) "Ciência e Igreja juntaram-se para limpar o mundo da superstição (...)"
b) "Nessa faxina, anularam-se as capacidades humanas (...)"
c) "Da mesma forma, é preciso se desvincular do medo (...)"

d) "(...) os seres se replicam e a vida replica a si mesma (...)"
e) "Mas ela própria teve de se adaptar".

Emprego de palavras coesivas
40. (UFF-RJ) O Pavão
Eu considerei a glória de um pavão ostentando o esplendor de suas cores; é um luxo imperial. Mas andei lendo livros, e descobri que aquelas cores todas não existem na pena do pavão. Não há pigmentos. O que há são minúsculas bolhas d'água em que a luz se fragmenta como em um prisma. O pavão é um arco-íris de plumas.
Eu considerei que este é o luxo do grande artista, atingir o máximo de matizes com um mínimo de elementos. De água e luz ele faz seu esplendor; seu grande mistério é a simplicidade. Considerei, por fim, que assim é o amor, oh! minha amada; de tudo que suscita e esplende e estremece e delira em mim existem apenas meus olhos recebendo a luz de teu olhar. Ele me cobre de glória e me faz magnífico.

Rubem Braga

No trecho da crônica de Rubem Braga, os elementos coesivos produzem a textualidade que sustenta o desenvolvimento de uma determinada temática.
Com base nos princípios linguísticos da coesão e da coerência, pode-se afirmar que:
a) na passagem, "Mas andei lendo livros" (linha 2), o emprego do gerúndio indica uma relação de proporcionalidade.
b) o pronome demonstrativo "este" (linha 5) exemplifica um caso de coesão anafórica, pois seu referente textual vem expresso no parágrafo seguinte.
c) o articulador temporal "por fim" (linha 7) assinala, no desenvolvimento do texto, a ordem segundo a qual o assunto está sendo abordado.
d) a expressão "Oh! minha amada" (linha 7) é um termo resumitivo que articula a coerência entre a beleza do pavão e a simplicidade do amor.
e) o pronome pessoal "ele" (linha 8), na progressão textual, faz uma referência ambígua a "pavão".

Relações sintático-semânticas entre enunciados
41. (UFF-RJ) Não só conectores mas também pausas, marcadas pelos sinais de pontuação, assinalam diferentes tipos de relações sintático-semânticas.
Em "Mas andei lendo livros, e descobri que aquelas cores todas não existem na pena do pavão. Não há pigmentos", a pausa marcada pelo ponto final no primeiro período estabelece com o segundo período uma relação de:
a) explicação
b) temporalidade
c) condicionalidade
d) conformidade
e) comparação

Valor semântico dos conectivos

42. (FUVEST-USP) Assinale a alternativa em que o termo *ainda* tem o mesmo sentido que em "*Ainda que* depois de Shakespeare não tivesse surgido mais nada".

a) Resta-lhe, ainda, um argumento para a sua defesa.
b) Este micro comprado há 3 anos, ainda hoje funciona bem.
c) Ainda estudando como tem estudado, não conseguirá passar de ano.
d) Tem dois filhos e, ainda, duas belas filhas.
e) De madrugada, a Lua ainda aparecia em toda a sua plenitude.

Regência verbal

43. (FUVEST-USP) Considere as seguintes substituições propostas para diferentes trechos do texto:
I. "o número a que chegasse" = o número a que alcançasse.
II. "Lembro o orgulho" = Recordo-me do orgulho.
III. "coisas que deixamos de fazer" = coisas que nos descartamos.
IV. "não há mais bondes" = não existe mais bondes.
A correção gramatical está preservada apenas no que foi proposto em
a) I   b) II   c) III   d) II e IV   e) I, III e IV

Transitividade verbal

44. (FGV) A única frase em que o pronome "o" está corretamente empregado é:
a) O garoto aguardava uma proposta que o permitisse ficar em casa se divertindo.
b) Antes da viagem, o grupo fez uma oração pedindo que nada de mal o acontecesse.
c) Depois de assistir a algumas competições de surfe, o garoto aderiu-o definitivamente.
d) O técnico não tolerará que os jogadores o respondam quando forem advertidos.
e) O motorista está convicto de que os próprios passageiros o implicaram no acidente.

Valor semântico do conectivo

45. (FUVEST-USP) Na frase "Na literatura, como na natureza, nada se ganha e nada se perde, tudo se transforma", o termo *como* expressa a ideia de
a) causa
b) finalidade
c) tempo
d) comparação
e) condição

Transitividade verbal

46. (UNESP) A questão seguinte toma por base uma modinha de Domingos Caldas Barbosa (1740-1800). "Protestos a Arminda"
Conheço muitas pastoras
Que beleza e graça têm,
Mas é uma só que eu amo

Só Arminda e mais ninguém.

Revolvam meu coração
Procurem meu peito bem,
Verão estar dentro dele
Só Arminda e mais ninguém.

De tantas, quantas belezas
Os meus ternos olhos veem,
Nenhuma outra me agrada
Só Arminda e mais ninguém.

Cantem os outros pastores
Outras pastoras também,
Que eu canto e cantarei sempre
Só Arminda e mais ninguém.

Viola de Lereno, 1980.

Assinale a alternativa que indica duas estrofes em que o termo "Arminda" surge como paciente da ação expressa pelo verbo da oração de que faz parte.

a) Primeira e terceira estrofes.
b) Primeira e segunda estrofes.
c) Primeira e quarta estrofes.
d) Terceira e quarta estrofes.
e) Segunda e quarta estrofes.

Conectivos

47. (FUVEST) A televisão tem de ser vista ..... um prisma crítico, principalmente as telenovelas, ... audiência é significativa. Temos de procurar saber ..... elas prendem tanto os telespectadores.

Preenchem de modo correto as lacunas acima, respectivamente,

a) a nível de/ as quais a/ por que
b) sobre/ que/ porquê
c) sob/ cuja/ por que
d) em nível de/ cuja a/ porque
e) sob/ cuja a/ porque

Concordância nominal e verbal

48. (ESPM) Assinale a opção em que há uma transgressão às normas de concordância (nominal ou verbal):

a) Já passava do meio-dia e meia, quando muitas competições já tinham sido iniciadas.
b) Valor de bens de candidatos à Prefeitura da Capital superam o declarado à Justiça Eleitoral.
c) Segundo a defesa, é necessário existência de crime de responsabilidade.

d) Fizeram críticas meio exageradas ao desempenho da política externa.
e) Após confrontos, uso de "burquíni", mistura de burca com biquíni, é proibido em 12 cidades francesas.

Concordância verbal
49. (ESPM) Em uma das opções abaixo, o verbo *haver* é impessoal e, por isso, não deveria estar no plural. Assinale-a:
a) Traficantes da Favela do Alemão haviam ordenado o fechamento do comércio local, como represália à morte de um deles.
b) Por haverem patrimônio ilegal, muitos políticos foram indiciados na investigação da Operação Lava Jato.
c) Até aqueles que estiveram envolvidos em tráfico de influência se haverão com a Polícia Federal.
d) Em início de temporada, times grandes da Capital não se houveram bem nos jogos da última rodada.
e) Em São Paulo e no Rio, houveram casos de policiais espancados por jovens mascarados nos protestos de rua.

Regência verbal
50. (ESPM) Leia as frases do texto: "ela tem que ter *uma fiel observância ao contrato*" e "as cláusulas abrangem *fornecimento de garantias*". Se os segmentos grifados forem substituídos por pronomes pessoais oblíquos, segundo a norma, teremos:
a) ter ela; abrangem ele.
b) tê-la; abrangem-nas.
c) tê-la; abrangem-no.
d) tê-lo; abrangem-o.
e) ter a ela; abrangem-no.

Oração subordinada
51. (UFU) Observe os períodos abaixo.
I. "*Ao atingir pelo menos cinco anos de uso contínuo*, uma palavra alcança, enfim, um dos "olimpos" dos vocábulos: o dicionário Aurélio."
II. O próprio verbo "driblar", usado no início deste texto, é um exemplo: no Aurélio é descrito como ato de "ultrapassar o adversário, *ludibriando-o por meio de movimentos corporais*".
Assinale a alternativa que expressa corretamente a relação estabelecida pelas orações em destaque.
a) tempo e modo
b) modo e tempo
c) condição e tempo
d) condição e concessão

Regência verbal
52. (ESPM) Assinale a única frase aceita pelas normas de regência verbal:
a) Sem-terra preferem a Bolsa Família a Reforma Agrária.
b) O jogador disse que preferia jogar no Morumbi do que jogar no Interior.
c) O consumidor endividado prefere mais a bebida barata que o uísque importado.
d) Deputado petista preferiu ficar no Congresso que assumir cargo administrativo.
e) A presidente afirmou que prefere o barulho da imprensa livre ao silêncio das ditaduras.

Concordância
53. (ESPM) Assinale a opção não aceita pelas normas de concordância verbal:
a) Pesquisa aponta que 92,7% dos brasileiros querem a redução da maioridade penal.
b) Pesquisa aponta que 92,7% da população quer a redução da maioridade penal.
c) Mesma pesquisa mostra que 49,7% se apresentam contrários a união civil de pessoas de mesmo sexo.
d) A maioria (54,2%) se revelou também contra a aprovação de uma lei permitindo o casamento de pessoas do mesmo sexo.
e) ONU: um terço dos alimentos produzidos no mundo são desperdiçados anualmente.

Concordância
54. (ESPM) Assinale o item em que ocorreu uma concordância não gramatical, ou seja, uma concordância com a ideia:
a) Penso que todos acreditamos que o futuro está nas mãos das nossas crianças, dos nossos jovens.
b) Criminalidade e violência não se combatem com prisão, afirma pesquisadora da UFABC.
c) Os Estados Unidos preparam opções militares para pressionar o Estado islâmico na Síria.
d) Analistas avaliam que corrupção eleitoral e despreparo da população ainda são obstáculos para o voto facultativo.
e) A inadimplência nas operações bancárias das pessoas físicas subiu 6,6% em julho.

Regência verbal
55. (ESPM) Uma das frases apresenta uma transgressão de regência verbal, segundo a norma culta. Indique-a:
a) Os novos ministros do STF alegam que os crimes foram cometidos em coautoria, o que não implica num novo delito, como formação de quadrilha.
b) Obama prefere espionagem e veículos aéreos não tripulados a soldados em campo.
c) Maduro assiste impotente à inflação mais alta da América Latina – 56% no ano passado.
d) Com a falta de chuvas, seguro do governo federal assiste financeiramente famílias que vivem só da pesca.
e) A cirurgia plástica não visa só ao rejuvenescimento, mas também a tratamentos reparadores.

Concordância

56. (ESPM) Em uma das frases, o termo em destaque foi alterado (em função da questão), transgredindo a norma culta de concordância. Identifique-o:
a) Em 2008, tornou-se efetiva nos EUA lei segundo a qual fica PROIBIDO qualquer tipo de discriminação contra um indivíduo devido às informações presente no seu genoma. (*Folha de SP*).
b) Lei sancionada em março de 2013 pelo governador Geraldo Alckmin estabelece: É PROIBIDA a entrada de pessoas utilizando capacete ou qualquer tipo de cobertura que oculte a face.
c) Válida desde julho de 2011, a lei 12.403 afirma que é PROIBIDA prisão preventiva de acusados de crimes com penas de até quatro anos, como o de formação de quadrilha. (*Folha de SP*)
d) Erva Cidreira é BOM como calmante, antidepressivo, antialérgico, digestivo, antiespasmódico, bálsamo cardíaco, dentre outros (www.ci-67.ciagri.usp.br).
e) Mas no Mali o islã sempre foi moderado. Consumo de álcool, por exemplo, é PERMITIDO. (ELIKIA M'BOKOLO, historiador)

Termos da oração e concordância

57. (FUVEST) Tornando da malograda espera do tigre, alcançou o capanga um casal de velhinhos, que seguiam diante dele o mesmo caminho e conversavam acerca de seus negócios particulares. Das poucas palavras que apanhara, percebeu João Fera que destinavam eles uns cinquenta mil-réis, tudo quanto possuíam, à compra de mantimentos, a fim de fazer um moquirão*, com que pretendiam abrir uma boa roça.

José de Alencar, *Til*.

Considere os seguintes comentários sobre diferentes elementos linguísticos presentes no texto:
I. Em "alcançou o capanga um casal de velhinhos", o contexto permite identificar qual é o sujeito, mesmo este estando posposto.
II. O verbo sublinhado no trecho "que *seguiam* diante dele o mesmo caminho" poderia estar no singular sem prejuízo para a correção gramatical.
III. No trecho "que destinavam eles uns cinquenta mil-réis", pode-se apontar um uso informal do pronome pessoal reto "eles", como na frase "Você tem visto eles por aí?"
Está correto o que se afirma em
a) I, apenas.
b) II, apenas.
c) III, apenas.
d) I e II, apenas.
e) I, II e III.

---

* moquirão = mutirão (mobilização coletiva para auxílio mútuo, de caráter gratuito)

4
SEMÂNTICA E LÉXICO

Introdução

Cada vez mais, o mundo exige que nos comuniquemos de forma efetiva, o que só ocorre se nossa mensagem realmente atingir seu objetivo principal que é a interação com nossos semelhantes, por meio de textos coesos e coerentes. Às vezes, isso se torna difícil, pois uma mensagem que é apresentada sem objetivos claros, confusa, com termos inadequados aos referentes ou a uma determinada situação comunicativa certamente não será bem compreendida e seu autor estará cometendo "falhas" na comunicação.

Para ajudá-lo a se expressar adequadamente, este capítulo trata dos problemas da significação das formas linguísticas e dos sentidos específicos nos contextos mais diversos; objetiva também apresentar como o usuário deve se comportar linguisticamente para obter melhor comunicação, de forma rica e variada, e, assim, ampliar suas condições de bom usuário da Língua Portuguesa.

Trataremos, pois, da significação das formas linguísticas e da importância dos interlocutores e da situação social; também focaremos a polissemia e os sentidos denotativos e conotativos; os problemas da ambiguidade, lexical e sintática; a diferença entre a significação semântica e pragmática e os sentidos do código em face dos usos relacionados a cada situação comunicativa.

Veremos a classificação dos sentidos referente às questões de sinonímia e antonímia, homonímia e paronímia, hiperonímia e hiponímia de modo a mostrar-lhe recursos e falhas na comunicação, com as devidas correções, temas que vão ser de grande utilidade para você.

Mostraremos como selecionar, na elaboração de seu texto, um vocábulo apropriado, segundo diversos fatores, com base na grande variação de significados. Basicamente, trataremos dos critérios de adequação dos termos, em função dessa gama significativa, o que justifica o título do subcapítulo.

E analisaremos fragmentos de textos com diversas impropriedades de linguagem, referentes ao mau uso do léxico, à falta de paralelismo de sentido, à impropriedade na escolha lexical, entre outros problemas cujas soluções procuraremos apresentar.

Assim, este capítulo está dividido em cinco subcapítulos:
4.1 Texto e sentido
4.2 Relações lexicais
4.3 A seleção vocabular
4.4 Impropriedade semântica
4.5 Noções de texto e contexto

São várias as soluções que se tornam possíveis graças ao uso de um vocabulário variado e adequado a cada referente, a cada interlocutor e a cada situação, ao tipo de registro e gênero escolhidos e a outros princípios importantes, a que o usuário da língua deve estar atento, quer seja informando, argumentando ou, simplesmente, trocando ideias e discutindo os problemas, na busca de soluções, de forma a nos tornar mais humanos, mais solidários e próximos uns dos outros.

Bom estudo!

4.1 Texto e sentido

Neste subcapítulo, ofereceremos um momento de reflexão sobre a importância da escolha lexical e da correta ligação entre os termos para a melhor expressão de um texto. O processo de descodificação dos significados, tendo em vista a especificidade dos termos, o contexto dos interlocutores, a apresentação da mensagem de forma mais precisa, sem ambiguidades de interpretação, a atenção aos significados conotativos e aos vários problemas decorrentes de processos interacionais permitem reconhecer que, nos diversos usos da língua, além de uma organização lógica do raciocínio, é preciso estar atento à diversidade das situações de comunicação e às intenções implícitas que podem levar a novos sentidos contextualizados.

Tais recomendações quanto à utilização do léxico são válidas tanto no processo de leitura quanto no de produção textual. A obediência a tais requisitos tornará qualquer texto mais facilmente compreendido pelo interlocutor e será, por conseguinte, avaliado como bem apresentado e bem escrito.

4.1.1 Texto em contexto

O que é TEXTO?
Pode-se definir TEXTO como uma unidade de sentido, de que todo usuário da língua se vale para comunicar suas ideias a um interlocutor. Não importa seu tamanho, o que determina sua coerência é um conjunto de conhecimentos linguísticos e outros conhecimentos que aprendemos com a convivência social e que nos tornam aptos a interagir em diversas situações. Todo texto só se realiza pelo uso efetivo da linguagem, verbal ou não verbal, em determinadas situações e sob a forma de um gênero textual.

TEXTO EM CONTEXTO é a relação entre o texto e os elementos da situação em que ele ocorre. Dada sua importância, não se pode falar em texto sem contexto, uma vez que é um dos fatores que possibilitam avaliar o que é adequado ou não em uma interpretação.

1. Atribua diferentes SIGNIFICADOS para o termo *casa*, conforme as situações distintas de fala, percebidas nas frases a seguir:
a) Minha tia só necessitava de uma casa simples para morar.

b) Vou para minha casa agora, preciso descansar um pouco.

_____

c) A casa do Rei Fulano é aquela, está vendo?

_____

d) A casa daquela família muito pobre fica no Morro da Fortuna.

_____

e) O governo vai construir casas populares.

_____

2. Leia a fábula, a seguir, e você poderá perceber que a interpretação da mensagem deriva do gênero textual e do contexto em que ele ocorre:

O passarinho e o elefante

Ao ver um pequeno pássaro carregando em seu bico água do riacho até um incêndio que se alastrava pela floresta, o elefante perguntou:
— Você está querendo apagar esse fogaréu com essas gotinhas d'água?
O passarinho respondeu:
— Estou apenas fazendo a minha parte.
Uma mensagem que se extrai desta fábula poderia ser parafraseada pela seguinte máxima:
a) Deus dá o frio conforme o cobertor.
b) Em casa de ferreiro o espeto é de pau.
c) Não há mal que nunca se acabe.
d) A indiferença é o pior dos males.
e) De boas intenções o inferno está cheio.

> ### 👍 Saiba mais
>
> Nem sempre tem sido simples definir o real significado de um termo, quando usado em diferentes situações. A causa disso está no próprio conceito de significar, que é "fluido" e "fugidio", pois o sentido é variável nos diferentes usos da língua. Um mesmo termo pode ter várias significações, ou um mesmo conteúdo pode ser expresso por termos diferentes, os quais, embora sinônimos, trazem novas contribuições ao sentido.

Se considerarmos, como vimos nos exemplos sobre *casa*, um referente do mundo real com o sentido de *abrigo*, podemos dispor de diversas formas para sua expressão: *lar, canto, teto, palácio, barraco*, que trazem novos matizes de significação. Somente pelo uso nas diversas situações, pode-se identificar qual a melhor forma de especificar o sentido e a intenção comunicativa em uma interação textual.

4.1.2 Ambiguidade ou dubiedade de sentido

Se o processo da significação em si é complexo, agrava mais ainda essa complexidade o fato de existirem na língua termos ou também formas de construção de frases que apresentam ambiguidade ou dubiedade de sentido, como você poderá observar no item seguinte.

AMBIGUIDADE é a duplicidade de sentido de um termo ou de uma construção sintática. Ocorre a partir do uso de formas idênticas ou homônimas —*ambiguidade lexical* — e de construções de frases que permitem duplo sentido — *ambiguidade sintática*. Observe as frases a seguir e veja a ambiguidade nelas instalada, a partir do léxico empregado:

- Ele estava perto do *banco* ... (*qual? o da praça ou o estabelecimento bancário?*); para evitar confusão, teríamos que especificar o contexto *banco de madeira da praça*, por exemplo.
- — Você tem *saudades*? (numa floricultura, são flores; num cemitério, pode se referir a sentimento).

Logo, o sentido é sempre mediado pelo contexto.

Glossário

HOMÔNIMAS – são palavras que apresentam a mesma pronúncia: HOMÔNIMAS HOMÓFONAS (*apreçar* e *apressar*); ou a mesma grafia: HOMÔNIMAS HOMÓGRAFAS (*gosto* [substantivo] e *gosto* [verbo]), ou ainda a mesma grafia e pronúncia: HOMÔNIMOS PERFEITOS (*lima* [fruta] e *lima* [ferramenta]). PARÔNIMAS são palavras apenas parecidas, na pronúncia e na grafia. Em todos os casos os significados são diferentes, pois são vocábulos com origens diferentes; a semelhança na forma pode causar ambiguidade lexical.

3. Reconheça as palavras homônimas ou parônimas capazes de preencher as frases abaixo:

a) Demorou horas no trânsito, não sabia que o *tráfico/tráfego* estava tão lento.
b) Deixou a *cela/sela* ontem e fugiu sem ninguém perceber.
c) "Não há *mal/mau* que sempre dure, nem bem que sempre ature."
d) O médico *proscreveu/prescreveu* a receita rapidamente.
e) O juiz queria *deferir/diferir* o documento ainda hoje.

4. Identifique problemas de ambiguidade lexical nos enunciados a seguir:

Olá, me dá um refrigerante por favor

Droga, esta tampa não quer abrir

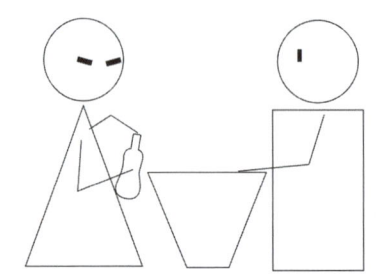

Para ela abrir você tem que torcer

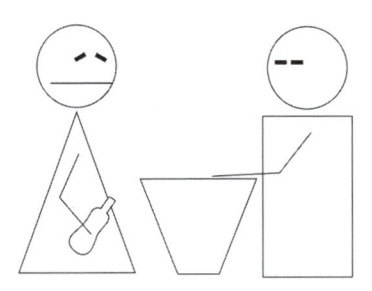

"AVANTE! ABRE! ABRE! ABRE!"

© *cyanidesisbrasil* (adaptado)

4.1.3 Ambiguidade sintática

A AMBIGUIDADE SINTÁTICA é característica das frases que, pela construção, apresentam mais de um sentido, como em *Pedro viu o jovem correndo no jardim*. Com essa estrutura frasal, não sabemos se era Pedro ou o jovem que estava correndo no jardim. Já em *Recebeu um cartão de Niterói de São Paulo*, a ambiguidade na construção da frase não permite dizer de onde o cartão foi postado, ou qual é o local mencionado no cartão.

Para se evitar esse tipo de ambiguidade, basta uma outra construção ou colocação dos termos: *João corria no jardim, quando viu o jovem*; ou *Recebi, postado de São Paulo, um cartão de Niterói*.

5. Identifique problemas de ambiguidade na construção dos enunciados a seguir e reescreva as frases evitando-os:

a) Ela encontrou o namorado correndo no parque.

b) Vimos o acidente do carro e estávamos bem lá dentro.

c) Ele falou com o rapaz debruçado na janela.

d) A professora deixou a turma entusiasmada.

e) A filha do Coronel que esteve aqui ontem quer falar com você.

6. Ocorre ambiguidade de sentido entre os termos "robalo" e "roubá-lo" devido à semelhança de pronúncia. Explique a importância dos contextos apresentados para se evitar duplicidade de sentido, nos enunciados seguintes:

a) Numa peixaria:
— Quero robalo!
— Quantos quilos?

b) Numa rua deserta:
— Quero roubá-lo, me passe o celular!

7. Em muitas "piadas" o efeito de humor também resulta do emprego do léxico e de construções sintáticas ambíguas. Observe esta anedota e reescreva uma das frases corrigindo sua ambiguidade:

Uma mulher entra numa loja e pergunta à vendedora:
— Posso experimentar esse vestido na vitrine?
A vendedora responde:
— A senhora não prefere experimentar no provador?

Glossário

SEMÂNTICA refere-se ao estudo das significações. O termo SEMÂNTICA foi proposto pelo linguista e filósofo Michel Bréal, em 1883; o vocábulo é derivado do grego *semainein* e se relaciona com o significado das formas linguísticas. Hoje a preocupação com a Semântica está em todas as áreas, dada a importância que as questões do significado têm para a vida de todos os dias e dado o peso que alguns instrumentos de Avaliação de Concursos atribuem a ele. Afinal, significar relaciona-se a todas as operações que realizamos, quando utilizamos a língua nas diversas situações sociais.

CONTEXTO é a relação que se estabelece entre o texto e os elementos da situação em que ocorre. É o conjunto de circunstâncias em que se produz a mensagem – lugar e tempo, cultura do emissor e do receptor etc. – e que permitem sua correta compreensão. A noção de contexto abrange tudo que dê conta não só do que acontece no texto, *contexto situacional*, mas também de aspectos culturais envolvidos: *o contexto cultural*. Esses dois tipos de contexto são fundamentais para se compreender um texto.

8. Comente a ambiguidade sintática que ocorre no diálogo abaixo:
Indivíduo A – "Não deixe sua cachorra Diana entrar em minha casa. Ela está cheia de pulgas," disse o dono da casa
Indivíduo B – Diana, não entre nessa casa. Ela está cheia de pulgas.

👍 Saiba mais

• Um dos temas de interesse da Semântica sempre foi o de indicar o significado exato de um termo, mas já vimos que nem tudo é transparente nos usos da linguagem, sobretudo quando se sabe que as várias nuances de sentido trazem dificuldades à compreensão.

• A partir dessa *dubiedade* de significados, como já citado, é pertinente afirmar que o sentido em geral, mesmo o lexical dicionarizado, quando utilizado em textos, depende sempre de um contexto. Por meio dele, pode-se descobrir a verdadeira intenção significativa, que é o objetivo principal da comunicação. A partir disso, é possível estabelecer uma especificidade entre sentido linguístico e sentido de uso.

9. Observe o diálogo fictício entre patroa e empregada:
— Até amanhã, patroa!
— Os cinzeiros estão cheios de cinza.
— É verdade, até amanhã, patroa.
Explicar a diferença entre o sentido linguístico e o sentido de uso no diálogo acima.

___

___

4.1.4 Significado semântico e significado pragmático

Com a necessidade de delimitar os campos do saber, as pesquisas em linguística (de base científica) restringiram o campo da SEMÂNTICA ao estudo do significado virtual do Código Linguístico, sem considerar o contexto; já o sentido resultante do uso, em situações diversas, ficou delimitado ao campo da Pragmática. Este campo de estudo considera, assim, relevantes a relação entre os usuários da língua, sua identidade social e suas intenções. Diremos, então, que o sentido contextualizado é objeto de pesquisa da Pragmática, enquanto compete à Semântica o "significado" linguístico do Código.

A noção ampla de *significar*, portanto, abrange os diferentes significados dos termos, com base tanto em sentidos virtuais, quanto em sentidos contextualizados. Em outros termos, a significação de um texto ou sua coerência está fundamentada nos elementos linguísticos e na experiência, no conhecimento de mundo dos falantes.

10. Na porta de um antiquário estava escrito: "*Compro velharias e vendo antiguidades*". Qual a diferença de sentido entre os dois termos empregados no cartaz?

_____

_____

11. O objetivo de um anúncio é vender e, muitas vezes, vale "jogar" com o sentido dos termos para atrair a atenção. Observe a diferença de sentido entre esses outros dois anúncios de venda de carros: "Vendo *veículos usados*" e este outro: "Vendo *veículos seminovos*". Possuem o mesmo significado?

_____

_____

12. Reconheça a diferença de sentido nos enunciados seguintes, prevendo um contexto específico para cada termo marcado:

a) "E agora lá vem você com *esse rosto de* inocente...", disse o pai à filha.

_____

b) Limpou o *focinho* sujo na cortina da sala, e sua mãe reclamou, é claro.

_____

c) Cristo ofereceu a outra *face* a seus inimigos.

_____

d) Não tem vergonha na *cara* de me dizer uma coisa dessas?

_____

e) Notei seu *semblante* triste e abatido, devia estar com problemas.

_____

13. Apenas pela sua experiência e pelo conhecimento de mundo, diga o *nome do objeto omitido* nos casos, a seguir:

a) um .... celular.

b) um .... a jato.

c) um .... despertador.

d) as .... maiúsculas.

e) os .... grisalhos.

14. Preencha as lacunas com vocábulos adequados para indicar cada objeto referente do mundo "real", segundo o modelo dado:
Modelo: Um livro tem *capa*, uma fruta tem *casca*.

a) A revista e o jornal têm *leitores*; o rádio tem ....

b) A televisão tem .... enquanto a Internet tem ....

c) Uma escola tem *alunos*, o museu tem .... e a padaria e o açougue têm ....

d) Um hospital tem .... a igreja tem ....

15. Cuidado! Na lista a seguir, um termo parece significar uma coisa, mas não significa. Observe que o significado correto do termo só ocorre em uma das opções. Assinale-a.
a) Rinite é inflamação nos rins.
b) Nefrite é inflamação nos nervos.
c) Tendinite é inflamação no calcanhar.
d) Otite é inflamação no ouvido.
e) Cavalheiro é o homem que anda a cavalo.

16. Estabeleça a diferença de sentido entre essas duas frases, ouvidas em duas situações ou contextos bem diferentes, explicando-as:
a) Uma moça termina o namoro com o rapaz, dizendo: "— *Você não tem nada na cabeça.*"
b) Um médico examinando uma radiografia de seu paciente: "— *Você não tem nada na cabeça.*"

___

___

17. Os mal-entendidos, muitas vezes, derivam de ambiguidades, de problemas de reconhecimento do verdadeiro significado contextualizado. No caso narrado a seguir, o sentido da "piada" deriva da ambiguidade de um termo usado pelo filho, explique-o:

A mãe ao filho:
— Que é isso, meu filho, colocando a televisão na geladeira?
— Quero congelar a imagem, mamãe.

4.1.5 Polissemia (denotação e conotação)

O vocábulo é POLISSÊMICO quando apresenta extensões de sentidos, ou seja, vários sentidos derivados ou CONOTATIVOS, reconhecidos nos contextos distintos em que ele se encontra. Veja o caso de *ponto*:
- Não se esqueça de colocar *ponto* final nas suas frases. (sinal gráfico)
- Vamos marcar um *ponto* certo para o encontro. (local determinado)
- Esse ônibus faz *ponto* na cidade. (parada)
- Precisamos conversar, pois há um *ponto* ainda a discutir. (assunto)

Nesses casos temos, a partir de um sentido DENOTATIVO — ponto (marcação, ou *notação léxica* que encerra uma frase), extensões a partir do sentido básico, referencial. Normalmente há uma ligação entre esses vários sentidos, mas pode acontecer de essa relação não estar tão clara. Em "Ler o livro de cabo a rabo" — alguns traduzem por "do início ao fim", por se relacionar à "ponta e ao final". Outros afirmam que essa expressão teria derivado de outra: "Ir da cidade do *Cabo* (África do Sul) a *Rabah* (capital do Marrocos)", cidades situadas em dois extremos; observa-se que polêmicas e dúvidas são frequentes no estudo das significações.

18. Reconheça os vários sentidos que o termo *linha* mantém nos enunciados, o que configura a polissemia do termo.
a) A *linha* era azul. (...................)

b) A única mulher que andou na *linha* o trem matou. (...................)

c) Esse ônibus faz a *linha* Norte-Sul. (...................)

d) Preciso conversar com você, veja se me escreve umas *linhas*. (..................................)

e) Não consigo seguir a *linha* de seu raciocínio. (..................................)

19. Em um texto propagandístico estava escrito: *Dicionário X "BOM PRA BURRO"*. Interprete o sentido da expressão polissêmica *"Bom pra burro"*, usada para caracterizar o dicionário, comentando a produtividade desse processo ambíguo usado no texto propagandístico.

_____

_____

20. Veja agora o emprego polissêmico no uso do verbo *torcer* nos enunciados seguintes e comente sua natureza:

a) O verdadeiro torcedor vai *torcer* sempre pelo seu time, não importam os resultados dos jogos.
b) "Gelo é a primeira medida a se tomar após *torcer* o tornozelo. Em seguida, é preciso procurar o médico imediatamente. Todo mundo está sujeito a torcer o pé. Pode acontecer durante uma caminhada normal, basta ter um buraco na calçada, a pessoa pisa torto, força o tornozelo e... pronto! A região fica inchada, dolorida, e os ligamentos sofrem lesões que podem ficar para sempre."

<small>Disponível em: ‹http://g1.globo.com/bemestar/noticia/2012/03/gelo-e-primeira-medida-se-tomar-apos-torcao-de-tornozelo.html›. Acesso em nov. 2013</small>

_____

_____

> 👍 **Saiba mais**
>
> • A POLISSEMIA explica os vocábulos que têm seu uso estendido — sentido conotativo — graças a comparações e associações de ideias; citam-se os casos conhecidos como METÁFORA, que é um novo sentido fundado na comparação com o termo base, como em *Ela é uma flor* (ou seja, bela como uma flor); *Ele é um leão* (bravo, forte como o rei da selva).
>
> • Em algumas ASSOCIAÇÕES METAFÓRICAS, os falantes podem não reconhecer mais a origem das expressões, como é o caso da expressão: *Agora Inês é morta* — que significa a inutilidade de qualquer reação diante de um problema insolúvel.

👍

O uso da expressão refere-se à morte de Inês de Castro, personagem cuja história é contada no livro *Os Lusíadas* de Luís de Camões. Inês é amante do rei D. Pedro I, mas os dois vivem um romance proibido. D. Pedro vai para a guerra e, quando retorna, encontra sua amada morta, assassinada a mando de seu pai. Conta a História que ele mandou desenterrá-la e a coroou, tornando-a "rainha", e se vingou de todos os seus algozes.

4.1.6 Significado *final* ou sentido *contextualizado*

Pelo que estamos vendo, os significados do código linguístico se atualizam nos contextos e servem para expressar as várias significações, em diferentes gêneros textuais. As variações de sentido são analisadas pela Semântica e pela Pragmática, campos que se completam e se tornam fundamentais para os que buscam significados a partir de um consenso social. Ao levar em consideração os contextos sociais, busca-se obter o SIGNIFICADO FINAL, que é a perspectiva de qualquer leitor crítico e consciente.

📝

21. Analise o que a comunicação a seguir permite entender e diga se esse sentido é objeto de estudo da Semântica ou da Pragmática, ou das duas, em interação complementar:
"Em um restaurante:
— Garçom, mais um cafezinho e a *dolorosa*, por favor!"

_____

_____

👍 **Saiba mais**

Sem se considerar o contexto e as condições da produção de enunciado, fica difícil detectar o *significado final* de um texto. Muitos autores defendem que apenas o uso real permite reconhecer o que seja esse significado. Um exemplo para situarmos melhor o SIGNIFICADO FINAL ou o SENTIDO NO NÍVEL DO DISCURSO: a frase "*Puxa, tenho trinta anos! Sou velho!"* dita por um modelo fotográfico ou um jogador de futebol exprime lástima; já um professor universitário diria *"— Puxa! Tenho trinta anos!!",* para se autoelogiar. Conclui-se, então, que o sentido "real", até mesmo o informativo ou o denotativo, depende do contexto ou da situação, sendo que não há dicionário capaz de prever todos os sentidos. Assim, a situação, o contexto e o gênero textual, dentre outros fatores, podem delimitar o sentido intencional ou o processo de *semiotização do mundo*, que é, em suma, o que permite observar como se dá a transformação do "mundo" em linguagem significativa de discurso.

4.1.7 Linguagem e ação

Sobre a importância da significação final da linguagem e da intenção comunicativa, apresentamos a reflexão de José Luiz Fiorin (1990, p. 74) em *Comunicar é agir*, seguida de comentários.

"Quando um enunciador comunica alguma coisa, tem em vista agir sobre o mundo. Ao exercer seu fazer informativo, produz um sentido com a finalidade de influir sobre os outros. Deseja que o enunciatário creia no que ele diz, mude de comportamento, de opinião. Ao comunicar, age no sentido de fazer-fazer. Entretanto, mesmo que não pretenda que o outro aja, ao fazê-lo saber alguma coisa, realiza uma ação, pois torna o outro detentor de um saber.

Comunicar é também agir num sentido mais amplo. Quando um enunciador reproduz em seu discurso elementos de uma formação discursiva dominante, de certa forma, contribui para reforçar as estruturas de dominação. No entanto, se se vale de outras formações discursivas, ajuda no sentido de colocar em xeque as estruturas sociais. (...) Sem pretender que o discurso possa transformar o mundo, pode-se dizer que a linguagem pode ser um instrumento de libertação ou de opressão, de mudança ou de conservação."

COMENTÁRIOS: O texto acima intitulado "Comunicar é agir" refere-se às várias funções que a linguagem pode exercer; além de sua função informativa, em que se busca "traduzir" o mundo "real" em signos linguísticos, a linguagem também influi sobre o destinatário, realizando atos de linguagem decorrentes de um novo estatuto que confere ao interlocutor, ou seja, torna-o detentor de um saber. Assim, não somente se comunica algo, mas realizam-se atos/ações de linguagem ao comunicar, no sentido de que se deseja que o ouvinte mude seu comportamento e sua opinião, portanto, não basta comunicar, mas agir é essencial.

> ## 👍 Saiba mais
>
> Também Ana Lúcia Tinoco Cabral, em "A força das palavras" (2010, p.13), apresenta importantes reflexões sobre a argumentação na e pela linguagem:
> "A argumentação é normalmente compreendida como uma técnica consciente de programação e de organização do discurso. Sem dúvida, na interação, desejamos exercer influência sobre nossos interlocutores, desejamos obter sua adesão, convencê-los de nossos pontos de vista, persuadi-los a fazer alguma coisa (...) Não podemos nos esquecer, no entanto, de que toda essa ação depende também de nossas escolhas linguísticas para obter sua eficácia. Um adjetivo, um advérbio para reforçar um argumento, conectores para articular nosso texto, todos esses elementos linguísticos cumprem importante função na argumentação, pois eles marcam uma tomada de posição do locutor diante do conteúdo enunciado".

👁 DE OLHO VIVO NA SELEÇÃO LEXICAL

Neste capítulo, esperamos ter oferecido momentos de reflexão sobre:

1. a importância da escolha lexical e da correta ligação entre os termos para a melhor expressão adequada aos diferentes textos;

2. a necessidade de se atentar para a especificidade dos termos, o contexto dos interlocutores e a apresentação da mensagem sem ambiguidades de interpretação;

3. o cuidado com os significados conotativos e com os vários problemas contextuais;

4. a importância da situação de comunicação que, ao lado da organização lógica do raciocínio, contribui para a descodificação das intenções implícitas dos emissores que podem levar a novos efeitos de sentido;

5. a adequada utilização do léxico, o que é válido tanto no processo de leitura quanto no de produção textual.

6. a linguagem não se limita a transmitir informações, mas envolve, principalmente, alguma forma de ação sobre o interlocutor.

4.2 Relações lexicais

A linguagem é a principal manifestação que possibilita o convívio humano. Vistas como código, veículo de comunicação ou fator de interação social, as várias concepções de língua e de linguagem têm sido estudadas como o melhor caminho para a integração dos seres humanos. Se buscamos interagir, valemo-nos, prioritariamente, de textos para atingir os nossos objetivos, pois, como seres gregários e sociais, queremos agir sobre o outro, tentar convencê-lo de nossas razões, enfim, persuadi-lo. Os atos de convencer e persuadir são dois aspectos indispensáveis do ato de comunicação, que se fundamenta, sobretudo, em uma adequada escolha de termos para um eficiente uso.

Assim, a linguagem se baseia nas palavras e nas relações que elas mantêm entre si, em enunciados responsáveis pelos sentidos nos mais diversos contextos: relações de SINONÍMIA e ANTONÍMIA; HOMONÍMIA e PARONÍMIA; HIPERONÍMIA e HIPONÍMIA, POLISSEMIA, que serão vistas neste subcapítulo, sempre com o objetivo de explorar as variadas nuances de sentido do léxico, empregado em cada situação comunicativa.

Comecemos pelo exame da relação de sinonímia entre os termos, de que derivam diferentes efeitos de sentido a depender dos contextos.

4.2.1 Sinonímia

A SINONÍMIA se refere, em princípio, às palavras que têm o mesmo significado, ou seja, as que indicam o mesmo objeto/referente. Em "*longo* e *comprido* era o *corredor*", os termos destacados são sinônimos, pois indicam a mesma qualidade de um objeto: a dimensão, ou o tamanho do corredor. A sinonímia, nesse caso, ajuda a identificar os referentes, com o uso de outros termos, e esse processo é fundamental para a variação do vocabulário, cujo uso não implica mudança de significado.

Os dicionários registram sempre mais de um sinônimo para cada termo ou expressão, justamente pela previsão de vários empregos nos diferentes contextos. Assim, *longo* pode referir-se também a tempo (*longa* foi a espera) e *comprido* pode indicar distância (*comprido* era o caminho até sua casa). Muitos termos são parcialmente sinônimos em alguns contextos e não em outros, o que nos faz concluir que não existe sinonímia total ou que os termos sinônimos não são perfeitos. Veja, por exemplo, a denominação de *dinheiro*: para comerciantes, ele representa *lucro*; advogados cobram *honorários*; operários recebem *salários*; garçons, *gorjetas*; mendigos, *esmola*; militares, *soldo*; magistrados, *emolumentos*, e assim por diante...

Nos exercícios, a seguir, vamos encontrar exemplos de muitas variações no processo da sinonímia, que é tratada aqui em níveis lexical e textual.

1. Escolha, dentre os termos dos parênteses, um sinônimo que substitua o termo destacado, sem alterar o sentido:

a) Vivia pronunciando *impropérios* nas festas e reuniões de família, para vergonha de todos. (gentilezas; mentiras; inverdades; palavrões)

b) A *incongruência* da decisão separou os Congressistas da Câmara. (honestidade; desonestidade; impropriedade; propriedade)

c) Passou por uma situação *vexatória* diante dos convidados. (inesquecível; maravilhosa; gratificante; vergonhosa)

d) A casa ficava numa região *inóspita*. (bonita; aconchegante; hospitaleira; inabitável)

e) O médico *prescreveu* uma nova dieta ao paciente. (proscreveu; sugeriu; receitou; aconselhou)

2. O uso de sinônimos evita repetições desnecessárias. Substitua os termos destacados por sinônimos ou por pronomes, sem interferir no sentido do termo.

a) Os alunos daquela Faculdade estão em greve; esse foi o caminho que os *alunos* (...) encontraram para protestar contra a alta das mensalidades.

b) Logo depois de o soldado sofrer um acidente, o *soldado* (..) foi levado ao hospital.

c) O emprego de meios de transporte na região é considerado difícil, mas não vamos deixar de empregar *os meios de transporte* (..).

d) Comprei esta fazenda há tempos, mas agora a *fazenda* (..) está muito mais valorizada por causa da nova rodovia.

e) Ladrões estão mais violentos nos assaltos; durante *os assaltos* (..) agridem as vítimas e até matam.

3. Neste exercício, ao substituir os termos destacados por sinônimos, há que se atentar para a equivalência que existe entre expressões adjetivas e orações adjetivas. Substitua as orações adjetivas destacadas por um só termo equivalente, sem mudança de significado.
Modelo: É um funcionário *que não está qualificado* para essa função – (desqualificado).

a) As últimas chuvas, *que foram muito violentas*,
também provocaram enchentes nas cidades. (..)

b) Para essa missão é necessário um homem
que tenha experiência em viagens pelo interior. (..)

c) Faça uma letra *que possa ser lida* por todos. (..)

d) Todos anseiam por uma solução *que dure*. (..)

e) Ele, *que nem tinha barba,* considerava-se já adulto. (..)

4. Os exercícios seguintes referem-se a sinônimos que não são perfeitos. Leia as propostas e observe a intenção diferente em cada um dos textos, pelo uso das formas para expressar diferentes significados:
a) Um anúncio de uma campanha publicitária, em um *outdoor*, traz a seguinte advertência: *"Motoqueiro, o capacete é sua segurança. Ponha isso na cabeça"*.
b) Um manual do usuário de capacete traz a mesma advertência, mas em outros termos: *"O capacete é um acessório importante para a segurança do motociclista que, por isso, não deve deixar de usá-lo"*. Pede-se que
— em a), explique e justifique o tom expressivo e bastante argumentativo usado na campanha, com base no conhecimento de mundo. Comente a eficácia do sentido das palavras do anúncio, para o convencimento dos usuários, com base no gênero textual e no léxico empregado;
— em b), compare com o anúncio de A e veja que, apesar de terem o mesmo objetivo de recomendar o uso do capacete, os textos são diferentes em termos de eficácia argumentativa e pelos efeitos de sentido provocados.
Explique essa diferença.

> ### 👍 Saiba mais
>
> Nunca é demais insistir: para uma boa interpretação é fundamental saber a significação dos termos empregados e sua organização no texto para a transmissão de ideias, já que todo texto é o resultado de um "trabalho" de tecer, de entrelaçar as partes — lembrar que a palavra *texto* vem do latim *textum* que significa tecido —, feito para se obter um todo inter-relacionado. Nesse processo, fundamental é a atenção à relação de sinonímia, que contribui para a variação do vocabulário e o enriquecimento de sentido do produto final.

5. Vamos ampliar o vocabulário, com a substituição das expressões destacadas por outros termos de sentido equivalente:

a) Jamais suportei pessoas *que fingem* ser nossos amigos. (..)

b) Esta é uma medida *que beneficiará* os recém-concursados. (..)

c) Pessoa *sem pudor*, não passa de uma pessoa ....

d) Ficaram *sem ação*, ou seja, ... , diante da cena.

e) Estavam todos *com raiva*, diante de tamanha injustiça. (..)

f) Os inimigos estavam *com sede* de vingança. (..)

4.2.2 Antonímia

A ANTONÍMIA se refere à relação entre vocábulos de significados opostos, ou seja, pares que se referem a realidades antagônicas: *perder/encontrar*; *dizer/desdizer*; *amar/odiar*; *bom/mau*; *belo/feio*; *grande/pequeno*, ou também complementares: *pai/filho*; *solteiro/casado*; *ir/voltar* etc.

Tal como ocorre com a sinonímia, os antônimos dependem de um contexto e, nesses casos, situam-se em um *continuum*. Vejamos o caso da oposição *quente/frio*. A princípio são antônimos. Se observarmos, porém, o contexto ou a situação de uso das expressões como *"cerveja quente/fria e sopa quente/fria"*, há uma diferença de grau de temperatura, ou melhor, há gradações referentes à cerveja e à sopa. Chamamos a isso de ANTÔNIMOS GRADUAIS, ou seja, a antonímia não é total e pode ter fundamentação de sentido diferente em cada uso. No exemplo dado, *quente/frio,* há duas posições na escala de temperatura; em *amanhecer* e *entardecer*, temos como foco o início e o fim de um processo; em *bater* e *apanhar,* papéis diferentes em cada ação (cf. ILARI: 2002, p. 25). A antonímia, ou oposição, tanto quanto a sinonímia, ou a semelhança, são interpretadas em um processo gradual e contínuo, de acordo com o contexto.

6. Identifique as realidades opostas (antônimas) indicadas nos enunciados:
Modelo: Ele é loiro, ela é morena.
R: Tonalidades distintas de pele e de cabelo.
a) Por favor, me diga se o rio é raso ou fundo?

___

b) Entrou por uma porta e saiu por outra.

___

c) Você mora perto do trabalho, mas eu moro longe.

___

d) Ele estava muito feliz, mas ela, não; estava muito infeliz.

___

e) O avião é veloz ou lento?

___

7. Há oposições de palavras que servem para indicar inovações ou modificações que ocorrem em uma época. Exemplifique com termos que estão, atualmente, em oposição aos termos dados:

Açúcar *versus* ....; ovo comum em relação a ovo ....

..............................; direção mecânica de carro *versus* direção ....

............; carro nacional *versus* carro ....; ônibus regular de linha *versus* ônibus ....; café de coador *versus* café ....

....; direitistas *versus* ....; monarquistas *versus* ....

8. Título de uma entrevista com Mateus Solano, ator que interpretou o personagem "Felix" na novela *Amor à vida*, apresentada pela Rede Globo em 2013:
"Mateus Solano, <u>tão mau que</u> chega a ser <u>muito bom</u>".

(Disponível em: http://revista-mensch.blogspot.com.br/2013/08/entrevista-mateus-solano-tao-mau-que.html. Acesso: em 21 nov. 2013)

O processo linguístico para indicar o sentido empregado na manchete baseia-se numa relação de *sinonímia*, de *antonímia*, *paronímia* ou *homonímia*? Explique.

___

___

9. "Cumprida" e "comprida" são casos de palavras parônimas. Indique em que opção os pares não constituem casos de paronímia:
a) vultosas e vultuosas
b) consuma e consume
c) descriminar e discriminar
d) despercebido e desapercebido
e) descrição e discrição

10. Indique em que opção os pares constituem um caso de homonímia homófona.
a) eminente e iminente
b) tráfego e tráfico
c) apreçar e apressar
d) discriminar e descriminar
e) descrição e discrição

👍 Saiba mais

• As divergências de significado dos termos existem não só de uma época para outra, mas também entre países que falam a mesma língua, Brasil e Portugal, por exemplo, como entre *moça* e *rapariga*; o mesmo ocorre entre regiões do mesmo país, sul e nordeste do Brasil, como entre *bergamota, mexerica* e *tangerina*. Consequentemente, se há diferenças na sinonímia, elas também ocorrem nos antônimos. Segue uma história que dizem ter acontecido de fato e que ilustra as diferenças entre os modos de conceber as antonímias de ações no Português do Brasil e no de Portugal:

Um brasileiro estava em Lisboa e numa sexta-feira perguntou a um comerciante se ele fecharia o estabelecimento no sábado, pois tencionava voltar. O vendedor respondeu que não fecharia.

No sábado, o brasileiro voltou e encontrou o estabelecimento fechado.

Na segunda-feira, reclamou ao português:

— O senhor disse que não fechava no sábado!

O homem respondeu:

— Ora, pois, é verdade, mas como íamos fechar se não iríamos abrir?

• Outro mal-entendido, também em relação a uma visão de mundo diversa, é sobre algo que pode estar meio aberto ou meio fechado, como no caso de um *copo estar meio vazio* ou *meio cheio*. Fica a depender de quem o vê e como o vê... Observe o fato ocorrido:

Uma brasileira dirigia por Portugal, quando viu um carro com a porta de trás "meio aberta", como dizemos no Brasil. Solidária, conseguiu emparelhar e avisou:

— A porta de trás está meio aberta!

A mulher que dirigia conferiu o problema e respondeu seriamente:

— Não, senhora. Ela não está meio aberta, está é mal fechada.

(Questão de enfoque? A antonímia também pode ser uma questão de ponto de vista? Eis mais um caso para reflexão: o uso da língua pode ser analisado como uma forma de concepção do mundo feita pelos usuários.)

4.2.3 Homonímia

A HOMONÍMIA pode ser definida como igualdade ou semelhança de forma entre dois vocábulos, cujas entradas distintas no dicionário indicam tratar-se de mais de um étimo, de mais de uma origem e, portanto, com significados diferentes.

Algumas palavras, por evolução do latim, passaram a ter formas idênticas, caso de homônimos perfeitos: *são* (forma verbal) e *são*, sadio (adjetivo); *manga* (peça de roupa) e *manga* (fruta), ou podem ser idênticas apenas no som (homófonos), como *sessão* e *seção*, ou na grafia (homógrafos), como o *almoço* (refeição) e eu *almoço* (verbo).

- Outros exemplos de HOMÓGRAFOS: *esse* (letra "s") e *esse* (pronome demonstrativo); eu *gosto* (verbo) e *o gosto* (substantivo)

- Exemplos de HOMÓFONOS, não HOMÓGRAFOS: *cela* (de cadeia) e *sela* (artefato de montaria); *conserto* (reparação) e *concerto* (sessão musical).

11. Aponte os enunciados em que o uso do vocábulo homonímico "são" relaciona-se com a forma "são" do verbo ser no presente do indicativo, 3ª pessoa do plural.
a) Eles *são* meus amigos e *são* seus também.
b) Esteve muito doente, mas se encontra perfeitamente *são* agora.
c) Sou devoto de *São* Pedro e de *São* Paulo, mas gosto de Santo Antônio.
d) Sem problemas de saúde, eles *são* mais felizes agora.
e) Os médicos reconheceram que eles já estão *sãos*.

12. Reconheça os casos de homonímia: homônimos perfeitos (1); homônimos homógrafos (2); homônimos homófonos (3).

– real (verdadeiro) e real (pertence a rei)
– ascender (subir) e acender (atear fogo)
– sentença (condenação) e sentença (frase)
– jogo (verbo) e jogo (substantivo)
– governo (substantivo) e governo (verbo)

a) ( ) Essa moeda da casa real é real, não é falsa.
b) ( ) Ele aprendeu a acender o fogo, enquanto esperava ascender no emprego.
c) ( ) A sentença lida pelo juiz estava dúbia, devido a falta de clareza de uma sentença no segundo parágrafo.
d) ( ) Eu jogo sempre o mesmo jogo.
e) ( ) No meu governo eu digo que não governo só para os ricos.

13. Muitas piadas podem se fundamentar em vocábulos que são homônimos; explique o jogo de sentido usado na forma "trago" — verbo *tragar* (homônima da forma "trago" — verbo *trazer*) do exemplo abaixo:

Numa festa de confraternização de fim de ano, o empregado pede um cigarro ao dono da empresa:
— Não sabia que você fumava..., disse o chefe.
— Fumo, mas não *trago*, disse o empregado.
— Pois *devia trazer*, respondeu o empresário, o que despertou riso geral.

_____

_____

14. Outro exercício interessante — que trata do jogo semântico entre os sentidos — é o que se vale da homonímia perfeita entre dois termos como possibilidade de resposta a perguntas que começam sempre com: "Qual a semelhança entre..."

a) Qual a semelhança entre a *panela* e o *exército*? (........................)
b) Qual a semelhança entre o *ferro elétrico quebrado* e o *mau estudante*? (........................)
c) Qual a semelhança entre a *mulher adúltera* e o *glaucoma*? (........................)
d) Qual a semelhança entre *um agricultor aposentado* e uma *família tradicional*? (........................)
e) Qual a semelhança entre uma *festa junina* e um *jogo de futebol*? (........................)

4.2.4 Hiperonímia / hiponímia

HIPERONÍMIA é o nome dado ao termo de sentido mais abrangente (hiper) que engloba os hipônimos, os termos de sentidos mais específicos. Assim, se digo:

Comprei lápis de quase todas as *cores*: *verde, amarelo, branco e vermelho,* mas não achei *azul*.

Sabemos que ficou faltando lápis de uma determinada *cor*. Cor é um termo HIPERONÍMICO, e os nomes das cores especificadas são seus HIPÔNIMOS.

Vejamos mais um exemplo:

Fui à feira e comprei várias *frutas*: maçã, banana, abacaxi, melão... só não comprei uvas, pois estavam muito caras.

Frutas é o hiperônimo, e as especificações são HIPÔNIMOS. Note que HIPERONÍMIA sempre nos dá a ideia de um todo, de um protótipo, e HIPONÍMIA representa cada parte, cada item como parte desse todo prototípico.

15. Sublinhe o termo geral (hiperônimo) que engloba o conjunto de termos hipônimos de cada item a seguir:
a) casaco, paletó, sobretudo, mantô, agasalho.
b) ferramenta, utensílio, objeto, instrumento de mesa.
c) garfo, talher, concha, colher, faca.
d) igreja, capela, catedral, basílica.
e) iogurte, manteiga, queijo, laticínios.

16. Você pode também utilizar a noção de termo de sentido geral (hiperônimo ou protótipo) para o emprego de certos verbos. Há verbos que funcionam como hiperônimos (de sentido geral) e podem ser substituídos por verbos de sentido mais específico (sentido hiponímico), como no caso do verbo *ter* cujo sentido mais geral (hiperônimo) é o de *possuir*: "Meu tio *tem* duas fazendas", "ele *tem* muitos amigos", mas pode ser substituído, em certos contextos, por verbos de sentido mais específico. Cite um verbo que pode substituir o verbo *ter* em:

a) O guarda *tinha um* revólver nas mãos. (..)

b) Na fazenda eles *têm colheita de* milho e soja todo ano. (..)

c) O jogador *teve* muita coragem ao defender a namorada. (..)

d) O pendrive *tem* muita informação inútil. (..)

e) A novela *teve* mais de cem capítulos no total. (..)

4.2.5 Paronímia

PARONÍMIA é a relação entre vocábulos com formas parecidas, mas cujos significados são diferentes, por terem origem distinta: *descrição/discrição, eminente/iminente, tráfego/tráfico*. Exemplos:

Hoje o *tráfego* estava intenso na cidade. A polícia tenta conter o *tráfico* na cidade. (movimento de veículos/comércio ilegal)

Ele representa um perigo *iminente*. A *eminente* autoridade espera por você. (próximo/importante, ilustre)

Os vocábulos parônimos apresentam apenas grafia semelhante, mas são dois vocábulos distintos. Os exemplos de paronímia explicam o motivo de serem comumente confundidos na prática, devido à semelhança na forma.

atuar (agir) e *autuar (processar)*; *flagrante (evidente)* e *fragrante (perfumado)*; *dilatar (aumentar)* e *delatar (trair)*; *descrição (ato de descrever)* e *discrição (ato de ser discreto)*.

17. Identifique os sentidos das palavras parônimas:

a) eminente _____

iminente _____

b) cavaleiro _____

cavalheiro _____

c) emergir _____

imergir _____

d) destratar _____

distratar _____

e) esbaforido _____

espavorido _____

18. Construa frases com os parônimos:
a) flagrante e fragrante (evidente e perfumado)

_____

_____

b) florescente e fluorescente (florido e com propriedades de fluorescência)

_____

_____

c) fluir e fruir (correr e gozar)

_____

_____

d) descriminar e discriminar (descriminalizar e separar)

_____

_____

e) deferir e diferir (conceder e diferenciar)

_____

_____

19. Reconheça nos enunciados os nomes parônimos e seus sentidos:
a) Dê-me o endereço para onde devo enviar os adereços.

_____

b) Aquele acidente foi um triste incidente em nossa viagem.

_____

c) Fez uma descrição do caso com bastante discrição.

_____

d) Não sabiam se deviam ratificar ou retificar o documento protocolado.

_____

e) Os docentes pediram aos discentes que fossem para o pátio.

_____

> **👍 Saiba mais**
>
> Como já se disse, por serem parecidos na grafia ou pela semelhança fônica, tanto HOMÔNIMOS quanto PARÔNIMOS geram confusão de sentido e é comum o usuário trocar seu emprego. Novamente entra em jogo o contexto e a decodificação exata para perceber qual termo deve ser usado. A forma fono-ortográfica auxilia a distinção, quando ocorrer uma confusão de formas.
>
> Tanto a HOMONÍMIA quanto a PARONÍMIA têm a propriedade de se aproximarem por níveis de semelhanças; no caso da PARONÍMIA, não há coincidência total de formas — como é o caso de *inflação* e *infração* —, já isso pode ocorrer na HOMONÍMIA perfeita, como em *manga* (fruta) e *manga* (parte do vestuário).

👁 DE OLHO VIVO NA HORA DE ESCOLHER AS PALAVRAS

1. É preciso estar atento às nuances dos significados de cada termo, às relações semânticas que ocorrem nos textos e à especificidade de sentido que depende de fatores contextuais e comunicativos.

2. Os termos *sinônimos* possuem sentidos semelhantes ou até iguais, mas mantêm nuances significativas contextuais.

3. Os *antônimos* apresentam significados diferentes ou contrários.

4. Os *homônimos* e *parônimos* têm semelhanças e diferenças na forma.

5. Entre a *hiperonímia* e a *hiponímia* existe uma hierarquia semântica, partindo do genérico (*hiperônimo*) para o específico (*hipônimo*).

4.3 A seleção vocabular

Você deve estar observando que a significação dos vocábulos e o sentido final de um texto dependem de vários fatores e que a correta ligação entre as ideias e os termos selecionados é fundamental para o êxito de qualquer texto escrito ou falado. Na elaboração de textos eficientes é fundamental um bom domínio de vocabulário, ideia que não se liga ao uso excessivo de palavras, mas a uma seleção lexical adequada. Falar difícil não significa necessariamente falar correto, mas falar inadequadamente pode acarretar desprestígio social para o usuário do idioma.

Vamos analisar, neste item, alguns princípios da boa seleção e adequação lexicais. Proporemos uma série de atividades sobre emprego de léxico, tendo em vista a situação de comunicação, o objeto referente indicado, a identidade do emissor e do receptor, o registro linguístico, o tipo e o gênero escolhido de texto, a época e o local visados etc.

4.3.1 Adequação à situação de formalidade e informalidade da língua

Suponhamos uma situação bem informal em que dois rapazes se encontram num bar e resolvem pôr a conversa em dia:

— E aí, sangue bom! Tudo em cima?! Aí, não sabe da maior: eu e a mina resolvemos juntar os trapos!
— Tu? Te amarrando? É ruim, hem?

Num ambiente formal, entre pessoas cuja relação seja apenas de trabalho ou quando não há intimidade (pessoas que acabaram de se conhecer), esse tipo de conversa é inviável. Nessas situações, o linguajar utilizado geralmente é o mais polido, culto e cortês possível, como se pode notar no seguinte diálogo:

Um rapaz foi convidado para uma recepção e só conhecia o anfitrião. Para enturmá-lo, o dono da casa o apresentou aos amigos:

— Gostaria de apresentar-lhes o meu amigo, o Heitor. Heitor, estes aqui são Amanda, Pedro e Jorge.
— Muito prazer em conhecê-los; César tem me falado sempre de vocês.
— E então, Heitor? Onde você conheceu o César? — perguntou um deles.
— Eu e César somos colegas de trabalho. Estamos juntos no mesmo setor há alguns meses e estamos desenvolvendo vários projetos...

Esses e outros exemplos podem nos dar a noção do que seja adequação do vocabulário às mais diversas situações de comunicação, o que envolve a escolha do gênero de texto, do registro linguístico, do vocabulário específico para cada referente, além da adequação ao interlocutor.

1. Observe como se dá a variação linguística e adaptação, no tratamento de um mesmo assunto, por dois gêneros de texto: um conto, texto literário do século XIX, em norma-padrão culta, e uma redação informal de um aluno, feita nos anos 1970. A seguir, veja o que lhe é proposto e responda.

Fragmento de um texto literário: "Última corrida de touro em Salvaterra", de Rebelo da Silva, um texto clássico do século XIX, escrito em registro culto formal:

"O marquês assistira a tudo de seu lugar.

Revendo-se na gentileza do filho (Conde dos Arcos), seus olhos seguiam-lhe os movimentos, brilhando radiosos a cada sorte feliz.

Logo que entrou o touro preto, carregou-se de uma nuvem o semblante do ancião.

De repente o velho soltou um grito sufocado e cobriu os olhos. Cavalo e cavaleiro rolaram na arena e a esperança pendia de um fio tênue. Cortou-lhe rapidamente a morte e o marquês, perdido o filho, orgulho de suas cãs, luz de sua alma, não proferiu uma palavra, não derramou uma lágrima, mas os joelhos fugiram-lhe trêmulos.

Volveu, porém, em si, decorridos momentos. A lívida palidez tingiu-se de uma vermelhidão febril. Os cabelos desgrenhados e hirtos revolveram-lhe na fronte inundada de suor frio, como seda da juba de um leão irritado.

Sem querer ouvir nada, desceu os degraus do anfiteatro, seguro e resoluto. Decorridos instantes, estava no meio da praça e devorava o touro com a vista chamejante, provocando-o para o combate. Viu-se o homem crescer para a fera, a espada fuzilar nos ares e logo após sumir-se até aos copos entre a nuca do animal.

O touro cambaleando com a sezão da morte, veio apalpar o sítio onde queria expirar. Ajuntou ali os membros, deixou-os cair sem vida, ao lado do cavalo do Conde dos Arcos."

Agora observe uma redação informal sobre o mesmo assunto, parafraseado em outro registro de linguagem, em formato narrativo/descritivo, repleta de gírias, feita por um aluno.

Nota: As diferentes estratégias têm finalidades diversas e, portanto, não se pode falar que os textos estão *errados*, apenas valeram-se de dois registros linguísticos diferentes. Observe que o texto repleto de gírias retrata uma época – década de 1970.

"Quando o conde fez a volta olímpica, foi sensacional, ô Cara! Os touros vinham na maior vareta. Cada fera. Barra pesada, podes crer... Aí abriram a porteira e pintou o quente: um bruta touro preto, parecia um tanque de guerra. Chifreiro pacas. Os cavalos se mandaram naquela de horror...

Foi aí, ô meu, que pintou o lance: a fera tacou os chifres na barriga do cavalo, foi brucutu, cavalo e cavaleiro foram ao chão. Estrumbicado da perna o conde não pôde levantar e o fariseu do touro suspendeu ele pro alto. Matou o cara nos chifres. Chocante. Pisou em cima e só largou quando o cara já era. Foi aquela fossa. Aí o marquês, que era o pai da vítima, entrou na arena todo vermelhão. Parecia um leão velho. Estava fulo dentro das calças.

Ajoelhou perto do filho e lhe deu um beijo na testa. Depois tirou a espada do garotão e se mandou para o meio da arena. Machão pra dedéu. O touro veio na maior vareta, mas o coroa tacou o ferro na nuca do bichão. Foi de lascar, meu chapa. O touro dançou e caiu duro perto do marquês."

Proposta: Procure traçar um paralelo entre os dois textos, destacando os termos da linguagem informal que correspondem às construções do texto literário.

É bom enfatizar que haveria inadequação vocabular se houvesse troca de níveis de linguagem, isto é, uso de linguagem informal ou de gírias no meio do registro culto do texto literário e vice-versa: expressões literárias no texto cheio de gírias.

4.3.2 Adequação ao referente

Como a linguagem é o resultado de um processo de tentativa de tradução da realidade externa para o mundo linguístico, ela em si é um processo que exige seleção e adequação vocabular, de acordo com as convenções previstas no sistema da língua e no uso nos vários contextos.

Por outro lado, não só a forma linguística precisa estar adequada, mas também o conteúdo do termo deve se adaptar ao referente. Se alguém chegar a uma loja e pedir móveis, o vendedor vai perguntar se está procurando pelos de quarto, de escritório, de sala ou de cozinha. A melhor estratégia é indicar, especificamente, a designação que traduz as características mais específicas dos objetos: móveis estofados para sala de estar, ou mesas de jantar, sofá-cama etc. Há momentos em que o melhor é se usar um vocábulo de caráter geral, outros, em que vocábulos específicos para a designação dos referentes são os mais indicados.

Assim, os referentes do mundo *real* precisam ser claramente enunciados para a boa interlocução. As *inadequações*, muitas vezes, decorrem da falta de atenção a esse requisito.

2. Nas frases seguintes, você vai observar que o erro está na escolha do léxico, inapropriado à designação do objeto referenciado.
Observe os seguintes enunciados e indique a alternativa correta:
a) Entrou no *vestuário* para trocar de roupa.
b) As tropas do exército estavam *hospedadas* no Rio.
c) Cometia erros de *ortografia* sempre que lia em voz alta.
d) Ficou horas no engarrafamento. Não sabia que o *tráfico* estava tão lento.
e) Ele sabia que *bueiro, rubrica* e *ínterim* são formas gráficas corretas em português.

👍 **Saiba mais**

LINGUAGEM E PENSAMENTO
Como sabemos, o nosso contato com o mundo, com os nossos semelhantes, faz-se pelas palavras, daí a importância de uma adequada escolha de vocábulos, que melhor expressem o sentido que queremos transmitir ao outro. Na elaboração de textos eficientes, é fundamental o domínio do vocabulário específico, associado à intenção comunicativa; por isso, uma grande atenção à variação linguística, o que não se liga ao uso apenas de palavras, mas a uma seleção lexical adequada.

3. Sublinhe a forma correta de cada palavra e evite erro de grafia:
a) depedrar ou depredar
b) estrupo ou estupro
c) enganjar ou engajar
d) invólucro ou envólucro
e) muçulmano ou mulçumano

4.3.3 Adequação ao registro linguístico e à identidade dos interlocutores

Observem-se os seguintes enunciados:
— Aí, cara, tô azarando uma mina que é o maior barato! (Conversa informal entre dois amigos adolescentes.)
"— A população brasileira sentirá em breve os benefícios da estabilização econômico-financeira do país." (Declaração de um Ministro da Fazenda no discurso de sua posse.)

Percebe-se a diferença dos registros: no primeiro caso, temos a fala de um adolescente, em conversa informal com outro colega, e, no segundo, a do Ministro da Fazenda, em entrevista coletiva. Em termos de adequação ao registro linguístico, pode-se dizer que são as variadas situações e níveis sociais que *obrigam* a escolha do léxico que se adéqua ao nível linguístico. Em certas ocasiões, vocábulos formais são os que traduzem melhor uma relação social culta, em outras é a informalidade que melhor qualifica a interação. Assim, como há expressões próprias para linguagens formais, há outras apropriadas para registros informais, coloquiais, populares etc.

A teoria da variação linguística trata mais detalhadamente desse assunto.

Glossário

REGISTRO LINGUÍSTICO – utilização seletiva de um tipo de linguagem para se adaptar a um determinado interlocutor ou a uma determinada situação comunicativa. O registro pode ser mais ou menos oratório, mais ou menos formal, coloquial, vulgar etc.

4. Observe exemplos do uso informal de palavras em contextos diferentes; reconheça seu uso e dê o significado através de um termo de sentido mais neutro, que não apresente a "conotação de informalidade".
Faça a correspondência 1. não é tolerante; 2. apavorado; 3. inteligência; 4. bonita (sexy); 5. gostava muito de...
a) (   ) O menino era *ligadão/vidrado* em videogame.
b) (   ) Soube escolher, a namorada era muito *gatona*.
c) (   ) Cuidado com ele, nas discussões tem *pavio curto*.
d) (   ) Aquela notícia deixou todo mundo de *cabelo em pé*.
e) (   ) O rapaz era um gênio, tinha *boa cuca*, o que estragava era sua timidez.

5. As expressões destacadas são inadequadas ao contexto; substituir por outras que sejam adequadas:

a) A mãe deu água para o filho no *bebedor de água* (..).

b) Os jornais *vincularam notícias* (..) de desastres e crimes.

c) As pessoas que *respiram gás de cozinha* (..) podem morrer intoxicadas.

d) Era *visível* (..) a temperatura depois do túnel.

e) Por ser muito meu amigo, suas ideias iam *de encontro às* (..) minhas.

4.3.4 Gíria, calão, jargão, regionalismo, neologismo

▶ GÍRIA é uma criação especial na linguagem de determinados grupos sociais: gíria de malandro, de policiais, de jovens e adultos frequentadores de determinados clubes, praias etc., muitas vezes serve para identificação do grupo.

▶ CALÃO é uma gíria grosseira, formada por termos ofensivos a determinadas classes, instituições sociais, com o objetivo de destratar o outro.

▶ JARGÃO é a linguagem usada entre profissionais de mesma área; daí ser chamada de jargão profissional, como o jargão de economistas, advogados, profissionais de *telemarketing* etc.

▶ REGIONALISMO é a linguagem típica de uma região; no Brasil, temos os chamados "dialetos" ou "falares" caipira, baiano, nordestino, gaúcho etc.

▶ NEOLOGISMO é a criação de uma palavra ou expressão nova, com recursos da linguagem, ou atribuição de um novo sentido a uma palavra já existente. Algumas fontes são bastante produtivas, como a linguagem da Internet atualmente.

6. Uma mesma palavra pode adquirir conotações positivas ou negativas, de acordo com a intenção do autor. Reconheça os elementos usados com sentido negativo e substitua-os por um de sentido neutro ou positivo.

a) Vivia limpando a cara na cortina da sala. (....................)

b) Com cinquenta anos era ainda uma solteirona. (....................)

c) Entornou demais e ficou de porre, bem feito! (....................)

d) Ele queria vender aquele calhambeque por um preço muito alto. (....................)

e) Tinha vontade de esfregar seu focinho na lama. (....................)

👍 Saiba mais

PERTINÊNCIA NO USO DE GÍRIAS

Dentro do princípio de que há sempre variedade de usos, dentro da unidade maior que constitui uma língua, reconhecem-se também como legítimas outras variantes como o linguajar típico de uma região, ou o regionalismo, o jargão profissional e a linguagem típica de grupos sociais (em que se incluem usos de gírias e neologismos), que buscam preservar uma identidade social.

As gírias são corriqueiramente usadas, mas devem se adequar a um contexto apropriado à situação de informalidade. Numa situação formal, a mistura de formalismos com o emprego de gírias pode soar inadequado ao interlocutor.

Com referência à linguagem de determinadas profissões, o jargão profissional, devemos lembrar que cada atividade desenvolve um vocabulário específico: uma telefonista tem seu linguajar próprio, um policial caracteriza-se pelo modo de se expressar quando se dirige a seus iguais ou a seus superiores. Um advogado, um economista, um médico, um legista, um carpinteiro, um pescador, um trabalhador do campo, todos desenvolvem um vocabulário relativo a sua atividade de trabalho. Todos os usos aceitos pela comunidade constituem variações da Língua Portuguesa.

4.3.5 Adequação ao contexto sociocomunicativo dos usuários

Outro critério relacionado ao anterior e que é essencial para o uso mais produtivo do vocabulário é o de adequação à pessoa que fala e ao contexto social dos interlocutores, ou seja, a linguagem deve refletir a imagem positiva da pessoa que a usa e descrever a atenção com que ela trata o interlocutor. Observe que um presidente quando fala à nação, em discurso oficial, não pode se comportar linguisticamente como uma pessoa comum, pois está cumprindo um papel social de chefe supremo de uma nação. Assim, sob pena de apropriação da imagem do outro, um general nunca vai ser um cabo e vice-versa, um professor não é um aprendiz de primeiras letras, um gari não é um prefeito, e assim por diante, em todas as situações de interação social.

7. Nos exemplos abaixo, mostramos expressões linguísticas em situações sociais diversas. O uso delas em outros contextos e por outros usuários poderia soar estranho. Faça a relação entre os exemplos e o tipo de linguagem especificado abaixo:
1. "Querida, nem te conto! Naquela loja tinha um vendedor que era uma gracinha!"   (   )
2. "Meu amigo, traz gelo pro meu whisky! Mas vê se não traz o do mictório, hein!?"   (   )
3. "Mas mãezinha, eu preciso tanto daquele brinquedo! Compra pra mim, vai!"   (   )
4. "Se você não tem boa pontaria, sente-se."   (   )
5. "A população brasileira sentirá em breve os benefícios da estabilização econômico-financeira do país."   (   )

Tipos de linguagem:
a) linguagem típica feminina, papo entre amigas presenciado por um observador.
b) linguagem infantil, uma criança tentando convencer a mãe.
c) aviso escrito em um banheiro masculino.
d) pedido feito por um homem em um bar, na hora do almoço.
e) Declaração de um Ministro da Fazenda sobre a situação financeira do país.

👍 Saiba mais

OBSERVAÇÃO SOBRE O USO DE GÍRIAS
Talvez um dos problemas apontados para o uso de gírias seja o fato de serem palavras de sentido muito generalizante. Servem para tudo e falta-lhes especificidade de

sentido, ou definição clara do referente. Por isso em textos demonstrativos, científicos, ou em provas, em que se espera maior rigor nas definições ou na exposição de conhecimentos, as gírias devem ser evitadas.

Proibir simplesmente o uso de gírias não nos parece ser uma atitude correta, pois, em certos registros de linguagem — justamente naqueles em que se espera mesmo é a generalização, como no caso de um discurso descontraído, por exemplo, em que ninguém está esperando detalhes —, elas têm seu lugar. Mas, repetimos, a gíria fica totalmente inadequada e pode sofrer penalização em textos onde se espera uma linguagem denotativa ou descritiva, mais impessoal e objetiva.

4.3.6 Adequação ao ponto de vista do emissor: vocabulário positivo, negativo e neutro

Observemos como a escolha vocabular denota o julgamento da situação, feito pelo produtor do texto:

Uma dada notícia foi veiculada por um jornal dessa forma:

"Cerca de mil funcionários da empresa paralisaram as atividades. Os trabalhadores recusam-se a voltar às atividades se suas reivindicações não forem atendidas".

Outro jornal deu a mesma notícia dessa maneira:

"Todos os funcionários da empresa entraram em greve. Os grevistas decidiram não voltar ao trabalho, enquanto suas exigências não forem atendidas".

O primeiro veículo apresenta um ponto de vista mais neutro, ou até mesmo positivo dos trabalhadores, enquanto o segundo apresenta-os de forma negativa. Basta observar os termos com que se dirige aos funcionários: "empregados em greve", "grevistas", "não voltar ao trabalho", "exigências".

Assim, pela escolha vocabular, o autor de um texto expressa seu ponto de vista em relação ao mundo que o cerca, emitindo juízos de valor. Se digo: Era um *velhote* que não dava *moleza* para o neto —, devo saber que usei um termo pejorativo para denominar "o velho" e me utilizei de uma gíria para qualificar sua atitude em relação ao neto. Consciência linguística, respeito e adaptação ao contexto são elementos fundamentais em uma comunicação.

8. Substitua as expressões destacadas por um termo de valor positivo.

a) O país é atrasado, seu sistema de governo está uma *droga* (..).

b) *Berrou* (..) com o filho que assistia à novela na televisão.

c) Ela *pariu* (..) a criança em meio aos panos velhos.

d) Quando chegamos, ela já tinha *esticado as canelas* (..).

e) Para a namorada, *rabiscou em um papelucho* (..) uma declaração de amor.

9. Preencha os parênteses de acordo com a convenção dada:
(1) Vocábulo técnico ou não.
(2) Valor positivo ou negativo.
(3) Sentido geral ou específico.
(4) Eufemismo/sentido amenizado.
a) (   ) Sentia fastio/anorexia – diante de um prato de comida.
b) (   ) Com narinas/ventas prontas para reconhecer o inimigo.
c) (   ) Não é da estirpe desses políticos/politiqueiros que andam por aí.
d) (   ) Cometeu um erro/engano diante do delegado.
e) (   ) Não foi roubo de carro, foi furto, e de manhã cedo.

10. Preencha os espaços com termos adequados ao contexto:

a) Os jogos da Copa foram .... no Brasil. (executados, realizados)

b) Exatamente às 18 horas .... a sessão de cinema. (principiou, começou)

c) Diga-me agora com que .... vou falar com minha namorada? (cara, semblante, aparência)

d) O mestre nem precisou de meia hora para .... todo o exercício. (bolar, elaborar)

e) Nessa sala todos .... notas altas. (ganharam, obtiveram)

4.3.7 Adequação espacial

Numa reportagem da revista *Veja* (15-3-1994, p. 22), imaginou-se uma entrevista feita por um repórter português ao Presidente Itamar, recém-empossado, em que haveria necessidade de intérprete, tal a diferença no uso do léxico tanto cá quanto lá:

Repórter: E a inchação?
Intérprete: E a inflação?
Itamar: A inflação está sendo combatida. Temos agora um plano sensacional.
Intérprete: A inchação está a ser fustigada. Temos de pronto um projeto bestial.
Repórter: E a questão de recato de feira no setor de ordenadores?
Intérprete: E o problema de reserva de mercado na área de computadores?
Itamar: Ora pois não, isso não existe mais aqui.
Intérprete: Ora pois sim, isto cá já não há.

Mesmo imaginária, a situação poderia acontecer e haver necessidade de intérprete para uma entrevista em português de Portugal, pois a linguagem do país além-mar apresenta especificidades vocabulares bem distintas do português do Brasil. São dois registros diferentes, de usos regionais e de formas específicas para cada situação social. As duas linguagens diferem tanto na escolha lexical e no uso das expressões regionais, como também no sotaque bem característico.

Em menor grau, as diferenças regionais aqui dentro do nosso próprio país também chamam a atenção. Sabe-se que um gaúcho ou um mineiro pode ser identificado por seu linguajar típico, assim como um habitante da cidade difere de uma pessoa proveniente do campo pelo uso de determinadas expressões comuns a seu meio.

No Nordeste e no interior em geral, é comum o uso de palavras antigas do idioma, sem que isso afete a imagem do usuário, apenas comprova a ideia de que quanto mais se adentra no Brasil, mais se verificam usos antigos do idioma.

Tal constatação comprova o conservadorismo linguístico de algumas regiões, em face das mudanças rápidas ocorridas em outras, sobretudo as que estão em contato com as capitais, próximas do mar, que, por isso mesmo, recebem maior influência, em contato com turistas estrangeiros.

11. Reconheça a associação correta com os nomes que os termos "aipim, abóbora, tangerina, mandioca" recebem nas várias regiões brasileiras:
a) abóbora – jerimum
b) tangerina – macaxeira
c) aipim – bergamota
d) mexerica – jerimum
e) mandioca – jerimum

12. Vamos listar uma série de vocábulos usados no Brasil, que diferem dos termos usados em Portugal. Reconheça as diferenças no uso do léxico, correlacionando as duas colunas:

Brasil	Portugal
(1) menino	( ) autocarro
(2) meias	( ) camião
(3) ônibus	( ) ementa
(4) caminhão	( ) pastilha plástica
(5) chiclete	( ) peúgas
(6) café da manhã	( ) fato
(7) terno	( ) gelado
(8) aeromoça	( ) miúdo
(9) sorvete	( ) hospedeira
(10) cardápio	( ) pequeno almoço

4.3.8 Adequação ao código escrito

A adequação ao código escrito pressupõe correção, isto é, adequação às convenções, o que envolve tanto o uso de ortografia, da concordância e da regência, quanto outras exigências relativas ao léxico. As palavras que têm pronúncia e grafia semelhantes — as parônimas — são a fonte mais comum de erro nesta área. Esta noção de adequação à norma escrita recobre o tópico mais tradicional e defendido pela gramática: a noção referente a "certo e errado" no uso das formas linguísticas, fundamentada em razões históricas, etimológicas, ou, às vezes, em convenções arbitrárias, pautadas na tradição. De qualquer forma, escrever de acordo com a ortografia corrente é uma exigência social, e a única forma possível é o treino, a leitura e a consulta ao dicionário. A seguir, exemplos de algumas dúvidas ortográficas frequentes em usos de português escrito:

Correto	Errado
mortadela	mortandela
prazeroso	prazeiroso
irrequieto	irriquieto
molambo	mulambo
curinga	coringa
mendigo	mendingo
astigmatismo	estigmatismo

13. Vamos agora citar outros casos de grafia ou de pronúncia de certos vocábulos que causam muita confusão. Escolha a forma correta, sublinhando-a:

a) *mendingo* ou *mendigo*
b) *mortandela* ou *mortadela*
c) *chipanzé* ou *chimpanzé*
d) *desinteria* ou *disenteria*
e) *ingnorância* ou *ignorância*
f) *bêbedo* ou *bêbado*
g) *rúbrica* ou *rubrica*
h) *interim* ou *ínterim*
i) *gratuíto* ou *gratuito*
j) *bandeija* ou *bandeja*
k) *discursão* ou *discussão*
l) *irriquieto* ou *irrequieto*
m) *enfarte* ou *enfarto*
n) *siquer* ou *sequer*
o) *indiscreção* ou *indiscrição*
p) *envólucro* ou *invólucro*

14. Substitua o verbo *ter* por outro verbo de sentido mais específico:

a) Meu filho *tem* (..................................) asma desde que mudamos para esse apartamento.

b) Desejamos que vocês *tenham* (..................................) boas férias nesta próxima viagem.

c) Meus pais *têm* (..................................) uma bela fazenda no sul de Minas.

d) Ele está pálido, o que ele está *tendo* (..................................)?

e) Naquele acidente todos *tiveram* (..................................) momentos de desespero.

> 👍 **Saiba mais**
>
> Como estamos vendo, pela escolha vocabular, o autor de um texto busca expressar não só o referente externo, mas seu ponto de vista em relação ao mundo que o cerca, emitindo juízos de valor. Enquanto alguns podem retratar uma situação de forma objetiva, ou positiva, outros podem vê-la pejorativamente. A escolha lexical tem por objetivo também conseguir certos efeitos de sentido, denotar os significados diversos de cada situação, levando-se em conta as intenções comunicativas de cada emissor. Se a intenção é diminuir alguém, denegrir sua imagem, ou então, ao contrário, elogiar esse alguém, a escolha vocabular consegue traduzir esse objetivo. Por isso, todo autor *deve estar atento a isso, quando for escolher o léxico para o seu texto...*

4.3.9 Adequação temporal

Quando se busca a adequação temporal, deseja-se retratar a linguagem de uma época: repetem-se o vocabulário, as construções sintáticas e o sentido dos termos adequados ao contexto de então; se alguém fosse falar como nossos bisavós, passaria a ideia de uma pessoa antiquada, ou ultrapassada. Não se justifica usar uma linguagem fora de sua época, a não ser que o intuito seja o de retratar esse contexto. Deve-se procurar adequar o linguajar, portanto, à época e, é claro, ao *status* social dos usuários.

A adequação temporal é que vai classificar certas expressões como arcaicas, reconhecer as que estão em desuso e adotar os neologismos próprios para cada época.

Um bom exemplo é o texto/gênero crônica "Em bom português", em que o escritor Fernando Sabino comenta, por meio de um personagem, o fenômeno da mudança linguística e a criação de neologismos:

> "No Brasil as palavras envelhecem e morrem como folhas secas. Ainda a gente não conseguiu aprender a ser *legal* e já vem o pessoal com *chuchu beleza*. Não é só pela gíria que a gente é apanhado. A própria linguagem corrente vai-se renovando e a cada dia uma parte do léxico cai em desuso. É preciso ficar muito vivo para não continuar usando palavras que já morreram, vocabulário de velhos, que só os velhos usam e entendem."

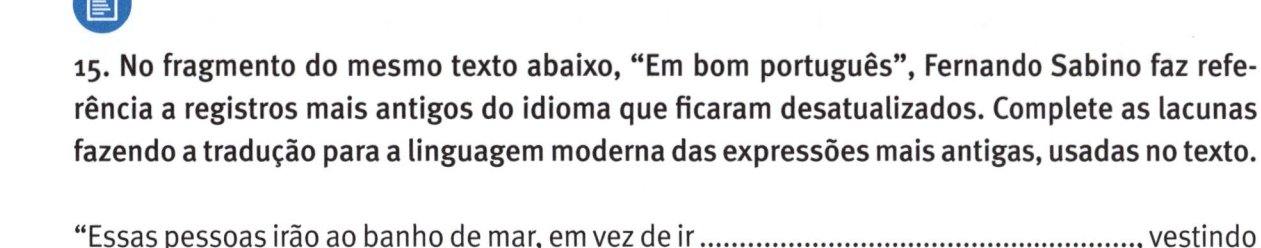

15. No fragmento do mesmo texto abaixo, "Em bom português", Fernando Sabino faz referência a registros mais antigos do idioma que ficaram desatualizados. Complete as lacunas fazendo a tradução para a linguagem moderna das expressões mais antigas, usadas no texto.

"Essas pessoas irão ao banho de mar, em vez de ir ...., vestindo roupa de banho em vez de .... Comprarão automóveis em vez de ...., pegarão defluxo em vez de ...., vão passear no passeio em vez de no .... e apresentarão sua esposa ou senhora em vez de sua ...."

👍 Saiba mais

Vimos, então, que, ao lado da adequação espacial, merece atenção o uso apropriado do léxico de acordo com a época que se está representando. O seguinte trecho de Carlos Drummond de Andrade ilustra bem a noção de que a linguagem está sempre em constante evolução e há muitos termos (aqui destacados) que, embora dicionarizados, não fazem parte da linguagem atual:

"Antigamente as moças chamavam-se *mademoiselles* e eram todas mimosas e muito prendadas. Não faziam anos: completavam *primaveras*, em geral dezoito. Os *janotas*, mesmo não sendo rapagões, faziam-lhes *pé de alferes*, *arrastando a asa*, mas ficavam longos meses debaixo do balaio. E se levavam tábua, o remédio era *tirar o cavalo da chuva* e ir pregar em outra freguesia." (In *Revista Diner's*, setembro de 1968, p. 46)

Do texto de Drummond, vamos comentar alguns vocábulos, que podem já estar em desuso: "janota" significa o indivíduo muito enfeitado, vestido com apuro; "pé de alferes" corresponde ao sujeito adulador, e "arrastar as asas" relaciona-se ao ato de conquistar, seduzir, "paquerar".

DE OLHO VIVO NA ADEQUAÇÃO LEXICAL PARA NÃO SELECIONAR INADEQUADAMENTE OS VOCÁBULOS

A escolha de uma palavra e seu uso em determinado texto devem levar em conta a situação e o contexto social e histórico em que se inserem.

1. Todo texto exige repetições que lhe dão coerência e também novidades que o fazem progredir; saber equilibrar os dois processos é fundamental.

2. A adequação do vocabulário é essencial, mas a quê? Aos referentes, à pessoa que fala, ao ponto de vista do autor, à época, ao gênero textual, ao registro linguístico etc.

3. Escrever é um processo de seleção dentre outras opções possíveis; buscar o mais adequado às várias finalidades do texto é preciso.

4.4 Impropriedade semântica

A comunicação pressupõe sempre uma norma que deve ser compartilhada por quem fala ou escreve e por quem ouve ou lê; portanto ninguém pode negar a importância de um padrão linguístico em todo ato interativo de linguagem. Variam, no entanto, os conceitos sobre critérios de correção, ou sobre as variações desse paradigma e o que pode ou deve norteá-lo.

Em nossos dias há maior aceitação de modelos de texto ou maior abertura na forma de redação em geral, em princípio, por influência das variadas mídias, sobretudo dos textos da Internet. Por outro lado, não podemos esquecer que continua havendo exigência de uma formulação padronizada para os textos que possuem formas próprias de expressão – como enunciar um problema de matemática, redigir uma monografia de final de curso, uma carta administrativa, uma petição de advogado, um relatório técnico-científico, um mandado de segurança; ou ainda previsões para editorial, reportagem, propaganda comercial.

Até os diversos gêneros literários — como um romance de aventura, um conto, uma crônica ou uma novela —, embora se reconheça neles modelos com maior liberdade de expressão, apresentam características bem distintas. É preciso que se repita, todos exigem limites de formalização, reconhecidos e aceitos tanto pelos autores quanto pelos receptores, sob pena de não se promover boa interação.

Tudo que foi dito aqui deve ser relativizado, quando se tem em vista, por exemplo, uma situação de prova, de redação de concurso ou de um texto técnico-científico, para o qual já há um modelo pré-construído em linguagem formal e que é o esperado pelo avaliador que vai julgá-lo segundo parâmetros estabelecidos de correção.

É a esse tipo de texto que nos referimos, quando tratamos de rigor na formalização linguística. Neles se espera o melhor resultado no que se refere a técnicas e estratégias de *"concisão, clareza, objetividade, formalidade e impessoalidade"*, qualidades clássicas de estilo, que se pautam por regras gramaticais e por adequação semântica.

Neste subcapítulo, trataremos das construções que apresentam uma série de impropriedades semânticas; comentaremos alguns problemas retirados de fragmentos de textos de provas, redações de alunos e erros comuns referentes ao emprego do léxico, ou mais especificamente, à falta de paralelismo de sentido, a impropriedades de sentido na escolha vocabular, a problemas relativos à sinonímia, como ambiguidade e vagueza de sentido, à repetição imprópria de vocábulos, a problemas de confusão por semelhanças na forma etc.

Tais problemas podem ser corrigidos sem muita complicação, como procuraremos demonstrar.

4.4.1 Novo conceito de erro como inadequação vocabular

Um texto escrito em padrão culto de linguagem exige obediência a modelo e correção formal. A desobediência a padrões estabelecidos pode trazer sérias consequências para o autor, inclusive a desqualificação de sua imagem social e perda de sua identidade social e discursiva.

Tal fato foi matéria de reportagem do jornal *O Globo*, em 20-2-1992, p. 34, intitulada: "Língua Portuguesa: causa perdida para muitos advogados". Segundo a matéria jornalística, um juiz, indignado com repetidos erros de gramática normativa cometidos por um advogado em suas petições, entrou com um processo de inépcia profissional, junto a OAB (Ordem dos Advogados do Brasil), para pedir suspensão dos direitos de advogar desse profissional. Na citada reportagem, os erros transcritos não se atinham somente a enganos na grafia de certos vocábulos, ou a confusões em algumas regras de concordância muito específicas, mas apresentava escolha inadequada do léxico, o que caracterizava inadequada postura profissional. Transcrevemos a seguir um fragmento apresentado pela reportagem:

"O casal estão separados de fato há 35 anos, tendo ambos convividos juntos somente 07 meses. (...) E que, o motivo da separação do casal foi motivada pelo o fato do suplicado não vir cumprindo com suas obrigações de cônjuge."

Vejamos os principais problemas linguísticos desse fragmento, sugerindo uma correção:
▶ impropriedades referentes à concordância verbal — o vocábulo *casal*, por exemplo, pede verbo no singular;

▶ problemas de escolha do léxico — *convivido* só pode ter o sentido de estar juntos, o que invalida a presença do adjetivo *juntos*, redundância, portanto;

▶ o motivo da separação não deve ser descrito como *motivada*; se houver eliminação do adjetivo e o uso de outro termo, evita-se o pleonasmo vicioso, como se pode ver abaixo na correção proposta;

▶ a combinação preposição *por* + artigo definido *o* não admite, após ela, repetição do artigo: *pelo* (fato) e não *pelo o*.

Sugestão de correção:
O casal está (ou encontra-se) separado há 35 anos, tendo convivido apenas durante sete meses. O motivo alegado pela esposa para a separação foi o fato de o marido não estar cumprindo com suas obrigações de cônjuge.

Outra proposta:
O casal está (ou encontra-se) separado há 35 anos, tendo convivido apenas durante sete meses. O casal separou-se pelo fato de o marido não estar cumprindo com suas obrigações de cônjuge.

1. Observe o trecho em que o mesmo advogado relata ao juiz as providências que teve de tomar:

(...) Mediante o acumulo de serviços, só tive uma auternativa, em pedir o meu estagiário para redigir uma petição pedindo ao MM,. Juizo urgência nos transmites da lide na faze Policial, uma vez que, o mesmo já tinha "abaixado" inumeras vezes, sem solução e que o mesmo providenciase xerocopia das peças principais e que encontrase comigo para assinar a petição, assim foi executado.

Redija novamente o texto, corrigindo as várias impropriedades.

_____
_____
_____
_____
_____
_____
_____

2. Há vários problemas relativos à semântica que estão destacados nos fragmentos dados. Faça a correlação entre as opções oferecidas como resposta adequada e os fragmentos apresentados:

Opções: 1. atividades físicas; 2. aumento; 3. índice; 4. atléticos; 5. desequilibrada.

a) (   ) (...) com o *crescimento* da procura por exercícios físicos, muitas academias surgiram.
b) (   ) Uma criança nascida em condições precárias tende a desenvolver-se *como perturbada* e com problemas emocionais.
c) (   ) Os esportes proporcionam corpos *heroicos*, saudáveis e belos.
d) (   ) Nas cidades grandes há um maior *número* de violência entre os jovens.
e) (   ) Uma pessoa praticante de *atividades e esportes* vive melhor.

4.4.2 Falta de paralelismo de sentido de certos verbos

Apresentamos um fragmento retirado de um texto de prova de um aluno que escreveu sobre os problemas do Brasil colônia, no período que antecedeu a Inconfidência Mineira:

"(...) Com os desgastes das reservas minerais a produção do ouro cai e os preços tornaram-se cada vez mais altos."

COMENTÁRIOS
- Há problemas de pontuação: quando a oração que indica causa vier antes da ideia principal, deve haver vírgula para indicar a pausa;
- do ponto de vista sintático, há falta de paralelismo no emprego dos verbos;
- deve haver correlação nas categorias de *tempo e modo verbais* no presente ou no pretérito perfeito do indicativo;
- do ponto de vista semântico, deve-se manter o paralelismo na antonímia, ou seja, a oposição de sentido entre *cair e subir*.

Sugestão de correção:
Com o desgaste das reservas minerais, a produção de ouro cai e os preços sobem, ou *(...) a produção de ouro cai e os preços tornam-se mais altos,* ou ainda *(...), como a produção de ouro caiu, os preços tornaram-se mais altos.*

3. Nos enunciados a seguir, corrija o conflito de significação existente, bem como a falta de paralelismo e veja as respostas sugeridas:

a) O computador tem trazido muitas *benfeitorias* para os seus usuários. (....................................)

b) O homem moderno tem de *resolver* muitos compromissos na sua vida diária. (....................................)

c) Eles nem sempre sabem *exercer bem* as tarefas que lhe são destinadas. (....................................)

d) Esteve internado no hospital e fez duas operações: uma em São Paulo e outra *no ouvido*. (....................................)

e) As drogas *fazem* muitas mortes de jovens todos os anos. (....................................)

Saiba mais

OUTROS CASOS DE IMPROPRIEDADE SEMÂNTICA EM VERBOS E EXPRESSÕES
• Problemas de significação de alguns verbos e expressões, em respostas a questões de prova:

"Devido ao atraso no pagamento de impostos, Portugal dá instruções para *inquirir a derrama e a população fica em pânico, em polvorosa*".

O verbo *inquirir* tem o sentido de *perguntar, pesquisar, pedir informações*, como usado na linguagem comercial — *inquirir preços* —, ou tem o sentido de *interrogar judicialmente, procurar informações*, como em: *"Por mais que inquirisse, não me souberam informar"*... ou em: *"Ele foi inquirido sobre o crime."* No fragmento proposto, Portugal não *inquiriu* a derrama, mas a impôs, já que *derrama* refere-se ao imposto obrigatório estabelecido pelo fisco português. Veja a correção:

Sugestão de correção:
Devido ao atraso no pagamento de impostos, Portugal ordenou *que se procedesse à derrama (ou que se cobrasse a derrama, impostos), e a população ficou em pânico.*

Observação: *Em polvorosa:* Aqui estamos diante de uma expressão ou locução de modo, formada pela preposição *em* e por um nome: *polvorosa*; a expressão *em polvorosa* tem o mesmo sentido de *em pânico*, logo, seu uso é uma repetição desnecessária, a não ser que a intenção seja dar ênfase, o que justificaria o uso.

4.4.3 Impropriedade lexical por incompatibilidade semântica

Um caso de IMPROPRIEDADE LEXICAL é visto no fragmento que comenta as causas da impopularidade do imperador D. Pedro II, no final de seu reinado:
"Houve um desgaste da imagem de D. Pedro II por ter dispensado muito dinheiro no Brasil."

Observação: Sabemos que dentre os seus sentidos, o verbo *dispensar* pode significar *distribuir, dar* (dispensar favor, honrarias, prêmios), ou ceder, dar de empréstimo (*dispensou ajudas aos necessitados*). No fragmento analisado, o verbo parece indicar que D. Pedro *investiu mal, desperdiçou,* ou *"jogou dinheiro fora",* com os empreendimentos no Brasil. Aqui o autor parece confundir o verbo *dispensar,* com o *desperdiçar*; houve escolha lexical inadequada ao sentido no contexto.

Sugestão de correção:
"Houve um desgaste da imagem de D. Pedro II, por ter ele *desperdiçado muito dinheiro (em investimentos) no Brasil"* (= por ter investido mal ou por desperdiçar muito dinheiro no Brasil...).

4. Corrija nas frases "uso de expressões inadequadas" ao contexto dado. (cf. OLIVEIRA, H. de. *Revista Matraga*, 19: 49-68, 2006)

a) Ele falava como que tentando "*costurar arestas*" em sua fala.(..........................)

b) Digo isso pois, "*no meu achar*", as coisas vão muito mal.   (..........................)

c) Eles não *possuíam* representantes no Colégio eleitoral.   (..........................)

d) O nome desse hotel *se chama* Copacabana Palace.   (..........................)

e) Pesquisas são feitas para a *descoberta* de novas máquinas.   (..........................)

4.4.4 Impropriedade lexical – mau emprego dos traços de significação de um termo

Outro caso de impropriedade vocabular é o emprego de um termo inadequado porque há incompatibilidade de traço semântico entre palavras. É o caso de se dizer: "Muitos pais não *possuem* mais diálogo com os filhos", em vez de "Muitos pais não *mantêm* diálogo com os filhos".

Veja-se, por exemplo, o uso dos verbos *proporcionar* e *exercer*, encontrados em dois outros fragmentos de provas de Geografia, com especificações de sentido inadequadas:
a) "A grande extensão territorial brasileira *proporciona grande variedade de climas, solos*, favorecendo as atividades do setor agropecuário (...)"
b) "As Américas, colônias de grandes nações europeias, *exerciam um relacionamento inquietante, de centro fornecedor de matéria-prima junto às Metrópoles.*"

Sugestão de correção:
a) "A grande extensão territorial brasileira *propicia grande variedade de clima,* solos, favorecendo atividades do setor agropecuário."
b) "As Américas, *como centros fornecedores de matéria-prima, mantinham um relacionamento de atrito (desfavorável, inquietante) com a Metrópole.*"

5. Reconheça impropriedades semânticas nos enunciados e corrija-as, conferindo as sugestões de resposta.

a) Nunca se viu falar tanto em violência como agora. (...)
b) Na cidade grande as pessoas têm mais opções de escolhas de lazer. (...)
c) Devemos nos esforçar por sentir bons sentimentos pelo próximo. (...)
d) A evolução do país tem trazido benfeitorias à vida das pessoas menos favorecidas. (...)
e) Quando praticamos esportes estamos nos desenvolvendo pessoalmente. (...)

6. Substitua as expressões abaixo por outras aceitas como norma; faça a correlação entre a primeira e a segunda série de linhas:

(1) executar bem uma tarefa   (3) cumprir missão   (5) pessoa eficiente
(2) exercer uma função   (4) fazer sucesso

a) (   ) O diretor sempre fez muito êxito em suas explanações técnicas perante os empregados.
b) (   ) O empregado não soube exercer bem sua tarefa.
c) (   ) O chefe não desempenhava uma função digna de seu cargo.
d) (   ) O comandante o preteriu porque ele nunca soube exercer bem uma missão.
e) (   ) Uma pessoa eficaz é a que cumpre bem suas tarefas.

7. Observe o emprego de advérbios modais redundantes inadequados ao contexto. Assinale a alternativa em que isso não ocorre.

a) Cada um, individualmente e isoladamente, teve de passar por essa experiência.
b) Os objetos foram caindo, um após o outro, sucessivamente pela escada abaixo.
c) O juiz deferiu favoravelmente a petição do advogado.
d) Os pesquisadores deveriam estar completamente envolvidos na pesquisa.
e) A prova para o Concurso mostrou-se muito excessivamente trabalhosa para os candidatos.

8. Substitua os verbos indicados nas expressões em destaque por um verbo de sentido mais técnico ou de sentido específico, fazendo a correlação com os verbos propostos, abaixo, no pretérito perfeito.

Modelo: O Juiz não assinou favoravelmente a petição do advogado.
R: O Juiz indeferiu a petição do advogado.

a) *Fiz* (...) uma dívida enorme para pagar minhas contas.

b) *Paguei* (...) totalmente as prestações do imóvel.

c) O documento *teve sua validade expirada* (......................................).

d) O juiz *deu o sinal* (......................................) para a sessão começar.

e) Pelo intermédio do advogado, o casal *levou* (......................................) à Justiça uma ação de divórcio.

4.4.5 Problemas de correlação de sentido e de mau emprego de parônimos

Na construção textual a seguir temos um caso de ambiguidade de sentido e outro caso de erro na escolha lexical, devido ao mau emprego de paronímia, ou palavras parecidas na forma.

"Dom João VI se *compromete a não instalar tribunais de Inquisição* no país, bem como *extinguir o tráfego negreiro*."

Temos os seguintes problemas:

Caso 1 — Novamente há falta de paralelismo na construção coordenada, o que permite instaurar uma ambiguidade de sentido.

Razão possível:

A expressão *bem como* é aditiva, equivale a *também*; portanto deve associar orações de mesmo sentido. Não cabe fazer associação de uma negativa (se compromete a *não instalar*) com uma afirmativa (*bem como a extinguir...*). Assim teríamos a correção: "se compromete *a evitar instalar tribunais de Inquisição, bem como (ele se compromete) a extinguir o tráfico*".

Outra possibilidade é repetir a preposição *a*, para desfazer o paralelismo, como vemos na **sugestão de correção**:

"... ele se compromete *a não instalar tribunais de Inquisição, bem como (ele se compromete) a extinguir o tráfico*".

Caso 2 — Problemas no emprego de palavras parônimas ocorrem porque elas são parecidas na pronúncia e na grafia e, por isso mesmo, causam confusão, como em *tráfico* (*comércio ilegal*) e *tráfego* (*movimentação de veículos*) — logo, pelo contexto, o correto será: "D. João se compromete a extinguir o *tráfico negreiro*" — e não *tráfego*, que, por se referir à grande movimentação de veículos, pode estar sempre engarrafado.

9. Reconheça o sentido dos termos parônimos:

a) A sabedoria o fazia um *experto* (......................................) em Física Nuclear, mas era pouco *esperto* (......................................) em relação aos inimigos.

b) Ele *espiava* (.....................) pelo buraco da fechadura os que *expiavam* (.....................) os seus pecados, perante o confessor.

c) A Lei de Segurança pode ser *retificada* (.....................) ou *ratificada*, (.....................), dependendo das circunstâncias.

d) O *mandado* (.....................) de segurança e o *mandato* (.....................) de um Senador não são a mesma coisa.

e) Deixamos de ver o submarino, porque *imergiu* (.....................) de súbito e não mais *emergiu* (.....................).

4.4.6 Uso de *hiperonímia* e *sinonímia* para evitar repetição

A HIPERONÍMIA consiste no emprego de um termo cujo sentido é mais generalizante e que engloba vários termos de sentido específico, ou hipônimos.

SINONÍMIA é o emprego de vocábulos de sentidos semelhantes.

Tanto a HIPERONÍMIA quanto a SINONÍMIA são recursos para evitar repetição de termos desnecessariamente.

No texto "Zoológico virtual" da *Veja*, observe que não se repetem termos, mas o sentido é retomado várias vezes: usam-se dois termos sinônimos para a expressão destacada no início e dois para o segundo termo destacado. Reconheça-os:

"Os *cachorros*, *gatos*, *pássaros* e seus respectivos adestradores que se acostumaram aos bons cachês em comerciais de televisão estão saindo de moda. De uns tempos para cá, os animais estão sendo substituídos por bichinhos virtuais criados por computador. Um deles mais famoso é *a tartaruga* que dirige um caminhão num comercial de cerveja. Ela já protagonizou três filmes em que trapaceia um entregador. No último, lançado no começo de outubro, o esperto animalzinho conquista duas belas moças que pediam carona à beira da estrada." (*Veja*, 07/04/2001)

- *Cachorros, gatos, pássaros* foram substituídos por *animais, bichinhos virtuais*.
- *Tartaruga*, por *ela* e por *esperto animalzinho*.

10. Identifique os termos que se classificam como sinônimos (S) e os que se classificam como hiperônimos (H) na notícia *Rebelião de presos*, publicada em jornal:

"Mais de cento e trinta reclusos (   ) continuaram a rebelião no interior da prisão (   ) de Strangeways na Inglaterra. Cerca de mil detentos (   ) se revoltaram contra as más condições de vida no estabelecimento (   ). Pelo menos trezentos detidos (   ) continuam controlando alas da penitenciária até o momento." (*Apud*: Carneiro, 2001, p. 34)

4.4.7 Ambiguidade

AMBIGUIDADE é a duplicidade de sentido em uma frase, quando permite mais de uma interpretação.

Neste fragmento de redação, o autor, inapropriadamente, deixa o texto parecer ambíguo: Falando sobre pecuária brasileira, assim ele se expressa:

"A pecuária brasileira tem crescido significativamente nos últimos anos, tanto quantitativamente quanto qualitativamente. A importação de matrizes europeias e americanas nas décadas de 1980 e 1990 aumentaram o padrão do produto nacional. *Além disso, doenças como a da vaca louca e a febre aftosa valorizaram ainda mais o rebanho brasileiro, pouco atingido pela febre aftosa no Rio Grande do Sul.* O Brasil possui o maior rebanho da América do Sul e exporta muita carne."

Vejamos os três principais problemas desse texto, relativos ao léxico e à construção sintático-semântica:

▶ excesso de rima em prosa: *significativamente, quantitativamente* e *qualitativamente*;

▶ ambiguidade no trecho *Além disso, doenças como a da vaca louca e a febre aftosa valorizaram mais o rebanho nacional...*

▶ trechos sem ligação, ou coesão com o fragmento anterior. *O Brasil possui o maior rebanho da América do Sul.*

Sugestão de reescritura do texto, procurando sanar os problemas apontados:

"A pecuária brasileira tem crescido muito, nos últimos anos, tanto *quantitativa quanto qualitativamente*. A importação de matrizes europeias e americanas nas décadas de 1980 e 1990 melhoraram o padrão do produto nacional. *Além disso, a ausência de doenças como a da vaca louca e a febre aftosa contribuíram para valorizar ainda mais o rebanho brasileiro, pouco atingido por esses problemas, no Rio Grande do Sul. Sabe-se que o* Brasil possui o maior rebanho da América do Sul e tem contribuído com as exportações de carne bovina..."

4.4.8 Problemas de coesão ou mau emprego de conectivos

Além de problemas com a concordância, observe que, no fragmento seguinte, há erro no emprego do conectivo e na ligação entre as ideias:

"A população do Brasil, em sua grande maioria, era pobre e iletrada. Possuía dívidas devido ao não pagamento de empréstimos à Metrópole. Os escravos não recebiam pagamento, *no entanto* não consumiam no comércio *e os índios perderam* suas *terras* e foram destribalizados, fugindo para o interior do país..."

Sugestão de correção:

(...) os escravos não recebiam pagamento, por isso não consumiam no comércio, e os índios, após perderem suas terras, fugiram para o interior do país.

11. O trecho destacado, a seguir, apresenta falta de coesão (ligação) de sentido entre dois vocábulos que estão coordenados. Corrija-o, tendo em vista os problemas apontados: *A partir de 1500, inicia-se o contato entre dois mundos, que antes eram separados pelo oceano:* o português e os índios.

4.4.9. Problema na escolha vocabular

A escolha vocabular é muito importante para quem quer obter um texto eficiente, pois as palavras combinam-se sintática e semanticamente, a partir dos significados inerentes a cada termo envolvido na construção da frase. Quando não se atenta para esse fato, pode ocorrer conflito semântico, isto é, o emprego de uma palavra cujo sentido não está previsto ou adequado na estruturação do texto.

Vejamos um exemplo no fragmento que segue:

"Criaram-se as capitanias hereditárias, que iam do litoral até Tordesilhas. Os donatários não possuíam recursos suficientes. Com isto, as capitanias não prosperaram, com exceção *as de São Vicente e de Pernambuco, devido ao excesso de recursos e a outros empréstimos cedidos*."

Sugestão de correção:
"(...) as capitanias não prosperaram, com exceção das de São Vicente e de Pernambuco, graças (ao volume de) aos empréstimos e a outros recursos recebidos."

12. Observe e corrija o problema da escolha vocabular nas frases seguintes:
a) A invenção do automóvel representou um *excesso de* (..) avanço para a humanidade.
b) O resultado das eleições nem sempre *reafirmam* (..) as pesquisas eleitorais.
c) Os problemas de saúde das comunidades carentes *ocorrem* (..) da falta de saneamento básico.
d) Atualmente é preciso que todos aprendam a *mexer* (..) no computador.
e) O emprego de termos da gíria são muito *presenciados* (..) pelos jovens atualmente.

4.4.10 Vaguidade semântica

A VAGUIDADE SEMÂNTICA ocorre quando a expressão usada apresenta conteúdo semântico muito geral, com pouca clareza, e os termos necessitam de explicitações.

É o caso de emprego de palavras como *coisa, problema, fato, negócio, questão* etc., ou do uso de adjetivos atributivos avaliativos como *legal, interessante, bom, maravilhoso, sensacional* etc., que acarretam vagueza de sentido e exigem especificação.

Exemplos de vaguidade semântica:

Preocupar-se só com *as coisas* do lar, isso é *coisa* de mulher...

Por que o amor é uma *coisa* tão especial?

Exemplos com adjetivos avaliativos:

Ela é muito *legal*!

Esse jogo foi *sensacional*.

Achei o filme *interessante*.

São casos de emprego de termos com VAGUIDÃO SEMÂNTICA que poderiam ser complementados com explicações:

Ela é muito legal, *pois sempre me tratou com educação e respeito*.

Esse jogo foi sensacional, *com um resultado de 5 a zero para meu clube*.

Achei o filme interessante, *não só pelo enredo que prende a atenção, como pelo excelente trabalho dos atores e atuação do diretor, além da fotografia* etc.

13. Substitua todos os usos de *coisa, negócio, objeto, troço,* por serem vocábulos de sentido muito geral, por termos de sentido mais específico:

a) A água e o óleo são duas *coisas* (..) que não se misturam.

b) A confecção daquela estátua foi uma *coisa* (..) maravilhosa com que o artista presenteou a cidade.

c) A leitura frequente de obras clássicas é uma *coisa* (..) muito importante para o desenvolvimento do intelecto.

d) Acordar tarde é uma *coisa* (..) que não faz bem à minha saúde.

e) O bisturi é um *objeto/coisa* (..) imprescindível a um bom cirurgião.

14. Observe como um mesmo adjetivo qualificativo, de sentido muito geral, pode ser mais especificado no contexto dado. Nos exemplos abaixo, você pode variar o uso do atributo *interessante*, usando outros sinônimos adequados a seu referente.

a) Esse é um filme *muito bom, interessante,* (..) vá assistir!

b) Sua preocupação (atitude) em não contrariá-la, pois se encontrava gravemente doente, foi muito *interessante* (..).

c) Apresentou uma resposta *interessante* (..) à pergunta do professor.

d) Sei que seu irmão é uma pessoa *interessante* (..), por isso quero convidá-lo para a festa.

e) A paisagem vista da janela era muito *interessante* (..).

15. Procure variar os adjetivos atributivos, como no modelo dado.
Modelo: Uma garota muito *legal* pode ser: educada, atraente, simpática, amigável, compreensiva.

a) Um carro *sensacional* pode ser: _____

b) Uma roupa *maravilhosa* pode ser também: _____

c) Uma casa *bela* ou *bonita* ficaria mais bem descrita se recebesse os adjetivos: _____

d) A entrevista foi *fantástica* porque... _____

e) O surfista disse que o mar estava um *barato* porque... _____

4.4.11 Vocabulário geral e específico

De acordo com a situação de comunicação, podem ser utilizados vocábulos de conteúdo semântico mais geral, como *bebida, veículo, militar, ferramenta* (termos HIPERONÍMICOS), enquanto em outras circunstâncias, são exigidos vocábulos de sentido específico, como *cachaça, carroça, sargento, martelo*, HIPÔNIMOS a eles relacionados. O importante é verificar se a seleção dos termos foi adequada, como ocorre no exemplo a seguir, em que se generaliza e depois se especifica o sentido do vocábulo:

> O acusado declarou que não tomara *bebida alcoólica*, embora no banco do carro houvesse várias *garrafas de cachaça* vazias.

Um dos processos para se evitar repetição de palavras é usar um vocábulo de sentido geral que englobe outro mais específico expresso anteriormente:

> *Brasília* foi fundada na década de sessenta, e até hoje a *capital do Brasil* chama a atenção pelos seus monumentos.

16. Escreva um vocábulo de sentido geral que substitua as palavras destacadas:

a) A *greve* dos bombeiros continuará em São Paulo. Não se sabe qual o futuro do ....

b) A *cocaína* sempre vitima pessoas de todas as classes sociais. A .... continua sendo a causa de várias mortes de pessoas no país.

c) Teme-se que os tumultos na Ucrânia prejudiquem as relações entre os *EUA e a Rússia*. Os dois .... não chegaram ainda a um acordo.

d) Mais de cinco pessoas morreram de *hepatite B* na semana passada. O surto da ....já vitimou mais de 20 pessoas na Nigéria.

e) As crianças adoram andar na *roda gigante*, mas dessa vez o .... estava enguiçado.

4.4.12 Definição e especificação semântica

DEFINIR nem sempre é fácil, e é comum vermos definições como no exemplo: *"Discussão é quando duas pessoas brigam"*; *"Soneto tem 14 versos."* Esses são processos inadequados de definição — vamos observar as técnicas usadas nos dicionários. Vamos ver como ocorrem?

O processo definitório utilizado nos dicionários baseia-se sempre na indicação de uma classificação gramatical do termo, de uma indicação generalizada de sentido, seguida de uma especificação e/ou de uma função. Reconheça os processos usados na definição abaixo, retirados do *Dicionário Aulete*:

Colher [é] substantivo feminino. Talher com cabo e concha rasa na ponta, usado para misturar ou servir alimentos, ou comer alimentos líquidos ou pastosos.

(Observe o processo usado: timbre da vogal tônica, classificação morfológica e processo de generalização, seguidos de especificação de sentido e de indicação de uma função para o termo referenciado.)

17. Vamos praticar? Utilize os processos corretos para definir os termos seguintes:

a) livro _____

b) bicicleta _____

c) garfo _____

> ### 👍 Saiba mais
>
> Definição de termos abstratos — Processos adequados de definição.
> Já para a definição do termo abstrato temos, como exemplo, *discussão*: briga, altercação ou o ato de discutir; ou *soneto*, um gênero de texto literário, um poema, formado de duas estrofes de quatro versos (quartetos) e duas de três versos (tercetos). Utiliza-se para a definição de *palavras abstratas* (ações, estados, qualidades) o seguinte procedimento: classifica-se o termo, descreve-se o processo por meio de determinantes ou se indica a correlação com o termo primitivo e, a seguir, cita-se mais um sinônimo, como se observa nos modelos dados, a partir do *Dicionário Aulete*.
> a) (**ge.*mi*.do**) *sm*. **1** Emissão da voz como lamento de dor, de sofrimento (físico, moral ou espiritual). **2** *Fig*. Queixa acompanhada de choro, grito; LAMENTAÇÃO; QUEIXUME:

"*Mas o mesmo silêncio lúgubre continuou; nem uma voz, nem um som respondeu aos gemidos do amante.*" (Casimiro de Abreu, *Carolina*) **3** Qualquer som, humano ou não, semelhante ao de um gemido (1, 2): *Seus gemidos e suspiros eram expressão de seu prazer; O silêncio da manhã foi quebrado pelo gemido das rodas do carro de boi.* **4** Canto de algumas aves. **5** Som choroso, plangente, de certos instrumentos musicais: *Deliciava-se com os gemidos do violino.* [F.: Do lat. *gemitus, us*.]

b) (**be.le.za**) [ê] *sf.* **1.** Qualidade do que é belo, do que é agradável aos sentidos; BONITEZA; LINDEZA; ENCANTO: *Admirava a beleza da paisagem; A beleza da música deixou o público extasiado.* [Antôn.: fealdade, feiura.] **2.** Conceito estético que se atribui a harmonia de proporções, perfeição de formas: *Definiu na obra seus ideais de beleza.* **3.** Aquilo que é belo, ou que desperta admiração por sua qualidade, por agradar; BONITEZA; LINDEZA; ENCANTO: *A cerimônia foi uma beleza; O desempenho do ator na peça foi uma beleza.* **4.** O que desperta admiração (nas produções da inteligência): *a beleza de um poema. interj.* **5.** *Gír.* Us. para expressar concordância ou anuência com o que é dito ou proposto pelo interlocutor ou para pedir a concordância ou anuência deste para algo que se disse: *Beleza, Ricardo. Pode seguir em frente com o projeto.* **6.** *Gír.* Us. como cumprimento ou saudação. [F.: Do lat. vulg. *bellitia*, pelo provç. *belleza* ou it. *bellezza*.]

18. Defina os vocábulos seguintes: *alegria; entusiasmo; lastimável.*

a) alegria _____

b) entusiasmo _____

c) lastimável _____

4.4.13 Repetição imprópria de vocábulos

Como evitar a REPETIÇÃO VICIOSA de palavras?

Como temos observado, os vocábulos devem estar adequados ao texto, em função de uma série de fatores de ordem linguística, social, interacional. Há fatores que dizem respeito ao contexto, mas outros estão relacionados ao próprio mecanismo gramatical e, portanto, à estruturação das frases nos diversos gêneros textuais. Um desses fatores baseia-se no uso correto da sinonímia e da hiperonímia, que evitam a repetição indesejada de termos.

A produção de um texto deve se pautar pelo equilíbrio entre os termos já usados e os novos, evitando-se sempre a redundância da informação. Uma das regras básicas da construção do texto é sua progressão de sentido, daí a máxima válida para qualquer tipo de texto: *"escrever bem é equilibrar elementos novos com elementos já conhecidos, sempre com o objetivo de não confundir ou cansar o leitor"*. A não observância desse princípio resulta em problemas de coesão e de coerência, concretizados sobretudo pelo mau emprego do vocabulário.

19. Evite a repetição do vocábulo *baleia*, feita à exaustão, no texto a seguir. Substitua-o por sinônimos e hiperônimos, ou por pronomes, num processo que se intitula construção pela referenciação do tema, durante a progressão textual.

"Todos os anos dezenas de *baleias* (..) encalham nas praias do mundo e até bem pouco tempo nenhum biólogo era capaz de explicar por que as *baleias* (..) encalham. Segundo uma hipótese, as *baleias* (..) se suicidavam ao pressentir a morte, em razão de uma doença grave ou da própria idade, ou seja, as *baleias* (..) fariam uma eutanásia instintiva. Segundo outra, as *baleias* (..) se desorientariam por influência de tempestades ou correntes marinhas. Agora, dois pesquisadores de História Natural do Museu Britânico, com sede em Londres, encontraram uma resposta científica para o suicídio das *baleias* (..): essas *baleias* (..) são desorientadas de suas rotas em alto-mar para águas rasas do litoral, por ação de um minúsculo verme de apenas dois centímetros que se aloja no cérebro das *baleias* (..)."

(*Apud*: SUAREZ, Antônio Abreu. *Curso de redação*, 3. ed. São Paulo: Ática, 2003:124)

4.4.14. Falta de paralelismo em construções de texto

Observe o fragmento a seguir: "O acordo da Tríplice Aliança, firmado *com a Argentina, o Brasil e o Uruguai*, possuía convenções políticas, com o intuito de assegurar a paz e econômicas, devido *as despesas de guerra e com a navegação fluvial*".

Atenção: há vários problemas de construção da frase:
• na escolha do complemento do *adjetivo "firmado"* .., que só pode ser expresso como: *firmado entre um país e outros...* , no caso *"entre o Brasil, a Argentina e..."*.
• também há falta de paralelismo entre as ideias coordenadas: o texto apresenta as circunstâncias *de fim*, projetadas para o futuro (*com o intuito de*), e *as de causa*, referentes a fatos passados (*devido a*). A construção coordenativa não admite colocar no mesmo nível circunstâncias diferentes, a não ser que se assinale isso por meio de um marcador de tempo, como proporemos na correção seguinte:

Sugestão de correção:
"O acordo da Tríplice Aliança, firmado *entre o Brasil, a Argentina e o Uruguai*, estabelecia algumas convenções políticas, *com o intuito de* assegurar uma paz duradoura e outras convenções econômicas, *com o fim de custear as despesas havidas com a guerra e com a navegação fluvial*".

👁 DE OLHO VIVO PARA NÃO COMETER ERROS DE IMPROPRIEDADE SEMÂNTICA

1. A impropriedade vocabular refere-se ora à desobediência às regras gramaticais, sobretudo aquelas relacionadas à especificidade semântica, ora a problemas de contexto e, nesse caso, envolvem relações entre os interlocutores e problemas de ordem linguística, social e situacional.

2. A seleção vocabular é de grande relevância para o significado textual, já que numa interpretação todos os elementos contribuem para o significado final e nada deve ser considerado *menos importante.*

3. A escolha do léxico é sempre uma seleção entre outras possíveis, de acordo com diversos fatores presentes no ato de comunicação, fatores de ordem gramatical ou de ordem discursiva.

4. Muita atenção e cuidado na escolha do léxico evitam erros de impropriedade semântica.

4.5 Noções de texto e contexto

Vimos no item 4.1 o quão importante torna-se o contexto para a comunicação. A tal ponto que alguns admitem que também o sentido denotativo, referencial, lógico demanda um tipo de contexto situacional. Se eu disser: *O gato dela está na portaria*, posso estar me referindo ao felino – sentido denotativo – ou ao seu namorado "que é um gato" – sentido conotativo. O estudo do significado linguístico envolve sempre vocábulos em um determinado contexto, o qual esclarece os fins da comunicação interativa. Ninguém diz nada por falar, sem alguma intenção, mesmo que seja apenas informativa, sempre se expressa uma intenção.

As variadas formas de expressão assumem na língua o formato de textos que recebemos ora "de forma completa", obedecendo-se a um formato de gênero textual específico – como uma ata, um relatório, uma carta, um bilhete, uma admoestação oral... –, ou em forma de fragmentos de textos tipificados também pelos gêneros – um verso de um poema, um trecho de uma carta pessoal, uma parte de uma gravação sonora etc. Sempre se pode tentar reconstituir o sentido pelo contexto linguístico ou situacional, enfim, fragmentos apresentam sentidos incompletos, mas estão ligados a uma unidade de sentido maior que é o texto.

4.5.1 O que é texto?

Toda língua natural apresenta-se por meio de um código que possui um sistema de regras gramaticais, relativamente estáveis, que permite a comunicação. Esta mesma língua, entretanto, só pode ser apreendida por meio de produções verbais efetivas que assumem formas várias com determinadas funcionalidades, a que damos o nome de gêneros de *textos*, como um bilhete, uma carta, por exemplo, e que estão adaptadas ao uso nas diversas situações.

> Atente para a definição de texto que apresentamos a seguir: "*O Texto é a manifestação material (verbal e semiológica: oral/gráfica, gestual, icônica etc.) da encenação de um ato de comunicação, numa situação dada, para servir ao projeto de fala de um determinado locutor.*" (Charaudeau, 2008, p. 77)

Isso significa dizer que todo projeto de comunicação parte de um emissor para um receptor mediado por um instrumento a que chamamos "texto", que admite vários formatos: orais, verbais escritos, gestuais, ou formas icônicas, mas é sempre uma forma de interação com o fim de transmitir mensagens. Neste item, estamos tratando mais especificamente do texto escrito, que envolve elementos gramaticais, regulados por uma Gramática da língua com "regras" para a realização.

Assim, *texto verbal* refere-se sempre a um instrumento transmissor de mensagens, por meio de uma ou mais palavras em sequência. A significação final do texto envolve elementos de vários campos: linguísticos, sociais, psicológicos, comunicativos, o que inclui a situação e os usuários da linguagem.

Quanto à sua extensão, um texto pode ser formado por uma única palavra em situação, como o pedido de auxílio em uma situação de perigo, "Fogo!", "Socorro!", ou um conjunto de palavras que formam os vários gêneros textuais (bilhete, poema, conto, romance, ou notícia, reportagem, receita de bolo, telegrama, manual de computador etc.). Todos são reconhecidos pela sua funcionalidade e se formam por uma ou mais sequências de frases, chamadas também de modos de organização discursiva (cf. tipologia textual 2.11.6), a saber: descritivos, narrativos, dissertativo-argumentativos e injuntivos.

Seguem alguns fragmentos de textos retirados de revistas, jornais e livros, que exemplificam diferentes formas de organizarem-se as produções verbais em textos coesos e coerentes.
Leia-os e resuma a ideia central de cada fragmento.

Observação: Embora incompletos, os fragmentos dão ideia dos textos como um todo significativo que contém uma intencionalidade, característica principal de um texto como uma unidade de sentido.

1. O guarda-noturno caminha com delicadeza, para não assustar, para não acordar ninguém. Lá vão seus passos vagarosos, cadenciados, cosendo sua própria sombra com a pedra da calçada (...).

Cecília Meireles. "O anjo da noite", Quadrante.

_____

_____

_____

_____

2. A Polícia Militar entrou ontem em choque de manhã com os moradores do bairro de Realengo (zona norte do Rio) que obstruíam, das 9h às 11h, duas pistas da Avenida Brasil, principal via de acesso ao Rio. Eles protestavam contra os atropelamentos perto do CIEP Thomas Jefferson, na margem da Avenida, e pediam a construção de uma passarela para pedestres. (...)
(*Folha de S.P.* 11-03-1997)

3. Todo dia ela faz tudo sempre igual
Ela pega e me acorda às seis horas da manhã
E me diz com um sorriso pontual
E me beija com a boca de hortelã.
Cotidiano, letra e música de Chico Buarque de Hollanda.

4. Era briluz. As lesmolisas touvas
Roldavam e relviam nos gramilvos.
Estavam minsicais as pintalouvas
E os momirratos davam grilvos.
Augusto de Campos. In Lewis Carrol's *Alice no País das Maravilhas*.

5. Em casa:
– O telefone!
– Estou no banho.
– Deixe que eu atendo...

6. Numa crise como esta, você não pode se dar o luxo de ter um eletrodoméstico ruim em casa. (...) Uma Brastemp nova não tem comparação.
Texto publicitário da geladeira Brastemp, publicado na revista ELLE.

_____

_____

_____

4.5.2 Texto e textualidade

Chama-se TEXTUALIDADE ao conjunto de propriedades que uma manifestação verbal deve possuir para constituir um texto; pode-se dizer que é a textualidade que transforma qualquer sequência linguística em uma unidade de sentido, pois é ela que lhe dá coerência.

Em função disso, não é demais lembrar que não basta haver uma sequência de frases para se ter um texto; vamos examinar, por exemplo, trecho proposto por Marcuschi (In: Ingedore Koch, 1990) que não constitui um texto, no sentido que estamos tratando aqui:

> *João vai à padaria. A padaria é feita de tijolos. Os tijolos são caríssimos. Também os mísseis são caríssimos. Os mísseis são lançados no espaço.*
> *Segundo a teoria da relatividade o espaço é curvo. A geometria Rimaniana dá conta desse fenômeno.*

A sequência de frases não constitui um texto porque, embora apareçam nela todos os elementos necessários à ligação entre os termos, não é possível estabelecer entre eles uma continuidade de sentido; dizemos, então, que a passagem não é um texto, não tem coerência, por lhe faltar *textualidade*.

7. Veja esta piada de louco e diga se o narrado constitui um texto coerente.
"Um médico estava examinando os loucos de um manicômio para ver quais os que poderiam receber alta, ou poderiam acompanhar suas famílias. Vendo um que escrevia furiosamente, aproximou-se:
– Que faz aí?
– Estou escrevendo, não está vendo?

– Ah, sim, muito bem e o que é isso?
– Uma carta, ora.
– E para quem é?
– Para mim mesmo.
– Que interessante, respondeu o médico que já ia preenchendo o relatório positivo em relação ao paciente. – O que está escrito aí?
– Como vou saber? Não recebi ainda, responde o outro com naturalidade."

4.5.3 Texto, sentido e intenção comunicativa

A textualidade exige, também, a noção de contexto e/ou de situação. Qualquer falante sabe que a comunicação verbal não se realiza por meio de palavras ou frases isoladas, desligadas da situação em que são produzidas. Assim, se alguém perguntar a um passante – *Você sabe onde fica a Rua X?* –, a pergunta feita naquela situação determinada deve indicar que o interpelante não quer apenas indagar se o outro sabe a localização da rua, mas que ele está lhe pedindo informação sobre como chegar até ela. Nessa situação, a pergunta torna-se um pedido de informação, ou um auxílio. Se ele obtiver do transeunte simplesmente a resposta *"sei"*, e este continuar o seu caminho, pode-se dizer que a sequência não constituiu o texto desejado, pois não se comunicou a intenção esperada. Dizemos que, nesse caso, não houve um TEXTO interativo, funcional.

Podemos concluir que as manifestações naturais de linguagem são formas textuais, dotadas de um sentido porque visam a um fim comunicativo próprio, usadas em uma situação específica que lhe dá sentido.

Dessa forma, para se ler, interpretar ou ouvir um texto, temos que entender muito além do sentido linguístico dos termos ou das frases, devemos ser capazes de identificar possíveis intenções que são deduzidas, tanto dos elementos linguísticos gramaticalizados, como também dos implícitos que estão no contexto situacional.

👍 Saiba mais

Exemplos de alguns enunciados para os quais foram previstas uma ou mais situações, de onde podemos inferir um sentido intencional.

Diante da afirmativa *"A sopa está sem sal"*, veremos que são perfeitamente possíveis os seguintes encaminhamentos:

• *O saleiro está sobre a mesa, coloque você mesmo* → nesse caso pode-se ter a resposta da mãe para o filho, ou para o marido que está reclamando da falta de sal na sopa.

• *O seu cardiologista é que vai ficar satisfeito com essa notícia* → se for o caso de uma resposta a uma pessoa que necessita de uma dieta de sal para o coração.

Em cada uma dessas situações, teremos efeitos de sentido diferentes, conforme o contexto.

Conclusão: o texto é o produto de uma enunciação interativa, em um determinado contexto histórico e social. Somente com a descodificação das marcas linguísticas devidamente ancoradas em uma situação específica, seremos capazes de ler, compreender e interpretar devidamente os sentidos de um texto, inferidos, muitas vezes, em função de conhecimentos de mundo partilhados.

Segue um pequeno texto para interpretação. Você poderá fazer uso de conceitos de contexto, histórico e social, intenção e gênero textual.

Santo do pau oco
A expressão que designa o sujeito sonso, fingido, surgiu em Minas Gerais nos tempos do Brasil colonial. Naquela época, auge da mineração, eram muito elevados os impostos cobrados pelo rei de Portugal (...). Para escapar dos tributos, os grandes senhores colocavam ouro em pó, pedras preciosas e outras riquezas no interior de imagens ocas de santos, feitos de madeira. Aí deixavam guardadas, longe dos fiscais.
Muitas vezes nesse hábito insólito de contrabandos feitos entre Brasil e Portugal, as imagens maiores eram enviadas a parentes distantes, como se fossem presentes.
Quanta devoção, no exterior da peça, quanto pecado por dentro...
(*O pulo do gato,* Mário Cotrim, São Paulo: Geração Editorial, 2005, p. 130.)

8. Por meio de relações do texto com seu conhecimento de mundo, explique e relacione o título do texto "Santo do pau oco" e o do livro "O pulo do gato", em que o texto se encontra.

___

9. Explicite o sentido conotativo, figurado de "Santo do pau oco" aplicado a outros contextos e situações.

___

4.5.4 Texto, discurso e interação

A visão atual sobre texto, que o analisa como discurso, considera a linguagem como uma forma de se proceder a uma ação sobre o outro; o *eu* tem sempre um projeto de comunicação e de influência, para se dirigir a alguém. Essa noção derivou em parte da ideia de que para se ter um ato de comunicação é preciso haver duas pessoas empenhadas em uma interação verbal, com um objetivo comunicativo definido, e que se realiza sob certas condições.

Conclusão: desde que duas pessoas entrem em contato, há uma interação por meio do ato comunicativo, que só é possível porque se estabelece entre elas uma espécie de "contrato" social. O que vem a ser esse "contrato"? Podemos, em linhas gerais, defini-lo como o conjunto de regras e de restrições (linguísticas e psicossociais) que devem ser observadas. (Cf. Patrick Charaudeau, 2008)

> ### 👍 Saiba mais
>
> Mais exemplos de enunciados para os quais foram previstas uma ou mais situações e obediência ao "contrato":
>
> • "*Sua batata já está assando!*" – para avisar de que algo de ruim pode lhe acontecer.
>
> • "*Fuma?*" – pergunta de um médico examinando um raio-X de um paciente pode indicar que o profissional vai fazer um diagnóstico desfavorável.
>
> • "*Fuma?*" – pergunta feita por um cavalheiro a uma outra pessoa, mas em um recinto fechado, pode justificar um pedido de licença para fumar, ou o oferecimento de cigarro, ou ainda um pedido de um isqueiro.
>
> • "*Não use gatos, quem faz gato é rato, e seu vizinho é que vai pagar o pato*" – é texto cujo sentido está associado a uma campanha contra os roubos de energia elétrica (gatos).

4.5.5 Fatores necessários à interpretação de um texto

Para a boa compreensão do texto, são necessários alguns elementos:

• a *identidade* dos participantes da interação: precisamos saber *quem fala* e *a quem* se fala.

• a *finalidade* do ato em si: deve-se ter em mente o *para quê* ou o *porquê*.

• o *contrato comunicativo* que se estabelece entre eles: devemos ver *como se realiza a comunicação* ou *com que gênero de texto*.

Qualquer análise do sentido de um texto, que busca levar em conta o processo interacional, deve atentar para esses fatores, já que as regras do ritual comunicativo precisam estar bem definidas no momento da interlocução.

Parte-se, assim, do princípio de que toda enunciação de um elemento linguístico está sempre destinada a produzir um determinado significado, que deriva não só de elementos linguísticos gramaticais, mas de "valores" semânticos desses elementos e da relação entre os interlocutores, que buscam partilhar um objetivo comum ou uma intenção, por meio de gêneros textuais.

Seguem pequenos textos para interpretação.

10. Observe a situação a seguir – trata-se de uma piada, uma brincadeira, com a pronúncia dos portugueses – e explicite a importância do contexto e do gênero de texto para o entendimento dos diálogos:

Numa rua escura, o ladrão aborda um lusitano distraído:
– Pare! diz o primeiro.
– Queres jogar o "pare ou ímpare"? pergunta o outro.
– Mas isto é um assalto, mãos ao alto!
– Quê!? Ah, então, assim não jogo mais...

_____
_____
_____
_____

11. Em "A eterna imprecisão da linguagem", de Carlos Drummond de Andrade, destacamos o fragmento:

Que pão!...
Doce? De mel? De ló? De trigo? De mistura? (...)
Francês? Italiano? Alemão? (...) De forma? De minuto?
(...) Branco? Dormido? Duro? (...) Nosso de cada
dia? Ganho com o suor do rosto? Ou que o diabo
amassou?

Reconheça os contextos que dão sentido às associações feitas pelo autor e construa uma frase, uma com sentido denotativo e outra, com o conotativo, utilizando-se de dois dos elementos citados no texto.

_____
_____
_____
_____

👍 Saiba mais

1. Todo texto obedece a um *contrato* específico.

2. A linguagem não existe apenas como um meio de comunicação ou informação; importa também sua função argumentativa e persuasiva, já que por ela se busca influenciar o outro.

3. Mesmo um texto informativo acaba por formar opinião do outro, pois há sempre uma intenção persuasiva.

4. A metáfora relacionada à *teia* ou ao entrelaçamento de sentidos torna-se bem apropriada para se definir um texto em uma situação. Podemos, assim, associar o termo *texto* à ideia de *fios, tecido, laços coesivos, trama, sentidos construídos, coerência* etc. para descrever o resultado de sua qualidade fundamental – a textualidade –, que lhe dá coesão e coerência.

---

12. Identifique elementos do conhecimento de mundo partilhados pelos leitores do *Jornal do Brasil* e que permitem estabelecer a *coerência* entre o *título do texto* dado a seguir e *o significado* pretendido pela jornalista – (relação entre *título do texto* e o *conteúdo semântico*):
"TIGRESAS"
"Não teve MPB na festa de Paula Lavigne, Sra. Caetano Veloso, no último sábado: o apartamento na Vieira Souto foi tomado pelo *funk* e os convidados se acabaram de tanto rebolar. Até Marisa Monte entrou na *onda* e participou de um animado *trenzinho*. Que coisa! "
("Coluna da Danuza", *Jornal do Brasil,* Domingo, 15 de abril de 2001)

Questões do ENEM e de Vestibulares

Semelhança de sentido e contextualização
1. (ENEM) *Metáfora* – Gilberto Gil
Uma lata existe para conter algo,
Mas quando o poeta diz: "Lata"
Pode estar querendo dizer o incontível
Uma meta existe para ser um alvo,
Mas quando o poeta diz: "Meta"
Pode estar querendo dizer o inatingível
Por isso não se meta a exigir do poeta
Que determine o conteúdo em sua lata
Na lata do poeta tudo nada cabe,
Pois ao poeta cabe fazer
Com que na lata venha caber
O incabível
Deixe a meta do poeta não discuta,
Deixe a sua meta fora da disputa
Meta dentro e fora, lata absoluta
Deixe-a simplesmente metáfora.

Disponível em: http://www.letras.terra.com.br. Acesso em: 5 fev. 2009.

A metáfora é a figura de linguagem identificada pela comparação subjetiva, pela *semelhança de sentido* ou analogia entre elementos. O texto de Gilberto Gil brinca com a linguagem remetendo-nos a essa conhecida figura. O trecho em que se identifica a metáfora é:
a) "Uma lata existe para conter algo".
b) "Mas quando o poeta diz: 'Lata'".
c) "Uma meta existe para ser um alvo".
d) "Por isso não se meta a exigir do poeta".
e) "Que determine o conteúdo em sua lata".

Seleção lexical
2. (ENEM) Azeite de oliva e óleo de linhaça: uma dupla imbatível
Rico em gorduras do bem, ela combate a obesidade, dá um chega pra lá no diabete e ainda livra o coração de entraves
Ninguém precisa esquentar a cabeça caso não seja possível usar os dois óleos juntinhos, no mesmo dia. Individualmente, o duo também bate um bolão. Segundo um estudo recente do grupo EurOlive, formado por instituições de cinco países europeus, os polifenóis do azeite de oliva ajudam a frear a oxidação do colesterol LDL, considerado perigoso. Quando isso ocorre,

reduz-se o risco de placas de gordura na parede dos vasos, a temida aterosclerose – doença por trás de encrencas como o infarto.

MANARINI, T. Saúde é vital, n. 347, fev. 2012 (adaptado).

Para divulgar conhecimento de natureza científica para um público não especializado, Manarini recorre à associação entre vocabulário formal e vocabulário informal. Altera-se o grau de formalidade do segmento no texto, sem alterar o sentido da informação, com a substituição de

a) "dá um chega pra lá no diabete" por "manda embora o diabete".
b) "esquentar a cabeça" por "quebrar a cabeça".
c) "bate um bolão" por "é um show".
d) "juntinhos" por "misturadinhos".
e) "por trás de encrencas" por "causadora de problemas".

Funções da linguagem e recursos expressivos
3. (ENEM)
Texto I
Ser brotinho não é viver em um píncaro azulado; é muito mais! Ser brotinho é sorrir bastante dos homens e rir interminavelmente das mulheres, rir como se o ridículo, visível ou invisível, provocasse uma tosse de riso irresistível.

CAMPOS, Paulo Mendes. Ser brotinho. In: SANTOS, Joaquim Ferreira dos (Org.).
As cem melhores crônicas brasileiras. Rio de Janeiro: Objetiva, 2005, p. 91.

Texto II
Ser gagá não é viver apenas nos idos do passado: é muito mais! É saber que todos os amigos já morreram e os que teimam em viver são entrevados. É sorrir, interminavelmente, não por necessidade interior, mas porque a boca não fecha ou a dentadura é maior que a arcada.

FERNANDES, Millôr. Ser gagá. In: SANTOS, Joaquim Ferreira dos (Org.).
As cem melhores crônicas brasileiras. Rio de Janeiro: Objetiva, 2005, p. 225.

Os textos utilizam os mesmos recursos expressivos para definir as fases da vida, entre eles,
a) expressões coloquiais com significados semelhantes.
b) ênfase no aspecto contraditório da vida dos seres humanos.
c) recursos específicos de textos escritos em linguagem formal.
d) termos denotativos que se realizam com sentido objetivo.
e) metalinguagem que explica com humor o sentido de palavras.

Texto e contexto
4. (Unicamp) O trecho seguinte dá a entender algo diferente do que seu autor certamente quis dizer:

"Malcolm Browne, também da *Associated Press*, deveria ter impedido que o monge budista em Saigon não se imolasse, impedindo o mundo de ver o protesto em cuja foto encontrou seu maior impacto."

Caio Tulio Costa, *Folha de S. Paulo,* 17/03/1991.

a) Se tomado ao pé da letra, o que significa exatamente o trecho "... deveria ter impedido que o monge não se imolasse"?

___

___

b) Se não foi o que o autor quis dizer, que sentido pretendeu dar a esse trecho?

___

___

Nível de linguagem
5. (ENEM) Até quando?
Não adianta olhar pro céu
Com muita fé e pouca luta
Levanta aí que você tem muito protesto pra fazer
E muita greve, você pode, você deve, pode crer
Não adianta olhar pro chão
Virar a cara pra não ver
Se liga aí que te botaram numa cruz e só porque Jesus
Sofreu não quer dizer que você tenha que sofrer!

GABRIEL, O PENSADOR. *Seja você mesmo (mas não seja sempre o mesmo).* Rio de Janeiro: Sony Music, 2001 (fragmento).

As escolhas linguísticas feitas pelo autor conferem ao texto:
a) caráter atual, pelo uso de linguagem própria da internet.
b) cunho apelativo, pela predominância de imagens metafóricas.
c) tom de diálogo, pela recorrência de gírias.
d) espontaneidade, pelo uso da linguagem coloquial.
e) originalidade, pela concisão da linguagem.

Sentido de conectivos
6. (UFSM-RS) Leia com atenção os períodos abaixo:
I. *Caso haja justiça social*, haverá paz.
II. *Embora a televisão ofereça imagens reais*, ela não fornece uma reprodução fiel da realidade.
III. *Como todas as pessoas estavam concentradas*, não se escutou um único ruído.
Assinale a alternativa que apresenta, respectivamente, as ideias indicadas pelas orações destacadas:
a) tempo, concessão, comparação
b) tempo, causa, concessão
c) condição, consequência, comparação
d) condição, concessão, causa
e) concessão, causa, conformidade

Sentido e contexto
7. (FUNCAB-SESC/BA) Levando em conta o contexto em que aparecem os termos destacados das frases abaixo, assinale a alternativa em que o sinônimo apresentado é adequado.
a) "[...] os marinheiros tiveram novamente FOLGA [...]" = espaço
b) "Um olhar SUPLICANTE [...]" = irreverente
c) "VASCULHOU os bolsos o loiro sueco [...]" = investigou
d) "TOMOU da garrafa de cachaça [...]" = ingeriu
e) "[...] EMBORCOU em dois tragos [...]" = virou/tomou

Sentido denotativo e conotativo
8. (USP) Indique a alternativa em que o vocábulo *colher* está empregado em sentido figurado.
a) Em briga de marido em mulher não se põe a colher.
b) Queria uma colher bem grande para retirar o doce da panela.
c) O doutor prescreveu xarope contra a tosse: uma colher de sobremesa a cada três horas.
d) Não se deve pôr a colher suja na toalha da mesa.
e) A criança, fazendo birra, batia a colher no prato diversas vezes.

Sinonímia
9. (VUNESP-CRO/SP) Assinale a alternativa que substitui, corretamente, quanto ao sentido, as expressões destacadas em – Das musas, entidades mitológicas da Grécia Antiga, dizia-se que eram *capazes de* inspirar criações artísticas e científicas. – e – Ao dizer isso, ele jura que não é *dor de cotovelo*.
a) decididas a; displicência
b) voltadas a; remorso
c) avessas a; ressentimento
d) suscetíveis de; despeito
e) cientes de; indiferença

Sinonímia lexical, correlação de tempo
10. (ENEM) Antigamente
Acontecia o indivíduo apanhar constipação; ficando perrengue, mandava o próprio chamar o doutor e, depois, ir à botica para aviar a receita, de cápsulas ou pílulas fedorentas. Doença nefasta era a phtísica, feia era o gálico. Antigamente, os sobrados tinham assombrações, os meninos, lombrigas (...)

> Carlos Drummond de Andrade. *Poesia completa e prosa*. Rio de Janeiro: Companhia José Aguilar, p. 1.184.

O texto acima está escrito em linguagem de uma época passada. Observe uma outra versão, em linguagem atual.

Antigamente
Acontecia o indivíduo apanhar um resfriado; ficando mal, mandava o próprio chamar o doutor e, depois, ir à farmácia para aviar a receita, de cápsulas ou pílulas fedorentas. Doença nefasta era a tuberculose, feia era a sífilis. Antigamente, os sobrados tinham assombrações, os meninos, vermes (...)

Comparando-se esses dois textos, verifica-se que, na segunda versão, houve mudanças relativas a
a) vocabulário
b) construções sintáticas
c) pontuação
d) fonética
e) regência verbal

Antonímia
11. (ENEM) O açúcar
O branco açúcar que adoçará meu café
nesta manhã de Ipanema
não foi produzido por mim
nem surgiu dentro do açucareiro por milagre.

Vejo-o puro
e afável ao paladar
como beijo de moça, água
na pele, flor
que se dissolve na boca. Mas este açúcar
não foi feito por mim.

Este açúcar veio
da mercearia da esquina e tampouco o fez o Oliveira, [dono da mercearia].
Este açúcar veio
de uma usina de açúcar em Pernambuco
ou no Estado do Rio
e tampouco o fez o dono da usina.

Este açúcar era cana
e veio dos canaviais extensos
que não nascem por acaso
no regaço do vale.

(...)
Em usinas escuras,
homens de vida amarga
e dura
produziram este açúcar
branco e puro
com que adoço meu café esta manhã em Ipanema.

Ferreira Gullar. *Toda Poesia*. Rio de Janeiro: José Olympio.

A antítese que configura uma imagem da divisão social do trabalho na sociedade brasileira é expressa poeticamente na oposição entre a doçura do branco açúcar e
a) o trabalho do dono da mercearia de onde veio o açúcar.
b) o beijo de moça, a água na pele e a flor que se dissolve na boca.
c) o trabalho do dono do engenho em Pernambuco, onde se produz o açúcar.
d) a beleza dos extensos canaviais que nascem no regaço do vale.
e) o trabalho dos homens de vida amarga em usinas escuras.

Sinonímia, mal-entendidos, efeitos de humor
12. (ENEM) – Dúvida
"Dois compadres viajavam de carro por uma estrada de fazenda quando um bicho cruzou a frente do carro. Um dos compadres falou:
— Passou um largato ali!
O outro perguntou:
— Largato ou lagarto?
O primeiro respondeu:
— Num sei não, o bicho passou muito rápido."

Piadas coloridas. Rio de Janeiro: Gênero, 2006.

Na piada, a quebra de expectativa contribui para produzir o efeito de humor. Esse efeito ocorre porque um dos personagens
a) reconhece a espécie do animal avistado.
b) tem dúvida sobre a pronúncia do nome do réptil.
c) desconsidera o conteúdo linguístico da pergunta.
d) constata o fato de um bicho cruzar a frente do carro.
e) apresenta duas possibilidades de sentido para a mesma palavra.

Sentido lexical e uso de gêneros textuais
(Unesp) Para responder às questões de 13 a 15, leia o seguinte verbete do *Dicionário de comunicação* de Carlos Alberto Rabaça e Gustavo Barbosa:
CRÔNICA Texto jornalístico desenvolvido de forma livre e pessoal, a partir de fatos e acontecimentos da atualidade, com teor literário, político, esportivo, artístico, de amenidades etc. Segundo Muniz Sodré e Maria Helena Ferrari, a crônica é um meio-termo entre o jornalismo e a literatura: "do primeiro, aproveita o interesse pela atualidade informativa, da segunda imita o projeto de ultrapassar os simples fatos". O ponto comum entre a crônica e a notícia ou a reportagem é que o cronista, assim como o repórter, não prescinde do acontecimento. Mas, ao contrário deste, ele "paira" sobre os fatos, "fazendo com que se destaque no texto o enfoque pessoal (onde entram juízos implícitos e explícitos) do autor". Por outro lado, o editorial difere da crônica, pelo fato de que, nesta, o juízo de valor se confunde com os próprios fatos expostos, sem o dogmatismo do editorial, no qual a opinião do autor (representando a opinião da empresa jornalística) constitui o eixo do texto.

Dicionário de comunicação[1], 1978.

13. Segundo o verbete, uma característica comum à crônica e à reportagem é
a) a relação direta com o acontecimento.
b) a interpretação do acontecimento.
c) a necessidade de noticiar de acordo com a filosofia do jornal.
d) o desejo de informar realisticamente sobre o ocorrido.
e) o objetivo de questionar as causas sociais dos fatos.

14. De acordo com o verbete, o editorial representa sempre
a) o julgamento dos leitores.
b) a opinião do repórter.
c) a crítica a um fato político.
d) a resposta a outros veículos de comunicação.
e) o ponto de vista da empresa jornalística.

---

[1] Consulte também: *Dicionário essencial de comunicação*, Carlos Alberto Rabaça & Gustavo Guimarães Barbosa – versão atualizada – Lexikon, 2014.

15. O termo "dogmatismo", no contexto do verbete, significa:
a) desprezo aos acontecimentos da atualidade.
b) obediência à constituição e às leis do país.
c) ausência de ideologia nas manifestações de opinião.
d) opiniões assumidas como verdadeiras e imutáveis.
e) conjunto de verdades religiosas

Sinonímia e registro de linguagem: formal e informal
16. (UNESP) A questão seguinte toma por base a crônica do escritor e blogueiro Antonio Prata (1977-):
Pensar em nada
(*A maravilha da corrida: basta colocar um pé na frente do outro.*)

Assim como numa família de atletas um garoto deve encontrar certa resistência ao começar a fumar, fui motivo de piada entre alguns parentes – quase todos intelectuais – quando souberam que eu estava correndo. "O esporte é bom pra gente", disse minha avó, num almoço de domingo. "Fortalece o corpo e emburrece a mente."
Hoje, dez anos depois daquele almoço, tenho certeza de que ela estava certa. O esporte emburrece a mente e o mais emburrecedor de todos os esportes inventados pelo homem é, sem sombra de dúvida, a corrida – por isso que eu gosto tanto.
Antes que o primeiro corredor indignado atire um tênis em minha direção (número 42, pisada pronada, por favor), explico-me.
É claro que o esporte é fundamental em nossa formação. Não entendo lhufas de pedagogia ou pediatria, mas imagino que jogos e exercícios ajudem a formar a coordenação motora, a percepção espacial, a lógica e os reflexos e ainda tragam mais outras tantas benesses ao conjunto psico-moto-neuro-blá-blá-blá (...)
Antonio Prata. "Pensar em nada". *Runner's World*, n. 7, São Paulo: Editora Abril, maio, 2009.

Ao empregar *lhufas* em "Não entendo lhufas de pedagogia ou pediatria (...)", o cronista poderia ter também empregado outros vocábulos ou expressões que correspondem à mesma acepção.
Assinale a única alternativa em que a substituição não é pertinente, pois alteraria o sentido da frase:
a) Não entendo bulhufas de pedagogia ou pediatria.
b) Não entendo patavina de pedagogia ou pediatria.
c) Não entendo muita coisa de pedagogia ou pediatria.
d) Não entendo coisa alguma de pedagogia ou pediatria.
e) Não entendo nada de pedagogia ou pediatria.

Sinonímia lexical
17. (USP) A parte destacada na frase "autores *lançam mão* da publicação independente" pode ser corretamente substituída por um sinônimo em:
a) se valem pela
b) recorrem à
d) se servem com a
d) utilizam da

Denotação e linguagem formal
18. (USP) Em linguagem formal e denotativa, própria da comunicação escrita oficial, está adequado o emprego do verbo destacado apenas na frase:
a) Nova portaria permitirá que os funcionários *cresçam* a quantidade de horas extras a serem cumpridas no mês.
b) Os dados de sua última carta *denunciam* a competência do diretor para solucionar o excesso de faltas.
c) O funcionário mais qualificado em língua portuguesa será o encarregado de *lavrar* a próxima ata.
d) Informamos que a festa programada pelos alunos foi aprovada e será *regada* a samba e pagode.

Correção de formas e correlação de sentidos
19. (USP) Se o conhecido provérbio que relaciona a personalidade das pessoas com suas companhias for adaptado para a relação entre personalidade e preferências de leitura, a frase correta será:
a) Diz-me o que lês e te direi quem você é.
b) Digas-me o que lês e te direi quem és.
c) Dize-me o que lê e lhe direi quem és.
d) Diga-me o que lê e lhe direi quem você é.

Uso e sentido de item gramatical como recurso expressivo
20. (ENEM) "Com Niciga, parar de fumar fica muito mais fácil"
1. Fumar aumenta o número de receptores do seu cérebro que se ativam com nicotina.
2. Se você interrompe o fornecimento de uma vez, eles enlouquecem e você sente os desagradáveis sintomas da falta do cigarro.
3. Com seus adesivos transdérmicos, Niciga libera nicotina terapêutica de forma controlada no seu organismo, facilitando o processo de parar de fumar e ajudando a sua força de vontade.
Com Niciga, você tem o dobro de chances de parar de fumar.

Revista *Época*, 24 nov. 2008 (adaptado).

Para convencer o leitor, o anúncio emprega como recurso expressivo, principalmente:

a) as rimas entre Niciga e nicotina.
b) o uso de metáforas como 'força de vontade".
c) a repetição enfática de termos semelhantes como "fácil" e "facilidade".
d) a utilização dos pronomes de segunda pessoa, que fazem um apelo direto ao leitor.
e) a informação sobre as consequências do consumo do cigarro para amedrontar o leitor.

Sinonímia e adequação lexical

21. (VUNESP-SAEG) A frase – *Os maiores aquíferos subterrâneos estão sendo exauridos em níveis alarmantes* – indica que os aquíferos

a) proliferam-se assustadoramente.
b) esgotam-se inquietantemente.
c) esvaem-se paulatinamente.
d) normalizam-se eficientemente.
e) dissipam-se criteriosamente.

Funções da linguagem

22. (ENEM) Dados preliminares divulgados por pesquisadores da Universidade Federal do Pará (UFPA) apontaram água potável do planeta. Com volume estimado em 86.000 quilômetros cúbicos de água doce, a reserva subterrânea está localizada sob os estados do Amazonas, Pará e Amapá. – Essa quantidade de água seria suficiente para abastecer a população mundial durante 500 anos, diz Milton Matta. Em termos comparativos, Alter do Chão tem quase o dobro do volume de água do Aquífero Guarani (com 45.000 quilômetros cúbicos). Até então, Guarani era a maior reserva subterrânea do mundo, distribuída por Brasil, Argentina, Paraguai e Uruguai.

Revista *Época*, n. 623, 26 abr. 2010.

Essa notícia, publicada em uma revista de grande circulação, apresenta resultados de uma pesquisa científica realizada por uma universidade brasileira. Nessa situação específica de comunicação, a função referencial da linguagem predomina, porque o autor do texto prioriza:

a) as suas opiniões, baseadas em fatos.
b) os aspectos objetivos e precisos.
c) os elementos de persuasão do leitor.
d) os elementos estéticos na construção do texto.
e) os aspectos subjetivos da mencionada pesquisa.

23. (ENEM) Leia com atenção o texto:

[Em Portugal], você poderá ter alguns probleminhas se entrar numa loja de roupas desconhecendo certas sutilezas da língua. Por exemplo, não adianta pedir para ver os ternos — peça para ver os fatos. Paletó é casaco. Meias são peúgas. Suéter é camisola — mas não se assuste, porque **calcinhas** femininas são cuecas. (Não é uma delícia?) (Ruy Castro. *Viaje Bem*. Ano VIII, nº 3, 78.)

O texto destaca a diferença entre o português do Brasil e o de Portugal quanto

a) ao vocabulário   b) à derivação   c) à pronúncia   d) ao gênero   e) à sintaxe

A seleção vocabular
24. (ENEM)
Gerente — Boa tarde. Em que eu posso ajudá-lo?
Cliente — Estou interessado em financiamento para compra de veículo.
Gerente — Nós dispomos de várias modalidades de crédito. O senhor é nosso cliente?
Cliente — Sou Júlio César Fontoura, também sou funcionário do banco.
Gerente — Julinho, é você, cara? Aqui é a Helena! Cê tá em Brasília? Pensei que você inda tivesse na agência de Uberlândia! Passa aqui pra gente conversar com calma.
BORTONI-RICARDO, S. M. *Educação em língua materna*. São Paulo: Parábola, 2004 (adaptado).

Na representação escrita da conversa telefônica entre a gerente do banco e o cliente, observa-se que a maneira de falar da gerente foi alterada de repente devido
a) à adequação de sua fala à conversa com um amigo, caracterizada pela informalidade.
b) à iniciativa do cliente em se apresentar como funcionário do banco.
c) ao fato de ambos terem nascido em Uberlândia (Minas Gerais).
d) à intimidade forçada pelo cliente ao fornecer seu nome completo.
e) ao seu interesse profissional em financiar o veículo de Júlio.

Neologismo e sentido
25. (ENEM) Carnavália
Repique tocou
O surdo escutou
E o meu corasamborim
Cuíca gemeu, será que era meu, quando ela passou por mim?

No terceiro verso, o vocábulo *"corasamborim"*, que é a junção coração + samba + tamborim, refere-se, ao mesmo tempo, a elementos que compõem uma escola de samba e à situação emocional em que se encontra o autor da mensagem, com o coração no ritmo da percussão. Essa palavra corresponde a um(a)
a) estrangeirismo, uso de elementos linguísticos originados em outras línguas e representativos de outras culturas.
b) neologismo, criação de novos itens linguísticos, pelos mecanismos que o sistema da língua disponibiliza.
c) gíria, que compõe uma linguagem originada em determinado grupo social e que pode vir a se disseminar em uma comunidade mais ampla.
d) regionalismo, por ser palavra característica de determinada área geográfica.
e) termo técnico, dado que designa elemento de área específica de atividade.

Adequação lexical
26. (ENEM)
"Iscute o que tô dizendo,
Seu dotô, seu coroné:
De fome tão padecendo
Meus fio e minha muié.
Sem briga, questão nem guerra,
Meça desta grande terra
Umas tarefa pra eu!
Tenha pena do agregado
Não me dêxe deserdado
Daquilo que Deus me deu".

> Patativa do Assaré. A terra é naturá. In: *Cordéis e outros poemas*. Fortaleza: Universidade Federal do Ceará, 2008 (fragmento).

A partir da análise da linguagem utilizada no poema, infere-se que o eu lírico revela-se como falante de uma variedade linguística específica. Esse falante, em seu grupo social, é identificado como um falante:
a) escolarizado proveniente de uma metrópole.
b) sertanejo morador de uma área rural.
c) idoso que habita uma comunidade urbana.
d) escolarizado que habita uma comunidade do interior do país.
e) estrangeiro que imigrou para uma comunidade do sul do país.

Língua e identidade nacional
27. (ENEM) Entre ideia e tecnologia
O grande conceito por trás do Museu da Língua é apresentar o idioma como algo vivo e fundamental para o entendimento do que é ser brasileiro. Se nada nos define com clareza, a forma como falamos o português nas mais diversas situações cotidianas é talvez a melhor expressão da brasilidade.

> SCARDOVELI, E. *Revista Língua Portuguesa*. São Paulo: Segmento, Ano II, nº 6, 2006.

O texto propõe uma reflexão acerca da Língua Portuguesa, ressaltando para o leitor a
a) inauguração do museu e o grande investimento em cultura no país.
b) importância da língua para a construção da identidade nacional.
c) afetividade tão comum ao brasileiro, retratada através da língua.
d) relação entre o idioma e as políticas públicas na área de cultura.
e) diversidade étnica e linguística existente no território nacional.

Adequação espacial
28. (ENEM) MANDIOCA — mais um presente da Amazônia
Aipim, castelinha, macaxeira, maniva, maniveira. As designações da *Manihot utilissima* podem variar de região, no Brasil, mas uma delas deve ser levada em conta em todo o território nacional: pão-de-pobre — e por motivos óbvios. Rica em fécula, a mandioca — uma planta rústica e nativa da Amazônia disseminada no mundo inteiro, especialmente pelos colonizadores portugueses — é a base de sustento de muitos brasileiros e o único alimento disponível para mais de 600 milhões de pessoas em vários pontos do planeta, e em particular em algumas regiões da África.

O melhor do Globo Rural. Fev. 2005 (fragmento).

De acordo com o texto, há no Brasil uma variedade de nomes para a *Manihot utilissima*, nome científico da mandioca. Esse fenômeno revela que
a) existem variedades regionais para nomear uma mesma espécie de planta.
b) mandioca é nome específico para a espécie existente na região amazônica.
c) "pão-de-pobre" é designação específica para a planta da região amazônica.
d) os nomes designam espécies diferentes da planta, conforme a região.
e) a planta é nomeada conforme as particularidades que apresenta.

Normas do português brasileiro
29. (ENEM) Motivadas ou não historicamente, normas prestigiadas ou estigmatizadas pela comunidade sobrepõem-se ao longo do território, seja numa relação de oposição, seja de complementaridade, sem, contudo, anular a interseção de usos que configuram uma norma nacional distinta da do português europeu. Ao focalizar essa questão, que opõe não só as normas do português de Portugal às normas do português brasileiro, mas também as chamadas normas cultas locais às populares ou vernáculas, deve-se insistir na ideia de que essas normas se consolidaram em diferentes momentos da nossa história e que só a partir do século XVIII se pode começar a pensar na bifurcação das variantes continentais, ora em consequência de mudanças ocorridas no Brasil, ora em Portugal, ora, ainda, em ambos os territórios.

CALLOU, D. Gramática, variação e normas. In: VIEIRA, S. R.; BRANDÃO, S. (Orgs).
Ensino de gramática: descrição e uso. São Paulo: Contexto, 2007 (adaptado).

O português do Brasil não é uma língua uniforme. A variação linguística é um fenômeno natural, ao qual todas as línguas estão sujeitas. Ao considerar as variedades linguísticas, o texto mostra que as normas podem ser aprovadas ou condenadas socialmente, chamando a atenção do leitor para a
a) desconsideração da existência das normas populares pelos falantes da norma culta.
b) difusão do português de Portugal em todas as regiões do Brasil só a partir do século XVIII.

c) existência de usos da língua que caracterizam uma norma nacional do Brasil, distinta da de Portugal.
d) inexistência de normas cultas locais e populares ou vernáculas em um determinado país.
e) necessidade de se rejeitar a ideia de que os usos frequentes de uma língua devem ser aceitos.

Adequação temporal
30. (ENEM) Texto I – Antigamente

Antigamente, os pirralhos dobravam a língua diante dos pais e se um se esquecia de arear os dentes antes de cair nos braços de Morfeu, era capaz de entrar no couro. Não devia também se esquecer de lavar os pés, sem tugir nem mugir. Nada de bater na cacunda do padrinho, nem de debicar os mais velhos, pois levava tunda. Ainda cedinho, aguava as plantas, ia ao corte e logo voltava aos penates. Não ficava mangando na rua, nem escapulia do mestre, mesmo que não entendesse patavina da instrução moral e cívica. O verdadeiro smart calçava botina de botões para comparecer todo liró ao copo d'água, se bem que no convescote apenas lambiscasse, para evitar flatos. Os bilontras é que eram um precipício, jogando com pau de dois bicos, pelo que carecia muita cautela e caldo de galinha. O melhor era pôr as barbas de molho diante de um treteiro de topete, depois de fintar e engambelar os coiós, e antes que se pusesse tudo em pratos limpos, ele abria o arco.

ANDRADE, C. D. *Poesia e prosa*. Rio de Janeiro: Nova Aguilar, 1983 (fragmento).

TEXTO II – Palavras do arco da velha

Expressão	Significado
Cair nos braços de Morfeu	Dormir
Debicar	Zombar, ridicularizar
Tunda	Surra
Mangar	Escarnecer, caçoar
Tugir	Murmurar
Liró	Bem-vestido
Copo d'água	Lanche oferecido pelos amigos
Convescote	Piquenique
Bilontra	Velhaco
Treteiro de topete	Tratante atrevido
Abrir o arco	Fugir

FIORIN, J. L. As línguas mudam. In: *Revista Língua Portuguesa*, n. 24, out. 2007 (adaptado).

Na leitura do fragmento do texto *Antigamente* constata-se, pelo emprego de palavras obsoletas, que itens lexicais outrora produtivos não mais o são no português brasileiro atual. Esse fenômeno revela que

a) a língua portuguesa de antigamente carecia de termos para se referir a fatos e coisas do cotidiano.
b) o português brasileiro se constitui evitando a ampliação do léxico proveniente do português europeu.
c) a heterogeneidade do português leva a uma estabilidade do seu léxico no eixo temporal.
d) o português brasileiro apoia-se no léxico inglês para ser reconhecido como língua independente.
e) o léxico do português representa uma realidade linguística variável e diversificada.

Adequação ao tempo e aos interlocutores
31. (ENEM) Em bom português
No Brasil, as palavras envelhecem e caem como folhas secas. Não é somente pela gíria que a gente é apanhada (aliás, já não se usa mais a primeira pessoa, tanto do singular como do plural: tudo é "a gente"). A própria linguagem corrente vai-se renovando e a cada dia uma parte do léxico cai em desuso.
Minha amiga Lila, que vive descobrindo essas coisas, chamou minha atenção para os que falam assim:
— Assisti a uma fita de cinema com um artista que representa muito bem.
Os que acharam natural essa frase, cuidado! Não saberão dizer que viram um filme com um ator que trabalha bem. E irão ao banho de mar em vez de ir à praia, vestido de roupa de banho em vez de biquíni, carregando guarda-sol em vez de barraca. Comprarão um automóvel em vez de comprar um carro, pegarão um defluxo em vez de um resfriado, vão andar no passeio em vez de passear na calçada. Viajarão de trem de ferro e apresentarão sua esposa ou sua senhora em vez de apresentar sua mulher.

Sabino, *Folha de S. Paulo*, 13 abr. 1984 (adaptado).

A língua varia no tempo, no espaço e em diferentes classes socioculturais. O texto exemplifica essa característica da língua, evidenciando que
a) o uso de palavras novas deve ser incentivado em detrimento das antigas.
b) a utilização de inovações no léxico é percebida na comparação de gerações.
c) o emprego de palavras com sentidos diferentes caracteriza diversidade geográfica.
d) a pronúncia e o vocabulário são aspectos identificadores da classe social a que pertence o falante.
e) o modo de falar específico de pessoas de diferentes faixas etárias é frequente em todas as regiões.

Relação de antonímia

32. (FATEC-SP) Indique a frase em que as palavras mantêm a mesma relação de sentido que há entre:

Estranho e conhecido (caso de antonímia)

a) A participação de nosso grupo provoca sentimentos de *segurança* e *bem-estar*.
b) No outro extremo, o estrangeiro provoca a nossa *desconfiança*, por vezes, o nosso *medo*.
c) Sentimos que aqueles que nos *conhecem* são também capazes de *ignorar* o que temos de melhor conosco.
d) As situações novas são mais *atraentes* e *provocantes*.
e) Sonhamos com o *país distante, a terra prometida*, onde podemos realizar nossos desejos.

Relação de sinonímia

33. (FUVEST-SP) Observe os provérbios:
– Uma andorinha só não faz verão.
– Nem tudo que reluz é ouro.
– Quem semeia ventos colhe tempestade.
– Quem não tem cão caça com gato.

As ideias centrais dos provérbios acima são, na ordem:
a) solidariedade, aparência, vingança, dissimulação
b) cooperação, aparência, punição, adaptação
c) egoísmo, ambição, vingança, falsificação
d) cooperação, ambição, consequência, dissimulação
e) solidão, prudência, punição, adaptação

Formação de palavra por parassíntese

34. (USP) A parassíntese é um processo de formação de palavras que consiste em derivar uma palavra mediante o acréscimo simultâneo, a um dado radical, de prefixo e sufixo. Um exemplo desse processo ocorre no texto, na seguinte palavra:
a) enriquecer   b) informações   c) desmascarado   d) recentemente

Sentido e adequação lexical

35. (USP) Por ter sido extraído de uma revista de variedades, o texto tem marcas que são mais frequentes na linguagem coloquial ou metafórica, como se pode comprovar, respectivamente, pelas expressões destacadas nos seguintes trechos:
a) "em meio a uma *pilha de originais*"; "a tendência está em *franca expansão*".
b) "publicar um livro é uma *epopeia*"; "junto com o *boca a boca* dos autores".
c) "*Só que* outras formas de se publicar um livro"; "o *funil editorial*, a maior prova, já foi ultrapassado".
d) "E as *redes sociais* e vendas *online* são"; "até quanto querem ganhar por *exemplar*".

Adequação ao código linguístico

36. (USP) Considere as seguintes frases extraídas de documentos em linguagem oficial:
I. Solicitamos que divulgue para os funcionários de seu setor alguns fundamentos básicos da civilidade e da polidez.
II. Estamos aproveitando a oportunidade que se nos apresenta para poder levar a seu conhecimento que será feita uma remodelação em nosso setor.
III. Informamos que, por decisão superior, está proibida, a partir dessa data, a colocação de cartazes anunciando festas em postes e pontos de ônibus.
Pode-se apontar nessas frases, respectivamente, os seguintes defeitos de redação:
a) pleonasmo vicioso; prolixidade; ambiguidade.
b) desvio gramatical; laconismo; pleonasmo vicioso.
c) linguagem informal; prolixidade; desvio gramatical.
d) laconismo; linguagem informal; ambiguidade.

Sentido metafórico

37. (USP-SP) A palavra "arroz" está empregada no sentido conotativo na frase:
a) O arroz-doce foi servido em um prato bonito.
b) O arroz, moldado em forma de pirâmide, era servido com as carnes.
c) Na borda da travessa, traçadas com grãos de arroz, suas iniciais.
d) Saudaram os noivos com punhados de arroz.
e) Ele, sim, arroz de festa, não perdia uma comemoração.

Antonímia e sentido

38. (VUNESP-Câmara Municipal de São Carlos) Considere o trecho:
Eu a acompanho desde a geração de Dircinha e Linda Batista, Aracy de Almeida, Blecaute, Dolores Duran. Hoje em dia, a riqueza cultural e musical do Brasil é imensa. É como o [Rio] Amazonas e suas confluências. Por exemplo, a música erudita alemã, dodecafônica, atonal, foi combinada com a percussão popular. E há uma infinidade de misturas, como o *funk*, o *hip-hop*, o *rap*...
Nesse contexto, são antônimos os termos
a) cultural e musical
b) confluências e misturas
c) riqueza e misturas
d) erudita e popular
e) riqueza e infinidade

Linguagem formal e informal

39. (ENEM) Embora particularidades na produção mediada pela tecnologia aproximem a escrita da oralidade, isso não significa que as pessoas estejam escrevendo errado. Muitos buscam, tão somente, adaptar o uso da linguagem ao suporte utilizado: "O contexto é que define o registro de língua. Se existe um limite de espaço, naturalmente, o sujeito irá usar mais abreviaturas, como faria no papel", afirma um professor do Departamento de Linguagem e

Tecnologia do Cefet-MG. Da mesma forma, é preciso considerar a capacidade do destinatário de interpretar corretamente a mensagem emitida.

No entendimento do pesquisador, a escola, às vezes, insiste em ensinar um registro utilizado apenas em contextos específicos, o que acaba por desestimular o aluno, que não vê sentido em empregar tal modelo em outras situações. Independentemente dos aparatos tecnológicos da atualidade, o emprego social da língua revela-se muito mais significativo do que seu uso escolar, conforme ressalta a diretora de Divulgação Científica da UFMG: "A dinâmica da língua oral está sempre presente. Não falamos ou escrevemos da mesma forma que nossos avós". Some-se a isso o fato de os jovens se revelarem os principais usuários das novas tecnologias, por meio das quais conseguem se comunicar com facilidade. A professora ressalta, porém, que as pessoas precisam ter discernimento quanto às distintas situações, a fim de dominar outros códigos e seus usos adequados.

SILVA JR., M.G.; FONSECA, V. *Revista Minas Faz Ciência*, n. 51, set.-nov. 2012 (adaptado).

Na esteira do desenvolvimento das tecnologias de informação e de comunicação, usos particulares da escrita foram surgindo. Diante dessa nova realidade, segundo o texto, cabe à escola levar o aluno a

a) interagir por meio da linguagem formal no contexto digital.
b) buscar alternativas para estabelecer melhores contatos on-line.
c) adotar o uso de uma mesma norma nos diferentes suportes tecnológicos.
d) desenvolver habilidades para compreender os textos postados na web.
e) perceber as especificidades das linguagens em diferentes ambientes digitais.

Sentido e linguagem figurada

40. (ENEM 2009) "Oximoro, ou paradoxismo, é uma figura de retórica em que se combinam palavras de sentido oposto (antônimos) que parecem excluir-se mutuamente, mas que, no contexto, reforçam a expressão".

Dicionário eletrônico Houaiss da língua portuguesa.

Considerando a definição apresentada, o fragmento poético da obra *Cantares*, de Hilda Hilst, publicada em 2004, em que pode ser encontrada a referida figura de retórica é:

a) "Dos dois contemplo
   rigor e fixidez
   Passado e sentimento
   me contemplam" (p. 91).

b) "De sol e lua
   De fogo e vento
   Te enlaço" (p. 101).

c) "Areia, vou sorvendo
A água do teu rio" (p. 93).

d) "Ritualiza a matança
de quem só te deu a vida.
E me deixa viver
nessa que morre" (p. 62).

e) "O bisturi e o verso
Dois instrumentos
entre as minhas mãos" (p. 95).

Argumentação por oposição de sentido
41. (ENEM) "A gentileza é algo difícil de ser ensinado e vai muito além da palavra educação. Ela é difícil de ser encontrada, mas fácil de ser identificada, e acompanha pessoas generosas e desprendidas, que se interessam em contribuir para o bem do outro e da sociedade. É uma atitude desobrigada, que se manifesta nas situações cotidianas e das maneiras mais prosaicas".

Disponível em: http://www.abqv.org.br. Acesso em: 22 jun. 2006 (adaptado).

No texto, menciona-se que a gentileza extrapola as regras de boa educação. A argumentação construída:
a) Apresenta fatos que estabelecem entre si relações de causa e de consequência.
b) Descreve condições para a ocorrência de atitudes educadas.
c) Indica a finalidade pela qual a gentileza pode ser praticada.
d) Enumera fatos sucessivos em uma relação temporal.
e) Mostra oposição e acrescenta ideias.

Interpretação de recurso estilístico
42. (ENEM) Jogar limpo
Argumentar não é ganhar uma discussão a qualquer preço. Convencer alguém de algo é, antes de tudo, uma alternativa à prática de ganhar uma questão no grito ou na violência física – ou não física. Não física, dois-pontos. Um político que mente *descaradamente* pode cativar eleitores. Uma publicidade que joga baixo pode constranger multidões a consumir um produto danoso ao ambiente. Há manipulações psicológicas não só na religião. E é comum pessoas agirem emocionalmente, porque vítimas de ardilosa – e cangoteira – sedução. Embora a eficácia a todo preço não seja argumentar, tampouco se trata de admitir só verdades científicas – formar opinião apenas depois de ver a demonstração e as evidências, como a ciência faz. Argumentar é matéria da vida cotidiana, uma forma de retórica, mas é um racio-

cínio que tenta convencer sem se tornar mero cálculo manipulativo, e pode ser rigoroso sem ser científico.

No fragmento, opta-se por uma construção linguística bastante diferente em relação aos padrões normalmente empregados na escrita. Trata-se da frase "Não física, dois-pontos". Nesse contexto, a escolha por se representar por extenso o sinal de pontuação que deveria ser utilizado

a) enfatiza a metáfora de que o autor se vale para desenvolver seu ponto de vista sobre a arte de argumentar.
b) diz respeito a um recurso de metalinguagem, evidenciando as relações e as estruturas presentes no enunciado.
c) é um recurso estilístico que promove satisfatoriamente a sequenciação de ideias, introduzindo apostos exemplificativos.
d) ilustra a flexibilidade na estruturação do gênero textual, a qual se concretiza no emprego da linguagem conotativa.
e) prejudica a sequência do texto, provocando estranheza no leitor ao não desenvolver explicitamente o raciocínio a partir de argumentos.

43. (ENEM) Futebol: "A rebeldia é que muda o mundo"
Conheça a história de Afonsinho, o primeiro jogador do futebol brasileiro a derrotar a cartolagem e a conquistar o Passe Livre, há exatos 40 anos

Pelé estava se aposentando pra valer pela primeira vez, então com a camisa do Santos (porque depois voltaria a atuar pelo New York Cosmos, dos Estados Unidos), em 1972, quando foi questionado se, finalmente, sentia-se um homem livre. O Rei respondeu sem titubear:
— Homem livre no futebol só conheço um: o Afonsinho. Este sim pode dizer, usando as suas palavras, que deu o grito de independência ou morte. Ninguém mais. O resto é conversa.
Apesar de suas declarações serem motivo de chacota por parte da mídia futebolística e até dos torcedores brasileiros, o Atleta do Século acertou. E provavelmente acertaria novamente hoje.
Pela admiração por um de seus colegas de clube daquele ano. Pelo reconhecimento do caráter e personalidade de um dos jogadores mais contestadores do futebol nacional. E principalmente em razão da história de luta – e vitória – de Afonsinho sobre os cartolas.
ANDREUCCI, R. Disponível em: http://carosamigos.terra.com.br. Acesso em: 19 ago 2011.

O autor utiliza marcas linguísticas que dão ao texto um caráter informal. Uma dessas marcas é identificada em:
a) "[...] o Atleta do Século acertou."
b) "O Rei respondeu sem titubear [...]".

c) "E provavelmente acertaria novamente hoje."
d) "Pelé estava se aposentando pra valer pela primeira vez [...]".
e) "Pela admiração por um de seus colegas de clube daquele ano."

Funções da linguagem
44. (ENEM) "Pequeno concerto que virou canção"
Não, não há por que mentir ou esconder
A dor que foi maior do que é capaz meu coração
Não, nem há por que seguir cantando só para explicar
Não vai nunca entender de amor quem nunca soube amar
Ah, eu vou voltar pra mim
Seguir sozinho assim
Até me consumir ou consumir toda essa dor
Até sentir de novo o coração capaz de amor
   VANDRÉ, G. Disponível em: http://www.letras.terra.com.br. Acesso em: 29 jun. 2011.

Na canção de Geraldo Vandré, tem-se a manifestação da função poética da linguagem, percebida na elaboração artística e criativa da mensagem, por meio de combinações sonoras e rítmicas. Pela análise do texto, entretanto, percebe-se, também, a presença marcante da função emotiva ou expressiva, por meio da qual o emissor
a) imprime à canção as marcas de sua atitude pessoal, seus sentimentos.
b) transmite informações objetivas sobre o tema de que trata a canção.
c) busca persuadir o receptor da canção a adotar um certo comportamento.
d) procura explicar a própria linguagem que utiliza para construir a canção.
e) objetiva verificar ou fortalecer a eficiência da mensagem veiculada.

Registro linguístico e adequação de gêneros textuais
45. (ENEM) "Fraudador é preso por emitir atestados com erro de português"
Mais um erro de português leva um criminoso às mãos da polícia. Desde 2003, M.O.P., de 37 anos, administrava a empresa MM, que falsificava boletins de ocorrência, carteiras profissionais e atestados de óbito, tudo para anular multas de trânsito. Amparado pela documentação fajuta de M.O.P, um motorista poderia alegar, por exemplo, às Juntas Administrativas de Recursos de Infrações que ultrapassou o limite de velocidade para levar um parente que passou mal e morreu a caminho do hospital.
O esquema funcionou até setembro, quando M.O.P. foi indiciado. Atropelara a gramática. Havia emitido um atestado de abril do ano passado em que estava escrito aneurisma "celebral" (com l no lugar de r) e "insulficiência" múltipla de órgãos (com um l desnecessário em "insulficiência" – além do fato de a expressão médica adequada ser "falência múltipla de órgãos").
M.O.P. foi indiciado pela 2ª Delegacia de Divisão de Crimes de Trânsito. Na casa do acusado,

em São Miguel Paulista, zona leste de São Paulo, a polícia encontrou um computador com modelos desses documentos.

Língua Portuguesa, n. 12, set. 2006 (adaptado).

O texto apresentado trata da prisão de um fraudador que emitia documentos falsos com erros de escrita. Tendo em vista o assunto, a organização do texto, bem como os recursos linguísticos, depreende-se que se trata de um(a)
a) conto, porque discute problemas existenciais e sociais de um fraudador.
b) notícia, porque relata fatos que resultaram no indiciamento de um fraudador.
c) crônica, porque narra o imprevisto que levou a polícia a prender um fraudador.
d) editorial, porque opina sobre aspectos linguísticos dos documentos redigidos por um fraudador.
e) piada, porque narra o fato engraçado de um fraudador descoberto pela polícia por causa de erros de grafia.

Sentido e contexto
46. (FUNRIO-INSS) "De noite, foi de doer na alma. Eles, apenas eles, ali trepados, cercados de água, no maior abandono do mundo. Uma luz não havia, um sinal de comunicação não havia. Só água. Muitas casas estavam completamente encobertas." (Gilvan Lemos)
Assinale o item que contraria as ideias apresentadas no texto acima:
a) À noite, o estado físico das pessoas suscitava maior compaixão.
b) Em "só água", a palavra "só" denota exclusão de outros elementos circunstantes.
c) Em "Uma luz não havia", a colocação dos termos é uma questão de estilo do autor.
d) O trecho relata as agruras de uma inundação.
e) Todas as casas do lugar estavam completamente cobertas pela água.

Função textual da pontuação
47. (VUNESP-MPE/ES) Conforme os sentidos do texto "A audiência do evento literário lembra muito a dos eventos Fifa: classe média alta", eliminando-se o sinal de dois-pontos, a frase final do parágrafo admite a seguinte redação:
a) A audiência do evento literário lembra muito a dos eventos Fifa, talvez, classe média alta.
b) A audiência do evento literário lembra muito a dos eventos Fifa, qual seja, classe média alta.
c) A audiência do evento literário lembra muito a dos eventos Fifa, até mesmo classe média alta.
d) A audiência do evento literário lembra muito a dos eventos Fifa, no entanto, classe média alta.
e) A audiência do evento literário lembra muito a dos eventos Fifa, ainda que classe média alta.

Adequação lexical e variação linguística

48. (VUNESP-MPE/ES) Considere o parágrafo final do texto: *Nada contra a vinda dos estrangeiros, desde que estejam aptos para o trabalho. Tenho dúvidas, porém, se três semanas de treinamento, como aventou o ministro, é tempo suficiente para isso.* Mantendo-se os sentidos originais, ele está corretamente reescrito de acordo com a norma-padrão em:

a) Nada contra a vinda dos estrangeiros, se estiverem aptos para o trabalho. Tenho dúvidas, no entanto: três semanas de treinamento, como aventou o ministro, é suficiente para isso?

b) Nada contra a vinda dos estrangeiros, caso estão aptos para o trabalho. Tenho dúvidas, todavia: três semanas de treinamento, como aventou o ministro, são suficiente para isso?

c) Nada contra a vinda dos estrangeiros, quando estarão aptos para o trabalho. Tenho dúvidas, portanto: três semanas de treinamento, como aventou o ministro, são suficientes para isso?

d) Nada contra a vinda dos estrangeiros, mas estariam aptos para o trabalho. Tenho dúvidas, apesar disso: três semanas de treinamento, como aventou o ministro, é suficiente para isso.

e) Nada contra a vinda dos estrangeiros, pois estarão aptos para o trabalho. Tenho dúvidas, por conseguinte: três semanas de treinamento, como aventou o ministro, são suficiente para isso.

Funções de linguagem

49. (ENEM) Desabafo

Desculpem-me, mas não dá pra fazer uma cronicazinha divertida hoje. Simplesmente não dá. Não há como disfarçar: esta é uma típica manhã de segunda-feira. A começar pela luz acesa da sala que esqueci ontem à noite. Seis recados para serem respondidos na secretária eletrônica. Recados chatos. Contas para pagar que venceram ontem. Estou nervoso. Estou zangado.

CARNEIRO, J. E. *Veja*, 11 set. 2002 (fragmento).

Nos textos em geral, é comum a manifestação simultânea de várias funções da linguagem, com o predomínio, entretanto, de uma sobre outras. No fragmento da crônica *Desabafo*, a função da linguagem predominante é a emotiva ou expressiva, pois

a) o discurso do enunciador tem como foco o próprio código.

b) a atitude do enunciador se sobrepõe àquilo que está sendo dito.

c) o interlocutor é o foco do enunciador na construção da mensagem.

d) o referente é o elemento que se sobressai em detrimento dos demais.

e) o enunciador tem como objetivo principal a manutenção da comunicação.

50. (ENEM) Aquele bêbado
– Juro nunca mais beber – e fez o sinal da cruz com os indicadores. Acrescentou: – Álcool.
O mais, ele achou que podia beber. Bebia paisagens, músicas de Tom Jobim, versos de Mário Quintana. Tomou um pileque de Segall. Nos fins de semana embebedava-se de Índia Reclinada, de Celso Antônio.
– Curou-se 100% de vício – comentavam os amigos.
Só ele sabia que andava bêbado que nem um gambá. Morreu de etilismo abstrato, no meio de uma carraspana de pôr de sol no Leblon, e seu féretro ostentava inúmeras coroas de ex-alcoólatras anônimos.

ANDRADE, C. D. *Contos plausíveis*. Rio de Janeiro: Record, 1991.

A causa mortis do personagem, expressa no último parágrafo, adquire um efeito irônico no texto porque, ao longo da narrativa, ocorre uma
a) metaforização do sentido literal do verbo "beber".
b) aproximação exagerada da estética abstracionista.
c) apresentação gradativa da coloquialidade da linguagem.
d) exploração hiperbólica da expressão "inúmeras coroas".
e) citação aleatória de nomes de diferentes artistas.

Referências bibliográficas

1
ORTOGRAFIA E PONTUAÇÃO

ACADEMIA BRASILEIRA DE LETRAS. *Vocabulário ortográfico da língua portuguesa*. 5. ed. Rio de Janeiro: A Academia, 2009.

ACADEMIA BRASILEIRA DE LETRAS. *Vocabulário ortográfico da língua portuguesa*. 4. ed. São Paulo: Global, 2004.

AZEVEDO, José Carlos (Coord.). *Escrevendo pela nova ortografia:* como usar as regras do novo acordo ortográfico. Instituto Antônio Houaiss. São Paulo: Publifolha, 2008.

____. *Gramática Houaiss da língua portuguesa*. São Paulo: Publifolha, 2008.

BECHARA, Evanildo. *A nova ortografia*. Rio de Janeiro: Nova Fronteira, 2008.

____. *Gramática escolar da língua portuguesa*. 2. ed. Ampliada e atualizada pelo novo Acordo Ortográfico. Rio de Janeiro: Nova Fronteira, 2010.

____. *O que muda com o novo acordo ortográfico*. Rio de Janeiro: Nova Fronteira, 2008

CUNHA, Celso & CINTRA, Lindley, Luís F. *Nova gramática do português contemporâneo*. 7. ed. Rio de Janeiro: Lexikon, 2017.

CUNHA, Celso. *Gramática essencial*. Organização Cilene da Cunha Pereira. Rio de Janeiro: Lexikon, 2013.

GEIGER, Paulo; SILVA, Renata de Cássia Menezes da. *A nova ortografia sem mistério:* do ensino fundamental ao uso profissional. Rio de Janeiro: Lexikon, 2009.

GUALDA, Luiz Fernando. *O novo acordo ortográfico:* mudanças e permanências ortográficas no português. De acordo com o VOLP (Vocabulário ortográfico da língua portuguesa – ABL). Niterói: Livraria Panorama Editora, 2009.

HENRIQUES, Cláudio Cezar. *Fonética, fonologia e ortografia – Nova edição*. Rio de Janeiro: Elsevier, 2012.

KURY, Adriano da Gama. *Ortografia, pontuação, crase*. 2. ed. Rio de Janeiro: MEC-FAE, 1988.

LUFT, Pedro Celso. *Grande manual de ortografia*. 3. ed. São Paulo: Globo, 2013.

PEREIRA, Cilene da Cunha; SILVA, Edila Vianna da; ANGELIM, Regina Célia Cabral. *Dúvidas em português nunca mais*. 3. ed. Rio de Janeiro: Lexikon, 2011.

PEREIRA, Cilene da Cunha & NEVES, Janete dos Santos Bessa. *Ler/ falar/ escrever. Práticas discursivas no ensino médio*: uma proposta teórico-metodológica. Rio de Janeiro: Lexikon, 2012.

PROENÇA FILHO, Domício. *Guia prático da língua portuguesa*. Rio de Janeiro: Record, 2009.

____. *Por dentro das palavras da nossa língua portuguesa*. Rio de Janeiro: Record, 2003.

RIBEIRO, Manoel P. *O novo acordo ortográfico:* todas as soluções. 2. ed. Rio de Janeiro: Metáfora, 2012.

2
MORFOLOGIA

ANGELIM, Regina C. Cabral. Curso de Língua Portuguesa: da teoria à prática. *Morfologia*. Rio de Janeiro: Fundação Trompowsky e Universidade Castelo Branco – UCB, 2010.

BECHARA, Evanildo. *Gramática escolar da língua portuguesa*. 2. ed. Ampliada e atualizada pelo novo Acordo Ortográfico. Rio de Janeiro: Nova Fronteira, 2010.

CARNEIRO, Agostinho Dias; OLIVEIRA, Helênio F. de; PAULIUKONIS, Maria Aparecida; ANGELIM, Regina C. Cabral. "O adjetivo e a progressão textual". *Revista Letras & Letras*. Uberlândia, MG: Universidade Federal (Edufu), v. 8, n. 1, junho 1992 – publicada em 1993; p. 31-36.

CHARAUDEAU, Patrick; MAINGUENEAU, Dominique. *Dicionário de análise do discurso*. Trad. coordenada por Fabiana Komesu. São Paulo: Contexto, 2004.

CUNHA, Celso; LINDLEY CINTRA, Luís F. *Nova gramática do português contemporâneo*. 6. ed. Rio de Janeiro: Lexikon, 2013.

DUARTE, Maria Eugênia Lamoglia. "Coordenação e subordinação". In: VIEIRA, Sílvia; BRANDÃO, Sílvia. *Ensino de gramática:* descrição e uso. São Paulo, Contexto, 2007, p. 205-223.

FÁVERO, Leonor L. *Coesão e coerência textuais*. Série Princípios. São Paulo: Ática, 1991.

GEIGER, Paulo; SILVA, Renata de Cássia Menezes da. *A nova ortografia sem mistério:* do ensino fundamental ao uso profissional. Rio de Janeiro: Lexikon, 2009.

GONÇALVES, Carlos Alexandre. "Sobre os limites entre flexão e derivação em português". In: VIEIRA, Sílvia; BRANDÃO, Sílvia. *Morfossintaxe e ensino de português*: reflexões e propostas. Rio de Janeiro: Faculdade de Letras, UFRJ, 2004, p. 125-150.

LIMA, Carlos Henrique da Rocha. *Gramática normativa da língua portuguesa*: curso médio. 15. ed. refundida. Rio de Janeiro: J. Olympio, 1972.

MATTOSO CÂMARA Jr. *Dicionário de filologia e gramática*. 2. ed. Rio de Janeiro: O. Ozon, 1964.

NEVES, Maria Helena Moura. *Gramática de usos do português*. 2ª reimpr. São Paulo: Editora Unesp, 2000.

PEREIRA, Cilene da Cunha; SILVA, Edila Vianna da; ANGELIM, Regina Célia Cabral. *Dúvidas em português nunca mais*. 3. ed. Rio de Janeiro: Lexikon, 2011.

3
SINTAXE

AZEREDO, José Carlos. *Fundamentos de gramática do português*. Rio de Janeiro: J. Zahar, 2000.

____. *Iniciação à sintaxe*. 7. ed. São Paulo: J. Zahar, 2001.

BECHARA, Evanildo. *Gramática de língua portuguesa*. 37. ed. rev. ampl. Rio de Janeiro: Lucerna, 1999.

____. *Lições de português pela análise sintática*. 18. ed. rev. ampl. Rio de Janeiro: Nova Fronteira, 2009.

CARONE, Flávia de Barros. *Morfossintaxe*. São Paulo: Ática, 1990.

____. *Subordinação e coordenação*: confrontos e contrastes. 6. ed. São Paulo: Ática, 2000.

CASTILHO, Ataliba. *A língua falada no ensino de português*. São Paulo: Contexto, 2000.

____. *Nova gramática do português brasileiro*. São Paulo: Contexto, 2010.

CUNHA, Celso; CINTRA, Lindley, Luís F. *Nova gramática do português contemporâneo*. 7. ed. Rio de Janeiro: Lexikon, 2017.

GARCIA, Othon M. *Comunicação em prosa moderna*. 23. ed. Rio de Janeiro: FGV, 2000.

KURY, Adriano da Gama. *Novas lições de análise sintática*. 9. ed. São Paulo: Ática, 2002.

NEVES, Maria Helena de Moura. *Gramática de usos do português*. São Paulo: Editora Unesp, 2000.

VIEIRA, S.; BRANDÃO, S. *Ensino de gramática:* descrição e uso. São Paulo: Contexto, 2006.

❹
SEMÂNTICA E LÉXICO

ABREU, Antônio Suárez. *Curso de redação*. 3. ed. São Paulo: Ática, 2003.

ANTUNES, Irandé. *Língua, texto e ensino* – outra escola possível. São Paulo: Parábola, 2009.

BERNARDO, Gustavo. *Redação inquieta*. Rio de Janeiro: Globo, 1999.

CABRAL, Ana Lúcia Tinoco. *A força das palavras*: dizer e argumentar. São Paulo: Contexto, 2010.

CARNEIRO. Agostinho Dias. *Texto em construção*: a interpretação de texto. 2. ed. São Paulo: Moderna, 2001.

____. *A interpretação interpretada*. São Paulo: USP. Tese de Doutorado, 2003.

CHARAUDEAU, Patrick. *Linguagem e discurso*: modos de organização. São Paulo: Contexto, 2008.

COSTA VAL, Maria G. *Redação e textualidade*. São Paulo: Martins Fontes, 2004.

FIORIN, José Luiz & PLATÃO, Francisco S. *Para entender o texto:* leitura e redação. São Paulo: Ática, 2002.

GALVEZ, Charlotte. (Org.) *O texto*: ensino e leitura. Campinas: Pontes, 2001.

HENRIQUES, Cláudio Cézar. *Léxico e semântica*. Rio de Janeiro: Campus, 2011.

ILARI, Rodolfo. *Semântica*. São Paulo: Ática, 2012.

KOCH, Ingedore Villaça. *A coesão textual*. São Paulo: Contexto, 2001.

____. *O texto e a construção do sentido*. São Paulo: Contexto, 1997.

KOCH, Ingedore Villaça; ELIAS, Vanda Maria. *Ler e compreender os sentidos do texto*. São Paulo: Contexto, 2013.

____; ELIAS, Vanda M. *Ler e escrever*: estratégias de produção textual. São Paulo: Contexto, 2009.

KOCH, Ingedore Villaça & TRAVAGLIA, Luiz Carlos. *Texto e coerência*. São Paulo: Cortez, 2011.

MARCUSCHI, Luís Antônio. *Produção textual*: análise de gêneros e compreensão. São Paulo: Parábola, 2008.

MARQUESI, Sueli; PAULIUKONIS, Aparecida L.; ELIAS, Vanda M. (Orgs.) *Linguística textual e ensino*. São Paulo: Contexto, 2017.

OLIVEIRA, Helênio Fonseca de. Ensino do léxico: o problema da adequação vocabular. In: *Matraga*, 19: 49-68, Rio de Janeiro: Caetés, 2006.

PAULIUKONIS, Maria Aparecida L.; WERNECK, Leonor S. (Orgs.) *Estratégias de leitura*: texto e ensino. Rio de Janeiro: Lucerna, 2006.

____; GAVAZZI, Sigrid (Orgs). *Da língua ao discurso:* reflexões sobre o ensino. 2. ed. Rio de Janeiro: Lucerna, 2007.

____. *Texto e discurso*: mídia, literatura e ensino. 2. ed. Rio de Janeiro: Lucerna, 2007.

RODRIGUES, S.; BRANDÃO, S. *Ensino de gramática*: descrição e uso. São Paulo: Contexto, 2010.

TRAVAGLIA, Luís Carlos. *Gramática e interação:* uma proposta para o ensino de gramática na escola. São Paulo: Cortez, 1999.

VALENTE, André. *A linguagem nossa de cada dia*. Petrópolis, RJ: Vozes, 1997.

VAN DIJK, Teun. *Texto e contexto*. São Paulo: Contexto, 1987.